Wolfgang Caspart

Handbuch des praktischen Idealismus

Wolfgang Caspart

Handbuch des praktischen Idealismus

Universitas

Schutzumschlag: Christel Aumann, München
Satz: Fotosatz Ritzner, Salzburg
Druck: Jos. C. Huber KG, Dießen
Binden: Thomas Buchbinderei, Augsburg
Printed in Germany
ISBN 3-8004-1111-3

Ein Wort zuvor

Unsere Zeit gefällt sich in negativen Visionen, angefangen vom Horror eines atomaren Holocaust bis hin zur alltäglichen Schreckensmeldung von der Zerstörung der Ökologie unserer Wälder und Flüsse, der Zerstörung der schützenden Ozonschicht und der radioaktiven Verseuchung unserer Lebensmittel. Obwohl die moderne Technik immer neue phantastische Möglichkeiten eröffnet, ein unglaublicher zivilisatorischer Fortschritt zu beobachten ist, verstärkt sich doch bei vielen Menschen das Gefühl, daß die derzeit betriebene Politik nicht in der Lage ist, der dadurch geschaffenen Probleme Herr zu werden.

Es war daher der Gesellschaft der Freunde der Universität Salzburg ein Anliegen, die Herausgabe des vorliegenden Werkes tatkräftig zu unterstützen. Der Autor, ein Absolvent der Alma Mater Paridiana, hat bereits in zahlreichen Vorträgen Gedanken entwickelt, in denen er dem Irrweg des Materialismus, der unser Leben beherrscht, eine Weiterentwicklung des Idealismus gegenüberstellt. Dieses Handbuch des praktischen Idealismus soll nun jenen Menschen, die ernsthaft nach einem Ausweg aus den verfahrenen Gleisen der Politik suchen, den richtigen Weg weisen.

Es ist der Gesellschaft der Freunde der Universität Salzburg klar, daß dies nur ein Anstoß zu positivem Denken sein kann, daß unsere Gesellschaft dadurch nicht kurzfristig zum besseren verändert werden kann. Die Gedanken des Autors sind allerdings auch nicht als Schnellkurs zum Erwerben einer idealistischen Grundeinstellung angelegt, sondern sollen den Weg dahin aufzeigen.

Dr. Bernhard Hütter

Präsident der Gesellschaft der Freunde der Salzburger Universität
Salzburg, im Februar 1987

Inhaltsübersicht

Teil III: Praktischer Idealismus

Anhang:

Vorwort

Die Welt ist voll von Interpretationen, sowie sich rein mengenmäßig das empirische Wissen der Menschheit alle paar Jahre verdoppelt. Je umfangreicher die Kenntnisse der Menschen geworden sind, desto klarer sollte eigentlich das Bild sein, das sie sich vom Universum, von sich selbst und von ihren Aufgaben machen. Eigenartigerweise beobachten wir heute aber das gegenteilige Phänomen: Der Mensch scheint gegenwärtig vielleicht noch orientierungsloser geworden zu sein. Die Worte vom »existenziellen Vakuum«, von der »Sinnkrise« und dem »Wertverlust« gehen um. Sicherlich hatte die Menschheit auch schon in anderen Epochen vor ähnlichen Fragen gestanden, doch verfügte sie nie über so viel Information und naturwissenschaftlich gesicherte Erkenntnis wie jetzt. Warum sind wir trotzdem immer noch nicht klüger und weiser geworden, oder stehen wir vor einem Scheinproblem?

Die vorliegende Schrift wendet sich an alle, die sich mit Fragen der Erkenntnistheorie und Sinnfindung sowie mit philosophischen, psychologischen, staatswissenschaftlichen und theologischen Problemen befassen. Dabei sollen sowohl der »Hilfesuchende« als auch der »Hilfestellende« angesprochen werden, woraus sich die Forderung nach einer Sprache und Terminologie ergibt, die einerseits möglichst allgemeinverständlich sein soll, ohne andererseits den Fachmann zu langweilen. In der Form wird auf Fußnoten und Literaturhinweise im Interesse einer leichteren Lesbarkeit weitgehend verzichtet. Im Anhang wird dafür auf entsprechend weiterführende und vertiefende Autoren und ihre Werke verwiesen.

Trotz des Bemühens um eine leichtere Faßbarkeit wird mit dem Fortschritt der Überlegungen das Thema doch so vielschichtig, daß außer entsprechendem Interesse für das Verstehen vom Leser immerhin eine gewisse Bildung vorausgesetzt werden muß. Der Versuch, gleichzeitig einen rein populärwissenschaftlichen Plauderton wie eine bloße Fachsimpelei zu vermeiden, kann nicht immer gelingen, wofür bereits an dieser Stelle um Nachsicht gebeten wird. Trotz empirischer Wissensflut droht heute schon oft die Bewältigung, Aufarbeitung und Lösung alltäglicher Probleme immer schwieriger zu werden. Der Ernst dieser Sachlage erfordert daher die Erweiterung der Diskussion über den Kreis der professionellen »Fachidioten« hinaus, die offensichtlich das auftretende Dilemma mitverursacht und eine ratlose Welt zurückgelassen haben, zu der sie letztlich selbst gleich hilflos gehören.

Einem in gängigen Klischees eingefahrenen Denken werden manche Vorstellungen ungewöhnlich, ärgerlich und bekämpfenswert aufstoßen. Das ist auch natürlich, denn ein Ausweg aus der Sackgasse ist mit einem Fortschreiten auf ausgetretenen – selbst manchen »wissenschaftlichen« – Modepfaden sicherlich nicht mehr zu erreichen. Ein Minimum an Bereitschaft, über liebgewonnene Schatten herkömmlicher Denkschablonen zu springen, muß schon mitgebracht werden. Dafür kann versprochen werden, daß unsere Überlegungen schon bald die Gefilde grauer Theorie verlassen werden, um sich sehr hautnahen Problemen zuzuwenden. Jede Theorie ist nur so gut, wie sie sich in der Praxis bewährt.

Das vorliegende Buch wird sich also als ein sehr praktisches erweisen, wenn vielleicht auch nicht immer als ein sehr angenehmes und bequemes. Nach einem kurzen Rückblick auf die Erkenntnistheorie werden wir uns intensiver mit Ideologiekritik befassen, um dann einen klaren Bezugsrahmen für Wollen, Handeln und Denken abzustecken. Auch daraus ergeben sich Form, Stil und Inhalt dieser Schrift: Es soll quasi ein Lehrbuch für idealistisches Wollen, Handeln und Denken, ja eine Handanweisung für einen praktischen Idealismus sein. Die vorgestellten Themen werden niemanden so ohne weiteres kalt lassen, und sollten sie auch Widerspruch hervorrufen, so reißen sie doch aus der blasierten Gelassenheit gewohnheitsmäßigen Trotts – womit gleichfalls der Sinn und Zweck der Sache erreicht wäre.

Selbstverständlich wird es niemand erspart bleiben, sich je nach speziellem Interesse und Anliegen noch weiter und tiefer mit der einen oder anderen Materie befassen zu müssen. Eine auch noch so gründliche Tour d'horizon wird nie ein Eingehen auf die Quellen überflüssig machen und soll es auch nicht. Überhaupt ist sehr zu empfehlen, das Nachbeten und Auslegen von Sekundär- und Tertiärliteratur generell einzuschränken und sich wieder mehr den Originalquellen zuzuwenden – viel überflüssiger, trockener, steifer und steriler Akademismus ließe sich dadurch vermeiden.

Wenn aber schon ein hohes Lied auf die Ursprünge und Originale gesungen wird, warum wieder eine Disputation über Fragen, die tatsächlich so neu in der Geistes- und Kulturgeschichte nicht sind? Der Grund liegt im Umstand, daß eine immer größere Zahl unserer Zeitgenossen Jägern gleicht, die sich auf der Pirsch so im Unterholz verstrickt und verirrt haben, daß sie vor lauter Bäumen den Wald nicht mehr sehen und allein nicht wieder herausfinden können. Dieses Buch soll Orientierungshilfe und Leitfaden sein, will jedoch keineswegs von den Überlegungen größerer Geister ablenken, sondern im Gegenteil zu ihnen hinführen. Eben weil sich der heutige Erkenntnis-und Wissensbetrieb mit enormer Akribie auf Nebensächliches stürzt und dadurch den Menschen den Zugang zu Substantiellem verlegt, soll ein Weg zum Wesentlichen gewiesen werden.

Es ist Allgemeingut geworden, daß das durch die Ereignisse und Umwälzungen der vergangenen Jahrzehnte eingetretene Sinn- und Wertdefizit zu einem existenziellen Vakuum geführt hat, das geradezu als unsere Zeitneurose bezeichnet werden kann. Dementsprechend kommt es heute schon zu einer quasi gnostischen Sinnsuche, und neues Sektierertum sprießt als selbstverständliche Reaktion darauf hoch. Trotz grausamster atheistischer Repression der Religion im Zeichen des historischen und dialektischen Materialismus entwickelt sich eine wahre Renaissance des Christentums in Osteuropa. Offensichtlich als erklärte Antwort auf den technischen, ökonomischen und soziologischen Materialismus des Westens entsteht der Islam neu, und besinnen sich die Völker der »dritten Welt« ihrer kulturellen Traditionen. Gleichzeitig verlassen einige Vetreter der Naturwissenschaften immer mehr die im 19. Jahrhundert so selbstbewußt eingenommenen Grundpositionen, andere verteidigen sie um so zäher. Zerfällt die »eine Welt« schon wieder, nachdem sie angeblich gerade erst zustande gekommen ist? Oder hat es sie ohnehin nie gegeben? Wie kann geistige und noetische Sicherheit überhaupt gewährleistet werden?

Diese Unsicherheiten haben heute schon so weite Kreise gezogen, daß von ihnen jetzt nicht mehr nur Theologen, Philosophen und Psychologen berührt sind, sondern bereits mehr oder weniger alle

Mitbürger erfaßt werden. So vielfältig auch manche Antwortversuche quer durch die verschiedensten Disziplinen sind, zeigen sie doch, daß bei keinem halbwegs Klarsichtigen die Probleme mehr verkannt werden. Leider doktert man aber meist noch zusehr an Akzidentiellem herum und wagt sich kaum an Wesentliches heran, zum Teil aus tatsächlichem Unvermögen, zum Teil aber auch aus der Furcht, zu »metaphysisch« und damit »unwissenschaftlich« zu erscheinen.

Allerdings helfen vor »letzten Fragen« keine flachen Banalitäten und hohlen Sprüche. Wer vor einem existenziellem Vakuum steht, sucht und braucht wirkliche Hilfe und ernste Orientierung, aber keine pseudowissenschaftliche und vulgärmaterialistische »Lebenshilfe«. Vor dieser Notwendigkeit stand auch der Autor dieser Schrift, als er angesichts unzähliger Kontakte als praktischer Psychologe und in Grundsätzlichem tief verwurzelter Mensch dem intellektuellen Elend und der verzweifelten Hilflosigkeit vieler seiner Gesprächspartner gegenüberstand. Hier eine praktikable Orientierungsmöglichkeit anzubieten, ist das eigentliche Motiv der vorliegenden Arbeit.

Es werden also prinzipielle Fragen erörtert, die sich mit dem Gewicht und Stellenwert des Materialismus überhaupt befassen und den Rahmen des Idealismus in einer von materialistischem Denken überlagerten Welt abstecken. »Allerletzte Fragen« können und sollen hier bewußt nicht angegangen werden. Ob jemand ein persönliches oder abstraktes Verhältnis zu Gott hat, wollen wir einstweilen mit Fichte ruhig dem kulturellen oder temperamentsmäßigen Hintergrund sowie der individuellen persönlichen Entwicklung jedes Einzelnen überlassen. Es darf und soll jeder getrost evangelischer, katholischer oder orthodoxer Christ, sunnitischer oder schiitischer Muslim, Jude, Hinduist, Hinajana- oder Mahajanabuddhist, Taoist oder Konfuzianer bleiben. Worauf es zunächst und vor allem ankommt, ist die Klärung des Verhältnisses von Immanenz und Transzendenz. Dies nehmen wir uns nun vor und ziehen einige der wichtigsten praktischen Folgerungen daraus. Viele weitere und subtile Problemstellungen erwachsen zwar in der Folge, brauchen aber anhand ausreichender Literatur hier nicht weiter behandelt werden. Die größte Schwierigkeit entsteht nämlich nicht mehr dabei, vielmehr für viele Menschen an einer begründeten und verständlichen Fundierung der Metaphysik.

Um die Klärung dieser Grundsatzfrage geht es jetzt, alles weitere sprengt die vorliegende Aufgabenstellung.
Dementsprechend wird hier nichts grundsätzlich »Neues« geboten. Alle Gedanken, die im Folgenden vorgetragen werden, wurden bereits schon früher von bedeutenden Menschen vorgestellt. Relativ neu und originell sind hingegen nur die aktuelle Formulierung, die Zeitbezogenheit und wahrscheinlich auch ein gewisser Mut zur Enttabuisierung manch gängiger Denk- und Vorstellungsschemata.
Unabhängig von den im Anhang angeführten Autoren empfiehlt sich als Einführung in unsere Problematik vor allem die Lektüre moderner Naturwissenschafter, die von sich aus von einer »Wendezeit«, vom »Ende des naturwissenschaftlichen Zeitalters« oder von der »Wirklichkeit des Wirklichen« zu sprechen kommen. Fritjof Capra: »Wendezeit. Bausteine für ein neues Weltbild«; Bern, München, Wien 1986, enthält eine übersichtliche Kritik des alten Physikbildes und eine gute Einführung in das Weltbild der Atomphysik und der Systemtheorie. Herbert Pietschmann: »Das Ende des naturwissenschaftlichen Zeitalters«; Wien, Hamburg 1980, zeigt die Notwendigkeit, die heute gängige Weltanschauung erweitern zu müssen. Paul Watzlawick: »Wie wirklich ist die Wirklichkeit? Wahn-Täuschung-Verstehen«; 14. Auflage, München 1986, macht unmißverständlich deutlich, daß unser Wirklichkeitsverständnis immer interpretationsabhängig bleibt und auf vorangehenden Voraussetzungen aufbaut.
Was uns in die scheinbar ausweglose Sackgasse geführt hat, ist nämlich die Absolutsetzung eines mittlerweile sogar erfahrungswissenschaftlich veralteten Weltbildes. In der Euphorie über die naturwissenschaftlichen Anfangserfolge waren enthusiastische Modernisten nur zu gerne bereit, zu übersehen, daß jedes a posteriori ein a priori voraussetzt, und daß jede Einzelwissenschaft keineswegs sämtliche ihrer Grundlagen in sich selbst trägt. Wenn nun den einseitigen Anhängern einer ausschließlich naturwissenschaftlichen Weltanschauung allmählich die Trauben zu sauer werden, müssen sie angsterfüllt und frustriert reagieren, sind sie doch die Gefangenen ihrer eigenen, unzulässig verallgemeinerten Vorstellungsmuster. Dabei mißachten sie nicht nur den Modellcharakter ihrer Gedankenwelt, sondern auch noch die Ergebnisabhängigkeit vom Erkenntnisakt.
Kommt strenggenommen das, was wir »Natur« nennen, in dieser un-

mittelbar beobachtbar eigentlich gar nicht vor – und das völlig unberührt von dem, welchen Naturbegriff wir immer entwickeln mögen – , so trifft dies erst recht auf die Naturgesetze zu, die nach den anerkannten Wissenschaftsregeln immer bloß provisorisch Gültigkeit beanspruchen dürfen, um durch jeweils aktuellere Theoriebildungen ersetzt zu werden. Die »Natur« und ihre »Gesetze« bestimmen demnach nicht uns, sondern wir sie, nur daß wir nicht ihre absoluten Herren sind! Mit ihnen unterliegen wir nämlich allgemeinen, übernaturwissenschaftlichen Voraussetzungen – und um genau diese sowie ihre Folgerungen wird es uns hier gehen.

Unser Thema stellt nichts Veraltetes oder Gestriges dar, sondern befindet sich sehr zum Leidwesen der politischen Ideologen, die immer noch mit dem verengten Blickwinkel der Heilslehren der vergangenen Jahrhunderte die Zukunft zu meistern glauben, auf der Höhe der wirklich modernen Naturwissenschaft. Atomphysik und Systemdenken verlangen mit ihren einzelwissenschaftlichen Anregungen geradezu nach einem idealistischen Abschluß. Freilich wird der Idealist kein rezepturhaftes Lehrsystem zur irdischen Menschheitsbeglükkung anzubieten haben, sich aber dafür in einem sinnvollen Rahmen sein Leben lang bewegen können. Statt mit einem politischen Programm für die endgültige Lösung aller Menschheitsprobleme aufzuwarten oder überzüchtete Machbarkeitserwartungen zu wecken, soll in diesem Buch drei grundlegenden Fragen nachgegangen werden: Mit welchen Möglichkeiten und Grenzen des Wissens darf ich rechnen? Was habe ich von den Heilspredigten der Ideologen zu erwarten – im Positiven wie im Negativen? Und wie soll ich mich in bestimmten, für alle Menschen wichtigen und stets wiederkehrenden Situationen verhalten?

Erwarten Sie vom Idealismus keine fixfertigen Handlungsweisungen für jede Lebenslage! Wollen Sie nämlich damit ernst machen, müßten wir zwangsläufig alle in der spitzfindigsten Kasuistik landen. Auf die Haltung kommt es an, dieser soll hier eine Ihnen vielleicht neue, aber unbedingt die Not unserer Zeit wendende Ausrichtung vermittelt werden. Ein guter Idealist kann und darf so und ein anderer anders handeln, trotzdem werden sie sich beide übereinstimmend prinzipiell von jedem Materialisten unterscheiden. Vor allem wird aber die Auswirkung auf die Mitwelt von Haus zu Haus anders sein! Mit der rich-

tigen Einstellung werden Sie dann wohl auch die meisten Situationen meistern können.
Und noch ein Rat: Stellen Sie zunächst keine zu hohen Anforderungen an sich selbst, besonders dann, wenn Sie bis vor kurzem noch ein gläubiger Materialist gewesen sind. Wer am Beginn übertreibt, landet zu häufig in der Erwartungsenttäuschung, der Frustration. Klammern Sie sich daher nicht an jedes einzelne Wort, sondern versuchen Sie, den Sinn zu verstehen und anschließend auch zu verinnerlichen. Haben Sie einmal den Grundgedanken begriffen, werden Sie sich in der Folge nicht mehr schwer tun. Sie besitzen nämlich dann die Haltung des Idealisten und werden sich nicht mehr in kasuistischen Spitzfindigkeiten verlieren. Genau dies ist auch der Grund dafür, warum sich Idealisten in Detailfragen ruhig voneinander abweichend verhalten dürfen, solange nur der Grundsatz stimmt.
Angeregt und unterstützt wurde dieses Buch besonders durch die »Gesellschaft der Freunde der Salzburger Universität«. Zu danken habe ich vor allem Frau Ruth Hütter für die Mühe der Reinschrift und Herrn Dr. Bernhard Hütter für die Durchsicht und den Satz. Für die verständnisvolle Einfühlung bedanke ich mich beim Verlag und hier wieder bei den Herren Dr. Herbert Fleissner, Gerhard Koralus und Dr. Konrad Dietzfelbinger.
Sicherlich wäre dieses Werk auch nicht ohne die Grundlagen zustande gekommen, die ich von Kindesbeinen durch meinen Vater aufgenommen und dann von meinen Lehrern und Freunden mit auf den Weg erhalten habe. Ihnen allen gilt gleichfalls mein aufrichtiger Dank.

Salzburg und München im Februar 1987

Wolfgang Caspart

Teil I

Grundlagen des Idealismus

Im Anfang war das Wort, und das Wort war bei Gott, und Gott war das Wort.
Dasselbe war im Anfang bei Gott.
Alle Dinge sind durch dasselbe gemacht, und ohne dasselbe ist nichts gemacht, was gemacht ist.
In ihm war das Leben, und das Leben war das Licht des Menschen.

Evangelium St. Johannis, Capitel 1, 1-4

Im Anfang war Eines nur, Eines ohne ein Zweites.

Chandogya Upanischad 6, 2, 1

Was nur das Eine ist, bezeichnen die Sänger mit vielen Namen.

Rigveda 1, 164, 46

Kapitel 1

Die Vielfalt der Erscheinungen und das Denken in Modellen

In unserem alltäglichen Leben sind wir uns kaum noch bewußt, welch ungeheurer Flut von Eindrücken wir ununterbrochen ausgesetzt sind. Jeder unserer fünf Sinne – Sehen, Hören, Riechen, Schmecken und Hautempfinden – wird im Wachen und sogar im Schlaf pausenlos durch äußere Reize in Anspruch genommen. Meist wird dabei jedes Sinnesgebiet nicht bloß von einem, sondern vielmehr von einer für den unbefangenen Beobachter überraschend hohen Zahl von Reizen getroffen.

Je komplizierter und vielfältiger sich unsere Welt darstellt, desto mehr künstliche Sinnenreize kommen zu den rein natürlichen hinzu. Man braucht sich nur einen im Naturzustand lebenden Urwaldmenschen vorzustellen, wenn er zum ersten Male in eine moderne Großstadt kommt, um zu begreifen, worauf es in diesem Zusammenhang ankommt. Nicht viel anders geht es einem heranwachsenden Kleinkind mit seinen Umweltkontakten. Ethnologen und Kinderpsychologen haben mit ihren Untersuchungen zu diesem Thema bereits ganze Bibliotheken gefüllt. Ob man nun beim System der fünf Sinne bleibt oder in der Sinnespsychologie zu subtileren Kategorisierungen kommt, bleibt im Prinzip einerlei: Der Mensch lebt in einem Meer von Umweltreizen, Sinneseindrücken, Empfindungen, Wahrnehmungen und Erscheinungen.

Es ist also eine faszinierende und zunächst chaotisch-bedrohliche Welt, die da vorerst gänzlich ungeordnet über uns hereinbricht und der wir anfangs hilflos ausgeliefert sind. Die Kommunikationsforschung lehrt uns nun, wie wir durch Filterung und Selektion der Wahrnehmungen eine Ordnung in die uns bedrängende, aber gleichzeitig anziehende Unordnung bringen und dadurch erst lernen, uns in ihr zu bewegen. Beginnend im zartesten Kindesalter ordnen wir Bekanntes zu schon Bekanntem und greifen so erforschend immer weiter in die uns umgebende Welt aus. Diese zuerst instinktiven Bemühungen werden später noch durch bewußte Erziehung verstärkt und unterstützt, sodaß wir bis an unser Lebensende mit dieser Wahrnehmungsfilterung leben und sie ständig verfeinern. Was dabei zunächst primär Ordnungscharakter besaß, wird dann immer mehr zur Schutzfunktion. Unser Selektionsverhalten, das ursprünglich instinktiv einsetzte und durch gewollte Erziehungsmaßnahmen ergänzt wurde, automatisiert sich auch noch durch unbewußte Umwelteinflüsse und wird uns nur im Ausnahmefall bewußt. Dadurch werden bekannte Erscheinungen zur Routine, wir selbst aber zur Bewältigung neuer Probleme frei, die dann selbst wieder zur Routine werden. Auf diese Weise haben wir uns »die Welt untertan« gemacht, von ihren Erkenntnissen leben ganze Berufszweige, wie zum Beispiel die Werbung oder die Publizistik.

Unser bewußtes Erleben wird aber nicht nur durch Wahrnehmungsselektion gefiltert, sondern gerät schon vorher an eine absolute Grenze, außerhalb derer unmittelbar keine Empfindung möglich ist. Dies ist nun die Grenze unserer menschlichen Kreatürlichkeit, es sind die absoluten Reizschwellen. Jeder unserer Sinne kann nur innerhalb einer ganz bestimmten Bandbreite Reize empfangen; alles, was außerhalb dieser Schwellen an uns herantritt, wird von uns nicht direkt wahrgenommen. Diese Grenzen unserer Sinnesphysiologie sind aber nur für uns absolut, andere Lebewesen besitzen andere Reizschwellen und vermögen Vorgänge zu empfinden, die uns unmittelbar verschlossen sind. So ist zum Beispiel allgemein bekannt, daß Hunde »besser« hören, gewisse Vögel »besser« sehen oder Bienen Lichtreize anders empfinden als wir. In unseren Wahrnehmungen sind wir also unbedingt auf die ausschließlichen Möglichkeiten unserer spezifischen Sinnesphysiologie angewiesen, darüber hinaus können wir direkt nichts, sondern nur über Hilfsmittel aussagen. Diese über Jahrtausende entwickelten und in verschiedenen wissenschaftlichen Disziplinen zusammengefaßten menschlichen Artefakte helfen uns, über die Grenzen unserer eigenen Sinnesphysiologie hinauszugreifen und Dinge zu erkennen, die uns unmittelbar verschlossen sind. So beeindruckend diese menschlichen Leistungen aber sind, so wenig dürfen wir allerdings auch vergessen, daß sie unsere eigenen Produkte sind und damit nur relative Gültigkeit für uns besitzen, nicht jedoch Anspruch auf letzte und absolute Wahrheit erheben können.

Relative und absolute Reizschwellen sowie menschliche Kulturleistungen ordnen also unser Bild von der Welt und auch von uns selbst. Selektive Wahrnehmung, systematische Zuordnung und kategoriales Denken begleiten uns unser ganzes Leben, ermöglichen Erkenntnisse und gestalten unsere menschliche Wirklichkeit. Diese spezifisch menschliche Weltsicht hat sich im Lauf der Phylogenese entwickelt, ist selbst bereits Kulturleistung und ermöglicht gleichzeitig erst auch wieder weitere Kulturleistungen. Verlören wir dieses den Menschen kennzeichnende Denken, sänken wir auf rein animalisches Niveau herab. Andererseits baut jede Generation auf den Erkenntnissen und Kulturleistungen der vorhergehenden auf, modifiziert und ergänzt sie. Kultur und Erkenntnis stellen sich somit immer als Leistung von Tradition und Neuschöpfung dar, wobei Neuschöpfungen wieder auf die Tradition rückwirken, aber auch auf Traditionen aufbauen. Tradition und Neuschöpfung stehen also immer in einer Wechselwirkung zueinander, der Mensch ist individuell wie kollektiv stets in diese beiden Kulturrichtungen eingebunden.

Zur Relativierung unseres bewußten Erlebens tritt neben physiologischen Reizschwellen, Kultureinflüssen und ontogenetischer Lebensgeschichte, die jede einzelmenschliche Wahrnehmungsselektion maßgeblich bestimmen, noch ein weiterer Aspekt hinzu, der seinerseits phylo- wie ontogenetische Gesichtspunkte aufweist: das Unterbewußte und das Unbewußte. Das Unterbewußte kann als jenes psychische Potential unterhalb der Bewußtseinsschwelle definiert werden, das schon einmal bewußt war und jederzeit abrufbar ist, wie zum Beispiel unsere Gedächtnisleistungen. Das Unbewußte hingegen liegt so tief unterhalb der Bewußtseinsgrenze, daß es nur sehr schwer bewußt gemacht werden kann und dann vielfach nur verschlüsselt auftritt; hierher gehören zum Beispiel Träume, Neurosen oder das »kollektive Unbewußte« C. G. Jungs. Das Un(ter)bewußte ist das Arbeitsgebiet der Tiefenpsychologie und als relativ junge Wissenschaft nicht gänzlich unumstritten, was uns jedoch hier in diesem Zusammenhang nicht weiter zu stören braucht, da ihre Auswirkungen auf unser Erleben und Handeln wohl im Grundsatz anerkannt werden, insbesondere wenn wir an das rein Unterbewußte denken. Fest steht also auch die mitprägende Wirkung unserer unter der unmittelbaren Bewußtseinsschwelle agierenden Tiefenpersönlichkeit auf unser Erkennen, Denken, Wollen und Handeln.

Ohne jetzt ein ausgefeiltes erkenntnistheoretisches System präsentieren zu wollen, dürfte damit wohl sicherlich deutlich geworden sein, daß unser bewußtes Erleben doch kompliziertere Voraussetzungen birgt, als auf den ersten Blick angenommen werden könnte. Physiologie, Onto- wie Phylogenese, Kultureinflüsse und Bewußtes wie Un(ter)bewußtes strukturieren somit entscheidend die Möglichkeiten unseres Erkennens, Denkens, Wollens und Handelns. Ohne diese implizite Gliederung unseres bewußten Erlebens wäre dieses gar nicht möglich, wir bewegen uns also zeitlebens in strukturierten Vorstellungen. Die Welt ist uns nur durch ordnende Gliederung und kategorisierende Systematisierung zugänglich, – dies gilt prinzipiell und unabhängig davon, ob oder inwieweit diese Vorstellungen richtig sind oder nicht. Jedenfalls ist die Welt, in der wir leben und wirken, zunächst einmal die Welt, wie wir sie uns vorstellen, – ob unsere Sicht und Erklärung mit der Wirklichkeit übereinstimmen, ist eine andere Frage. Die Modelle der Welt, wie wir sie ständig entwerfen und verfeinern, müssen unabhängig von der Erkenntnis der prinzipiellen Voraussetzungsabhängigkeit jeden bewußten Erlebens auf ihre Richtigkeit hin untersucht werden.

Die Welt unserer Vorstellungen kann generell keine qualitativ andere sein, als sie es aufgrund der Güte der Voraussetzungen unserer Vorstellungen eben sein muß. Die Beschaffenheit der Bedingungen unseres bewußten Erlebens konditioniert den Wert und das Wesen seiner Ergebnisse und Leistungen. Erkenntnisse außerhalb des Rahmens unserer physischen und psychischen Gegebenheiten und Möglichkeiten sind also undenkbar. Alle durch uns entworfenen Modelle von unserer Umwelt und uns selbst tragen immer den Stempel der kreatürlichen Voraussetzungen unserer Existenz. Hypothesen, Theorien, Modelle, Denkstrukturen und Vorstellungskonstrukte sind Anschauungen, die wir von der Welt haben und ihr zulegen. Induktion und Deduktion sowie Analyse und Synthese sind ausschließlich menschliche Denkweisen, die Produkte dieses Denkens sind also menschliche Artefakte. Die Realität von Dingen außerhalb unserer Vorstellungen und unabhängig von unserer Denk- und Ausdrucksweise darf zwar ruhig angenommen werden, doch wie die Dinge »an

sich«, das heißt jenseits unserer Begriffskategorien, aussehen, können wir weder erkennen noch beschreiben.
Die Überprüfung der Richtigkeit der von uns entworfenen Anschauungsmodelle erfolgt einerseits durch Erfahrung und andererseits durch logisches Schließen. Da keine Theorie besser sein kann als die ihr zugrundeliegende Wirklichkeit, müssen Theorien durch wahrnehmungsmäßige Überprüfung oder durch logischen Beweis verifiziert werden. Hält eine Annahme dieser Überprüfung nicht stand, ist sie zu verwerfen. Da sowohl Erfahrung als auch logisches Denken geradeso wie alle anderen Erscheinungs- und Ausdrucksformen menschlichen Erlebens allein aus uns kommende und nur aus den Bedingungen unserer Kreatürlichkeit zu verstehende Vorstellungsarten sind, bewegen wir uns wieder und immer noch im selben Begriffssystem human-zentrierter Anschauungen. Über die Möglichkeiten unseres menschlichen Denkens können wir nie hinausgreifen, wir fänden nicht einmal eine Sprache zur Beschreibung der Realität der Dinge an sich. So wie wir bei der Wahrnehmung eine unüberbrückbare Grenze in den absoluten Reizschwellen gefunden haben, so treffen wir nun an die absolute und unüberschreitbare Grenze unserer Denkweise. In unseren Anschauungen machen wir uns ein Bild von der Wirklichkeit. Wie aber ein Bild nicht das Abgebildete selbst ist, so ist unser Bild von der Wirklichkeit nicht das Reale an sich, sondern nur unsere Vorstellung von der Realität. Richtig aber sind unsere Anschauungsmodelle schon, sobald sie den Bedingungen wahrnehmungsmäßiger Überprüfung oder logischer Schlußfolgerung genügen. Richtig im Sinne von der Vernunft entsprechend ist also nicht identisch mit real an sich, Realität an sich für uns nicht erkennbar und nur in Abhängigkeit von unseren eigenen Fähigkeiten und Möglichkeiten annäherungsweise vorstellbar.
Allzu traurig brauchen wir als praktische Menschen über die Nichterkennbarkeit der Dinge an sich freilich nicht zu sein, da wir es ja immer nur mit Sachverhalten zu tun haben, die für uns relevant sind. Die Dinge an sich spielen für unser praktisches Erkennen und Handeln primär keine Rolle, weil sie außerhalb unseres Bezugsrahmens liegen. Nur vergessen sollten wir bei der Erörterung der Bedingungen unseres Erkennens und Handelns darauf eben auch nicht. Denn zur korrekten Einschätzung unserer wirklichen Potenzen ist die

Relativität unserer human-zentrierten Betrachtungsweise der Welt doch zu bedeutsam.
Wir können somit die Bedingungen unseres menschlichen Erkennens und Handelns als abhängig von den Voraussetzungen unserer konstitutionellen Beschaffenheit definieren. Voraussetzungslos funktionieren unser Wahrnehmen, Erkennen, Denken, Wollen und Handeln nicht, vielmehr bestimmen die Voraussetzungen die materiellen Inhalte aller unserer Lebensäußerungen. Dies gilt generell und im Detail: Unser Leben ist an Voraussetzungen geknüpft, daher auch unsere Lebensfunktionen, wie zum Beispiel eben Erkennen, und damit auch die Produkte unseres Lebens, zu denen unter anderem auch unsere Erkenntnisse zählen. Was nun für die Erkenntnis überhaupt gilt, ist für alle Detailkenntnisse gleichfalls gültig: Jede Aussage eines Wissenschaftsbereiches ist in ihrer Richtigkeit abhängig von den Voraussetzungen eben jenes Wissenschaftsbereiches. Wird ein Axiom falsch gesetzt, so können die aus ihm abgeleiteten Aussagen nicht richtig sein. So wie eine Aussage von den Axiomen abhängt, so hängen unsere Vorstellungen und Modelle von logischen Voraussetzungen ab, die selbst nicht aus diesen Vorstellungen und Modellen selbst stammen. Grundsätzlich wird also die Qualität der von uns aufgestellten Modelle von der Beschaffenheit ihrer Voraussetzungen bestimmt, erst dann und in Abhängigkeit von ihren Voraussetzungen sind sie den Kriterien theoretischer Verifikation unterworfen. Alle unsere Denkmodelle beruhen zunächst auf axiomatischen Grundannahmen und sind dann erst auf ihre wahrnehmungsmäßige und logische Richtigkeit zu überprüfen.
Im Folgenden werden wir das hier Gefundene in die Praxis umsetzen. Dabei wird sich die enorme Bedeutung der Grundannahmen und Voraussetzungen auf den materiellen Inhalt der Modelle deutlich herausstellen und schon bald nach diesem erkenntnistheoretischen Exkurs zu sehr folgenschweren und existentiellen Ergebnissen führen.

Kapitel 2

Immanenz und Natur, Determinismus und Materialismus

Da wir unseren Blick zumeist nach außen auf die Natur richten, stellen wir uns auch selbst als einen Teil der Natur vor. Wir denken uns als Wesen, die von der Natur hervorgebracht worden sind, die aber im Unterschied zu anderen Wesen der Natur nicht nur eine Gestalt haben und sich bewegen können, sondern auch zu denken vermögen. Weil wir nicht bloß wie die anderen Gebilde der Natur vorhanden sind, sondern auch wissen, daß wir existieren, kehrt die Natur in uns geradezu zu sich selber zurück und sieht sich selbst an. Sie vereinigt und verdoppelt sich gleichsam in uns und ist Sein und Bewußtsein in einem, wir Menschen erscheinen so als das höchste Meisterstück der Natur.

Wenn wir uns so im Ganzen der Natur sehen, müssen wir freilich erkennen, daß in allem, was wir tun, nicht eigentlich wir tätig sind, sondern die Natur in uns. Denn sie ist es, die uns zu dem gemacht hat, was und wie wir sind. Sie hat uns durchgängig bestimmt und ist deshalb überall am Werk, wo wir zunächst annehmen, selbst tätig zu sein. Nach dieser Betrachtungsweise handeln wir nie selbst, sondern immer nur die Natur in uns und durch uns. Auch unsere Denkvorgänge sind somit nur Selbstreflexionen der Natur, sowie unser Wollen ausschließlich durch die Natur in uns bestimmt ist. Wir Menschen erscheinen damit durch die Natur absolut determiniert.

Innerhalb dieses immanenten Systems ist Freiheit unmöglich und Metaphysik bestenfalls eine Selbsttäuschung. Da es für freies Handeln keinen Spielraum gibt, ist auch ethisches Wollen unmöglich. Alles Geistige beruht letztlich auf Materiellem, das selbst wieder von Naturgesetzen bestimmt ist. Nur das im naturwissenschaftlichen Sinne Positive, Tatsächliche, Wirkliche und Zweifelsfreie der meß- und beobachtbaren Erfahrungswelt kann Gegenstand gesicherter Erkenntnis sein. Die Naturwissenschaft ist die »Mutter und Lehrmeisterin« aller anderen Wissenschaften.

Dieses naturwissenschaftliche Modell der Weltbetrachtung hat viele Vorteile und sich auch vielfach bewährt. Es ist relativ einfach, in den Grundzügen leicht verständlich und in sich geschlossen. Der technologische und industrielle Fortschritt, die Errungenschaften der modernen Medizin und die Entwicklung unseres Lebenstandards sind auf diese naturwissenschaftliche Betrachtungsweise zurückzuführen. Als weiteres Indiz für die Stärke dieses Modells spricht sein Siegeszug über die ganze Welt. Es gibt heute kein Land, das nicht auf die eine oder andere Art vom abendländischen Materialismus mitgeprägt wäre. Freilich ist nicht zu übersehen, daß zahlreiche neu aufgetretenen Probleme ebenfalls auf diese Wurzel zurückzuführen sind, denken wir nur an die weltweite Bevölkerungsexplosion, die Bedrohung unseres Ökosystems oder die Gefahren für unsere Welt durch die ABC-Waffen. Da eine naturwissenschaftlich-materialistische Weltanschauung also positive wie negative Folgen zu bringen scheint, wollen wir nun unabhängig von ihrer Nützlichkeit untersuchen, was wir in diesem Modell wirklich erkennen und welche Auswirkungen auf unser praktisches Verhalten wir annehmen können.
Untersuchen wir irgendeinen Gegenstand auf naturwissenschaftliche Weise, so werden wir wohl zunächst seine Farbe, seine Beschaffenheit, seine Zusammensetzung et cetera festzustellen suchen. Die Farbe werden wir als elektro-magnetische Schwingung von einer bestimmten Wellenlänge definieren, die Materie des Gegenstandes werden wir in Moleküle, diese wieder in verschiedene Atome, die Atome wieder in Protonen, Neutronen und Elektronen zerlegen und mit diesem analytischen Verfahren solange fortfahren, wie weit eben immer das augenblickliche menschliche Wissen reicht. Haben wir die Grenzen der momentanen Erkenntnis erreicht, so werden wir weiter und immer weiter forschen, ohne daß selbst im Gedankenexperiment ein Ende unserer Untersuchungsbemühungen vorstellbar wäre. So wird es uns aber nicht nur mit diesem einen Gegenstand ergehen, sondern mit all den Millionen und Milliarden von Dingen, welche jemals Menschen im Universum finden mögen. Dabei muß uns vollkommen bewußt sein, daß sich das menschliche Wissen immer rascher verdoppelt und kommunikativ kaum noch zu verarbeiten ist. Selbst der Fachmann überblickt nicht mehr einigermaßen die Angelegenheiten seines engeren Fachbereiches. Trotz und auch wegen un-

seres immer noch mehr anwachsenden und uns zunächst mit Stolz erfüllenden Wissens werden wir durch die Naturwissenschaft nie eine letzte und erschöpfende Antwort über das Wesen auch nur der kleinsten Sache erhalten. Hinter jeder von uns soeben beantworteter Frage tauchen stets bereits wieder neue Fragen auf.

Wenn wir aber von keinem einzigen Ding endgültig wissen können, was es nun eigentlich wirklich ist, so wissen wir auch von all dem nicht das Geringste, was wir sehen, hören, riechen, schmecken, fühlen oder mit größter naturwissenschaftlicher Akribie erforschen wollen. Dasselbe gilt auch, wenn wir uns selbst betrachten. Weil nach naturwissenschaftlicher Auffassung unsere psychischen Vorgänge ganz von physiologischen Vorgängen im Gehirn abhängen und die »Seele« nur eine Bezeichnung für die Summe von physischen Zuständen ist, wir aber ehrlicherweise keine endgültige Antwort auf empirische Fragen erhalten und erwarten können, müssen wir uns eingestehen, daß wir an Hand des materialistischen Systems nicht einmal wissen, was wir selbst sind. Nach dem »guten alten« und leider oft mißverstandenen Sokrates wissen wir also glücklich und endlich, daß wir nichts wissen!

Nun kommen uns wohl alle Antworten, die wir auf unsere Fragen geben, nur mehr wie faule Ausreden vor, um unsere Unwissenheit zu kaschieren. Wir sind uns also bewußt, daß wir von den Dingen, über die wir stets mit größter Sicherheit gesprochen haben, schlechthin nichts wissen und nie etwas wissen können. Danach haben wir uns alles vorgegaukelt und uns in falscher Gewißheit gewiegt. So müssen wir denn an allem zweifeln, wenn wir der Ernsthaftigkeit unserer Überlegungen treu bleiben wollen.

Damit haben wir nun die Grenze materialistischer Rationalität erreicht, hier beginnt sich der Materialismus selbst in Frage zu stellen. Wenn an allem zu zweifeln ist, so ist auch an dem Zweifel zu zweifeln. Dieses Paradoxon entsteht allerdings nur, wenn man den naturwissenschaftlichen Ansatz verabsolutiert und übersieht, daß die axiomatischen Voraussetzungen der Naturwissenschaft nicht aus den Objekten der Naturwissenschaften selbst stammen, sondern vorher von uns selbst gesetzt wurden. Kein Modell setzt sich selbst und keines darf den Anspruch erheben, statt des Bildes der Wirklichkeit die Wirklichkeit selbst zu sein – auch nicht die Naturwissenschaft! Um es etwas salopp mit Shakespeares Hamlet zu sagen: Es gibt mehr Dinge zwischen Himmel und Erde, als es die materialistische Schulweisheit sich träumen läßt. Mag das naturwissenschaftliche Modell auch vielfach recht praktikabel sein, so ist es weder das einzig denkbare noch ein die Wirklichkeit voll erschöpfendes. Von einer Sache lassen sich eben einmal verschiedene Bilder herstellen.

Wenden wir uns nun dem materialistischen Ansatz des menschlichen Verhaltens zu. Nach ihm sind wir durch die Natur durchgängig determiniert und in unserem Handeln nicht frei, vielmehr handelt die Natur durch und in uns. In unserem Motivationsprozeß setzt sich doch immer das stärkste Motiv durch und bestimmt das Handeln. Dies stellt sich aber sogleich als Tautologie heraus, da wir ja als Kriterium dafür, was das jeweils stärkste Motiv wäre, nur wissen, daß es verwirklicht wurde. Um ein Motiv zum unfehlbar bestimmenden und stärksten zu erklären, müßte vorher ein Kriterium gefunden werden, demzufolge man das stärkste Motiv unabhängig davon bestimmen könnte, ob es verwirklicht wird – würde es aber nicht realisiert, wäre es nicht das stärkste. Im Sophisma vom stärksten Motiv wird im Nachhinein das Motiv zum stärksten erklärt, nach dem man sein Handeln gerichtet hat – also auch kein schlüssiger Beweis für materialistische Prädestination.

Nun behaupten Materialisten auch oft, ein Mensch könne nur so und nicht anders handeln, weil sein Charakter ihn dazu zwänge und dies eben seiner Veranlagung entspräche. Niemand könne gegen seine Anlage und seinen Charakter handeln, daher wäre das menschliche Handeln eben doch determiniert. Hier muß man sich allerdings darüber klar werden, daß das, was einen Charakter zum Begriff erhebt, nichts anderes ist als beobachtetes und wiederholtes Handeln. Die Charakteranlage ist im Grunde nur etwas, das wir kennengelernt haben, als wir bei dem betreffenden Menschen Verhaltensweisen antrafen, die sich auf einen allgemeinen Begriff bringen lassen, der zusammen mit anderen allgemeinen Feststellungen so etwa wie einen Charakter, Typus oder Habitus beschreibt. Zwischen Charakteranlage und Einzelhandlung besteht aber keine naturwissenschaftliche Kausalkette wie zwischen Ursache und Wirkung. Dies gilt unabhängig von der Frage, ob ein Verhaltenstypus eher auf erbbiologischer oder milieutheoretischer Grundlage entstanden sein möge.

Vom Determinismus wird manchmal auch die Meinung vertreten, daß das Handeln nicht frei sei, weil es eben motiviert sein müsse. Dies ist allerdings deshalb nicht haltbar, da motiviert sein gar nichts anderes bedeutet, als daß aus der Möglichkeit, auch anders handeln zu können, eine bestimmte Handlung vollzogen wird. Bestimmt ist freilich jede Handlung, aber ihre Bestimmung wurde vom Handelnden frei gesetzt. Handeln und Motiviertsein gehören zusammen, eine zur Entscheidung heranstehende Handlungsmöglichkeit wird Motiv genannt. Allerdings darf von wirklichem Handeln nur dann gesprochen werden, wenn zwischen mindestens zwei Motiven gewählt werden kann, und es auch zu einer Entscheidung kommt. Unmittelbare Naturabläufe, wie zum Beispiel der Pupillenreflex, oder ein sich-im-Kreis-Drehen von Motiven ohne Entscheidung sind somit nicht im eigentlichen Sinne des Wortes als Handlung zu bezeichnen.

Wie aber steht es nun mit erzwungenen »Handlungen«? Als unfreiwillig muß jede Handlung erscheinen, die aus Zwang oder Unwissenheit sowie ohne bewußte und gewollte Motivation geschieht. Erzwungen oder gewaltsam ist mithin dasjenige »Handeln«, bei dem sich der Handelnde nicht selbst motiviert, also im Sinne eines äußeren Zwanges zu einem gewissen Verhalten genötigt wird. Wer sich nun aus Unwissenheit nicht selbst motivieren kann, vermag auch nicht frei zu handeln. Wird jedoch jemand durch äußere Gewalt gezwungen, so kommt man bald an die Grenzsituation der Freiheit: Nur der Lebende kann gezwungen werden. Aller Zwang hört dort auf, wo man auch das Leben selbst mit in die Motivation nimmt, das Leben nicht als das höchste der Güter betrachtet und sich sogar auf Kosten des Lebens nicht zwingen läßt. In letzter Instanz gibt es nichts und kein Motiv, das zu etwas zwingen könnte, wenn man nur bereit ist, auch das Leben zu opfern. Aristoteles formuliert es so: Dem Wollenden geschieht kein Zwang. Dies gilt sicherlich nur für Ausnahmesituationen und nicht jeder wird bis zu dieser letzten Konsequenz gehen, doch stellt dies das Prinzip klar. Wenn sich jemand aber zu einer Handlung zwingen läßt, so wäre diese sicherlich nicht freiwillig, auch wenn ein innerer, materieller Zwang nicht besteht.

Wie man es dreht und wendet, überall zeigen sich hier die Unzulänglichkeiten und Grenzen des deterministischen Weltbildes. Um es zu retten, müßte man einen absoluten Schicksalsbegriff oder eine fatalistische Gottesvorstellung einführen, denen zufolge das Zukünftige notwendig eintritt, unabhängig und gleichgültig davon, was immer wir auch tun mögen. Tritt aber das Zukünftige wirklich notwendig ein, gleichgültig, was immer wir täten, so tritt nicht nur das Resultat dieses Faktums, sondern auch alle es vermittelnde Geschehnisse und Handlungen ein, da sich die Notwendigkeit ja nicht auf ein aus dem Zusammenhang gerissenes Resultat beziehen kann. Dann allerdings ist auch jede unserer Handlungen in diesen Gang der Dinge eingeschlossen, inklusive aller möglichen Gegenmaßnahmen, womit aber die Vorstellung vom absoluten Fatum tautologisch ad absurdum geführt wäre. Oder wir müssen uns das Verhältnis von absolut, also Gott, und Mensch so denken, daß Gott unser Handeln wie ein Naturgesetz in einer Weise bestimmt, daß der Mensch als Individuum in seiner Freiwilligkeit und Verantwortung von der absoluten Macht Gottes selbst vernichtet erscheint. Dies käme an äußeren Zwang heran und bedeutete nichts anderes als die Negation der Möglichkeit, als Mensch Gott gegenüber verantwortlich zu sein. Ein solcher Begriff eines Fatums ist aber eine nicht vollziehbare Vorstellung, weshalb er schon im klassischen Altertum als das »Sophisma der faulen Vernunft« bezeichnet wurde.

Zur Erklärung des geistigen Lebens können also Materialismus und Determinismus keinen nennenswerten Beitrag leisten. Sowohl beim Erkennen als auch beim Verhalten verbleibt jenseits des rein Physischen ein noch ungeklärter Rest. Aber auch im praktischen Verhalten jedes Naturwissenschafters beobachten wir ein Phänomen, das mit der Vorstellung vom maschinellen und rein materiellen Automatismus unseres bewußten Erlebens nicht erklärbar ist. Das Bemühen um naturwissenschaftliche Erkenntnis und Forschung läuft wohl nicht boß auf physiologischer Grundlage ab und führt dann nicht automatisch zu vorhersagbaren Ergebnissen, sondern wird durchaus willentlich gesteuert. Da also unsere Erkenntnisbemühungen auf Willenshandlungen zurückzuführen sind und nicht durch ein epikureisches Abwarten auf zufällige Einfälle erklärt werden können, setzen auch naturwissenschaftlich Forschende freie Handlungen und strafen den Determinismus damit Lügen.

Bei aller instrumentellen Brauchbarkeit des naturwissenschaftlichen Weltbildes ist es doch für eine umfassende Erklärung aller Phänomene des Wirklichen überfordert. Den materialistischen Ansatz, der ja selbst nicht aus der Materie stammt, sondern vom Menschen willentlich gesetzt wurde, zu verabsolutieren, bedeutet darüber hinaus, alle sonstigen Gesichtspunkte auf diese Grundannahme hin zu relativieren. Auf diese Weise kommen wir zu einer eingeengten und reduktionistischen Betrachtung der Fülle der Erscheinungen unseres Lebens, und so platt, steril, unbefriedigend und künstlich sind letzten Endes die Resultate eines so generalisierenden Materialismus dann auch.

Am deutlichsten wird die Hilflosigkeit des Materialismus angesichts sittlicher und ästhetischer Erscheinungen und geschichtlicher Entwicklung. Die sich darin äußernden Symptome dieser drei Phänomene werden zwar, wie zu erwarten, generalisierend auf stoffliche Grundlagen zurückgeführt, das Warum ihres Auftretens bleibt aber völlig ungeklärt in der Schwebe. Mit naturwissenschaftlichen Mitteln ist diese Frage auch nie aufklärbar, da die Fragestellung selbst jenseits des Rahmens eines immanenten Systems liegt. Im Bereich der Naturwissenschaft gibt es nur ein kausales »Wenn – Dann«, Fragen nach dem Warum eines Entstehens und dem Wozu einer Entwicklung werden als teleologisch und »unwissenschaftlich« glatt abgewiesen. Nur tauchen sie nun einmal in unserem Leben – auch in dem jedes Naturwissenschafters – ständig auf und dürfen deshalb nicht einfach von der Hand gewiesen werden, weil das naturwissenschaftliche Latein darauf keine Antworten geben kann. Warum und Wozu, die Fragen nach dem Sinn des Lebens und den Werten, sind existentiell zu ernst und tiefgreifend, als daß sie ein reduktionistischer Materialismus mit dem Besen der Naturwissenschaftlichkeit unter den Teppich des Determinismus zu kehren vermöchte.

Die Naturwissenschaft gibt nun einmal nicht für jedes Problem eine Erklärung, sie ist nicht das einzige Wissenschaftsmodell, und aus ihr ergeben und entwickeln sich nicht sämtliche anderen Wissenschaften. Sie setzt sich nicht selbst, vielmehr werden ihre axiomatischen Grundlagen vom menschlichen Willen frei gesetzt. Generalisiert und verabsolutiert man ihren Zuständigkeits- und Wirkungsbereich, tut man ihr nichts Gutes, sondern bedroht ihre eigene Existenzberechtigung. Sie deckt also nur eine Dimension des Seins ab und ersetzt kein ergänzendes Denken in anderen Dimensionen. Jenseits des rein phy-

sischen Bereichs verbleibt noch ein ungeklärter überphysischer – oder metaphysischer – Rest, die nicht erschöpfende immanente Betrachtungsweise des Wirklichen wird folglich durch eine darüber hinausgehende – transzendent(al)e – zu vervollständigen sein.
Wie jede Theorie muß sich auch jedes Vorstellungsmodell eine kritische Prüfung hinsichtlich seiner Richtigkeit und Brauchbarkeit in der Wirklichkeit gefallen lassen. Da kein Modell mehr an Klarheit bringen kann, als man ihm durch die vorhergehende Setzung seiner Grundlagen ermöglicht, darf man sich eben auch nicht wundern, daß nur beschränkte Ergebnisse zu erwarten sind und tatsächlich resultieren. Kommt man durch eine Betrachtungsweise zu keinem endgültigem Ergebnis, so ist es durchaus legitim, sie durch eine weitere zu ergänzen. Illegitim wäre es vielmehr, das erste Modell durch Generalisierung und Verabsolutierung zu überfordern, indem man es zur alleinigen Erkenntnismöglichkeit schlechthin deklariert. Wir wollen uns demnach nun einer anderen Betrachtungsweise des Wirklichen zuwenden, wohlgemerkt auch nur einem Vorstellungsmodell, wir uns da wegen der Bedeutsamkeit der offen gebliebenen Fragen einfach nicht damit abfinden können, sie als inexistent zu betrachten, bloß weil das erste Modell zu wenig »griff«. Die Sinnfrage, die Möglichkeit von Handeln und Wollen, Ethik und Freiheit können und dürfen nicht so mit leichter Hand vom Tisch gefegt werden.

Kapitel 3

Transzendenz, Metaphysik, Idealismus und Freiheit

Wie aber kommen wir von der Vorstellung einer immanenten Welt der unbedingten Notwendigkeit, wie sie Kant in der »Kritik der reinen Vernunft« dargestellt hat, zur Vorstellung einer transzendentalen, wie sie derselbe Philosoph in der »Kritik der praktischen Vernunft« beschrieben hat? Der Ansatz liegt einerseits in der Unmöglichkeit der realen Erkenntnis der Dinge an sich, da dem erkennenden Subjekt nicht unmittelbar die realen Gegenstände, sondern nur Vorstellungen von ihnen gegeben sind. Daraus folgt andererseits, daß an allem durch rationalistische Erkenntnis Wahrgenommenen zu zweifeln ist und mit Sokrates beziehungsweise Platon feststeht, daß wir von den auf diese Weise gefundenen Dingen nur wissen, daß wir nichts wissen. Bei all dem Zweifel bleibt aber seit Augustinus und Descartes die Selbstgewißheit des zweifelnden Subjektes. Mag mir auch alle sonstige Sicherheit geschwunden sein, die Sicherheit des »cogito ergo sum« wird mir nie vergehen, solange ich nur überhaupt denke. Die sokratisch-platonische Forderung nach Selbsterkenntnis ist also der Ausgangspunkt der folgenden Überlegungen. Wenn wir Gewißheit haben wollen, müssen wir uns an unser unmittelbares Selbstbewußtsein halten, denn nur dieses haben wir mit Sicherheit.

Unmittelbar bewußt sind wir uns immer nur unserer selbst, in allem anderen können wir uns täuschen. In aller Wahrnehmung nehmen wir unmittelbar auch nur uns selbst und unsere Zustände wahr, die Dinge entstehen uns erst dadurch, daß wir unsere Empfindungen nach außen projizieren. Was wir als Dinge wahrnehmen, sind zunächst immer nur wir selbst, die wir empfinden. Wir tragen unsere Empfindungen aus uns hinaus nach außen und stellen sie vor uns selbst hin, sodaß wir unsere Zustände als das Andere zu uns, als Gegenstände oder Dinge verstehen. Wir vergessen in der als Ding angeschauten eigenen Empfindung uns und unser Tun und verlieren uns an das Ding, das wir so für etwas Fremdes halten und an dessen

Wahrgenommenwerden durch uns all unsere erkenntnistheoretischen Probleme entstehen.
Da also unsere Vorstellungen über die Dinge unsere nach außen getragenen und angeschauten Empfindungen sind, lösen wir uns vom Zwang und der strengen Gesetzmäßigkeit, die den Dingen nach dem System der absoluten Notwendigkeit zukommen sollen. Der strenge Zusammenhang, in dem die Dinge stehen, ist das Produkt unserer eigenen Bewußtseinstätigkeit, und wir Menschen sind demnach nicht kausal abhängig von den Produkten unseres eigenen Bewußtseins. Denn alles, was durch uns ist, hängt von uns ab, aber nicht wir von ihm.
So gleicht unser Wissen von den Dingen dem Bild, das wir uns von den Dingen machen. Wissen ist immer nur Vorstellung und Bild, aber niemals Realität an sich. Wenn aber diese Bilder nicht die Realität an sich vollständig erfassen, so muß die Realität hinter den Bildern gelegen sein. Denn sie fordern als Bilder, die abbilden, etwas, das abgebildet wird und in den Bildern in Erscheinung tritt. Die Realität, auf die sie hinweisen, ist aber durch kein Abbilden zu erreichen – wir suchen immer noch nach Realität und Wahrheit. Wie können wir sie finden? Wie kommen wir zur Realität und was ist sie, wenn das Beobachtete nicht das Reale ist?
Da bei aller Einsicht in die Unmöglichkeit der realen Erkenntnis der Dinge an sich und bei allem Zweifel allein die Selbstgewißheit des zweifelnden Subjektes als einzig sicher übrigbleibt, kann nur das unmittelbare Selbstbewußtsein den Zugang zur realen Wirklichkeit eröffnen. Die erste Gewißheit unseres unmittelbaren Selbstbewußteins ist die, daß wir sind. Über diese erste Gewißheit des eigenen Selbst wollen wir aber zu weiterer sicherer Erkenntnis gelangen, das heißt, daß wir handeln wollen. Nur indem wir die willentliche Handlung setzen, aus uns heraustreten, können wir mit einer weiteren Realität rechnen. Unser Wille zum Handeln ist also die zweite Gewißheit.
Wenden wir uns zuerst diesem Willen zu. Was können wir wollen, solange dieser Wille noch nicht auf reale Gegenstände gerichtet ist? Wonach soll sich dieser erste Wille richten? Er kann seine Wurzel nur in der ersten Gewißheit, dem unmittelbaren Selbstbewußtsein, haben und sich allein nach ihr richten. Diese Gewißheit – auch un-

ser Gewissen genannt – zeigt uns schlechthin die Richtung unseres Willens. Folgen wir unserem Gewissen – der dritten Gewißheit überhaupt – so wollen wir stets nur Gutes. Wir bezwecken also mit unserem Wollen das Gute schlechthin, noch nie hat jemand das Nicht-Gute, auch Schlechte oder Böse, an sich gewollt. Das »radikal Böse« ist daher ein undenkbarer Begriff, Böses kann nur durch einen fehlgeleiteten guten Willen erfolgen. Ist unser Wille nur unverrückt und redlich auf das Gute gerichtet, folgen wir demnach treu dem Gebot unseres Gewissens, so wird in der Folge das Wahre, die reale Welt, von selbst zu fassen sein.

Dem Willen zum Handeln hat nun die Handlung selbst zu folgen. Da unser Wille dem Gewissen folgt und damit zunächst gut ist, kann auch unsere Handlung primär nur gut sein und nur Gutes bewirken. Wir sind uns dieser sich im Handeln äußernde Realität unserer selbst auch immer unmittelbar gewiß. Diese Sicherheit ist aber kein Ab- oder Nachbilden unserer selbst, sondern das unmittelbare Innewerden unserer Wirklichkeit in unseren Werken. Nur durch Handeln schaffen wir uns unsere Welt und gelangen zur Realität. Von der Willenshandlung geht das Bewußtsein der wirklichen Welt aus, nicht umgekehrt vom Bewußtsein der Welt die Willenshandlung. Wir handeln nicht, weil wir erkennen, sondern wir erkennen, weil wir handeln. Mit Fichte ist die praktische Vernunft die Wurzel aller Vernunft.

Damit vermögen wir alles falsche Wissen, das sich gegen unseren guten Willen und unser reines Gewissen erheben könnte, niederzuschlagen. Jede vorgebliche Wahrheit, die durch ein bloß materielles Wissen hervorgebracht wurde, nicht aber auf dem guten Willen und dem Gewissen gegründet sein soll, ist deshalb inkorrekt, weil ein rein auf das Immanente gerichtete Wissen in letzter Konsequenz eben nur zur Erkenntnis führt, daß wir nichts wissen können. Das Wissen des Materialismus findet nie etwas anderes, als was erst durch den Glauben in seine Vordersätze gelegt wurde. In der praktischen Vernunft der redlichen guten Willenshandlung besitzen wir aber den Prüfstein aller Wahrheit und Überzeugung; aus dem Gewissen stammt die Wahrheit, was ihm widerspricht, ist sicher falsch, und es ist keine Überzeugung davon möglich. Durch die Gebote des Gewissens alleine kommt Wahrheit und Realität in unsere Vorstellungen, gegen unsere Gewissensgebote zu streiten, ist uns letzten Endes unmöglich, sie kommen über uns aus eigener Kraft. Auf sie zu hören, ihnen redlich zu dienen und unbefangen ohne Furcht und Klügelei zu gehorchen, ist unsere ganze und einzige Bestimmung. Daß wir der Stimme unseres Gewissens folgen sollen, ist eigentlich das erste Wahre selbst und von ihr wird alles andere Wahre abgeleitet. Wir besitzen Verstand, um das zu erkennen, was das Gewissen von uns fordert, und wir besitzen auch die Kraft, dies zu vollbringen.

Wenn wir also nur unserem Gewissen folgen sollen und dazu uns die Welt nach unseren Vorstellungen selbst bilden, löst sich nun alles in einem schrankenlosen Subjektivismus auf? Keineswegs, denn dies verbieten uns schon unsere Gewissensgebote! Wir sollen das Gute schlechthin und um seiner selbst willen tun und wollen. Nur durch diesen sittlichen Willen gelangen wir über eine reine Immanenzbefangenheit zu wirklichem Wissen. Es gibt kein Wissen ohne sittliches Wollen. So treffen wir auf Erscheinungen, auf die wir den Begriff unserer selbst übertragen – ich denke sie mir als Wesen meinesgleichen und nenne sie Mitmenschen. Obwohl diese vermeintlichen Vernunftwesen außer uns zunächst auch nichts anderes sind als Produkte unserer eigenen Vorstellungen, so gebietet uns doch die Stimme unseres Gewissens, sie als für sich bestehende, freie, selbständige und von uns ganz und gar unabhängige Wesen zu behandeln. Unser sittliches Gewissen veranlaßt uns, ihre Freiheit zu ehren und ihre Zwecke mit Liebe gleich den eigenen zu ergreifen und zu achten. Wir werden daher unsere Mitmenschen als für sich bestehende und unabhängig von uns vorhandene, Zwecke fassende und ausführende Wesen betrachten.

Wir treffen aber auch auf andere Erscheinungen, die wir nicht für Wesen unseresgleichen, sondern für vernunftlose Dinge halten. Auch ihren Begriff haben wir zunächst aus unserem Vorstellungsvermögen entwickelt, obendrein erfassen wir sie durch Bedürfnis, Genuß und Begierde. Jetzt tritt das Gewissen hinzu, indem es unseren Naturtrieb zugleich absegnet und beschränkt: Wir sollen uns selbst und unsere Kraft erhalten, üben und stärken, aber nur durch zweckmäßigen und angemessenen Gebrauch dieser Dinge. Unser sittliches Empfinden wird uns darüber hinaus daran ermahnen, daß es außer uns noch mehrere unseresgleichen gibt, auf deren Kraft und Wohlergehen genauso wie auf unseres zu rechnen ist und die auf die gleiche Art wie unsere erhalten werden sollen. Hier liegt die sittliche Wurzel allen sozialen Verhaltens, sich selbst nicht mehr zu nehmen, als man auch anderen gestattet. Ehre als Eigentum, was ihnen zukommt, und behandle zweckmäßig als deines, was dir zukommt. Wir werden sonach genötigt, die Dinge als unter ihren eigenen, von uns unabhängigen und durch uns teilweise erkennbaren Gesetzen stehend zu betrachten. Unser sittliches Empfinden veranlaßt uns also, ihnen ein von uns unabhängiges Dasein zuzumessen, und es wird unsere Aufgabe sein, sie und ihre Eigengesetzlichkeiten zu erforschen.

Hier gründen wir die ethische Wurzel allen naturwissenschaftlichen Forschens: Um sittlich handeln zu können, müssen wir uns selbst erhalten und unsere Aufgaben in der uns umgebenden Objektwelt wahrnehmen, die wir als Natur erforschen und uns nutzbar machen. Jede wahre Erkenntnis geht von der praktischen Vernunft aus: Von der reinen, unverfälschten und unmittelbaren Selbstgewißheit des Menschen führt sie über die Willenshandlung zur metaphysischen Dimension des Sollens und zur physischen Dimension der materiellen Gegenstände. Die Richtung unseres Wollen und Handelns wird dabei von dem uns unmittelbar innewohnenden sittlichen Empfinden bestimmt. Diese Ethik tritt uns entgegen als unser Wohlgefallen am Guten und am als gut Erkannten, dieses Wohlgefallen ist die Liebe zum Guten schlechthin, die »platonische«, sittliche Liebe. Sie erfaßt uns direkt, nötigt uns zu unmittelbarer Stellungnahme und ihr geben wir uns offen, ohne Zweifel, Klügelei und Zwischenschritten hin. Durch die sittliche Liebe haben wir Anteil am Universellen, Ewigen und absolut Wahren.

Mögen auch in späteren Ableitungsschritten unterschiedliche Auffassungen über das, was gut ist, auftreten, so steht doch das Prinzip des sittlichen Wollens und Handelns fest und am Anfang. Im Zweifel kann man immer darauf zurückgreifen und sich neue Orientierung von ihm holen. Das sittliche Empfinden läßt uns nicht gleichgültig und kalt, sondern fordert von uns heiße Anteilnahme und gebietet uns, klar Stellung zu beziehen. Deshalb nennt Kant den obersten Leitsatz des Sittenangebotes auch den kategorischen Imperativ: »Handle stets so, daß die oberste Maxime deines Wollens jederzeit zugleich auch zur Grundlage eines allgemeinen Sittengesetzes werden kann.« Damit haben wir uns über den vermeintlichen Determinismus immanenter Notwendigkeiten hinauserhoben, um uns nun in freier Willensentscheidung den Forderungen des Gewissensgebotes zu beugen. Der Sinn unseres Lebens ist nicht, als Marionetten an den Schnüren von Naturkräften zu zappeln und zu tanzen, sondern aus freiem Willen den moralischen Geboten unseres Gewissens zu gehorchen und somit unsere Pflicht zu tun.

Was ist aber von demjenigen zu halten, der die sittliche Bestimmung seiner Existenz nicht kennt oder sie verleugnet? Selbst ihm entsteht die Welt der Immanenz und sein fester Glaube an sie auf keinem anderen Weg als aus dem Begriff von einer moralischen Welt. Umfaßt er das Sittenangebot auch nicht durch den Gedanken an seine Pflicht, so tut er dies doch durch die Forderung seiner Rechte. Was er sich selbst vielleicht nie zumutet, mutet er doch gewiß anderen gegen sich zu. Er wird von ihnen fordern, ihn mit Besonnenheit, Überlegung, Zweckmäßigkeit, Höflichkeit und Rücksichtnahme nicht als seelenloses Ding, sondern als ein freies und selbständiges Wesen zu behandeln. So gesteht er also unbeabsichtigt den anderen zu, freie, verantwortliche und vernunftbegabte Menschen zu sein, sei es auch nur darum, damit sie ja seine Anforderungen erfüllen können. Setzt sich auch ein Leugner der Sittlichkeit etwa beim Gebrauch und Genuß der ihn umgebenden Objekte nie einen anderen Zweck als den, sie eben zu genießen, so fordert er wenigstens den Genuß als ein Recht, in dessen Besitz ihn andere ungestört zu lassen haben. Man braucht nur den, der seine eigene sittliche Bestimmung verleugnet und die anderen nur als Objekte in seinem Spiel betrachtet, tätlich anzugreifen und seine eigenen Grundsätze gegen ihn einzusetzen, so wird er gar rasch sehr ernst werden, unwillig reagieren und behaupten, daß man dieses weder soll noch darf. Zumindest an diese Ansprüche knüpft sich seine Anerkennung von Freiheit, Verantwortung und Sittlichkeit.

Freiheit und Verantwortung gehören freilich zusammen wie die beiden Seiten einer Münze. In Freiheit verwirklicht sich unser bewußtes und am Gewissensgebot orientiertes Wollen, das damit sittliche Verantwortung übernommen hat. Mit der Verantwortung wird Egoismus und Hedonismus überwunden und unser Menschsein in eine höhere Pflicht genommen. Freiheit zu reklamieren, ohne Verantwortung tragen zu wollen, wäre nur unreifes Geschwätz. Freiheit läßt sich als Wille zur Selbstverantwortung definieren, eine Freiheit »wovon« ist ohne den Begriff einer Freiheit »wozu« undenkbar. Wer nicht weiß, wozu er frei wollen und handeln soll, irrt blind umher und ist notwendig Gefangener fremder Absichten. Nur durch unser sittliches Wollen haben wir uns von den äußeren Zwängen materialistischer Manipulierbarkeit befreit, allerdings müssen wir nun den Weg der Verantwortung und der Pflicht gehen. Um es noch schärfer auszudrücken: Die Synthese aus der Freiheit und der Verantwortung heißt Pflicht. Pflicht nennt sich die Münze, deren beide Seiten Freiheit und Verantwortung sind. Im Bilde gesprochen würde dies bedeuten, daß wir uns mit der Freiheit vom Boden aufheben, in der ethischen Verantwortung den Zenit erreichen und mit der Pflicht zur Erde zurückkehren. Die Pflicht ist es, die unserem transzendentalen Höhenflug die letzte Weihe verleiht und uns als endliche Wesen gemahnt, im Kleinen das Große zu sehen und unsere alltäglichen, oft allzumenschlichen Pflichten zu erfüllen. Aber gerade auf diese kommt es an, denn sie zeigen uns, ob wir es überhaupt verdienen, frei-verantwortliche Menschen genannt zu werden. Sind wir uns nur über den einzuschlagenden Weg im Klaren, so werden wir die Orte, die wir erreichen werden, auch guten Gewissens erreichen können.

Der uns unmittelbar gegebene Inhalt des Gewissensgebotes bestimmmt den Zweck unserer Handlungen und ihrer materiellen Folgen. Das Gewissensgebot des sittlichen Handelns setzt uns durch sich selbst den Zweck unseres Wirkens und seine materiellen Auswirkungen in der immanenten Dimension unserer Welt. Die herrschende Funktion kommt also dem Sittengesetz zu, wogegen die dienende den materiellen Dingen und ihren eigenen Gesetzmäßigkeiten zufällt. Die Materie ist das Instrumentarium, auf dem und durch das der sittliche Wille regiert, sie ist das Werkzeug, durch das und in dem sich der sittliche Wille verwirklicht. Die Immanenz ist die Bühne, für welche die Transzendenz die Handlung schreibt und auf der das Schauspiel der Willenshandlung aufgeführt wird. Um unsere metaphysischen Aufgaben so gut wie nur irgend möglich erfüllen zu können, schenken wir unsere Aufmerksamkeit auch dem Physischen, in dem und durch das sich unser Wille manifestiert. Die materiellen Produkte unseres Willens können uns also weder manipulieren noch bedrohen. Vielmehr ist es ausschließlich unser eigener Wille, vor dem wir uns fürchten müssen, sobald wir unsere sittliche Bestimmung vergessen oder verleugnen und Böses tun. Nicht die Technik und ihre Produkte sind abzulehnen, sondern allein ihr Mißbrauch durch Mangel an Moralität.

So ist auch nicht eine materielle Sache, die wir Waffe nennen, an sich moralisch schlecht oder böse, sondern nur die mögliche Absicht, sie zu gebrauchen. Haß ensteht nur aus Mangel oder Verweigerung von Liebe. Friede erzielt man nicht durch Abschaffung irgendwelcher Waffen, sondern durch Liebe. So wie wir nicht hungern, weil Speisen für uns zur Verfügung stehen, sondern etwas für uns zur Speise wird, weil wir hungern, so kommt es nicht durch das bloße Ansammeln von Dingen, Waffen genannt, zum Kriege, sondern diese materiellen Gegenstände werden durch den kriegerischen Willen zu Waffen. Wer Frieden will, muß Liebe predigen – bloße Abrüstung schafft nicht einmal die Voraussetzung zum Frieden, sondern ohne den Willen zur Liebe bestenfalls den Mord mit eingeschränkter Waffentechnik.
Das Soll des Sittengebotes, der kategorische Imperativ, ermöglicht uns durch unser Handeln nicht nur das Begreifen der Welt, vielmehr stellt es uns noch das Erreichen einer anderen besseren Welt in Aussicht, zu der wir durch unser Handeln selbst gelangen können. Das sittliche Gebot bürgt uns durch sich selbst für diesen Zweck. Wenn wir im Gehorsam unserem Gewissen gegenüber leben, dann leben wir zugleich in der Anschauung seines Zweckes und damit einer besseren Welt. Hier liegt der wahre Grund für den Willen zum und für die Hoffnung und den Glauben an den Fortschritt der Menschheit. Ob wir diesen freilich wirklich erreichen, liegt ausschließlich an uns und an unserem Gehorsam gegenüber dem Sittengebot.

Nun stellt sich die Welt aus einem neuen Blickwinkel dar: Sie hat für uns – außer ihrem rein ästhetisch-künstlerischen Gesichtspunkt – in ihrer heutigen Gestalt ihren Wert nur als Bewährungsprobe für unser sittliches Empfinden und als Durchgangspunkt zu einer möglichen höheren und vollkommeneren Welt. Nicht um ihrer selbst willen, sondern um der besseren möglichen und zukünftigen zuliebe, welche heute vorbereitet wird, könne wir die heutige Welt ertragen, achten und in ihr freudig das Unsrige vollbringen. Wir ehren sie aber

auch deshalb, weil im verwirklichten, aber auch vergeblichen sittlichen Bemühen die Anschauung einer ewigen transzendentalen Ordnung spürbar wird.
So bemühen sich die Menschen seit jeher um einer Verbesserung ihrer Welt, oft erleiden sie Schiffbruch, aber auch mancher Fortschritt gelingt. Mögen die einen begeistert sein darüber, wie herrlich weit wir es insgesamt gebracht haben, so werden die anderen dies nur als Spott empfinden. Doch wie dem immer auch sein mag, so muß sich jede Generation von Menschen und in ihr jeder einzelne stets aufs Neue mit den Problemen unserer Existenz auseinandersetzen und ihre Erfahrungen selbst machen. Erziehung und Tradition können hier nur helfen, aber nicht ersetzen.
Der durch das Gewissen uns gebotene Wille zum Guten wirkt als transzensdentale Ursache in der immanenten Dimension als materielle Tat. Ohne daß wir den ganzen Weltenplan bis in den letzten Winkel erst überblicken und danach unser Handeln berechnen könnten und müßten, fordert das Sittengebot konkrete Taten. Welche Folgen sie auch im immanenten Bereich haben mögen, so können sie für den transzendenten nichts anderes als Gutes bewirken. Mögen uns materiell die Folgen unserer Taten manchmal auch nicht ersprießlich erscheinen, so können wir in Rücksicht auf die sittlich geprägte transzendentale Sphäre unserer Existenz trotzdem ruhig bleiben. Denn wir befördern den irdischen Zweck nicht um seiner selbst willen, sondern nur deshalb, um dem transzendentalen Sittengebot zu gehorchen. Da wir im irdischen Leben nur materielle Taten setzen können, wenn wir dem ethischen Gesetz folgen, so braucht uns um den materiellen Erfolg nicht bange zu werden. Wir leben in unserem Wirken schon im Immanenten unserem eigentlichen Wesen nach allein für die Transzendenz und ihre ideellen Zwecke. Für das materielle Dasein wirken wir nur um des anderen willen und auch bloß darum, weil wir für das sittlich Gute in der Immanenz allein durch materielle Taten eingreifen können.
So werden die Menschen nicht müde werden, sich rechtliche Verfassungen im Innern ihrer Völker, Staaten und Gesellschaften zu schaffen, und sich bemühen, ihre Einrichtungen immer weiter zu verbessern und zu verfeinern. Sie werden danach trachten, auch nach außen hin rechtliche und ordentliche Verhältnisse zu schaffen, und nimmer

nachlassen, ihre Kenntnisse und Tugenden auszudehnen und zu vervollkommnen. Und da niemand das Böse tut, weil er es an sich liebt, sondern in ihm nur die kurzfristigen und vermeintlichen Vorteile und Genüsse schätzt oder durch Gedankenlosigkeit an den glitzernden Erscheinungen des Materiellen haften bleibt, so werden eine gute Erziehung und weise Einrichtungen eines Tages vielleicht auch das Böse überwinden können, und eine sittlich vollkommene Menschheit wird entstanden sein. So ist es wenigstens im Gedankenexperiment vorstellbar, daß wir, nur rein dem Sittengebot folgend, schließlich eine vollkommene und gerechte kosmopolitische Welt und Gesellschaft errichten könnten.

Das Geschlecht, welches jenen höchsten Zustand auf Erden zuerst erreicht haben wird, kann nichts weiter tun, als in demselben zu verharren, ihn kräftigst zu behaupten, zu sterben und Nachkommen zu hinterlassen, die dasselbe tun werden wie ihre Vorfahren und wieder Nachkommen hinterlassen werden, die wiederum dasselbe tun werden bis ans Ende der Welt. Die Menschheit stünde am Ziele auf Erden – ist damit die Geschichte zu Ende? Was bliebe noch zu tun, gelänge es Wissenschaft, Technik, Medizin und Ökonomie, uns auf Abruf jederzeit ohne Mühe jeglichen beliebigen Lebensstandard und Befreiung von allen körperlichen Schmerzen zur Verfügung zu stellen? Was gäbe es noch für ästhetische Freuden, schaffte die Kunst einen endgültigen und harmonischen Ausgleich zwischen Vorstellung und Wirklichkeit, den sie ja unfehlbar ereichen müßte, folgte sie nur getreulich den Stimmen ihres inneren Gebotes? Ist die Verwirklichung der Träume Epikurs tatsächlich das letzte Ziel der Menschheit?

Wäre es tatsächlich die ganze Absicht unseres Daseins, einen bestimmten irdischen Glückszustand hervorzubringen, so hätte es eigentlich nur eines unfehlbaren Mechanismus bedurft, und jede historische Höher- und Weiterentwicklung wäre sinnlos und überflüssig, ja sogar hinderlich. Warum sollte sich ein unfehlbarer materieller Mechanismus selbst solche Stolpersteine in den Weg legen? Das Ideal immanenter Kausalität, daß auf eine Ursache ausnahmslos eine bestimmte Folge einzutreten habe, wäre doch lediglich behindert und erschwert. Solche teleologischen Fragen lassen sich jedoch nun einmal nicht immanent und aus der reinen Empirie beantworten, weswegen sie auch ein konsequenter Materialismus glatt von sich weist. Doch die Hälfte unserer Welt – und gerade die für uns bedeutsamste – ist Teleologie. Was aber den Materialismus selbst betrifft, daß wir nämlich letzten Endes durch das empirische Wissen nichts wirklich Reales erfassen können, und im praktischen Leben auch jeder Naturwissenschafter teleologisch und damit antimaterialistisch handelt, wurde schon zur Genüge abgehandelt. Also werden wir die Frage, ob irdische und materielle Zecke den höchsten Sinn unseres Lebens ausmachen, dennoch aufrechterhalten und weiterhin transzendental beantworten müssen.

Dabei wollen wir uns nochmals in Erinnerung rufen, daß wir in das Chaos der Erscheinungen erst durch begriffliches Denken Ordnung zu schaffen vermögen. Dem werden wir uns jetzt noch näher zuwenden: Schon der Sinn des Wortes »Be-griff« macht deutlich, daß wir durch eine Handlung zur Vorstellung des Inhaltes einer Anschauung gelangen. Durch unser Handeln kommen wir also erst zu Erkenntnis und Denken. In der Sprache verbinden wir nun unsere Begriffe mit Worten, die aus der »An-schauung« der uns umgebenden materiellen Objektwelt stammen. Da wir in diesen Objekten oder Dingen aber nie die »Dinge an sich« voll umfassen können, sondern uns nur ein anthopozentrisches Bild von ihnen zu machen in der Lage sind, fällt schon bei der Verbindung der bloßen sinnesphysiologischen Rezeption mit dem entsprechenden gedanklichen Begriff wahrgenomme »Ein-sicht« und begriffliche »Vor-stellung« im Bild zusammen. Solche Vorstellungen, Anschauungen, Bilder, Gesichte, Erscheinungen und Gestalten werden nun seit altersher mit dem entsprechenden griechischen Wort »Ideen« genannt. So bestehen also von allem Anfang unserer Wahrnehmung und unseres Denkens an jegliche Einsicht, Vorstellung und Überlegung nur aus Ideen unterschiedlicher Komplexität und Abstraktionsgrade.

Ideen einfacher Ordnung sind die gewöhnlichen Bezeichnungen von Gegenständen mit Wortbegriffen, bereits höhere Ideen liegen bei Gedankenleistungen und Überlegungen auf wissenschaftlicher Ebene vor und werden auch alltagssprachlich als Ideen bezeichnet, wogegen schließlich mit höchsten Ideen die Überlegungen und Vorstellungen transzendentaler Art beschrieben werden. So ist zum Beispiel eine einfache Idee die Bezeichnung »Baum«, eine höhere Idee die zoologische und botanische Klassifizierung nach Linné und eine höchste Idee der Begriff »Gott«. Mit dieser letzten Art von Ideen haben wir es nun laufend zu tun, denn sie sind das für uns wirklich Wahre und Maßgebliche und nur mit ihrer Hilfe können wir uns Klarheit verschaffen.

Wenn wir uns also die teleologische Frage nach dem Zweck unseres Daseins und Handelns stellen, so dürfen wir uns ruhig auch der Ideen höchster Ordnung bedienen, wie sich auch die Naturwissenschaft derer niedriger bedient. Die wissenschaftliche Qualität der zu erwartenden Ergebnisse wird bestimmt nicht geringer sein, denn zwischen den Abstraktionsgraden der Ideen liegt kein so prinzipieller Unterschied, der es rechtfertigte, nur Ideen erster und zweiter, nicht aber dritter Ordnung verwenden zu dürfen. An der grundsätzlichen Beschaffenheit der Ideen als bloßer Bilder ändern die verschiedenen Ordnungskategorien nicht das Geringste.

Da uns die Idee des Guten unmittelbar innewohnt und wir ohne sie weder handeln noch erkennen oder denken können, so sind wir genötigt, wie wir schon vorher eingestanden haben, das Gute um seiner selbst willen zu tun. Mögen unsere Taten im materiellen Bereich auch noch so bestimmende Folgen nach sich ziehen und bei allgemeiner Konsequenz auch zu einer guten Weltordnung führen, so handeln wir doch nicht den materiellen Folgen und Erfolgen, sondern allein dem Guten schlechthin zuliebe. Abgesehen davon, daß es heute auf Erden ohnehin nicht so aussieht, als ob die sittlich beste aller möglichen Welten bereits existierte, so werden wir bei unserem sittlichen Handeln doch nie auf den Beifall der immanenten Sphäre schielen, sondern schlicht unsere Pflicht erfüllen. Im metaphysischen Bereich, der ja erst durch unser Wollen und Handeln die physische Welt für uns erschließt, kann die Erfüllung des Sittengebotes immer nur die besten Folgen nach sich ziehen, da es doch rein in ihm fußt. So leben wir durch unseren reinen guten Willen für die transzendentale Welt und haben schon jetzt festen Anteil an ihr. Das absolut gültige und ewige Sittengesetz ist der Wille, der die metaphysische Welt beherrscht, an ihm haben wir auch Anteil durch unseren Pflichtgehorsam und in seinem ewigen Leben leben wir mit. Dieser unendliche Wille ist das lebendige Prinzip der Vernunft, ist durch sich selbst tätig und äußert sich im Menschen als Sittengesetz. Im Gehorsam die-

sem Willen gegenüber liegt unser Anteil am ewigen Leben. Er herrscht durch unseren Gehorsam auch in der Welt der physischen Erscheinungen; verkennen oder verleugnen wir sein Gebot, so stürzen wir ins Chaos. Unsere Übereinstimmung mit diesem Willen äußert sich in unserer Vorstellung des Guten. Nur in Harmonie mit ihm können wir ein sinnvolles Leben führen und innere Ruhe finden. Eine dauerhafte Disharmonie führt ins Verderben.

So geht uns die Vorstellung der Welt und der Sinn unseres Lebens erst wirklich auf: Wir sind unsterblich, unvergänglich und ewig, sobald wir den Entschluß fassen, dem Sittengesetz zu gehorchen. Die metaphysische Ordnung gibt der physischen erst Bedeutung, Zweckmäßigkeit und Wert. Sie regiert in Vergangenheit, Gegenwart und Zukunft. Unsere wahre Bestimmung ergreifen wir durch den Entschluß zur Sittlichkeit, durch ihn erheben wir uns hoch über die Banalitäten des Physischen. Unser freiwillig zu ergreifender Wille zum Guten verbindet uns mit dem ewigen Willen, wir gelangen durch ihn an die Quelle des wahren Lebens und der Unendlichkeit.

Dem unendlichen Willen entstammen alle endlichen Wesen, er gibt ihnen die Möglichkeit, zu wirken und Erfolg zu haben. Zugleich ermöglicht er uns auch, zu anderen endlichen Wesen in Verbindung zu treten, sodaß wir durch ihn und in ihm miteinander verbunden sind und uns gegenseitig vernehmen und aufeinander einwirken können. Dieser unendliche Wille läßt weiterhin allen Wesen derselben Kategorie dieselbe Sinnenwelt vorstellen, indem er alle in derselben Weise beschränkt. Dadurch schafft er eine einheitliche Welt der Anschauungen und des Denkens. Die Sinnenwelt an und für sich bedeutet selbst nichts, unsere Bestimmung liegt nicht in ihr, sondern geht über sie hinaus. Nur als Objektfeld ist sie von Wert, um in ihr unsere Pflicht zu tun, und sie sorgt dafür, daß wir überall und unter allen Umständen sittlich handeln können. Im Gebot der Pflicht vernehmen wir den Willen des Ewigen, in dem alle endlichen Willen eingeschlossen sind.

So sollen wir mit Leib, Seele und allem, was an, in und durch uns ist, uns nur als Mittel für die Pflicht betrachten und dafür sorgen, daß wir sie erfüllen, soweit es an uns liegt. Freude und Lust, Leid und Schmerz werden wir weiterhin fühlen, solange wir leben, denn sie sind Ereignisse unserer irdischen Natürlichkeit. Doch treffen sie nur die Natur, mit der wir als endliche Wesen zusammenhängen, sie treffen uns aber als Teil des unendlichen Willens nicht. Solche Empfindungen mögen uns jedoch schon in ihrer Kraft immer an die Macht der Unendlichkeit gemahnen. Das sichere Ende aller sinnlichen Empfänglichkeit wird der Tod uns bringen, doch wir sterben nur für die anderen endlichen Lebewesen auf Erden, aus deren Verbindung wir gerissen werden, und die Trauer bleibt in der Sphäre zurück, die wir verlassen.

Bei all der Fülle und Herrlichkeit der Gestalten und Gedanken sehen wir eben doch nur Bilder des Unendlichen und denken nur in Ideen. Was der Zweck hinter dem Zweck, was das Sein in letzter Hinsicht ist, und was die Bedingungen aller Erscheinungen schließlich wirklich miteinander verknüpft, kann durch allgemein darstellbare Reflexion nach bisheriger Art nicht geklärt werden. Sowie im Immanenten ein transzendenter, so bleibt nun ein numinoser Rest. Doch was ihn ausmacht und was hinter den Ideen und Bildern steckt, ist durch Grübeln und Klügeln nicht auszumachen. Wer es auf dem Wege bloßer Reflexion versucht, dem wird es wie Goethes Dr. Faust ergehen: Er möge Philosophie, Juristerei, Medizin und Theologie mit noch so heißem Bemühen studieren und trotzdem wird er nun dastehen als armer Tor und nur so klug sein wie zuvor. Dementsprechend heißen soviele Magister und Doktor gar und ziehen doch jahrauf, jahrum ihre Schüler nur an der Nase herum. »Wenn ihr's nicht fühlt, ihr werdet's nicht erjagen.«

Mögen die drei Gottesbeweise der Scholastik, der kosmologische, ontologische und teleologische, auch auf transzendentaler Ebene durchaus zulässig sein, Gott steht so erhaben über allen Versuchen endlicher Wesen, daß ein solches Bemühen müßig erscheint. Weniger durch Nachdenken und sinnreiches Schließen, sondern mehr durch unmittelbare Anschauung gelangen wir zu Ihm. Im ästhetischen Erleben, im Empfinden unserer Endlichkeit, Beschränktheit, Ohnmacht, Bedingtheit und Abhängigkeit, im Appell unseres sittlichen Gewissens und in verschiedensten Erscheinungsformen und Erlebnisweisen treffen wir auf Ihn. Doch den Weg zu Ihm müssen wir selbst gehen, dafür gibt es kein allgemein verbindliches Rezept. So weist auch Luther darauf hin, daß das Abenteuer mit Gott nur jeder mit und für sich selbst einzugehen hat und so zu einer religiösen Überzeugung

finden kann. Dafür ist es auch unmöglich, uns eine fremde Überzeugung aufzuzwingen, die unserem guten und freien Willen widerspräche.
Ein Idealist erkennt also nur den geistigen Gütern eigenen Wert zu und mißt Erscheinungen am Maßstab der höchsten Ideen. Er wird dem Sittengebot getreulich folgen und seine Pflicht in dieser Welt erfüllen. Sollte aber einmal die Menschheit ganz dem Materialismus verfallen und ihre sittlichen Pflichten vergessen, so wird sie sich und ihre Welt zerstören. Dies mag sie ruhig tun, es wird Gott nicht weiter berühren, denn Er wird im Universum weiter regieren. Nicht Er braucht uns, sondern wir brauchen Ihn und sind Ihm deshalb Gehorsam schuldig. Verweigern wir diesen, so straft Er uns durch uns selbst, indem Er uns dort trifft, wo wir in Pflichtvergessenheit uns ganz verloren haben: in unserer materiellen Selbstsucht. Wenn aber ein Idealist mit der getreulichen Pflichterfüllung noch nicht sein Auslagen gefunden hat, so wird er den Gang der reinen Philosophie verlassen und den vielleicht auch beschwerlichen Weg Gottes beschreiten müssen. Nur auf diese Weise kann er – so Gott will – einen Blick hinter die Ideen auf das Wesen der Dinge an sich und ihre Zusammenhänge werfen.

Kapitel 4

Das Numinose und Gott

Der Exkurs in die Erkenntnistheorie brachte uns die richtige Einschätzung der Erscheinungsformen der Welt und unserer Handlungsmöglichkeiten: Angesichts der Vielfalt unserer Eindrücke und Empfindungen ordnen wir reduktionistisch und abstrahierend die Welt nach begrifflichen Anschauungsformen. Die naturwissenschaftliche Methode der Erklärungen der immanenten Materie liefert uns ein brauchbares Instrumentarium zum Umgang mit unserer Objektwelt, ist aber kein wirklich erschöpfendes und umfassendes Modell der Realität, sondern steht sittlichen und ästhetischen Äußerungen sowie geschichtlicher Entwicklung hilflos gegenüber. So erfahren in unserem praktischen Leben Empirie und Determinismus ihre Ergänzung durch eine transzendentale Betrachtungsweise, die sich in unserer Freiheit, dem Sittengebot und den Vorstellungen der höchsten Ideen manifestiert. Im aus sittlicher Liebe geleisteten Pflichtgehorsam gegen den kategorischen Imperativ endet jede allgemein erklärbare und mitvollziehbare menschliche Reflexionsmöglichkeit. Nur in persönlichem Erleben und unmittelbarer Anschauung läßt sich das Wesen der Dinge an sich und das Abgebildete Selbst hinter dem Bild finden, doch kann dies eben bloß jeder für sich alleine tun, generell nachvollziehbare Rezepte dafür können nicht aufgestellt werden.

Allgemein darstellen lassen sich nur Beschreibungen schon unternommener Fahrten hinter die höchsten Ideen und Zeugnisse davon, was vorgefunden wurde. Geschildert werden können die Medien, Modalitäten und Inhalte der Wege, die dorthin führen, sowie die Reaktionen der Menschen auf das, was sie dort antrafen. Ein Ersatz für ein entsprechendes eigenes Erleben und die persönliche Anschauung kann aber eine solche Darstellung niemals sein. Auch darf nicht vergessen werden, daß ein solcher Weg nicht einfach zu beschreiten, sondern geradezu abenteuerlich ist und mehr noch als der Beschluß zu einer transzendentalphilosophischen Betrachtungsweise ein noch weiteres Absehen und Abrücken von materialistischen und immanenten Anschauungen erfordert. Für ein sinnerfülltes Leben ist es auch nicht unbedingt vonnöten, den Weg hinter die Ideen zu gehen, denn für das alltägliche Leben reichen die Ideen selbst und für das praktische der sittliche Gehorsam aus. Nur wer zu wirklich letzter Erkenntnis will, wird sich bemühen, seinen persönlichen Weg zu Gott zu finden.

Angesichts unserer eigenen Endlichkeit, Relativität, Beschränktheit, Ohnmacht, Abhängigkeit und Bedingtheit schließen wir auf eine uns zunächst nicht näher greifbare Unendlichkeit, Unbeschränktheit, Selbständigkeit und ein alles Bedingte Bedingende, auf etwas Absolutes und Allmächtiges, dem wir als Synonym die Bezeichnung »Gott« oder »das Göttliche« geben. Schon in diesen begrifflichen Anschauungen, die wir aus unseren alltäglichen Handlungen und Erkenntnissen gewonnen haben, spricht eine erlebnishafte Begegnung mit dem Ewigen und mit numinosen Kräften. Als das Numinose empfinden wir das uns wesenhaft Verschiedene, ganz Andere und Überirdische. Obwohl die Ausdrücke aus unserer menschlichen Anschauungssprache stammen, meinen sie doch eine völlig eigene Seinsmodalität. Die uns zugängliche numinose Wirklichkeit schwebt aber dabei nicht über unserer Welt, vielmehr greift sie durchaus in sie ein und wird so erst durch uns erlebbar. Das Unendliche und das Ewige sind erhaben ob Zeit und Raum, wirken aber auf die materielle Dimension ein und äußern sich auch in unserer immanenten Welt.

Hingewiesen werden wir auf Gott bereits nicht nur durch unsere begrifflichen Anschauungen, sondern auch durch ästhetische Erlebnisse und durch den aus numinoser Kraft, Macht und Willen stammenden Sittengehorsam. Darüber hinaus kann es aber noch zu unmittelbaren persönlichen Begegnungen mit dem Numinosen kommen, wie wir es aus allen Religionsgeschichten und vielen Berichten kennen. Solche erlebnishaften Begegnungen werden stets von drei unmittelbar auftretenden und materiell unerklärlichen Wirkungen begleitet, weshalb sie Rudolf Otto als »Geheimnis« bezeichnete, dem »mysterium tremendum«, dem »mysterium fascinans« und dem »mysterium augustum«. Gemeint ist damit zunächst die schauervolle Scheu, die das Numinose in dem hervorruft, der ihm begegnet. Die machtvolle Majestät des Göttlichen macht dabei den Menschen in seiner nichtigen Geschöpflichkeit erzittern. Zugleich aber beglückt sie ihn, zieht ihn an und läßt das Numinose als begehrenswert erscheinen. Schließlich

wird das Begegnungserlebnis als erhaben und befreiend empfunden, der Mensch wird sich der Heiligkeit des Numinosen und der eigenen Profanität bewußt. So läßt sich zum Beispiel das ästhetische Erleben einer Händel-Messe oder bloß eines Ausschnittes aus ihr, das dem Zuhörer Tränen in die Augen treibt, ihn erschauern macht und ihn hinreißt und erhebt, bereits als eine Begegnung mit dem Numinosen begreifen. Religiöses Schrifttum und Meditationsberichte, aber auch Mitteilungen von Ereignissen verschiedenster Art, die auf den ersten Blick kaum mehr zu sein scheinen als irgendeine profane Kunde, legen Zeugnisse ab von unzähligen Begegnungen mit dem Numinosen.
Sobald sich jemand seiner eigenen Nichtigkeit bewußt ist und seine Selbstsucht überwindet, indem er sich in den Dienst einer höheren Aufgabe stellt, faßt er fest Fuß im Ewigen. Die Mutter, die ihr Kind aus einem einstürzenden brennenden Haus zu retten versucht; der Soldat, der sein Leben freiwillig in einer Kamikaze-Aktion zu opfern bereit ist; der Gefangene, der lieber sein Leben als seine Gesinnung verliert; der Edelmann, der die Ehre für wichtiger als ein verlogenes Leben hält; jeder, der auch in einer Extremsituation seinem Entschluß zu einem höheren Dienst die Treue hält – sie alle leben ewig in Gott. Denn sie sind Bestandteil und Instrument eines numinosen Willens, der eo ipso ewig und unendlich ist und herrscht. Sie kehren zu dem zurück, aus dem sie gekommen sind, und nur ihre materielle Hülle ist in ihrer Endlichkeit sterblich gewesen.
Außer durch ein solch konsequentes sich-in-den-Dienst-Stellen kann der Mensch auch noch auf andere Weisen zu einer Begegnung mit dem Numinosen gelangen. Insbesondere gehört hier her die Meditation oder Versenkung, die ein Erlebnis der Erleuchtung und Erkenntnis zur Folge hat. Weiters zählen persönliche Offenbarungen und Visionen sowie Auditionen hierzu, sie können sowohl im Wachen, als auch im Traum auftreten. Darüber hinaus sollte auf Enthusiasmus und Ekstase nicht vergessen werden, die durch verschiedene äußere Mittel das Bewußtsein frei machen, sodaß numinose Kräfte vom Menschen Besitz ergreifen. Eng verwandt damit ist schließlich der vorbehaltlose Glaube als Zuversicht auf das Gehoffte, die vertrauende und gehorsame Hingabe an Gott.
Ziel aller dieser Bemühungen ist die ersehnte Einheit des Endlichen und Profanen mit dem Ewigen und Numinosen, sie soll durch unser

Handeln erreicht oder erhalten werden. Die heilvolle Einheit von Zeitlichen und Ewigen ist überhaupt die Kernfrage allen religiösen Verhaltens: In der Getrenntheit, Isoliertheit und wesenhaften Abgeschiedenheit des Endlichen und Profanen von Numinosen erkennt und erlebt der Mensch seinen losgelösten Zustand als existentielles Unheil. In der Reaktion auf diese Einsicht suchen wir nun diese Einheit wieder herzustellen, wo sie verlorenging, oder aufrechtzuerhalten, um ihr Verlorengehen zu verhindern. Religion ist also nicht nur erlebnishafte Begegnung des Menschen mit dem Numinosen, sondern auch antwortendes Handeln des vom Numinosen bestimmten Menschen. Das antwortende Handeln besteht darin, daß der Mensch die Isolierung vom Numinosen aufzuheben sucht.

Diese Isolierung kann auf zwei Faktoren zurückgeführt werden: Erstens liegt sie in der endliche Existenz des Menschen an sich, zweitens aber ist sie abzuleiten aus der selbstsüchtigen Ausrichtung der endlichen Existenz des Einzelnen auf die Bedingtheit einer endlichen Welt und damit aus der Abwendung von Gott. Im individuellen Dasein der Immanenz erhält der Individuationsprozeß mit dem Bewußtsein der eigenen Individualität seinen deutlichsten Höhepunkt. Das Ich-Bewußtsein droht durch die Ausrichtung aller Wesenskräfte und Strebensrichtungen auf sich selbst über den Menschen die unheilvolle Isolierung vom Ewigen zu bringen, erst durch die Hinwendung zu Gott kann das existentielle Unheil aufgehoben werden. Der Grundtyp der »Sünde« liegt in der schuldhaften Abwendung von Gott, im Vertrauen auf die eigenen Kräfte, um sich vor Gott selbst zu behaupten, im Mißtrauen gegen Gott und in der Aufrichtung einer ichsüchtigen Existenz. Die Erfahrung des Heils, das an die Stelle des Unheils tritt und es aufhebt, bringt uns die Erlösung in der Form der Einheit mit dem Numinosen.

Heilserfahrungen und Begegnungen mit dem Numinosen beziehen sich auf eine metaphysische Realität, äußern sich jedoch zufolge unserer physischen Kreatürlichkeit in unserer empirischen Welt, ohne daß sie sich aus und in ihren immanenten Komponenten erschöpfend erklären oder darstellen ließen. Als irdische Erscheinungen, Dinge, Ereignisse, Personen und Worte sind sie Medien einer numinosen Wirklichkeit, die hinter diesen Bildern liegt. Unmittelbar einsichtig ist die Transparenz des Numinosen in den physischen Bildern nur

Gott zugewandten Menschen, sowie schon Ideen höchster Ordnung eben nur Idealisten zugänglich sind. Wer jedoch an den bloßen Erscheinungen hängen bleibt und nur sich selbst als Götzen dient, dem bleibt die Welt der profanen Erscheinungen stumm, ihm ist die Einheit mit dem Ewigen und Absoluten verwehrt.

Tritt uns das Numinose zunächst als vordergründige immanente Erscheinung entgegen, so begegnen wir ihm als Vorstellung von einem abstrakten Göttlichen, einem personalen Gott oder verschiedenen Göttern, ja bei den »Primitiven« auch als Geister und Dämonen sowie heiligen Tieren, Gegenständen und Erscheinungen. Reste von Animismus finden sich aber noch in höheren religiösen Vorstellungen genauso wie Polytheismen in monotheistischen Religionen. Religionen können Volks- oder Universalreligionen, Natur- oder Kulturreligionen sein, sie sind gewachsen oder wurden gestiftet, sie schenken oder fordern, sind mystischer oder prophetischer Natur, treiben Mission oder verzichten darauf, sind stationär oder wandern und gehen auf dynamistische, animistische oder theistische Vorstellungen zurück. Religionen können dabei verschiedenen Grundformen gleichzeitig angehören, zumal man sich bewußt sein muß, daß in der geschichtlichen Wirklichkeit keine »idealen« reine Typen auftreten, sondern Typologie und Strukturen wiederum wie andere Vorstellungsmodelle nur menschliche Anschauungsformen zur Erleichterung der Inhaltsbeschreibung darstellen. Je nach der Gotteserfahrung der vom Numinosen betroffenen Menschen gestaltet sich das Bild, das sie sich von Gott machen. Die Vielfalt der numinosen Erscheinungsformen entwertet und degradiert Gott nicht, sondern zeugt vom Reichtum religiöser Manifestationen.

Je nach den Erfahrungen der Menschen tritt uns das Numinose in mannigfachen Erscheinungsformen als unpersönliche Macht entgegen, kann als bereits personifiziertes, aber unberechenbares, willkürliches und sinnwidriges Dämonisches auftreten, in verschiedenen, nun genau »defininierten« Göttern feste personale Ordnung gewinnen, und im personalen oder impersonalen Einen die Exklusivität der Bindungen an sich ziehen. Gleich zahlreich wie die Begegnungen und Erfahrungen der Menschen mit dem Numinosen sind auch ihre Antworten. Die Begegnung mit dem Numinosen und die menschliche Antwort darauf bilden nach Gustav Mensching, dem wir hier weitgehend folgen, die beiden Wesenselemente der Religion, und so unterschiedlich schon die Begegnungserfahrungen waren, so verschieden können nun die Antworten der vom Numinosen bestimmten Menschen ausfallen. Wie sich schon die Heilserlebnisse zufolge unserer physischen Kreatürlichkeit in der empirischen Welt äußerten, ohne in ihr mit empririschen Mitteln voll erfaßt und begriffen werden zu können, so müssen nun die Antworten aus demselben Grund in derselben Sphäre erfolgen, obwohl sie sich gleichfalls wieder auf eine metaphysische Realität beziehen.

Nach der ersten Berührung mit der numinosen Wirklichkeit bezweckt das antwortende Handeln einerseits die weiterhin um Aufrechtzuerhaltung bemühte Pflege und andererseits die Wiedergewinnung des Kontaktes mit dem Numinosen. Als antwortende Handlung ist zunächst die Errichtung von Symbolen zu erwähnen. In ihnen wird irgendein empirischer Gegenstand, der meistens mit der Geschichte eines Heilserlebnisses in Zusammengang steht, zum Repräsentanten numinoser Wirklichkeit. So können nicht nur die Dinge, sondern auch Naturerscheinungen zu numinosen Symbolen werden, aber auch Sprachsymbole wie Mythen, Begriffe und Bekenntnisformen sowie künstlich und auch künstlerisch hergestellte Symbole. Eine weitere Spezialform sind die Handlungssymbole, wie sie im kultischen Umgang mit der Gottheit praktiziert werden, sodaß Kultus und Ritus selbst zu Symbolen werden. Hierher gehören Opfer, Sakramente, Reinigungen, Weihen und Rezitationen liturgischer Formeln.

Antwortendes Handeln geht auch in Gebet und Meditation über. Vom naiven und unbefangenen Wunsch um Güter des alltäglichen Lebens und Schutz vor Gefahr über den Kampf gegen innere Krisen und Anfechtungen, gegen eigene Verzagtheit und für geistige Werterlebnisse und das rechte Vertrauen zu Gott reicht die Typologie des Gebetes bis hin zum mystischen Gebet meditativer Versenkung und stufenweisen Aufstiegs zu Gott. Mit der letzten Gebetsform eng verwandt sind auch Schweigen und Askese, in denen durch einen möglichst weitgehenden Verzicht auf materielle Güter, Genüsse und Vorstellungen die inneren Energien auf das Numinose konzentriert und gesteigert werden sollen, um ein von der materiellen Welt weitgehend gelöstes religiöses Leben zu führen. Der Yogin kommt zum

Beispiel durch asketische Enthaltung und körperliche Übung zu vollkommener Körperbeherrschung und blickt in höheren Versenkungsstufen hinter den »Schleier der Mâyâ«.
Kultische Handlungen werden meistens aus dem rein profanen herausgehoben und von ihm getrennt, geographisch auf heilige Orte konzentriert und temporär zu heiligen Zeiten gefeiert. Wesentliche Bestandteile religiöser Feste sind häufig neben den erwähnten symbolischen Handlungen und Gebeten noch Musik, Lieder und Tänze, die ihrerseits ebenfalls symbolhafte Züge tragen. Bisweilen stellen sich solche Feste als Mysterienfeiern und Geheimkulte dar, in denen Eingeweihte den Mythos im Kult dramatisch zur Schau stellen, nachvollziehen und sich mit der Kultgottheit identifizieren. Vielfach werden dabei auch noch ein heiliger Trank und heilige Mahlzeiten verabreicht, durch die man an der Wirklichkeit des Numinosen im sakramentalen Genuß teilhaben kann.
So vollzieht sich antwortendes Handeln nicht nur individuell, sondern auch in Gemeinschaft. Die soziologisch älteste Kultgemeinschaft ist dabei die Familie, in der das Oberhaupt priesterliche Funktionen ausübt, deren Mittelpunkt das Feuer beziehungsweise der Herd ist, und außerhalb derer der Fremdling von der Sakralgemeinschaft ausgeschlossen bleibt. Diese Art von Gemeinschaften sind Vital- und Sakralsozietäten zugleich und gliedern sich über Familien, Sippen, Stämme und Staaten zu entsprechenden Kultgemeinschaften mit jeweils zugehörigen spezifischen Kulten. Dies gilt insbesondere für Volksreligionen, natürlich haben sich aber auch Reste von ihnen in den Universalreligionen erhalten. Allerdings vollziehen sich in ihnen wieder eigene, spezifisch religiöse Gemeinschaftsbildungen, in die je nach der religiösen Einstellung zum profanen sozialen Leben Familie, Volk, Staat und Gesellschaftsordnung miteinbezogen und bewertet werden.
Auf dem Boden der Universalreligion entsteht zunächst die Meister-Jünger-Gemeinschaft, um die sich dann Gemeinden bilden, deren Charakteristikum nicht eine Volkszugehörigkeit, sondern die rein religiöse Entscheidung der einzelnen ist. Mit zunehmendem Organisationsgrad entwickeln sich immer komplexere soziologische Gebilde, deren markanteste Erscheinungsform die »Kirchen« sind. In ihnen findet auch die breite Masse Eingang, die allerdings niemals die

volle Höhe der religiösen Ideen der Meister und ihrer ersten Gefolgschaft erreichen, sondern in einer Art »Vorhofreligion« mit verflachten Vorstellungen und meist magischen Begleiterscheinungen stehen bleiben. Strukturell bilden sich eine autoritative Lehre und ein gegliedertes System priesterlicher Funktionäre heraus, die Totalitätsanspruch erheben und alle Lebensbereiche zu bestimmen suchen. Typisch für jede Organisationsform »Kirche« ist die Intoleranz zufolge ihres Universalitätsanspruches gegenüber außerhalb stehenden Religionen bei gleichzeitig ziemlich ausgeprägter Toleranz gegenüber geschichtlich früheren und »primitiveren« religiösen Vorstellungen und Formen, soweit sie in ihr System zu integrieren sind.

Sowohl individueller als auch gemeinschaftlicher Natur kann antwortendes Handeln als ethisches Tun sein. Die Begegnung mit dem Numinosen ruft vielfach antwortendes Handeln hervor, in frühen Religionen animistischer und dämonistischer Art antwortet der Mensch mit magischen und kultischen Handlungen, aber noch nicht unbedingt ethisch, da zur Herstellung oder Aufrechterhaltung der »unio magica« Moral nicht immer notwendig zu sein scheint. In manchen Religionen ist das Numinose nicht unbedingt das sittlich Wertvolle, erst wenn die Menschen die Ahnung einer festen Ordnung des Numinosen bekommen, versittlicht sich die Gottesidee. Jetzt werden ethische Werte aus der Sphäre des Idealen ins reale Sein übergeführt, weil sie durch ihre numinose Herkunft in sich wertvoll sind und so durch ihre Verwirklichung die Einheit mit dem Numinosen ermöglichen. Vordergründig mag ethisches Handeln auch in säkularisierter Form denkbar sein, durch seine transzendentale Quelle im Ideellen ist es jedoch immer numinosen Ursprungs.

Ähnliches gilt auch für ästhetische Äußerungen, auch sie haben ursprünglich magische Funktion und folgen damit ideellen Vorstellungen. Zur Säkularisierung tritt später noch die Profanisierung hinzu, aber zweifellos bleibt eine unbewußte Verbundenheit mit dem Numinosen bestehen und wirkt auch in gänzlich areligiösen Vorstellungswelten noch weiter. Letzten Endes triumphieren auch in den extremsten Materialismen stets der Idealismus und das Numinose.

Da das antwortende Handeln menschliche Reaktion auf die erlebnishafte Begegnung mit dem Numinosen ist, unterliegt es natürlich all den Bedingtheiten des Menschlichen. Dies gilt insbesondere auch

vom antwortenden Handeln in Gemeinschaftsverbindungen und in der Gemeinschaftsbildung. So kommt es zu verschiedentlichen Wandlungen in der Gottesvorstellung und zu Entwicklungen im Sinne von Enstehungsprozessen im Bereich der Antworten. Die Gottesvorstellungen hängen dabei stark vom existentiellen Selbstverständnis der Menschen und damit von dem ab, was sie im weitesten Wortsinn überhaupt zu erfassen vermögen. Jenseits der typischen Geistesstruktur der Menschen kann es kein Begreifen des Numinosen und außerhalb ihrer kommunikativen und soziologischen Kapazität kein antwortendes Handeln geben. Nur insofern das Unendliche endlich Beschränkte berührt, können diese verstehen und reagieren. Das Numinose wird aber grundsätzlich von endlich Determinierten nicht bestimmt oder beschränkt. Allein der menschliche Begriff vom Numinosen ist an die menschliche Vorstellungswelt gebunden. Vor Gott sind aber alle unmittelbar menschlichen Anschauungsformen vom Numinosen gleich. Was eine religiöse »Höherentwicklung« ist, hängt allein von den subjektiven Erfahrungen jedes einzelnen ab.
So ist auch jeder Erscheinungsform des antwortenden Handelns der vom Numinosen bestimmten Menschen in der Religionsgeschichte eben von typisch Menschlichem gekennzeichnet. Insbesondere bei den Universalreligionen folgt auf die anfängliche Verbundenheit der Meister mit Gott und der Jünger mit dem Meister im formfreien Urerlebnis mit zunehmendem zeitlichen Abstand und Anwachsen der Gemeinde ein Stadium der Dogmatisierung und Konfessionalisierung. In ihm wird die Überlieferung stets neu reproduziert und gedeutet, es entstehen eine feste Lehrtradition und im Priestertum ein eigener Stand, dem die Selbsterhaltung der religiösen Gemeinde obliegt. Das Dogma wird zur Norm der religiösen Lehre, es soll Irrlehren und Abfall von der ursprünglich lebendigen, nun aber schon historisch zurückliegenden Heilswahrheit verhindern. Die Lehren der Anfangszeit werden schriftlich niedergelegt und müssen mit wachsendem Abstand immer neu erklärt und gedeutet werden. Aus der Divergenz der Deutungen und Bekenntnisse spalten sich die Anhänger in konfessionelle Richtungen. Mit der Dogmatisierung geht meist noch eine unterschiedlich ausgeprägte Organisierung einher, um die universelle Heilswahrheit an möglichst viele Menschen heranzubringen. Da die Mehrzahl der Menschen aber religiös wenig produktiv ist

und nur nach »objektiver« Wahrheit verlangt, muß nun anstelle eigener numinoser Erfahrungen und Erlebnisse das Heilsgeschehen objektiv vorhanden und verfügbar gemacht werden. So entstandene Anstalten mit beamteten Funktionären nehmen dem einzelnen jetzt die persönliche Entscheidung in religiösen Fragen ab, entwickeln zwangsläufig strikte Intoleranz gegenüber allen Tendenzen, welche die Geschlossenheit der Organisation gefährden, und gegen andersartige Heilsinstitutionen. Dabei sind sie tolerant gegenüber niveaumindernden Tendenzen der Massen bis hin zur Akzeptierung von Aberglauben, erzwingen aber äußerlich kontrollierbares Verhalten, das wie Kult und Ritus sowie rein kasuistische Moral gut zu überwachen ist. Durch die damit gewonnene Autorität entstehen theokratische »Kirchen«, die auch in die weltlichen Dinge eingreifen.

So sind aus zunächst freien Bekenntnis- und Wahlgemeinschaften die Universalreligionen schon bald wieder zu neuen Geburtsgemeinschaften geworden, die sich immer weiter vom Geist ihrer Stifter entfernen, bis die Veräußerlichung der Religion und ihrer Lebensfunktionen ein so unerträgliches Ausmaß annimmt, daß immer von neuen Reformationsbewegungen entstehen. Sie stiften keine neue Religion, sondern suchen die erstorbenen Lebenskräfte zu erwecken und stehen in protestierender Opposition zur verweltlichten Lehr- und Kulttradition. Meist verengen sie dabei ihren Horizont auf die Aspekte der vorgefundenen Entartung und tendieren regelmäßig wieder zu Dogmatisierung, Organisation und Erstarrung im bloß Äußerlichen. So pendelt die menschliche Antwort auf die Begegnung mit dem Numinosen stets zwischen unmittelbarer Dynamik und statischer Selbsterhaltung.

Auf das spezifisch Menschliche in Erlebnis und Antwort sind all die typischen Spannungen zurückzuführen, denen wir in der Religionsgeschichte begegnen. Aus dem Bedürfnis der religiös wenig schöpferischen Masse nach massiver Garantie des Heils und »objektiver« Verdeutlichung der numinosen Wahrheit entwickeln sich notwendigerweise eine feste Lehrautorität und bindende Traditionen, die durch ihre zwangsläufige Veräußerlichung Reformation und Neuschöpfung hervorrufen, welche sich ihrerseits wieder verfestigen und so zu einem fortwährenden Entwicklungskreislauf führen. Mit der zunehmenden Entfernung der Religion von der Begriffs- und Anschauungswelt ihrer Stiftungszeit tritt als weiteres Spannungsmoment die Polarität von Form und Geist hinzu: Waren die Formen, Symbole und Begriffe ursprünglich noch mit dem Geist des eigentlich Gemeinten unmittelbar verbunden und echte Träger religiösen Lebens, werden sie später nur mehr schwer verstanden und mehrdeutig, sodaß sich die Reformatoren an den Geist des religiös Gemeinten zurückzuwenden, die Traditionalisten hingegen die historischen Formen zäh aufrecht zu erhalten suchen, da sie für sie noch verständlich sind oder bereits ein wieder mit numinosen Geist erfülltes Eigenleben führen. Damit hängt das dritte Spannungsverhältnis eng zusammen, die Frage nach Autorität und Freiheit, nicht im Sinn der Befreiung von jeder Bindung, sondern im Sinn zum Freisein zu persönlicher religiöser Entscheidung und Eigenentwicklung. Als vierte Spannung kommt noch die Art der Beziehung des einzelnen zum Numinosen hinzu, erfolgt sie unmittelbar oder durch Vermittlung eines, möglicherweise auch noch von beamteten Funktionären aufrechterhaltenen, Kult- und Ritualsystems.

Alle diese auf die menschliche Komponente zurückzuführenden Spannungen geben die Polarität dynamischer und statischer Religionsauffassung wieder. Jede der beiden Anschauungen kann für sich gute Argumente ins Treffen führen, sodaß ihre Divergenz nur schwer zu überbrücken ist. Der Widerstreit zwischen Statik und Dynamik in der dialektischen Entwicklung der menschlichen Anschauungsweisen läßt sich nur synthetisch in einem höheren »Sowohl-als-auch« aufheben. Am Beispiel der Spannung zwischen Form und Geist bedeutet dies: Die Form kann nicht ohne Geist und der Geist nicht ohne Form sein; eine Form ohne geistigen Gehalt ist leer, und ein geistiger Inhalt muß in eine Form gegossen werden, sonst ist er menschlichem Fassungsvermögen nicht zugänglich. Allerdings existiert die Form nur zur Erfassung ihres Inhaltes, die Materie erhält ihren Sinn erst durch die Idee, in der Immanenz manifestiert sich die Transzendenz, im Physischen drückt sich das Metaphysische aus, und das Endliche ist Teil des Unendlichen. Das Substantielle ist also der Geist und das Akzidentielle die Form, die Synthese als menschliche Anschauungsweise umfaßt zwar beides, akzeptiert die Form aber nur des Geistes wegen und gibt dem Geist den Vorrang.

Was aber geschieht, wenn Überzeugungen nebeneinander auftreten, konkurrieren oder aufeinander prallen? Hier erhebt sich die Frage nach der Gültigkeit von Wahrheiten in ihrem Verhältnis zueinander, die Problematik von Toleranz und Intoleranz. Toleranz und Intoleranz beziehen sich dabei auf letzte transzendentale Wahrheiten und richten sich nicht auf immanente Inhalte, deren Gültigkeit eigengesetzlich verifiziert werden können. Da im transzendentalen Bereich die Mittel empirischer Verifikation nicht anwendbar sind, kann es sich bei der Toleranz nur um metaphysisch Verstehbares auf der Grundlage eigener und persönlicher Erfahrungen und Erlebnisse drehen, die zu subjektiven formalen und inhaltlichen Stellungnahmen führen. Toleranz ist dann formal, wenn fremde Überzeugungen bloß unangetastet bleiben, sie kann dann als inhaltlich bezeichnet werden, sobald sie über ein solches Unangetastetlassen die positive Anerkennung fremder Anschauungen als berechtigte Möglichkeit der Begegnung mit dem Numinosen bedeutet. Von formaler Intoleranz muß dann gesprochen werden, wenn Anhänger fremder Überzeugungen zur Unterwerfung unter sakrale oder staatliche Instituitionen gezwungen werden, um die bloße Geschlossenheit des eigenen Systems zu gewährleisten, ohne die fremden Inhalte weiter zu berühren. Inhaltliche Intoleranz begnügt sich nicht mit der Anerkennung eigener Vorherrschaft, sondern bekämpft die fremde Überzeugung um der Wahrheit der eigenen Religion willen.

In der Geistes-, Kultur- und Religionsgeschichte treten diese Haltungen in verschiedenen Kombinationen auf. Hinzu kommt noch die Frage, ob es sich um Divergenzen innerhalb oder außerhalb des eigenen Systems handelt, es geht also um das Problem der inneren oder äußeren Toleranz oder Intoleranz. Generell läßt sich sagen, daß Religion mit hohem Organisations-, Herrschafts- und Dogmatisierungsgrad immer zu Intoleranz tendiert, ist aber auch naive und unmittelbare Ausdrucksform persönlicher und somit exklusiver Bindung an den personalen Gott. Neigen auch prophetische Religionen gerne zur Intoleranz, so tendiert die Mystik allgemein zu Toleranz. Sie betont und anerkennt den Wert der Mannigfaltigkeit religiöser Anschauungen und sieht in allen Religionen echte Begegnungen mit numinoser Wirklichkeit. Religionen sind ihr zufolge nicht nach den Kategorien »wahr« und »falsch« zu beurteilen, die Wahrheit der Religion liegt nicht in der Gültigkeit der Lehre, sondern in der Lebendig-

keit und Tiefe der Erfassung der numinosen Wirklichkeit. Echte inhaltliche Toleranz schließt daher die eigene Bindung an die eigene historische Religion nicht aus, sondern bekennt sich zu ihr, da für Menschen in Zeit und Raum Religion eben nur geschichtlich zu verwirklichen ist.
Religionen können aber auch untergehen, wie dies bei den meisten Volksreligionen zu beobachten ist. Allerdings verschwinden ihre Inhalte nicht völlig, sondern leben in anderen Anschauungen weiter, sei es in anderen – meist universellen – Religionen oder in profanen Erscheinungsformen. Sie können aber auch wandern, die Grenzen ihrer Verbreitungsgebiete verschieben oder in Gegenden zur Blüte gelangen, die weit entfernt von ihren Stiftungsorten liegen. Jedenfalls vererben untergegangene Religionen viel von ihrem Begriffsgut an andere Religionen, ja selbst an Institutionen und Gesellschaftsordnungen ausgesprochen atheistischer Prägung. Noch in jeder bewußten Blasphemie steckt ein Kern numinosen Triumphes.
Der Träger numinoser Erlebnisse und Überzeugungen kann einem religiösen Bekenntnis angehören, er vermag aber auch wie in Ostasien mehreren zugleich Wahrheit zuzumessen. So wird mancher nicht von allen Inhalten seines traditionellen Bekenntnisses gleich tief berührt werden, andere wieder sehen in allen Erscheinungen des Lebendigen und der Geschichte das Walten einer numinosen Kraft. Allerdings sollte niemand die Tiefe und die Kraft seiner eigenen Kultur unterschätzen, die über sprachliche Begriffe und Urbilder vom Unbewußten aus Erleben und Denken ordnet und uns das ganze Leben lang begleitet. Aus seiner Kultur – und Religion ist die vielleicht wichtigste Kulturschöpfung – kann niemand wirklich aussteigen und in eine beliebige andere einsteigen, so wie man seine Kleidung wechselt. Nur von seinem eigenen Standpunkt aus kann man sich fremden nähern, sie achten und verstehend aneignen.
Aus den unterschiedlichen Begegnungen mit dem Numinosen haben sich mit den Antworten der vom Numinosen bestimmten Menschen die historischen Religionen mit den ihnen eigentümlichen und unverwechselbaren Eigenarten und bestimmten Lebensformen herausgebildet. Bei allen spezifischen Unterschieden gibt es doch auffallend große Gemeinsamkeiten in den Erscheinungsformen des Numinosen, im Umgang mit Gott, in den Jenseitsvorstellungen und in der

Ethik. Zur Überwindung des Trennenden kann man entweder den Weg der Einheit statt der Vielfalt gehen, und den Sieg einer Religion über alle anderen zu erkämpfen trachten. Oder man kann sich bemühen, aus der Vielfalt eine Einheit zu abstrahieren oder aus einzelnen Elementen der verschiedenen Religionen eine neue zu synkretisieren. Schließlich bleibt noch die Möglichkeit, die Einheit in der Vielfalt zu sehen. Da durch die Intoleranz des ersten Versuches viel numinose Wahrheit verloren ginge, der zweite nur zu einem lebensfernen Kunstgebilde führte, so wird man sich für den dritten zu entscheiden haben. Die Einheit der Religionen muß nicht erst gewaltsam oder künstlich hergestellt werden, sie ist vielmehr schon gegeben und äußert sich in der Vielfalt der Erlebnisse und Antworten. Der »Mond der Wahrheit« spiegelt sich in allen Gewässern, und alle Wasser spiegeln nur den einen Mond.

Angesichts einer von gieriger Selbstsucht, aufgeblasener Dummheit und eitler Selbstüberschätzung bis zu wenigstens temporärer Uninteressiertheit und gedanklicher Oberflächlichkeit reichenden Inkompetenz eines Großteils der Menschheit in Grundsatzfragen ist es allerdings nicht zu verdenken, daß tiefere Gemüter mit schroffer Unduldsamkeit reagieren. Damit wenigstens späteren Generationenen oder jetzt noch unfertigen Menschen in höheren Reifestadien die Chance zu vollkommener Einsicht offenbleibt, wird so der größeren Ehre Gottes mit äußerlicher Gewalt Genugtuung verschafft. Intolerante Zwangsmaßnahmen mögen daher gegenüber unreifen oder suchenden Menschen noch zu akzeptieren sein, denn es wird dadurch niemandem bereits Erworbenes genommen, und ein vielleicht gangbarer Weg aufgezeigt, wenngleich er dann auch oft – wie pädagogische Erfahrungen zeigen – erst recht nicht beschritten wird. Zwangsbeglückungsversuche stiften aber in allen Fällen Schaden, sobald sie sich an Menschen wenden, die ihrer gar nicht bedürfen, da sie bereits besitzen, was man ihnen aufzudrängen sucht. Eine einfühlsame Pädagogik und Katechese ist allemal besser als das Vertrauen auf einseitigen Zwang.

Welches Erlebnis und welche Einsicht jemanden zu Gott führt, kann nicht von außen dekretiert werden. Wege zu Ihm gibt es unzählige, doch beschreiten kann sie nur jeder einzelne für sich, andere können nur wenig helfen. Eine nicht nur formal, sondern auch inhaltlich tolerante Haltung vermag Möglichkeiten aufzuzeigen für den, der auf der Suche ist. Wer bereits »weiß«, sollte seine eigene Erfahrung in Ehren halten, aber dabei nicht vergessen, daß andere auch anderes erleben können und trotzdem zu einem vergleichbaren Ergebnis gelangen. Unsere Liebe zum Absoluten meint zwar das Ewige, ihr haftet aber zufolge unserer endlichen Natur doch sosehr der Aspekt relativer menschlicher Bedingtheit an, daß wir uns hüten sollten, eigene numinose Erfahrungen absolut zu setzen und sie anderen aufzudrängen. Erzwingen läßt sich das Unendliche nicht von Endlichen, und Relatives hat keine Gewalt über Absolutes, also kann auch der Weg zu Gott nicht durch Nötigung gebahnt werden. Intoleranz in letzten Fragen kann zwar Numinoses meinen, bezweckt allerdings meist Irdisches, richtet sich aber immer an endliche Menschen und führt in Ermangelung eigenen Zeugnisses nie zu wirklicher Überzeugung.

Kapitel 5

Menschenbild und Psychologie auf transzendentaler Grundlage

Seit der Mensch um den Preis des Verlustes mancher seiner Instinkte lernte, seinen Verstand zu gebrauchen, um in der Welt bestehen zu können, seit er seine paradiesische Unschuld verlor, seitdem reflektiert er auch über sich selbst und sein Verhältnis zu dem, was ihn bedingt. Aus der Einsicht seiner Beschränktheit, Abhängigkeit, Endlichkeit, Relativität und Bedingtheit sucht er nach der Einheit mit dem Ewigen und versucht, in Harmonie mit den allzeit gültigen Gesetzen des Daseins zu leben. Zwar untersteht er ihnen, gleichzeitig erfährt er aber auch, daß er sich von ihnen kraft seines freien Willens zumindestens teilweise zu entfernen vermag, was aber immer als existentielles Unheil empfunden wird. Von den alten Mythologien über die Philosophien und Theologien bis hin zu den heutigen »Ismen«, Ideologien und empirischen Wissenschaften führt derselbe Weg mit der im Grunde immer gleichgebliebenen Fragestellung. In religiöser wie in säkularisierter Form geht es stes um die eng beieinander liegenden Beziehungen zwischen Absolutem und Relativem, Substanz und Akzidenz, Idee und Erscheinung, Ursache und Wirkung, Bedingendem und Bedingtem. Allein das harmonische Leben in Einheit mit dem ewig Gültigen vermittelt dem Menschen die unmittelbare Empfindung des Heils, Glücks und Sinns. Alle unsere Anstrengungen gelten der Aufrechterhaltung, Findung oder Wiederherstellung dieser heilbringenden, glückhaften und sinnvermittelnden Einheit, mag dieses Ziel auch nicht immer unmittelbar sichtbar sein oder geradezu geleugnet werden.

Unser Streben nach Glück, nach dem Guten oder jedenfalls nach begrifflich positiv Besetztem verwirklicht sich unserer Natur zufolge in Zeit und Raum und hat als Gegenstand die Welt der materiellen Objekte, ohne sich freilich in ihr zu erschöpfen. Richtet es sich ausschließlich um der Immanenz wegen auf die empirisch vorgefundenen Dinge, so bleibt das eigene Dasein inhaltslos, da der so handelnde Mensch keinen Gegenstand vorzufinden vermag, den er existentiell erfüllen könnte. Er wird als Subjekt damit gleichzeitig zu seinem eigenen Objekt und erschöpft sich in Selbstbespiegelung, welche ihrerseits Depersonalisationserscheinungen im klinischen Sinn produziert. So ist es kein Wunder, daß ein gottfernes und säkularisiertes Zeitalter in seiner Selbstsucht und Selbstüberschätzung neurotische Menschen hervorbringen muß. Hat früher zu manchen Zeiten religiöse Intoleranz zu Verklemmungen geführt, so wird heute vielfach derselbe Effekt von einem nicht minder aggressiven, aber oft auch subtiler vorgehenden Materialismus erreicht. Wie das Lebenswerk Viktor E. Frankls in aller Deutlichkeit aufzeigt, trägt der Mensch nun einmal einen Willen zum Sinn in sich. Verweigert man seine Erfüllung, so sind existentielle Frustration und noogene Neurosen die Folgen.

Nicht jede existentielle Frustration führt an sich schon zu einer Neurose im engeren Wortsinn als einer primär psychogenen Erkrankung. Drängt sich freilich die Unerfülltheit des Sinnwillens immer mehr in den Vordergrund, so kann es tatsächlich zu neurotischer Fixierung kommen, abgesehen davon, daß wohl alle ernsteren Erkrankungen mit der Frage nach dem Daseinssinn verwoben sind. Eine existentielle Frustration sollte erst gar nicht zur Neurose führen, sondern vielmehr den Weg zur Transzendenz bahnen, so wie eine Psychohygiene, die diesen Namen wirklich verdienen will, das Abgleiten in die Neurose verhindern muß. Die Sinnfrage ist eine metaphysische Frage und kann nur in der Dimension des Transzendentalen beantwortet werden. Dazu stehen drei Möglichkeiten zur Verfügung: Erstens seine Pflicht zu tun oder auch schöpferische Werte zu verwirklichen, zweitens sich in ästhetischer Empfindung oder selbstloser Liebe hinzugeben, und drittens sein Schicksal – wie zum Beispiel unabwendbares Leiden – mit aufrechter Gesinnung auf sich zu nehmen und auch dann noch Vorbild zu sein. Alle diese Wege werden gekennzeichnet durch ein sich Überwinden, ein über sich Hinausgehen und die liebende Hingabe an einen höheren Zweck.

Schon allein das freiwillige sich-in-den-Dienst-Stellen, die Selbstüberwindung, das Opfern und sich Hingeben weist den richtigen Weg des Überwindens der Selbstsucht und der ausschließlichen Bezogenheit auf sich selbst. Bezeichnenderweise verschwindet die bisherige innere Leere, sobald man sich in den Dienst einer Sache stellt, die höhere Ziele verfolgt, als sie ein bloßer Egoismus vorgeben würde. Dient man vollends einer als moralisch gut erkannten Sache und sieht man sich als ein Bestandteil von ihr, kann man nicht nur sicher sein, ethisch legitimiert zu handeln und zu leben, sondern auch das existentielle Vakuum füllt sich mit Sinn auf und entweicht. An die Stelle existentieller Verzweiflung tritt nun Kraft, Belastbarkeit und Überzeugung, so wie es Nietzsche ausdrückt: »Nur wer ein Warum zu leben hat, erträgt fast jedes Wie.« Das freiwillige Übernehmen von Verpflichtung schafft uns den Reichtum sinnvoller Betätigungs- und Lebensmöglichkeiten, erst die aus Freiheit und Pflicht zusammengesetzte transzendentale Geistigkeit macht uns als Menschen zu dem, was wir sind und sein sollen. Nehmen wir mit Goethe den Menschen nur so, wie er sich in aller Bequemlichkeit darstellt, so machen wir ihn schlechter, als er sein könnte; nehmen wir ihn aber so, wie er sein soll, dann machen wir ihn zu dem, was er werden und sein kann.

Es geht also allemal um die Verantwortung, aus ihr stoßen wir zum konkreten Sinn unseres persönlichen Daseins vor. Der ethische Idealismus darf sich nicht im bloßen Räsonieren erschöpfen, sondern muß als praktischer Idealismus der lebendigen Tat und Gesinnung auch immanente Gestalt annehmen. Bringen wir durch den freien Pflichtgehorsam Metaphysik und physische Erscheinungswelt in Übereinstimmung, so empfinden wir dies menschlich als Sinnerfüllung unseres Daseins. Die aus freier Verantwortung übernommene Pflicht verknüpft uns als in der Zeit Lebende mit dem Überzeitlichen. Der Weg zum Sinn führt an der Verantwortung niemals vorüber. Nicht die eigene Nabelbeschau, sondern das über-sich-Hinauswachsen in Verantwortung und Pflicht führt zum Wesen dessen, was nach Goethe »die Welt im Innersten zusammen hält« und unserem Dasein Sinn verleiht. Nicht das Lösen von Bindungen, sondern das Eingehen und Einhalten von Pflichten und Verantwortlichkeiten führt uns zum Kern unseres Wesens, macht uns frei und erfüllt uns mit Lebenssinn. Nur im Rahmen verpflichtender Bindungen gewinnt unsere Freiheit konkrete Möglichkeiten zu ihrer Verwirklichung. Freiheit um ihrer selbst willen und abgelöst von jeglicher Verantwortung ist in sich sinnlos und auch undenkbar, denn es fehlte ihr jede Möglichkeit zur Anwendung und Umsetzung. So führen nun einmal Selbstbefriedigung und Hedonismus ins Abseits und sind ihrerseits im klinischen Sinn Symptome eines neurotischen Umfeldes, wogegen Hingabe, Aufopferung und Zuwendung nicht nur Zeichen einer gesunden Lebenshaltung sind, sondern auch im transzendentalen Sinn zur Vereinigung von Immanenz und Metaphysik wesenhaft beitragen und damit unserem Dasein in der Dimension der physischen Erscheinungen den von uns angestrebten und oft genug verzweifelt gesuchten Sinn vermitteln.

Selbstbezogenheit und Wertverlust gehören konstitutiv zusammen und bedingen einander wechselseitig. Wer alle seine Bestrebungen, Interessen und Lebensziele ausschließlich auf sich selbst bezogen und nur in und für sich sieht, ist notwendigermaßen blind für das Feld der Beziehungen und Pflichten um sich herum. Vielleicht erwartet er noch, daß seine Umgebung für ihn zu sorgen und auf ihn zu achten habe, für sie ist er freilich verloren. Wer keine Werte außerhalb seiner eigenen Person findet, ist klarerweise auf sich selbst als einziges Bezugssystem zurückgeworfen und lebt nur mehr für sich und in sich. Wird eine solche Haltung konsequent durchgehalten, landet man im pathologischen Autismus, wie auch ein autistischer Mensch keine Beziehungen zu seinem Umfeld aufzubauen vermag. Der Preis ist allemal Isolierung, Einsamkeit, Unfruchtbarkeit, Verzweiflung und existentielle Leere. So wird für den einzelnen wie für ein ganzes Zeitalter die durch Wertverlust verursachte Selbstbezogenheit zur existentiellen Bedrohung. Für den einzelnen wie für Kollektive verrückt sich durch den Egozentrismus so der Standpunkt, daß er zur »Verrücktheit« führt. Wer an den Werten irre wird, irrt nicht nur, sondern wird auch »irre«.

Psychotherapie und Psychohygiene werden also wie jede wirkliche Pädagogik auch Erziehung zum Sinn durch Werte, die verwirklicht werden wollen, sein müssen. So sehr man dabei achten soll, nicht irgendwelche Werte zu oktroieren, so sehr ist es notwendig, überhaupt eine Ethik der Werte, Verantwortungen und Pflichten aufzubauen und nahezubringen. Nicht irgendwelche fremden Überzeugungen sind einzubläuen, sondern ein lebendiges Verständnis für moralische Verantwortung ist zu wecken und anzusprechen. Freilich bedarf es dabei auch des eindeutigen Bekenntnisses des Therapeuten und Pädagogen zu einem transzendental orientierten Menschenbild. Solange allerdings noch immer »wissenschaftliche« Meinungen kolportiert werden, nach denen man sich beispielsweise nicht entblödet, Altruismus als »überschüssige Vitalenergie« zu definieren, ist es um Teile der zeitgenössischen Psychologie und Psychiatrie nach wie vor schlecht bestellt. Andererseits ist es nur zu verständlich, daß in einem Zeitalter allgemeinen Wertverlustes auch die Psychologie orientierungslos geworden ist. So spiegelt der Grundsatzstreit ihrer verschiedenen Schulen eben nur die weit verbreitete Krise vieler Bereiche des heutigen Wissenschaftsbetriebes wieder, was freilich weder Therapeuten noch Lehrer der Notwendigkeit eines richtigen, nämlich transzendentalen, Standpunktes enthebt, wenn sie wirklich ihrer Aufgabe gerecht werden wollen.

Wie jede andere Einzelwissenschaft agiert auch die Psychologie nicht in einem voraussetzungslosen geistigen Vakuum, sondern erhält ihren Aufgaben- und Wirkungsbereich aus den wissenschaftstheoretischen Axiomen. Dadurch stehen bei ihr wie bei allen anderen Einzelwissenschaften philosophische Überlegungen am Ausgangspunkt, und mehr kann auch sie nicht ergründen, als man ihr am Anfang an Möglichkeiten zugesprochen hat. Basieren die axiomatischen Voraussetzungen auf einer reduktionistischen Philosophie, so können auch die Ergebnisse nur reduktionistisch sein. Allerdings ist es nicht verboten, klüger zu werden und die Voraussetzungen zu erweitern, sobald man erkannt hat, daß man mit dem reduktionistischen Latein am Ende ist. An diesem Punkt sind nun die materialistischen Vertreter der Psychologie angelangt, nur fällt es eben vielen schwer, sich umzustellen, obwohl allenthalben die Grenzen einer »Psychologie ohne Seele und Geist« spürbar sind.

Getreu dem Materialismus der zweiten Hälfte des 19. Jahrhunderts und ihrer wissenschaftlichen Exponenten hat man die Psychologie zunächst auf physiologische und behavioristische Bereiche reduziert. So interessant und wichtig manche Ergebnisse daraus sein mögen, so einseitig, unbefriedigend und geradezu verschroben sind sie aber in ihrer reduktionistischen Form leider noch vielfach. Auch an den Anfängen der Psychotherapie stand bedauerlicherweise der Materialismus Pate, wenngleich hier die Epigonen radikaler sind als ihre Erfinder und Entdecker. So reduziert die psychoanalytische Schule Freuds den Menschen zum Triebbündel und generalisiert gleichzeitig die Libido auf alle Facetten menschlicher Existenz. Die Individualpsychologie Adlers erklärt das Seelenleben des Menschen hingegen wiederum alleine aus dem Geltungsstreben. Sicherlich mag es Neurosen geben, die auf ein unterdrücktes Triebleben oder auf Inferioritätskomplexe zurückzuführen sind – diese Ursachen aber zu verallgemeinern bedeutet nur, Psychoanalyse oder Individualpsychologie heillos zu überfordern. Um wieviel weiter, reicher und im besten Sinne gebildeter ist hier schon die Lehre C. G. Jungs, doch bleibt er leider in den Archetypen des kollektiven Unbewußten stecken. Anstelle transzendenter Gegebenheiten sieht er nur inhaltsgleiche Urformen, den Schritt vom religiösen Archetyp zu Gott selbst ist er noch nicht gegangen. Erst mit Viktor E. Frankl bekennt sich zum ersten Mal in der Geschichte der modernen Medizin und Psychiatrie eine psychologische Schule klar zur metaphsysischen Dimension des Menschen. Gerade aber die Unterdrückung, Leugnung, Beiseiteschiebung und Geringschätzung des Transzendenten durch den Materialismus verschiedenster Provenienz in den letzten Generationen hat die Menschheit krank gemacht und aus der Bahn geworfen. Mag der Puritanismus des zu Ende gehenden 19. Jahrhunderts Freud und seine Zeitgenossen geprägt haben, so leiden die Menschen nach der Katastrophe der beiden Weltkriege an Wertverlust, Orientierungslosigkeit und der Frustration ihres Willens zum Sinn – eine Heilung ist freilich von keiner Spielart irgend eines neuen Materialismus zu erwarten, sondern nur durch die Überwindung des immer noch vorherrschenden eindimensionalen materialistischen Menschenbildes in Form eines transzendentalen Idealismus möglich.

Reagierten die etablierten institutionellen Kräfte – Kirche und Staat – auf die seit dem 18. Jahrhundert immer mächtiger werdenden Emanzipationsbestrebungen vielfach mit Repression, so wandten sich die Fortschrittsgläubigen immer mehr dem Materialismus zu, von dem sie sich die Befreiung des Menschen erwarteten. Daß dieser freilich in eine neue und noch stärkere Abhängigkeit, verbunden mit einem tiefen Sinnlosigkeitsempfinden, geführt hat, wird schon zum Allgemeingut der um die gegenwärtige Situation Besorgten. Eine Korrektur der geistigen Richtung ist nun deshalb so schwierig, da in den Auseinandersetzungen der vergangenen beiden Jahrhunderte viel Substanz und anfänglich noch selbstverständlich Gegenwärtiges an Metaphysik zerschlagen wurde. So kommt es, daß der Materialismus heute offensichtlich am Ende angelangt ist, aber aus historischen

Gründen ein transzendentaler Standpunkt immer noch obsolet erscheint. Lieber wälzt ersterer sein stets gleichbleibendes Thema in den verschiedensten Variationen, statt durch die Hereinnahme der transzendentalen Dimension seinen Horizont zu erweitern. Auf der Strecke bleibt eine orientierungslos gewordene Menschheit ohne Hoffnung und Sinnerfüllung.

Gewiß besitzt der Mensch Triebe, sicherlich wird er ganz wesentlich durch seine Erbanlagen konstituiert und zweifellos ist auch der Einfluß der Umwelt auf sein Verhalten von Bedeutung – aber so falsch es wäre, das Wesen des Menschen auf nur eine dieser Komponenten reduktionistisch zurückführen zu wollen, so unzureichend ist es immer noch, ihn als bloßes Produkt dieser drei Faktoren endgültig zu definieren. Triebe, Erbe und Milieu besitzen wir jedes für sich und auch insgesamt, doch legen sie uns nicht so unabänderlich fest, als daß wir nicht in freier Verantwortung Werte verwirklichen könnten. Indem der Materialismus je nach Spielart in Form der Triebdynamik, des Erbbiologismus oder der Milieutheorie den Menschen zum mechanistischen Homunkulus zu degradieren sucht, beraubt er ihn allen seinen Wertes, seiner Ethik und seines Dasseinssinns. Dementsprechend reagiert der »moderne Mensch« auf die materialistische Indoktrinierung und die Überlagerung seines Sinnwillens durch mechanistische Ideologien mit Fehlanpassungen und irregeleiteten Abwehrhaltung.

Im Vordergrund seiner Symptome steht eine von einer vagen Angst getragene provisorische Daseinshaltung. Die Furcht sucht sich an der Oberfläche liegende Erscheinungsformen und Produkte der eigenen menschlichen Erfindungsgabe und Phantasie, sie äußert sich als Maschinenstürmerei, Atombombenphobie und Technikaversion, haftet also an Dingen, von denen sich eine schrankenlos fortschrittgläubige Menschheit seinerzeit das Ende ihrer Not und das Paradies auf Erden versprach: Technik und Maschinen sollten das Leben zur bequemen Lust machen, und die Atombombe den ewigen Frieden bringen. Die materialistische Gesinnung trat unter der hochgestochenen Parole an, die Menschheit vom »Aberglauben« transzendentaler Ethik zu »emanzipieren«, und hat sie in Wahrheit an den Rand der ökologischen Katastrophe und des nuklearen kollektiven Selbstmordes gebracht. Aus den materialistischen Irrwegen werden wir aber nicht

durch neue Spielarten materialistischer Selbsttäuschung, sondern nur durch eine in der Tiefe stattfindende geistige Umkehr zur Transzendenz gelangen können. Die Angst des Menschen, der seine idealistische Bestimmung verloren hat, weicht erst dann wieder, wenn er diese erneut gefunden hat. Sobald freilich die existentielle Furcht gewichen ist, tritt an die Stelle des Provisoriums die feste Haltung dessen, der sich in Gottes Hand gegeben hat.
Eine weitere typische Fehlanpassung des »modernen« materialistischen Menschen ist seine Ausrichtung auf das Kollektiv. Da er keine ideellen Wurzeln schlagen kann, taucht er in der Masse unter, folgt in seiner Not dem ihm einzig verbleibenden Herdeninstinkt und sucht im Kollektiv Schutz. Bei seinen Schicksalsgenossen findet der von einer vagen Angst Gepeinigte jedoch keinen echten Halt, da es ihnen ja genauso ergeht wie ihm. Maximal gewährleistet die Masse äußeren Schutz, daher muß wenigstens dieser unbedingt aufrecht erhalten bleiben. So wird rücksichtslos die Masse alles bekämpfen, was aus ihrer Reihe tanzt und die den vermeintlichen Schutz gewährende Einheit stört. Der Kollektivdruck steigt und mit ihm die Manipulierbarkeit sowohl der Masse insgesamt, als auch erst recht die ihrer einzelnen Mitglieder. Jeder Demoskope weiß heute, daß in den »entwickelten« Gesellschaften die weitaus überwiegende Mehrheit – vor die Alternative gestellt – die soziale Sicherheit der Freiheit vorzieht. Damit entsteht fast »natürlich« selbst in den sogenannten demokratischen Staaten aus dem Verlust von Sinn und Transzendenz eine neue Sklavengesellschaft. Geradezu zwangsläufig drohen auf dem Altar der Sicherheit die Freiheit und auf dem der Gleichheit die Persönlichkeit geopfert zu werden.
Der Teufelskreis schließt sich mit der modernen Tendenz zu Extremismus, Fanatismus und Sprunghaftigkeit. Ohne Sinnerfüllung begann unser typischer Zeitgenosse sich zunächst vor seinen eigenen Geistesblitzen zu fürchten und um die Zukunft zu ängstigen, sodaß er sich instinktiv zur Masse der gleichfalls Orientierungslosen flüchtete, die nun aus Selbsterhaltung die Reihen dicht geschlossen hält und nach innen wie nach außen hin ihre wirklichen oder vermeintlichen Feinde fanatisch bekämpft. Bei zunehmender Indoktrinierung und Verpolitisierung aller menschlichen Lebensbereiche wendet sich das Herdenkollektiv einmal in diese Richtung und dann wieder in

jene, stößt einmal hier und das andere Mal dort an die Wand, die Kehrtwendungen werden dabei von Mal zu Mal immer sprunghafter, hektischer und panischer. Der Wechsel der Moden, die Ausbrüche von Massenhysterien auch bei harmloseren Anlässen und die Pendelschläge der öffentlichen Meinung legen hierfür beredtes Zeugnis ab. Weitere Folgen mögen auf der eine Seite verschiedene Resignationsfolgen wie »Aussteigertum«, Drogensucht oder Politikmüdigkeit und auf der anderen Seite noch größere Verbissenheit und Verkrampftheit sein, ein Ausbruch aus dem circulus vitiosus des Materialismus gelingt so oder so nicht. Erst und ausschließlich durch die Hereinnahme der transzendentalen Grundlagen der menschlichen Existenz überhaupt und durch die Wiederbewußtmachung und Berücksichtigung der transzendentalen axiomatischen Voraussetzungen der empirischen Wissenschaften im Speziellen lassen sich die Irrwege, Fehlentwicklungen und Ausuferungen der zwar abgewirtschafteten, aber immer noch tonangebenden Materialismen korrigieren.

Stellen wir uns also für unser praktisches sinnerfülltes Handeln auf die Basis idealistischer Ethik, so werden wir dem kategorischen Imperativ folgen. Wir werden uns daher weder auf »die Gesellschaft« oder sonstige Pseudomechanismen ausreden, wenn uns das Gewissen zur Tat aufruft, noch uns unsere Ziele zu weit oder hoch stecken, sodaß wir von Haus aus nicht erfolgreich sein können. Vielmehr ist das Feld unserer Pflichten zunächst immer unser unmittelbarer Lebensbereich. Im Sinne eines »kategorischen Imperativs der Praxis« müssen wir uns in dem von uns beeinflußbaren Bereich stets zu fragen haben:

1. Wie sollte eine bestimmte Situation in meinem Umfeld eigentlich wirklich beschaffen sein?
2. Wie sieht sie tatsächlich gegenwärtig aus?
3. Was muß ich zu einer Verbesserung der Situation tun?
4. Wie führe ich meine Handlung am redlichsten und effizientesten durch?

Stellen wir uns diese Fragen reinen Gewissens und richten wir nach ihnen unsere Handlungen konsequent aus, so sind wir sicher auf dem richtigen Weg. Diese Vorgangsweise eignet sich nicht nur für relativ einfache Aufgaben, sondern auch für kompliziertere Zielhierarchien. Um Frustrationen wie räsonierende Träumereien gleichermaßen zu vermeiden, müssen die eigenen Möglichkeiten immer in einem ausgewogenen Verhältnis zur angegriffenen Aufgabe stehen. Auch bloßes »Möchten« ohne wirkliche Taten ist steril und nicht im eigentlichen Sinn ethisch zu beurteilen. Gleichfalls soll sich niemand scheuen, im Kleinen das Große zu sehen, denn wer das Kleine nicht ehrt, ist des Großen nicht wert. Die Verbesserung der Welt fängt immer zuerst vor der eigenen Haustüre an, wem die Arbeit vor ihr zu minder scheint, ist auch zu höheren Aufgaben nicht berufen. Intellektualistisches Wälzen von theoretisierenden Weltveränderungswünschen um seiner selbst willen umweht der Gifthauch des Nihilismus und bedeutet nur Flucht aus der konkreten Verantwortung und praktischen Freiheit.

Um Freiheit und Verantwortung geht es nun auch in der Psychohygiene, ohne Ethik gibt es keine psychische Gesundheit. Welches Objekt für seine Pflichten sich der einzelne sucht, kann und soll von außen nicht dekretiert werden. Hat doch jedermann um sich ein wirklich nicht zu kleines Betätigungsfeld an Verantwortung, wenn er nur hierfür sensibilisiert ist. Erziehung und Therapie haben allerdings zu Freiheit und Verantwortlichkeit zu führen und dürfen sich nicht länger um diese eigentlich selbstverständliche Aufgabe drücken.

Für ein sinnerfülltes Leben kommt es letzten Endes weniger auf den schlußendlichen Erfolg der eigenen Handlungen in der empirischen Welt, sondern vielmehr auf die Gesinnung an, aus der die Taten erwachsen sind. Nicht für den immanenten Erfolg, sondern für die idealistische Gesinnung sind wir in letzter Konsequenz verantwortlich. Es gibt nur eine Ethik der Gesinnung, aber keine des materiellen Erfolges. Sollte er sich in der Befolgung unserer Pflichten mit einstellen, so soll uns dies auch freuen, maßgeblich allein bleibt jedoch unser Gehorsam gegenüber dem Sittengebot. Sind wir ihm treu, leben wir in Harmonie mit dem Überzeitlichen und genießen einen höheren Lohn, als es jedes vergängliche materielle Gut sein könnte.

Nicht aus moralisierender Schwärmerei sei dies gesagt, vielmehr zeigen genügend Erfahrungsbeispiele, daß Belastbarkeit und Vitalität auch bei gelegentlichen Mißerfolgen in jenen Menschen viel größer sind, die einem Sinn und einer Verantwortung zu leben haben. Als Napoléon zum Thronverzicht genötigt wurde, unternahm er einen – bezeichnenderweise mißglückten – Selbstmordversuch, da ihm nun sein Leben keinen Sinn mehr zu haben schien, und er als Agnostiker diese Schmach nicht zu ertragen glaubte. Von auf christlicher Ethik fußenden Monarchen ist in ähnlichen Situationen nichts dergleichen bekannt. Solche Belege zeigen die Kraft des Transzendenten auch in der Immanenz. Und gäbe es diese Hinweise nicht, so änderte sich trotzdem am Prinzip nichts: Unser eigentliches Leben verwirklicht sich in der freiwilligen Erfüllung unserer sittlichen Pflichten. Dies ist der Sinn des menschlichen Lebens, in der Pflichterfüllung haben wir Anteil an der transzendentalen Ewigkeit. Das Wissen von den Zusammenhängen zwischen Immanenz und Transzendenz möge uns die Kraft geben, ein sinnvolles und ethische motiviertes Leben zu führen.

Teil II

Ideologiekritik

Flechtwerk innen, Flechtwerk außen,
Flechtwerk fesselt rings die Menschheit

Samyutta Nik. VII, 1, 6

Was fein, tief, schwer zu schauen, zart ist,
Was dem Irdischen zuwiderläuft,
Nicht werden's die Begierdeblinden,
Die Finsternisumhüllten sehen.

Mahâvagga I, 5

Wer immer irgendeine Göttergestalt hingebungsvoll zu verehren wünscht, gerade diesen Glauben befestigt Wischnu ihm.

Bhagavadgîtâ 7, 21

Veritas una est, qua illustrantur animae sanctae; sed quoniam multae sunt animae, in ipsis multae veritates possunt, sicut ab una facie multae in speculis imagines apparent.

Aurelius Augustinus – Ennarationes in Psalmos 11, 2, 4

Kapitel 6

Das Wesen der Ideologien

Bereits seit einigen Generationen tritt die empiristische Denkweise des abendländischen Menschen hier wie auch sonst in der Welt immer mehr in den Vordergrund. Mit den augenscheinlichen Erfolgen der modernen Naturwissenschaften ging bis vor kurzem ein Fortschrittsglauben der emanzipierten Geister einher, der nur von Zeit zu Zeit, und regional unterschiedlich, Beeinträchtigungen erfuhr. Begleitet von einer konservativen Daueropposition schlug der Optimismus in Europa nach den beiden Katastrophen der Weltkriege kurzfristig um, in Amerika schien er kaum gebrochen. Eingeleitet von der existentialistischen Philosophie und seit Neuerem begleitet von der ökologischen und nuklearen Angst sowie wohl nicht zuletzt auch durch Einbrüche in der ökonomischen Konjunktur hervorgerufen, scheint die Fortschrittseuphorie weiten Kreisen in Europa wieder einmal abhanden gekommen zu sein.
Betrachtet man die vergangenen beiden Jahrhunderte aus etwas größerer emotioneller Distanz, wird man wohl nicht umhin kommen, festzustellen, daß beide Grundströmungen, Zukunftshoffnung und -angst, stets latent vorhanden gewesen sind, zumal wenn man einen fortwährenden konservativen Skeptizismus nicht übersehen will. Bestimmend und tonangebend blieb trotz aller Krisen der Fortschrittsglaube, nach jedem Auftreten des Kulturpessimismus erholte sich die Hoffnung auf eine weitere progressive Entwicklung. Eigenartig bleibt dabei die Beobachtung des ständigen Wechsels der geistigen und politischen Moden, sowohl die optimistischen als auch die pessimistischen Varianten scheinen bei allen Verschiedenartigkeiten doch schon irgendwie bekannt zu sein. Auch unabhängig von den positiven oder negativen Vorzeichen läßt sich eine gewisse innere Verwandtschaft der die Köpfe beherrschenden Vorstellungen konstatieren. Wie die nun folgenden Überlegungen zeigen werden, besitzen die leitenden Ordnungsgedanken seit gut zweihundert Jahren gewisse gemeinsame Grundstrukturen, die sich aus einer identischen geistesgeschichtlichen Wurzel herleiten.

Klammert man die traditionalistischen Oppositionsströmungen gegen die herrschenden Ideologien der vergangenen beiden Jahrhunderte aus, so ist diesen bei allen sonstigen inhaltlichen Unterschieden ein immanente Betrachtungsweise als Ausgangslage gemeinsam. Mögen zu Beginn der Aufklärung noch religiöse Motive mitgespielt haben, spätestens seit Rousseau und den Enzyklopädisten ist sie – kantianisch ausgedrückt – ganz im Fahrwasser der »reinen Vernunft« gesegelt. Unabhängig von optimistischen, pessimistischen oder ambivalenten Begleitaussagen haben sich alle, sich selbst als neu und modern bezeichnenden Ideologien im Kern auf ein empiristisches, deterministisches, positivistisches, mechanistisches oder materialistisches Weltbild berufen. Nicht Zukunftshoffnung oder -angst sind Liberalismus, Positivismus, Marxismus, Sozialdarwinismus und Nationalsozialismus zunächst an der Wiege gestanden, sondern der anthropozentrische Stolz, in der Empirie ein unfehlbares, »naturwissenschaftliches« System gefunden zu haben, nach dessen Schema sich sämtliche universellen und humanen Fragen beantworten ließen. Bei aller »innerdisziplinären« Feindschaft vereint die »modernen« Ismen doch ihr radikaler materialistischer Monismus.
Zwangsläufig müssen die Ideologien transzendentalen Fragen feindlich bis hilflos gegenüberstehen, beruhen doch ihre wissenschaftstheoretischen Ansätze auf rein immanenter Grundlage. Folgerichtig leugnet der Original-Marx auch die Sittlichkeit, andere Materialisten setzen an die Stelle des sittlich Guten das ideologisch Wünschenswerte. So stehen wir heute vor einer Reihe tief verfeindeter »naturwissenschaftlicher« Ideologien – für welche man sich nun zu entscheiden hätte, bleibt aber immer noch Ermessens- und Glaubenssache! Wozu soll nun die ganze pseudowissenschaftliche Litanei dienen, wenn sie nicht einmal eine schlüssige Entscheidung zwischen den feindlichen Brüdern herbeizuführen vermag?! Wohl nichts zeigt so deutlich die Überforderung jedes empirischen Ansatzes als die moderne Ideologiegeschichte, sobald man übersieht, daß jedes naturwissenschaftliche Denken seine Voraussetzungen in der Transzendenz hat und nur innerhalb gewisser Grenzen funktioniert.
Die Geburtsstunde einer Ideologie hat dann geschlagen, wenn eine beliebige, empirisch gewonnene Theorie verabsolutiert und alle sonstigen Gesichtspunkte relativiert werden. Ob es sich beim Kernsatz

um die Generalisierung sozioökonomischer Zustände, darwinistisch-biologischer Feststellungen oder was auch immer dreht, ist im Prinzip völlig gleichgültig, stets bleibt der ideologiebildende Mechanismus derselbe. Alle Stärken und Schwächen jeder Ideologie sind auf diese identische Grundstruktur zurückzuführen

Das erste grundsätzliche Dilemma jeglichen ideologischen Denkens tritt auf, sobald man sich fragt, warum gerade dieser oder jener und nicht irgendein anderer Satz verabsolutiert werden soll. Schon diese Frage sprengt den empirischen Rahmen. Bereits die Feststellung »XY ist absolut und alles andere daher relativ« liegt jenseits aller Naturwissenschaftlichkeit, sie beruht auf einer »transempirischen« und damit quasi-metaphysischen Tatsachenbehauptung. Eine echte metaphysische Aussage ist sie jedoch auch nicht, da der angenommene Inhalt der Theorie per definitionem empiristisch gewonnen wurde. Die Verabsolutierung der Theorie hängt also zusammenhanglos »in der Luft«, sie ist weder naturwissenschaftlich noch transzendental, sondern schlicht ein gedanklicher Irrtum oder besser eine aus sich nicht schlüssige Erfindung.

Aus dieser ersten gedanklichen Unsauberkeit resultiert eine ganze Reihe äußerst schwerwiegender Folgen: Zunächst gehört hiezu das schon erwähnte moralische Defizit der auf mechanistischer Grundlage arbeitenden Ideologien. Da in einem deterministischen System streng genommen so etwas wie Ethik keinen Platz finden kann, weil auf eine bestimmte Ursache ausnahmslos eine bestimmte Wirkung folgen müsse, und es zu keiner freien Entscheidung zum Guten kommen kann, sittliche Phänomene andererseits jedoch nicht so ohne weiteres unter den Tisch gekehrt werden können, so versuchen die Ideologien ihre materialistischen Grundsätze entweder dadurch zu retten, daß sie – wie im Marxismus – die intensive Bewußtmachung sozio-ökonomischer Prozesse an die Stelle des sittlichen Wollens setzen, oder sie substituieren – wie im Nationalsozialismus – das sittlich Gute und Böse durch das naturhaft-biologisch Gute und Schlechte.

Die Ersetzung der Ethik durch Bewußtseinsbildung oder ihre Verwechslung mit dem ideologisch Wünschenswerten ist der Kunstkniff des Materialismus. Aufgrund der praktisch immer wieder auftretenden sittlichen Fragen kann der Materialismus Moral nicht vollständig leugnen und ist zu seinen Hilfskonstruktionen genötigt, die da lauten »Bewußtmachung«, »Förderung der Auslesemechanismen« und dergleichen mehr. Nur übersehen dabei leider unsere Ideologen, daß z. B. die Forcierung von Bewußtseinsbildungsprozessen auch schon eine Willenshandlung ist und somit dem materialistischen Determinismus widerspricht! Da sich jede Theorie in der Praxis bewähren muß und in sich schlüssig zu sein hat, ist genau hier die Stelle getroffen, an der wir wieder einmal und nun zum zweiten Mal das System des mechanistischen Empirismus aufgeben müßten, nachdem wir schon das erste Mal bei der Frage nach der »innerdisziplinären« Gültigkeit der verschiedenen Ideologien an die Grenzen des materialistischen Monismus gestoßen sind.

Die einzige Rettung der materialistischen Ideologien wäre noch die Flucht in den völligen Fatalismus des reinen Automatismus, der aber spätestens dann von sämtlichen Ideologien aufgegeben wird, wenn es um die Umsetzung der »wissenschaftlichen« Theorie in die gesellschaftliche Praxis geht. Denn aus Gründen, die in der Psychologie der Schöpfer und Betreiber der Ideologien liegen, wollen die Ideologen ja etwas bewirken und »verändern«, sie wollen den »neuen Menschen« oder wenigstens ein neues Zeitalter. Und so kommt es zu jenem frappanten Auseinanderklaffen zwischen materialistisch-deterministischer Theorie und voluntaristischer, ja oft revolutionärer gesellschaftlicher Praxis, welche immer wieder beschrieben worden ist und an welcher meist die Ideologiekritik beginnt . So interesant auch die erst hier ansetzenden Überprüfungen und Beurteilungen in ihren Ergebnissen sein mögen, so kommen sie doch schon fast zu spät, denn die Fundamentalkritik an den Ideologien insgesamt hat an ihrem gemeinsamen Charakteristikum einzusetzen, dem transzendentalen Defizit. Alle Irrtümer und Fehlspekulationen sämtlicher Ideologien haben hier ihre zentrale Wurzel.

In der Frage, welche Ideologie eigentlich die »richtige« wäre, und wie die Probleme um das richtige Verhalten mit aller Deutlichkeit aufzeigen, verliert die Ideologie bei näherer Betrachtung ihre ursprüngliche Einfachheit und Klarheit, was natürlich auch ihren Anhängern nicht verborgen bleibt. Die nun notwendigen apologetischen Bemühungen werden komplizierter und – im psychologischen Sinn – rationalistischer, bis schließlich daraus eine neue eigene »Wissenschaft« entsteht, die im Lauf der Zeit in verschiedene Schulen zerfallen kann, wie dies am besten am Beispiel des historischen und dialektischen Materialismus (Histomat und Diamat im sowjetischen Jargon), dem Marxismus, vor Augen geführt werden kann. Mit diesen ins Gigantische anwachsenden apologetischen Hilfskonstruktionen stecken wir inmitten des dritten grundsätzlichen Dilemmas jeder Ideologie: Die psychologisch so wichtige und intellektuell bestechende Überschaubarkeit und Einfachheit der Ideologie weicht einer immer unübersichtlicheren Apologetik. Enorme Energien vieler an sich kluger Köpfe werden im vergeblichen Versuch gebunden, die Metaphysik doch noch auf materialistischem Kurs zu umschiffen und der eigenen Ideologie vor anderen den Vorrang einzuräumen.

Bekanntlichermaßen verstehen sich die meisten Ideologien als revolutionär, und ihre Anhänger sind demzufolge nicht wenig stolz auf ihr revolutionäres Bewußtsein und ihre revolutionäre Haltung. Gelangen solche Ideologen einmal an die Macht, so blicken sie selbstbewußt auf ihre und ihrer Bewegung revolutionärer Vergangenheit zurück, wenngleich ihre Handlungen nach dem Umsturz auch meistens auf bloße Machtkonservierung ausgerichtet sind. Nun wissen wir aber aus den Quellen legitimer Naturwissenschaft, daß sich die Natur, »gemäßigt konservativ« und geradezu antirevolutionär verhält – so sind die meisten Mutationen von letalen Folgen begleitet. Dürfen sich nun revolutionäre »naturwissenschaftliche« Ideologien zu recht auf eine evolutionäre wirkliche Naturwissenschaft berufen?

Unabhängig von der jeweils zu wählenden Definition des Revolutionsbegriffs darf man unter »Revolution« eine gewaltsame Umwälzung der bisherigen Ordnungs- und Eigentumsverhältnisse verstehen. Alle historischen Revolutionen – auch die, welche unter dem Vorzeichen einer materialistischen Ideologie abgelaufen sind – haben aber neben einer allenfalls noch materialistisch erklärbaren Unterströmung auch individualistische und voluntaristische Gesichtspunkte hervorgebracht – die Unverwechsel- und Unaustauschbarkeit eines Robespierre, Lenin oder Hitler belegen dies eindeutig. Auch hier treffen wir wieder auf die Antinomien zwischen theoretischer Behauptung und praktischer Wirklichkeit.

Gemessen an ihren eigenen Grundlagen und Voraussetzungen ist jede Ideologie in gleicher Weise richtig und falsch wie alle mit ihr konkurrierenden Philosopheme auch, solange nur nach dem momentanen Stand der empirischen Wissenschaften die Ausgangstheorie den Kriterien positivistischer Verifikation standhält. Untereinander sind sie gleichrangig, mögen sie einander in Theorie und Praxis auch noch so bekämpfen. Aus ihren Grundlagen und Voraussetzungen – dem materialistischen Monismus – läßt sich keinerlei Vorrang irgend einer Ideologie vor einer anderen ableiten. Zunächst reduktionieren die Ideologien als Kinder des Materialismus die Transzendenz und dann reduzieren sie einander wechselseitig! Geboren aus dem Wunsch nach einer säkularisierten Heilsgeschichte, hinterlassen sie statt einer überschaubaren und geordneten immanenten Welt das vollendete Chaos.

Unterstellt man einmal, daß die generalisierte Kerntheorie ohne den Fehler ihrer Generalisierung als naturwissenschaftliche Theorie nach positivistischen Kriterien über eine gewisse Langlebigkeit verfügt, so wird man der betreffenden Ideologie in manchen Bereichen doch einen gewissen Wahrheitscharakter nicht absprechen können. In anderen Gebieten mag das auch wieder für andere Ideologien gleichfalls zutreffen. So wird nach heutigem Wissensstand niemand ernsthaft die Bedeutung der Erbbiologie nur deshalb abstreiten können, weil sie im Nationalsozialismus eine dominierende Rolle gespielt hat. Und niemand kann guten Gewissens die Bedeutung sozio-ökonomischer Voraussetzungen für die geschichtliche Entwicklung leugnen, bloß weil Marx sie verabsolutiert hat. Der Fehler liegt nicht in der einzelnen Theorie, sondern in ihrer Generalisierung! Wie in jedem Märchen, in jeder Sage und in jedem Mythos ein Körnchen Wahrheit und wirklichen Geschehens steckt, so enthält auch jede Ideologie einen Kern, der zu ihrer Entstehungszeit richtig gewesen sein mag und uns vielleicht auch noch heute und morgen etwas zu sagen hat. Nur überfordert man die Kernaussage heillos, wenn man sie absolut setzt und alle anderen Gesichtspunkte nur mehr in der Relation zu ihr gelten läßt.

Mit der Generalisierung und gleichzeitigen Relativierung beginnt ein säkularisierter Mythologisierungsprozeß, der weit über den Ansatz der ursprünglich zugrunde liegenden Theorie hinausführt und alle Lebensbereiche zu erfassen sucht. Da dies aber nicht nur eine, sondern jede Ideologie tut, alle aber »wissenschaftlich« gleichrangig sind, so muß es zu einem erbarmungslosen Wettbewerb der Ideologien um die entwurzelten Seelen kommen, der sich in der immanenten gesellschaftlichen und historischen Wirklichkeit als totaler und permanenter, heißer oder kalter, psychologischer wie waffentechnischer Krieg der ideologischen Lager äußert. Eine »friedliche Koexistenz« oder »Entspannung« kann es in ihm nur als Waffenstillstand geben, da die wechselseitigen Universalitätsansprüche aus Gründen des jeweiligen Selbstverständnisses bestehen bleiben. Der Reduktionismus ist total und universell!

Nicht jeder Krieg muß an unterschiedlichen Ordnungsvorstellungen entbrennen, viele Kriege sind auf expansionistische Bestrebungen oder dynastische Erbstreitigkeiten zurückzuführen gewesen, sie sind aus gekränkter Ehre oder aus klarer Raubabsicht enstanden und manchmal auch aus reiner Rauflust. Am unerbittlichsten und grausamsten aber sind Bürgerkriege und Kriege um die Vorherrschaft geistiger Prinzipien. Meist mischen sich zwar die Kriegsursachen und -motive, auch können sie sich verschieben. Stehen »nur einfachere« Absichten im Vordergrund, so ist ein Frieden der Versöhnung, der Mäßigung und auch des ehrenvollen Überlebens des Unterlegenen möglich und der Regelfall, wie z. B. die Kabinettskriege des 17. und 18. Jahrhunderts mit ihren ritterlichen Umgangsformen zeigen. Kämpfen jedoch an Stelle von Berufssoldaten vollmobilisierte Volksheere, deren Kampfwillen durch die Weckung tiefster Emotionen aufgepeitscht werden müssen, so gilt das »Wehe den Besiegten« für den Verlierer eines totalen Krieges in voller Schärfe. Hinzu tritt die Entwicklung modernster Kampfmittel und das Hineintragen des Krieges auch in den letzten Winkel des feindlichen Hinterlandes, von den Methoden des Partisanenkampfes aus dem Hinterhalt ganz zu schweigen. Wird dann der Krieg noch hauptsächlich um die Vorherrschaft ideologischer Vorstellungen geführt, so kann das Endziel nur die physische und psychische Vernichtung des Feindes und der Endsieg der eigenen Ideologie über alle ihre Feinde sein.

Solange die Religionen um die immanente Verwirklichung ihres Anspruchs auf ihren eigenen »alleinseligmachenden« Weg rangen, hatten die Religionskriege ähnlichen Charakter wie die ideologisch motivierten Auseinandersetzungen des 20. Jahrhunderts. Und doch besteht zwischen Religions- und Ideologiekrieg ein gravierender Unterschied: Im Religionskrieg können sich die verfeindeten Seiten ihrer gemeinsamen transzendenten Wurzel bewußt werden, der Krieg der Ideologien hingegen muß im Namen des Anspruchs der »richtigen« materialistischen »Wissenschaft« bis zur Vernichtung des Feindes durchgefochten werden. Der bisher größte europäische Krieg, der Dreißigjährige, begann als Religionskrieg, wurde schließlich als Kabinettskrieg geführt und endete im Ausgleich des Westfälischen Friedens. Der 2. Weltkrieg und der Indochinakrieg wurden – jedenfalls in der Propaganda – als ideologische Kriege bis zur Kapitulation der Besiegten geführt und endete mit der Liquidierung der Führungsschicht der ideologischen Gegner und der Umerziehung der unterworfenen Bevölkerung im Geist der siegreichen Ideologien.

Bleiben wir auf dem Boden des Materialismus, so müßten die ideologischen Auseinandersetzungen mit all den Begleiterscheinungen fortgeschrittener Waffentechnik und psychologisch-subversiver Kriegsführung bis zum endgültigen Sieg einer beliebigen Ideologie fortgesetzt werden, sofern dies die Menschheit überhaupt überlebt. Aber auch dann wäre die Herrschaft ideologisch begründeter Gewalt nicht zu Ende, da ja der Endsieger immer noch das Wiederauftreten der besiegten Ansichten im Sinne seiner zunächst siegreichen »Wissenschaft« unterdrücken müßte. Eine Duldung anderer Ansichten widerspricht per definitionem dem ideologischen Universalitätsanspruch »wissenschaftlicher« Gültigkeit, eine transzendente Überhöhung und Aussöhnung der Gegensätze schließt der materialistische Monismus aus Gründen seines eigenen Selbstverständnisses aus. Das Beste, was den Überlebenden furchtbarer ideologischer Kriege überhaupt blühen kann, ist die Bevormundung durch die schließlich übrigbleibenden Spielart des Materialismus in pseudowissenschaftlicher Verkleidung und heilloser Überforderung.

Oder aber wir befreien uns von der Gängelung durch die zunächst alles simplifizierenden und dann komplizierenden Ideologien mit Hilfe der Überwindung des Materialismus und der Hereinnahme idealistischer Standpunkte. Die wirklich triste Lage des heutigen Geisteslebens würde keinesfalls durch die Entwicklung neuer materialistischer Ideologien aufgehellt. Vielmehr würde sie die gegenwärtige Situation nur noch mehr verwirren und verdunkeln, da sie keine prinzipielle Klärung und alleine eine künstliche Verlängerung der abgewirtschafteten, durch das Auftreten eben von Ideologien gekennzeichneten Epoche zur Folge hätte. In unser heutiges Schlamassel sind wir nicht durch einen Mangel an Ideologien, sondern durch das Fehlen von Transzendenz geschlittert! Noch haben wir das wenig verdiente Glück, daß trotz und vielleicht gerade wegen der Herrschaft materialistischer Ideologien unter einer an die Immanenz fixierten Oberfläche genügend idealistische Substanz liegt. Jedenfalls in der nichtkommunistischen Welt existieren noch philosophische Lehrstühle, an denen auch über Platon, Plotin, Augustinus, Kant, Fichte, Hegel, Schleiermacher, Schelling, Schopenhauer usw. gelesen wird – nützen wir doch diese Chance und die in den größten Geistern offenliegenden Schätze! Niemand kann in seiner Freizeit gezwungen werden, statt der Literatur eines Schillers die Tiraden materialistischer Stückeschreiber in die Hand zu nehmen. Marxistisches Parteichinesisch ist auch nicht leichter verständlich als die »Kritik der praktischen Vernunft«.

Die Unrast der Jugend, die Identitätssuche der unabhängig gewordenen ehemaligen Kolonialvölker und die trotz brutalster Unterdrükkung durch die herrschenden Diener des Materialismus erstaunliche Vitalität der Religion im Ostblock können doch nie als Sehnsucht nach noch immer mehr Materialismus mißverstanden werden. Sie sind doch der unüberhörbare Protest gegen die fortschreitende Vorenthaltung idealistischer Sinngebung. Unübersehbar haben die Materialismen verschiedenster Provenienz abgewirtschaftet – jetzt gilt es, die brachliegenden und schlummernden Potentiale und Ansprüche der idealistischen Tradition wieder heraufzuholen und in ein für heutige Ohren verständliches Idiom zu übersetzen. Noch bevor es den ideologischen Künstlern »wissenschaftlicher Wirklichkeit« gelingt, die immanente Welt in die Luft zu jagen oder sonstigen tiefergehenden Schaden anzurichten, muß es zu einer transzendentalen Überhöhung des blanken Materialismus kommen.

Ausgehend von den Fundamenten des wirklichen Idealismus ist den legitimen Aufgaben empirischer Wissenschaften eine instrumentelle Funktion zuzuerkennen, ihre überzogenen ideologischen Ansprüche dagegen sind als letzten Endes zerstörerisch zurückzuweisen. Die Schäden des reduktionistischen Chaos und pseudonaturwissenschaftlicher Selbstüberschätzung lassen sich durch transzendentale Sinngebung, Ethik und Religiosität beheben – die Ideologien fallen nach Prüfung ihrer realen Wurzeln in sich selbst zusammen. Wie die nun folgenden, etwas detaillierter dargestellten Beispiele zeigen werden, besitzen sie die schon erwähnten typischen Grundstrukturen, mögen sie sich inhaltlich auch noch so unterscheiden. Jede Ideologie beruht auf der systematischen Generalisierung einer empirisch gewonnenen Theorie bei gleichzeitiger Relativierung und Reduktionierung aller anderen Gesichtspunkte zugunsten der verabsolutierten Kernaussage der Theorie.

Aufgabe idealistischer Kritik an den Ideologien ist es, sie als moderne Mythen zu entlarven, die im Gegensatz zu den wirklichen den Fehler haben, in säkularisierter Form universelle Ansprüche zu erheben, ohne sich auf den »methaphysichen Rest« zurückziehen zu können, sobald sie die Grenzen der positivistischen Möglichkeiten erreicht haben. Die Unfähigkeit, den selbstgesetzten Ansprüchen gerecht zu werden, führt zu merkwürdig verbissenen Verschrobenheiten, apologetischen Tiraden, kasuistischen Verlogenheiten und einem gebrochenen Verhältnis zur Geschichte überhaupt. Wird zunächst jede andere als die eigene Tradition heftigst bekämpft und verleumdet, so tendieren mit zunehmender Etablierung und Konsolidierung die Ideologien zur Rehabilitierung und Einverleibung der ursprünglichen Gegner. Zunächst stürzt man Denkmäler, schändet Kirchen und sprengt Fürstenschlösser, um sie etwas später wieder zu errichten, zu restaurieren und zu repräsentativen Museen oder eigenen Residenzen umzugestalten. Alexander Newskij oder Martin Luther werden von den Atheisten das eine Mal verbannt, dann wider als Heroen gefeiert, den russischen Zaren und den preußischen Königen geht es nicht besser. Diese und viele weitere Ungereimtheiten mehr im Namen letzter »naturwissenschaftlicher« Wahrheit – arme Naturwissenschaft, was tut man dir an und wie überfordert man dich! Auch noch im Materialismus triumphiert die Transzendenz.

In der Darstellung der wichtigsten geschichtswirksam gewordenen Ideologien sollen zuerst die für jede einzelne Ideologie charakteristischen Kernaussagen dargestellt und anschließend kritisch untersucht werden, um zuletzt noch das Verhältnis zwischen Theorie und Praxis zu würdigen. Die in ihren Wurzeln identischen Grundstrukturen mögen beispielhaft als typisch materialistisch erkannt werden. Den

Fragen, warum es überhaupt zur Ausbildung von Ideologien kommen kann, und weswegen sie bei aller inhaltlichen Gegnerschaft doch soviele Gemeinsamkeiten aufweisen, ist zum Schluß noch einmal für alle Ideologien insgesamt nachzugehen.

Kapitel 7

Der Nationalsozialismus

Die Quellen abendländischen Denkens gehen bis in die Antike zurück, die meisten Verbindungslinien gehen nahtlos und nur für den oberflächlichen Betrachter scheinbar verschüttet bis dorthin zurück. Materialismus wie Idealismus nehmen dort ihren Anfang, schlüpfen unter dem Einfluß verschiedener zeitlicher und räumlicher Umstände in immer andere Gewänder, bleiben aber trotz aller Umformungen und ihres jeweiligen historischen Beiwerkes beraubt bis zum heutigen Tag strukturell klar identifizierbar. Dagegen verliert man sich leicht im Uferlosen, will man sämtliche Ideologienbildungen in ihrer vollständigen historischen Entwicklung beschreiben. Hier sollen nur die wichtigsten und für uns noch deutlich spürbaren Ideologien dargestellt werden. Aus Gründen der Aktualität und der leichteren Darstellung soll mit der jüngsten und »modernsten« der Anfang gemacht werden, dem Nationalsozialismus.

Die drei zentralen und typischen Aussagen des Nationalsozialismus sind die Rassenlehre, das Führerprinzip und der Gedanke der Volksgemeinschaft. Seine Rassentheorie hat ihre Wurzeln einerseits in der Rassentheorie des französischen Grafen Joseph Arthur de Gobineau und andererseits im Sozialdarwinismus von Ernst Haeckel. Gabineau veröffentlichte glänzend in Stil und Dialektik sein erstes Werk »Versuch über die Ungleichheit der menschlichen Rassen« wenige Jahre vor Charles Darwins epochemachendem Buch »Über den Ursprung der Arten durch natürliche Selektion«. Nach Gobineau sind die verschiedenen menschlichen Rassen nicht gleichwertig, zur höheren Kultur hätten es eigentlich nur die Indogermanen gebracht, deren wirklich kulturschöpfende Oberschicht aber immer aus Angehörigen der nordischen Rasse, den Germanen, bestand. Als Beleg für die Überlegenheit der nordischen Rasse durch die Jahrhunderte führt er die blonden griechischen Götter wie Heroen und den nordischen Ursprung der Dorer, die blauen Augen Caesars und die blonden Haare der römischen Oberschicht, den germanischen Ursprung des europäischen Adels nach der Völkerwanderung, das »blaue Blut« der spanischen Aristokratie und das gleichbleibende nordische Schönheitsideal südlicher Völker an. Die Französische Revolution wäre der Aufstand des Pöbels gegen ihre germanischen Herren, mit der Guillotinierung und Vertreibung des nordischen Adels hätte sich Frankreich der eigentlichen Schöpfer seiner Kultur und seiner Größe beraubt, die neue bürgerliche Oberschicht Frankreichs stamme aus der nichtgermanischen Unterschicht und sei einer wirklichen Kulturleistung nicht fähig. Jedes indogermanische Volk – und nur einem solchen käme Kulturbildung tatsächlich zu – , das seine germanische Oberschicht beiseite schiebe, beschwöre seinen Untergang selbst herauf.

Im Sozialdarwinismus wird die im Kampf ums Dasein erfolgende natürliche Auslese und Zuchtwahl auch auf den Menschen und seine Sozialbeziehungen angewendet. Im menschlichen Kampf ums Dasein komme es zu einem allgemeinen sozialen Konkurrenzkampf, in dem das minderwertige Leben ausscheide, damit die Menschheit als Ganzes erhalten bleibe und sich höher entwickele. Soziale Maßnahmen zugunsten der Schwächeren behinderten die natürliche Auslese und führten zwangsläufig zur Degeneration der Menschheit. Vielmehr hätten Staat und Gesellschaft die Starken zu fördern und die biologisch Schwachen durch eugenische Maßnahmen von ihrer Reproduktion fernzuhalten.

Verbindet man nun Gobineaus Rassentheorie mit den Theorien des Sozialdarwinismus, so gilt es, die höherwertigen nordischen Elemente im Kampf ums Dasein besonders zu fördern. Unter keinen Umständen darf man übersehen, daß vor dem ersten Weltkrieg – also in Hitlers prägenden Jahren – sowohl Gobineaus als auch Haeckels Vorstellungen hoch in Mode standen und vielfach auch mit Wagners und Nietzsches Ideen in Verbindung traten. Ihre Spekulationen vom Tod des Bisherigen und der Geburt einer neuen Welt paßten gut in die Auf- und Umbruchsstimmung der späten Gründerzeit, des fin de siècle und des Imperialismus. Dieses Gedankengebäude war vielfach Gemeingut der »gebildeten Kreise« am Vorabend des ersten Weltkrieges sowohl in Europa als auch in Nordamerika, seine spezifisch nationalsozialistische Prägung erfuhr es durch die Hereinnahme des pointierten Rassenantisemitismus, wie ihn Hitler durch Karl Lueger und besonders durch Georg Ritter von Schönerer in Wien kennenlernte.

Der Antisemitismus an sich ist viel älter als der ausgesprochene Rassenantisemitismus, vor dem biologischen existierte schon viel länger ein religiöser, kultureller und wirtschaftlicher Antisemitismus und auch ein Mischung aller dieser Antipathien. Erst die konsequente Verknüpfung des rassisch motivierten Antisemitismus mit den Theorien Gobineaus, Haeckels und zum Teil auch Wagners und Nietzsches macht die spezielle »Leistung« der nationalsozialistischen Rassenlehre aus. In ihr spielen die Juden die Rolle des alles zersetzenden und zerstörenden Rassenfeindes – sowohl der ausbeuterische liberale Kapitalismus als auch der volksfeindliche Marxismus seien typisch jüdisch. Der Hauptfeind der »Arier« sei die jüdische Rasse, deren besondere Gefährlichkeit in ihrem parasitären und destruktiven Charakter liege. Die Juden lebten in ihren Wirtsvölkern als blutsaugerische Parasiten und strebten nach vollständiger Herrschaft über sie. Würde aber das Judentum über die arischen Menschen siegen, so hätte es zwar zunächst die Herrschaft über die übriggebliebene Menschheit errungen, aber in weitere Folge auch deren allgemeinen Untergang zur Folge, da es ja nur destruktiv wirken könne, und die kulturschaffende arische Rasse ausgeschaltet wäre. Zuletzt würde nach seinem Sieg auch das Judentum selbst gemeinsam mit dem Rest der unterworfenen Menschheit untergehen, da der Wirt durch den Parasiten zugrundegerichtet wäre, und kein Parasit ohne Wirt leben könne.

Um dieser tödlichen Bedrohung zu begegnen, sieht es der Nationalsozialismus als unbedingt notwendig an, einerseits die nordischen Rassenelemente zu fördern und andererseits nicht-arische Bestandteile aus dem Volkskörper auszumerzen, soweit sie bereits eingedrungen sind. Inwieweit im Kampf gegen das Judentum und ab wann darin auch dessen physische Vernichtung von den führenden Nationalsozialisten mit in Kauf genommen wurde, ist im Prinzip unerheblich, da sie aus dem ideologischen Ansatz zwingend folgt. Daß sich die historischen Völker und heutigen Nationen aus einem mehr oder weniger starkem Gemisch verschiedener Rassen zusammensetzen, wurde vom Nationalsozialismus richtig erkannt, so behauptete Hitler in einem späteren Zeitpunkt seiner Laufbahn, daß das englische Volk dem deutschen überlegen wäre, da das nordische Rassenelement in jenem stärker vertreten sei. Der dynamische Aspekt dieser Überlegung zeigt nochmals in aller Schärfe das nationalsozialistische Bewußtsein

für den Rassenkampf. Gut sei, was sich im biologischen Sinn bewährt, und schlecht, was das biologisch Bewährte behindert.
Bei der Kritik der nationalsozialistischen Rassenlehre empfiehlt es sich, ihre Bestandteile vorerst gesondert zu untersuchen. Beginnt man bei Gobineau, so bestechen denjenigen, der zum ersten Mal seine Theorie gehört hat, manche seiner Argumente. Sicherlich haben sich die Indogermanen einen großen Teil der Erde unterworfen, eine hohe Kultur entwickelt und wenigstens ihre Zivilisation und ihren Lebensstil über die ganze Welt verbreitet. Zweifellos ist auch der Adel im nichtgermanischen Europa germanischen Ursprungs und hat die Reinheit seiner Abstammung lange erhalten. Gewiß bringt die Beseitigung einer Oberschicht durch die Rebellion der bisherigen Untertanen stets eine schwere Kulturkrise, wie denn auch die Französische Revolution nicht nur »den Verlust der Mitte« der europäischen Kultur nach Sedlmayr, sondern dazu noch folgerichtig den Verlust ihres Glanzes und ihres Charmes gekostet hat, getreu dem berühmten Wort Talleyrands, daß niemand die Großartigkeit des Lebens ermessen könne, der nach der Französischen Revolution geboren worden sei und nie den Glanz des Hofes von Versailles gesehen habe. Nur ist eben das französische Königtum nicht das Maß aller kulturellen Dinge schlechthin, sowie der Grund des Gelingens einer Revolution und der erfolgreichen Ausschaltung einer Oberschicht doch ein merkwürdiges Licht auf ihre Konsistenz wirft und bei näherer Betrachtung sich auf recht vielschichtige Gründe zurückführen läßt. Mag der Uradel Europas auch nordisch-germanisch gewesen sein, so hat er sich trotzdem mit Nichtgermanen gemischt, wie in ihn auch immer im nichtgermanischen Europa Nichtgermanen aufgenommen wurden – wegen ihrer Leistungen! Mögen die Dorer auch nordischer Abkunft gewesen sein, so darf man deswegen die Einflüsse der vorderasiatischen Kulturdrift auf die griechisch-abendländische Kultur nicht übersehen. Obendrein erscheint die Rolle der Indogermanen als alleinige Kulturschöpfer angesichts der ersten nicht-indogermanischen Hochkulturen äußerst fragwürdig. Lange waren z. B. die chinesische oder die islamische Kultur der christlich-germanisch-abendländischen überlegen oder ebenbürtig und haben diese auch befruchtet. Aus dem momentanen und vorübergehenden Obsiegen Europas im Imperialismus läßt sich jedenfalls die absolut überragende

Rolle der Indogermanen im allgemeinen und der Germanen im speziellen, die ihnen Gobineau zugedacht hat, nicht ableiten.

So erweist sich denn seine Rassentheorie als typische Ideologie: Eine empirisch gewonnene und interessante Theorie – die Bedeutung der Indogermanen und Germanen in der Geschichte – wird mit dem Anspruch auf letzte und absolute Wahrheit generalisiert, während gleichzeitig alle anderen Gesichtspunkte – die Bedeutung der Nichtindogermanen – relativiert werden. Im tieferen Sinn macht diese Ideologie beispielshaft für alle anderen deutlich, daß es sich hier im Grunde um eine säkularisierte Heilsgeschichte handelt, um die empirisch gewonnene Theorie und den verabsolutierten Mythos vom allein edlen Indogermanen und Germanen, mit dem alle Kultur steht und fällt. Im Gegensatz zum religiösen Mythos, dessen wesenhafter Kern ja im Transzendenten liegt, ist der empirische und säkulare jedoch auf seine immanente Wahrheit hin überprüfbar und in seiner überzogenen Verabsolutierung widerlegbar, sodaß er zur Abwehr immense Apologien verfassen muß. So haben z. B. folgerichtig später die Gobineaus Theorie übernehmenden Nationalsozialisten auch noch aus Jesus Christus einen Indogermanen gemacht. Letzten Endes bewirkt der Generalisierungsprozeß der Ideologie aber nur, daß selbst der nicht-verabsolutierte und allenfalls legitime Kern der Theorie in Mißkredit gerät.

Befaßt man sich in weiterer Folge mit dem Sozialdarwinismus, so muß man sich von allem Anfang an die epochemachende und ungeheure Bedeutung der Erkenntnisse Darwins auf unsere moderne Naturwissenschaft ins Gedächtnis rufen. Ohne näher auf seine Selektionstheorie und detaillierte Ergebnisse der Forschungen seiner Schule einzugehen, darf festgehalten werden, daß im Bereich der Biologie die Lehre Darwins mit den Weiterentwicklungen seiner Schüler als eindeutig wissenschaftlich gefestigt zu erachten ist. Der Sozialdarwinismus überträgt seine Theorie mit den entsprechenden Schlußfolgerungen auch auf den Menschen, was in Anbetracht der Zugehörigkeit des homo sapiens zum regnum phylum nur konsequent ist. Ohne diese Tatsache gäbe es beispielsweise nicht einmal die primitivsten Grundlagen der Medizin. Der Mensch ist also unwiderruflich ein homo biologicus et naturalis. Daran zweifelt kein mit Vernunft Begabter, aber ist der Mensch wirklich nur und ausschließlich dies?

Ist er nicht auch eine homo oeconomicus, ein homo faber, ein homo politicus, ein homo cogitans, ein homo voluntans und eben ein homo sapiens? Der Fehler des Sozialdarwinismus liegt in seiner ausschließlichen Sicht des Menschen als biologischer Maschine. Die Sozialdarwinisten dürften sich eigentlich als Biologen nicht leisten, zu übersehen, daß die Spezies homo sapiens gerade durch das Attribut »sapiens« gekennzeichnet wird. Im Unterschied zu allen anderen Lebewesen ist der Mensch eben so angelegt, daß er nicht nur als Mechanismus funktioniert und gänzlich durch Instinkte geleitet wird, sondern auch zwischen Motiven frei wählen und überlegt handeln kann – dies freilich nicht absolut, sondern innerhalb der Grenzen seiner Konstitution als Kreatur, aber immerhin. In der Generalisierung des rein biologischen Aspekts bei gleichzeitiger Relativierung und Reduktion aller anderen Gesichtspunkte liegt die Ideologiebildung des Sozialdarwinismus.
Aber nicht nur in der Absolutsetzung der Biologie als höchste und letztlich für den Menschen allein relevante Wissenschaft liegt der Irrtum des Sozialdarwinismus. Er übersieht wie alle anderen aus der Empirie gewonnenen Ideologien, daß die naturwissenschaftliche Betrachtungsweise nur ein Modell der Wirklichkeit liefert, das – mag es auch noch so gute Ergebnisse liefern – eben nur ein Bild oder Modell der Wirklichkeit, aber nie die völlige Wirklichkeit an sich ist. Die eine – durchaus zugestanden – legitime Betrachtungsweise schließt aber andere und ergänzende nicht aus, deren Ansprüche auf Gültigkeit genauso berechtigt sind. Die Überschätzung der Wichtigkeit der eigenen Ausgangslage und Ansichten durch »Engagierte« und Fanatiker führt zu schwerwiegenden Ergebnissen und ruft oft erstauntes Entsetzen bei den Theoretikern hervor, die ja »nur« gedacht haben und dann mit den Folgen ihrer Tiraden konfrontiert werden.
Und noch etwas übersieht der Sozialdarwinismus in trauter Gemeinschaft mit allen übrigen Ideologien: Die naturwissenschaftliche Betrachtungsweise ist eben nur eine »Betrachtungsweise« und keine Handlungsanleitung. Empirische Wissenschaften können nur technisch verwertbare Gesetzmäßigkeiten anbieten, auf deren Grundlagen Überlegungen und Handlungen möglich werden, nicht aber menschliche Handlungen und geschichtliche Entwicklungen prophezeien. Die Naturwissenschaften beobachten empirische Erscheinun-

gen und suchen daraus Gesetzmäßigkeiten abzuleiten nach dem Muster, wenn auf A der Zustand B folgt, dann muß man A herbeiführen, wenn man B will. Aber ob und warum man B erreichen soll, liegt außerhalb naturwissenschaftlicher Möglichkeiten und Aufgaben. Der menschliche Wille ist empirisch nicht vorhersagbar und seine Motive sind nicht zwingend zu prophezeien, auch wenn Deterministen nach erfolgter Handlung tautologisch den freien Willen aus der Durchsetzuung des »stärksten« Motives erschlossen haben wollen. Ethische und willentliche Erscheinungen können zwar von außen her empirisch beobachtet werden, ohne daß deshalb die menschlichen Handlungsziele und die realen Taten mit naturwissenschaftlicher Notwendigkeit feststünden. Aus der deterministischen Blindheit des mechanistischen Denkens für freies und sittliches Handeln und Wollen entspringt die Negierung der Ethik seitens der Ideologien. An die Stelle des moralisch Guten und Bösen tritt das ideologisch Nützliche und Schädliche. So wichtig und richtig im biologischen Bereich die Erkenntnis des Problems einer rapiden Verschlechterung der Erbsubstanz der Menschheit durch die Auswirkungen der modernen Medizin, Hygiene und Verbesserung der Lebensbedingungen, die den natürlichen Auslesemechnismen entgegenwirken, auch sein möge, so wenig darf man übersehen, daß die sittliche Bestimmung für den Menschen in vorderster Linie zu stehen hat.

Angesichts des empirischen Determinismus des Sozialdarwinismus bleibt eigentlich nur noch das Rätsel zu lösen, woher plötzlich in der naturwissenschaftlichen Kausalkette der Spielraum für Willenshandlungen in eugenische Richtung kommen sollte. Des Rätsels Lösung liegt in der Unmöglichkeit, einen mechanistischen Monismus durchzuhalten, sodaß sich dann doch noch der freie Wille einschleicht, der sich sein Motiv freilich nicht mehr in der Ethik, sondern selbstverständlich in der materialistischen Ideologie suchen muß. Hätte der Nationalsozialismus eine transzendentale Ethik gekannt, so hätte er zu »sanften« eugenischen Maßnahmen finden können, wenn er es nur gewollt hätte. Da ihm aber der wirkliche Idealismus fehlte, hat er eben die rabiaten Methoden gewählt, welche heute die Durchsetzung der so dringend nötigen Eugenik diskreditieren, die freilich nicht nur ethisch vertretbar, sondern auch erstrebenswert erscheint.

Der abgrundtiefe Haß gegen die Juden, wie ihn der nationalsozialistische Antisemitismus zeigt, und die Sündenbockrolle, welche die Juden in ihm zu erfüllen haben, weisen eine interessante tiefere psychologische Wurzel auf, als es ein »bloß« religiöser oder wirtschaftlicher vermuten ließe. Obwohl oberflächlich rassisch motiviert richtet sich die Fundamentalkritik der Nationalsozialisten gegen die »destruktiven« Tendenzen des Judentums. Noch stärker als gegen seinen »parasitären« Charakter ist der Haß gegen die vermeintlichen zersetzenden und zerstörerischen Hinneigungen der Juden überhaupt gerichtet. Als »Ferment der Deskomposition« seien sie der Zerstörer und Feind der Kultur schlechthin, sodaß eigentlich kulturelle Gesichtspunkte den Hauptangriffspunkt dieser Art von Antisemitismus bilden. Denn über die Kultur vernichteten sie schließlich die Menschheit ingesamt, wenn man ihnen nicht Einhalt geböte. Als Beweise werden die Ausbeutermethoden des liberalen Kapitalismus wie die Zerstörung der natürlichen Gemeinschaften durch den Marxismus genannt. Auch die Vergiftung und Überfremdung des abendländischen Geisteslebens dienen als Beleg. Richtig daran ist der wirklich große Einfluß von Juden in Industrie und Handel in Mittel- und Osteuropa seinerzeit gewesen, der aufgrund der Wirtschaftsverfassung natürlich kapitalistisch war. Unzweifelhaft war an der Entwicklung und Verbreitung des Marxismus auch eine überproportional große Zahl von Juden beteiligt und ist es auch zum Teil noch heute. Dasselbe gilt auch für verschiedene geistige und kulturelle sowie künstlerische Strömungen, über deren Geschmack und Richtung sich streiten läßt. Warum waren nun gerade Juden so zahlreich hierin vertreten? Den Schlüssel zu dieser Frage erhält man, wenn man sich ansieht, wer die betreffenden Juden eigentlich wirklich waren. Dabei wird man feststellen, daß es sich bei den »destruktiven« kapitalistischen, marxistischen oder »kulturbolschewistischen« Juden so gut wie nie um orthodoxe, noch im Glauben ihrer Väter verwurzelte, sondern vielmehr um assimilierte, assimilierungswillige und vom Judentum abgefallene Juden handelte. Von Marx über Freud bis zu Viktor, Alfred und Friedrich Adler, Liebknecht, Luxemburg, Otto Bauer und den Dadaisten waren alle von den Nationalsozialisten angefeindeten Juden assimiliert. Weder von Arthur Schnitzler, Stefan Zweig oder den Mitgliedern des Rates der Volkskommissare der bayerischen und der ungarischen Räterepublik noch von Rathenau ist ein regelmäßiger Besuch ihrer Synagoge überliefert. Die Liste ließe sich beliebig fortsetzen. Fest steht, daß der »zersetzende« Einfluß der Juden erst zu Beginn des 19. Jahrhunderts mit der europäischen Judenemanzipation anhebt und auch seit diesem Zeitpunkt erst von den Nationalsozialisten ernsthaft behauptet wurde, sieht man einmal vom »Jud Süß-Oppenheimer« ab. Die Tragödie des Judentums ist vielmehr, daß das an der »Zersetzung« unbeteiligte und orthodoxe Judentum für die »Sünden« der von ihm abgefallenen »büßen« mußte. Im nationalsozialistischen Jargon müßte man sagen, es hat die Falschen, nämlich Unschuldigen, »erwischt«.

Was aber war und ist immer noch das wirklich Zersetzende? Es ist dies bei Nichtjuden wie bei Juden die Verleugnung der transzendenten Wurzeln des Menschen einerseits und das Verschreiben seiner Seele an eine materialistische Ersatzreligion in Form einer Ideologie andererseits! Kulturvernichtend ist die radikalste Form der Disharmonie zwischen Physik und Metaphysik, die Leugnung der Transzendenz. Wer mit Gott im Krieg liegt, kann auch auf Erden weder Frieden finden, noch stiften. Wer auch immer einem monistischen Materialismus anhängt, wirkt zersetzend und zerstörerisch. Aber genau das taten die Nationalsozialisten in ihrer Ideologiegläubigkeit auch, sie sahen die zersetzende Wirkung der ihnen zuwiderlaufenden und feindlichen Ideologien, ohne zu merken, daß sie in anderer Form dasselbe praktizierten wie ihre Gegner. Dieser Übertragungseffekt verstärkte noch ihren Antisemitismus, und folgerichtig kann es zwischen verfeindeten materialistische Ideologien keinen Ausgleich durch transzendentale Überhöhung geben.

Daß sich der Nationalsozialismus den Antisemitismus als Ansatzpunkt erkoren hat, liegt angesichts der sonstigen Aspekte seiner Rassenlehre nahe, ist aber nicht unbedingt zwingend und im Grunde auch unerheblich. Bemerkenswert ist wohl nur, daß nicht nur das deutsche, sondern auch das jüdische Volk den exakten anthropologischen Anforderungen einer reinen Rasse kaum entsprechen. Schon in Palästina mischten sich die Juden mit ihren Nachbarn, dann betrieben sie bis weit ins römische Zeitalter hinein eine recht erfolgreiche Missionierung und bildeten erst recht spät in ihrer langen Geschichte aus den Gründen ihres religiösen Überlebens eine abgekapselte Fortpflanzungsgemeinschaft. Eine »wissenschaftliche« Begründung für einen Rassenantisemitismus läßt sich nicht halten, für einen religiösen fehlten dank dem materialistischen Reduktionismus die ideologischen Grundlagen. Zerfallen die Juden vielfach auch in ihrem äußeren Erscheinungsbild in Sephardim und Aschkenasim, so ist bei der wechselvollen jüdischen Geschichte hinsichtlich des religiösen Antisemitismus doch bedeutungsvoll, daß sie im christlich-römischen Reich, im germanisch-christlichen Mittelalter und in der beginnenden Neuzeit bei aller zeitweiligen Verfolgung doch vom Christentum als einzige Religion neben sich geduldet wurden und so überlebten, wenngleich dadurch ihre Rückkehr zu einer reinen Volksreligion endgültig besiegelt wurde. Das Weiterbestehen im für christliche Verhältnisse wesentlich toleranteren Islam war noch leichter, von dort aus wirkten die Juden gemeinsam mit den Arabern an der Weiterreichung der antiken klassischen Tradition an Europa und damit am Entstehen der Renaissance an hervorragender Stelle mit.

Die These vom »parasitären« Charakter des Judentums wird im Zusammenhang mit seiner Tarnung in den Wirtsvölkern aufgestellt. Auch dies kann, nämlich eine erfolgreiche Tarnung, wohl höchstens für assimilierte und getaufte Juden zutreffen, denn die orthodoxen sind an ihrem Habitus und auch an ihrem Vornamen zu gut zu identifizieren, als daß man von einem bewußten Untertauchen in den Völkern sprechen könnte, die sie angeblich nur ausbeuten wollen. Nicht die vermeintlichen »Protokolle der Weisen von Zion« erweisen sich als zersetzerisch und parasitär, sondern die Blindheit für die Metaphysik zerrüttet sowohl das kulturelle, als auch das gesellschaftliche Leben aller Völker und ermöglicht es den sich selbst »Intellektuelle« nennenden Halbgebildeten, sich an die Spitze materialistischer Revolutionsbewegungen zu stellen und im Falle des Sieges ihrer Ideologie die Herrschaft zu übernehmen. Dies aber gilt für jüdische wie für »arische« Ideologen und stellt kein typisch jüdisches Charakteristikum dar! Mag sich bezeichnenderweise durch den nachlassenden Druck ihrer Gastvölker und die staatlich initiierte und geförderte Judenemanzipation eine große Zahl von Juden auch veranlaßt gesehen haben, den Glauben ihrer Väter zu verlassen und den christlichen anzunehmen, so wird sicherlich auch ein Gutteil dies nur aus opportunistischen Gründen getan haben, nicht in der neuen

Religion wirklich aufgegangen sein und somit zwischen allen Stühlen sitzend im ideologischen Denken Zuflucht gefunden haben. »Der Verlust der Mitte« setzte aber schon Generationen vor der Judenemanzipation ein, möge er auch von Juden später kräftig mitgetragen und erweitert worden sein: Marx, Liebknecht, Freud, Trotzki, Marcuse etc. mögen Juden gewesen sein, aber Locke, Hobbes, Hume, Voltaire, die Enzyklopädisten, Robespierre, Haeckel, Hitler, Lenin, Stalin usw. waren keine »Judenstämmlinge«. Der Ablauf der Geschichte ist diffiziler als das einfache Schema »hier Arier – dort Jude«. Vor allem übersehen die Antisemiten »rechter« Provenienz, daß es nicht nur linke und »vaterlandslose Gesellen« unter den Juden gab und gibt, sondern auch konstruktive, rechte und ihrem angenommenen Vaterland gegenüber durchaus loyale.

Dem unbestreitbaren und auf die Kopfquoten berechnet überproportionalen Einfluß von Juden auf das Geistesleben der vergangenen zweihundert Jahre in der Form kultureller und politischer Ausstrahlung und Macht steht der wirtschaftliche Einfluß und die ökonomische Macht zur Seite. Natürlich bietet sich auch hier ein weites Feld für den Antisemitismus und selbstverständlich wurde es von den Nationalsozialisten beackert. Hierfür standen die Namen Rothschild-Montefiore, Rathenau, Salomonson, Ballin, Fürstenberg, Witting, Blum, Landsberg, Minkus, Brettauer, Broch, Lanczy, Samuel, Eckstein, Joel und andere. Außer der bekannten Sündenbockfunktion, der man alles zuschiebt, was einem unangenehm ist, sowie schlichtem Mißtrauen und Neid bildete insbesondere das jüdische Informations-, Zusammengehörigkeits- und wechselseitige Förderungssystem den Kern dieses antisemitischen Anstoßes. Die bolschewistische Plan- wie die kapitalistische Großwirtschaft wurden als typisch jüdisch interpretiert.

Den Marxismus werden wir bei der Behandlung des Nationalsozialismus nur streifen und ihm als typische und bekannt geschichtswirksame Ideologie ein eigenes Kapitel widmen, den Kapitalismus wollen wir aber nun im Zusammenhang mit dem Antisemitismus etwas näher unter die Lupe nehmen. Wurde und wird doch immer wieder behauptet, der Einfluß des Judentums ginge auf den überragenden Einfluß in den privatwirtschaftlich organisierten Unternehmen zurück, ja der Kapitalismus sei so recht eigentlich eine jüdische Erfindung.

Hat doch selbst Karl Marx den ausschließlich auf seinen Erwerbsberuf fixierten Menschen als typischen Juden diffamiert, der im Geld Gott anbete. Beginnt man nun die Untersuchung dieser These an ihren historischen Wurzeln, läßt sich jedenfalls für den Frühkapitalismus kein überproportionaler jüdischer Einfluß feststellen. Weder in den italienischen Kaufmannsrepubliken, noch in der Hanse oder in den deutschen Reichsstädten stechen die Juden besonders hervor. Den Einfluß der protestantischen, ja besonders des puritanischen Geistes auf die Entstehung des eigentlichen Kapitalismus hat Max Weber in brillanter Weise aufgezeigt: Im Protestantismus tritt an die Stelle des mittelalterlichen heilsbringenden Gemeinschaftslebens die Unmittelbarkeit des Einzelnen vor Gott. Hierin liegt die Wurzel der Entfaltung des Individualismus zum siegreichen Gestaltungsprinzip des »modernen« Lebens und der Wirtschaft. Eine gewisse Affinität des Kalvinismus zum Neuen Testament, seiner kriegerischen Geschichte und seinem grimmigen Gott ist schon öfters aufgezeigt worden, die Vorliebe der Puritaner für alttestamentarische Vornamen entspringt derselben Wurzel wie das Sabbatgebot oder die Sittenstrenge überhaupt. Kalvins religiöse Prädestination, derzufolge die Gottgefälligen auch die im irdischen Leben Erfolgreichen und die zu kurz Gekommenen die Bestraften Gottes wären, verlieh dem Daseinskampf die letzte Dynamik. Der Individualismus und die insgesamt geographisch geschützte Lage der historischen Handelsstädte und -völker wiesen die Richtung zum erbarmungslosen Kunkurrenzkampf in Handel und Gewerbe sowie in der entstehenden Industrie.
Der Kalvinismus segnete so die Hinwendung zur materiellen Arbeit bis hin zur asketischen Besessenheit »von oben« ab, verbot aber gleichzeitig den Genuß der selbst erworbenen und geschaffenen Güter. Die so gesammelte Energie und das so konzentrierte Kapital schufen das Potential für die Weltwirtschaft, die industrielle Revolution und die Kolonialreiche der Holländer, Engländer, Amerikaner und der seinerzeit wenigstens teilweise hugenottischen Franzosen. Die Spanier und Portugiesen traten hundert Jahre früher unter rein katholischen und staats-»kapitalistichen« Gesichtspunkten zur Eroberung ihrer Weltreiche an und verloren sie großteils wieder an ihre protestantischen späteren Konkurrenten. Die evangelische Religion formte eine hohe spezifisch kaufmännische Standesehre heraus,

noch bei Adam Smith, dem Erfinder der klassischen Volkswirtschaftslehre, bleiben die protestantischen Wurzeln spürbar, obwohl er im berühmten Eigennutz den ungewollt wirkenden Antrieb jeder Weiter- und Höherentwicklung zu seinem ideologischen Ersatzgott erkor. Bis hierher ist weit und breit nichts von Judentum zu sehen!
Bis zum Ende des 18. Jahrhunderts spielten die Juden nirgends eine überragende Rolle, mit einer einzigen, aber bezeichnenden Ausnahme: dem sogenannten Hofjudentum. Seine Entstehung geht letzten Endes auf den Sieg des Christentums im späten römischen Reich und auf das durch ihn geprägte Verhältnis zwischen Juden und Christen zurück. Bekanntlich war das Judentum die einzige Religion, welche die ecclesia triumphans neben sich duldete. Dies allerdings um den Preis des Verbotes, daß sich Juden in »anständigen« Berufen betätigten, und ihrer Verbannung in wenig angesehene Erwerbszweige, so z. B. in den Altwarenhandel und vor allem ins Kreditwesen. Das christliche Verbot des »Zinswuchers« einerseits und das tatsächliche wirtschaftliche Bedürfnis nach der Vorfinanzierung von Investitionen andererseits boten den Juden ein reichhaltiges Betätigungsfeld, in dem sie durch die religiösen Bestimmungen des herrschenden Christentums – im Islam war es nicht viel anders – ein natürliches Monopol errangen. Da es in erster Linie die verschiedenen europäischen Fürsten waren, die zur Finanzierung ihrer Politik eines Kreditapparates bedurften, und sich das etablierende eingesessene Bürgertum aus Gruppensolidarität vor den Juden verschloß, diese auch häufig bekämpfte und bisweilen sogar vertrieb, genossen die Juden besonderen fürstlichen Schutz und wurden zu vielfältigen finanziellen Aufgaben herangezogen. Hierzu gehörte insbesondere das Münzwesen und der Handel mit wertvollen Steinen und münzfähigen Metallen.
Aus diesem Hofjudentum entwickelten sich die Staatsbankiers des 18. und 19. Jhds., so Oppenheimer für den Herzog von Würtemberg, die Rothschilds für Metternich und Bleichroeder für Bismarck. Nur übersehen die Protagonisten des jüdischen Wirtschaftseinflusses, daß sich trotz des christlichen Zinsverbotes schon bald die Patrizier in den italienischen Kaufmannsrepubliken darüber hinwegsetzten, sie übersehen die Fugger und Welser in Deutschland und die Rolle der christlichen Levantiner im byzantinischen und im osmanischen Reich. Von einem durchgehenden jüdischen Monopol kann in Wirk-

lichkeit keine Rede sein, das moderne Bankwesen ist geradezu eine italienische Erfindung, und im 18. Jahrhundert waren die kalvinistischen Holländer die Bankiers der Welt, erst mit Abstand gefolgt von den puritanischen Engländer.

Mit der Judenemanzipation beginnt in Wahrheit der eigentliche Aufschwung des jüdischen Einflusses in Theorie und Praxis auf das Wirtschaftsleben, sowie zur selben Zeit auch im geistigen Bereich – mit Beginn des 19. Jahrhunderts. Daß Juden von da ab bis in unsere Tage wie im Geistigen so auch im Ökonomischen und damit im Politischen eine bedeutende Rolle spielen, ist eine Binsenweisheit und vielfach sowohl im philosemitischen, wie von Werner Sombart, als auch im antisemitischen Sinne, wie sogar von Henry Ford, beschrieben worden. Errangen nun »die Juden« wirklich überragende wirtschaftliche Macht in der Welt, eroberten sie sie regional und sachbezogen überall oder nur streckenweise, und wenn ja, warum gelang ihnen dies, oder weswegen erreichten sie es nicht auf ganzer Linie? Von der nationalsozialistischen Propaganda wurde der kapitalistische und »plutokratische« Charakter Großbritanniens und der Vereinigten Staaten genauso den Juden in die Schuhe geschoben wie die bolschewistischen Herrschafts- und Wirtschaftsmethoden. Kann man diese beiden Antagonisten auf einen Nenner bringen und, wenn ja, wie?

Daß der Kapitalismus jeder antisemitischen Ideologie widersprechend nicht von den Juden »erfunden« worden, sondern aus dem Geist des Protestantismus gewachsen ist, hat Max Weber in überzeugender Weise dargestellt. Da Karl Marx wohl zurecht als Ahnherr des Sowjetsystems zu rechnen ist, und in Lenins Kaderpartei wirklich überproportional viele Juden Mitglieder waren, darüber hinaus der Kapitalismus dem Marxismus zeitlich voranging und diesem viel Material zur Verfügung stellte, muß die Beantwortung der Frage des gemeinsam jüdischen Anteils beider Systeme anhand einer zuerst zu betreibenden Untersuchung des Kapitalismus beantwortet werden. Dies unternahm nun erstaunlicherweise zur Zeit der Herrschaft des Nationalsozialismus und mit Unterstützung einiger Machtträger der damaligen Zeit WOLGANG HÖFLER zu Ende des Zweiten Weltkrieges. Er kam zu hochinteressanten und der antisemitischen Ideologie großteils äußerst widersprechenden Ergebnissen, die jedoch nur einem engen Kreis zugänglich gemacht und nach 1945 offensichtlich

nicht publiziert oder aufgearbeitet wurden[1]). Zwar in der Diktion noch dem nationalsozialistischen Jargon angepaßt untersuchte er mit enormer statistischer Akribie nahezu die gesamte europäische Großwirtschaft hinsichtlich des Anteils und der Gewichtung der Juden an ihr, vergleicht insbesondere die mitteleuropäische und die britische Wirtschaft, geht auch auf amerikanische und russische Verhältnisse ein und zieht seine Schlußfolgerungen für die Stichdaten 1913 und circa 1930, also für die Zeit unmittelbar vor dem ersten und vor dem zweiten Weltkrieg, für England für 1938 und für Mitteleuropa für die Zeit vor der nationalsozialistischen Machtergreifung und Umgestaltung der Wirtschaft. Sein Arbeitsbericht umfaßt eine »durch den gegenwärtigen Krieg veranlaßte Untersuchung, die ich im Rahmen eines Forschungsauftrages des Reichsinstituts für Geschichte des neuen Deutschlands durchgeführt habe«.
Zu einer Zeit, in der das »plutokratische« England als Born der »Verjudung« diskreditiert wurde, mußte die Studie Höflers wie eine schmerzliche Ohrfeige in das Gesicht der herrschenden Ideologie gewirkt haben. Lassen wir daher den Autor im letzten Absatz seiner »Vorbemerkungen« selbst zu Wort kommen: »Der vorliegende Bericht, der nur in einer ganz kleinen Auflage gedruckt wird, ist nicht zur Veröffentlichung bestimmt und soll bloß den zuständigen Staatsstellen zur politischen Auswertung und daneben, auf meine besondere Bitte, einem Kreis verantwortlicher und praktischer Sachkenner zur Nachprüfung und Ergänzung zugeleitet werden. Die Darstellung ist deshalb frei von allen Rücksichten auf ihre propagandistischen Wirkung in der Öffentlichkeit und ist – ebenso wie es die zugrundeliegenden Untersuchungsarbeiten waren – nur von dem Bestreben geleitet, die wirkliche Lage der Dinge möglichst sachlich und richtig vor Augen zu führen.....«

1 Wolfgang Höfler, Untersuchungen über die Machtstellung der Juden in der Weltwirtschaft. 1. England und das vornationalsozialistische Deutschland, Wien 1944, mit dem Vermerk »Nicht im Buchhandel«. Wie dem Nachtrag auf S. 296 zu entnehmen ist, handelt es sich bei der mir vorliegenden Auflage um die zweite ihrer Art, da die erste zum überwiegenden Teil durch Fliegerschaden in der Buchbinderei vernichtet worden ist. In seinen »Vorbemerkungen« erwähnt der Autor, daß seine Studie in anderem Zusammenhang »schon kurz nach Beginn der ausführlichen statistischen Einzelanalysen, im Winter 1941/42, geschrieben worden« ist, S. 1. Für die Zukunft beabsichtigte er, noch die Einzelstatistiken für Frankreich und die Vereinigten Staaten nachzutragen (S. 1), Tabellen zu vervollständigen und bestimmte, ihm wichtig erscheindende geistes- und Wirtschaftspolitische Sachgebiete, so das Problem des Goldes und seiner Macht, zu vertiefen (S. 2.), wozu er offenbar nicht mehr gekommen ist. Bei Höflers Arbeit scheint es sich um einen Privatdruck oder/und eine Geheimstudie gehandelt zu haben. Gedruckt wurde sie von Adolf Holzhausens Nachf. in Wien. Der Autor lebte bei Niederschrift dieser Zeilen noch, ist mir aber nicht persönlich bekannt und war an führender Stellung in der Zwischenkriegszeit wirtschaftlich tätig.

Höfler versteht unter wirtschaftlicher Macht sowohl die betriebs- wie die volkswirtschaftliche, die sich in drei Schichten von Personen verkörpert: den selbständigen Unternehmern, den Wirtschaftsführern und den bloßen Aktionären. Dabei kommt es ihm weniger auf das reine Eigentum, sondern mehr auf die tatsächliche Verfügungsgewalt beziehungsweise auf die funktionelle volkswirtschaftliche Unentbehrlichkeit der Machtträger an. Darüber hinaus interessieren ihn nicht nur Kapitalhöhe, Mitarbeiterzahl oder Umsätze, sondern auch die Funktionen innerhalb des volkswirtschaftlichen Lebens, die ein Machtträger innehat. Der Grad der Macht eines Wirtschafters hänge von der funktionellen Wichtigkeit und Unentbehrlichkeit seiner Branche für Volkswirtschaft und Staat, seiner Unternehmung für die Branche und seiner Person für die Unternehmung ab. Da die Juden mangels eigenem Staat über keine eigene Volkswirtschaft verfügten und sich im Wirtschaftskörper ihrer »Wirtsvölker« entwickelten, bedurfte es zur Untersuchung jüdischer wirtschaftlicher Macht einer umfassenden Struktur- und Funktionsanalyse der Volkswirtschaften aller »Wirtsvölker« inklusive auch des nichtjüdischen Sektors, sowie eines Vergleiches der Volkswirtschaften untereinander sowohl insgesamt, als auch hinsichtlich ihrer Strukturen und Funktionen. Neben den Größenordnungen der Volkswirtschaften, Branchen und Firmen kam es auch auf die qualitativen Besonderheiten einzelner Wirtschaftszweige, Unternehmungen und Personen, sowie noch auf die Entwicklung in der Zeit, sprich auf die Trends an. Er untersucht daher Banken, Versicherungen und Investmentgesellschaften, den Handel mit Gold, Diamanten und Metallen, sowie den südafrikanischen Bergbau und schließlich Industrie und Großhandel. Auf Handwerk, Land- und Forstwirtschaft, sowie die kleine Privatwirtschaft geht er nicht ein, da sie für die Frage realer Macht zu wenig ergiebig wären. Allerdings spielt der Grundbesitz für seine Fragestellung eine große Rolle und führt ihn mit zu erstaunlichen Feststellungen.
Ohne auf die umfangreiche und sehr detaillierte statistische Arbeit hier näher eingehen zu wollen, so kommt er doch zu sehr unterschiedlichen Ergebnissen bezüglich des jüdischen Einflusses sowohl zwischen den einzelnen Volkswirtschaften überhaupt als auch innerhalb ihrer einzelnen Zweige, selbst zwischen den Wirtschaftssektoren der untersuchten Staaten ergaben sich bemerkenswerte Unterschie-

de. Entgegen nationalsozialistischer Annahme und Propaganda stellte sich der jüdische Einfluß auf die Wirtschaft des Vereinigten Königreichs als relativ klein heraus, im Bereich des Bankwesens waren bei den Depositenbanken nur ganz verstreut Juden in leitenden Funktionen anzutreffen, obwohl 70–80 % der gesamten Kapitalien und Gewinne der britischen Banken auf diesen Typ entfallen. Die Diskontbanken hielten einen Judenanteil von nur ca. 1 % bei insgesamt 5 % Kapitalanteils dieses Banktyps an den Banken insgesamt, auch die Empire und Overseas Banks mußten als »judenrein« bezeichnet werden. Nur die Merchant Banks oder Akzepthäuser, insgesamt etwa 40 an der Zahl, waren zur Hälfte jüdisch, auf diesen Banktyp entfielen 18 % des Eigenkapitals der britischen Banken überhaupt. Aus der wirtschaftlichen Funktion der Merchant Banks als Verbindungsstelle der Londoner City zum außerhalb des Empire liegenden Ausland erklärt Höfler den relativ hohen Judenanteil, da die intimen Kenntnisse und Beziehungen der Juden gerade der foreign countries ihnen ein Eindringen in diesen Markt erleichterten. Insgesamt also keine Rede von überragendem Einfluß oder gar Monopol, der Anteil jüdischer Banken blieb im Vereinigten Königreich immer deutlich unter 10 %, nach der Weltwirtschaftskrise wurden sie sogar besonders schwer durch die Rezession und die Autarkiebestrebungen aller Länder betroffen.

Anhand seines Materials nennt Höfler das bedeutende englische Versicherungswesen »ausgesprochen nichtjüdisch«, unter Einrechnung aller Sicherungszuschläge käme man auf allerhöchstens 5 – 10 %. Die rund 200 Investmenttrusts blieben als schottische Erfindung überwiegend in schottischen Händen, höchstens 8 – 10 % dieser Gesellschaft leiteten Juden, nur 2 – 5 % hätten jüdischen Einschlag, wobei die jüdischen Firmen fast ausnahmslos Gründungen der zwanziger Jahre wären. Auch hier keine wirkliche jüdische »Macht«.

Der Goldhandel freilich habe immer schon in enger Beziehung zu den Merchant Banks gestanden, er läge in nahezu rein jüdischer Hand, nämlich bei Rothschild, sowie gleichfalls der Silberhandel bei den jüdischen Montagus. Für den Gold- und Silberhandel rechnet Höfler mit 90 % jüdischem Anteil, den er historisch auf die seinerzeit weitgehend den Juden überlassenen fürstlichen Münzregalien zurückführt. Mit dem Handel mit Edel- und Nichteisenmetallen hänge auch eng deren Förderung zusammen, was insbesondere auch für den südafrikanischen Bergbau zuträfe. Fünf der sechs großen südafrikanischen und miteinander verschachtelten Goldgesellschaften standen unter jüdischen Chairmen, an der gesamten anglo-afrikanischen Minenindustrie errechnet Höfler einen groben Anteil von 50 % für jüdische Leitung, einen von 30 % für jüdischen Einschlag und nur 20 % für rein »arisch-englischen« Einfluß. Die hohen jüdischen Anteile seien nicht nur auf den Handel mit diesen Produkten, sondern auch auf das ursprüngliche Desinteresse der bäuerlichen Buren an Handel und Bergbau zurückzuführen, unter den hunderten für den südafrikanischen Bergbau maßgeblichen Personen wäre kaum ein holländisch-burischer Name anzutreffen. Der Diamantenhandel sei jüdisches Monopol unter Ernest Oppenheimer, der rhodesische Kupferbergbau stehe je zur Hälfte unter den Gruppen Ernest Oppenheimer und Chester Beatty. Bei der ungeheuren Bedeutung des Goldes für die Weltwirtschaft und auch für das Empire käme hier den Juden wirkliche Bedeutung zu.

In der Erdölindustrie sei der jüdische Einfluß durch die Beteiligungen Samuel-Bearsteds im damals zweitgrößten Erdölkonzern »Shell« nicht zu übersehen, in der Trinidad Leasholds und der Phönix Oil gäbe es auch jüdischen Einfluß, nicht aber in der Anglo-Iranian und Burmah Oil. In der mit dem Erdöl verwandten chemischen Industrie hätten über Mond-Melchett bei der Imperial Chemical Industries und über die Van den Berghs bei Unilever die Juden einen Anteil zwischen 25 und 50 % in diesen Firmen, sonst wären sie »judenrein«. Geht man die weitere Industrie durch, so träfe man immer wieder auf jüdische Firmen in verschiedenen Branchen, mit Ausnahme des Pelzhandels wäre aber keine durchgehend jüdisch; starker Einfluß bestünde nur noch in der Konfektions-, Gummi- und Kunstseidenindustrie.

Die Kohle-, Eisen- und Stahlindustrie sei so gut wie nichtjüdisch, der jüdische Anteil an den Hotel- und Speisehausgesellschaften sei unbedeutend, wenn auch gegeben. Unter den zehn größten Zeitungskonzernen sei nur die Odhams Press mit dem Daily Herald jüdisch, schon stärker, aber auch nicht überwältigend, sei der jüdische Einfluß auf die englische Filmindustrie. Wohin man auch sieht, mit Ausnahme der Merchant Banks, der anglo-afrikanischen Minenindustrie

und vereinzelter »neuen« Industrien im Vereinigten Königreich selbst war der jüdische Einfluß auf die britische Wirtschaft eher unbedeutend.
Von der nationalsozialistischen Propaganda wurde immer wieder die »Verjudung« der englischen Oberschicht behauptet. Auch dieser Frage ging Höfler nach und ermittelte aus dem ihm zugänglichen umfassenden Zahlenmaterial unter Berücksichtigung sämtlich möglicher Fehlerquellen für die führenden britischen Firmen insgesamt einen Judenanteil von maximal 10 %. Im angeblich so »verjudeten« Adel waren Ende der dreißiger Jahre von 681 Peers nur 19 im Mannesstamm irgendwie jüdischer Abkunft und von den 1304 Baronets waren es 47, so daß von den 1985 erblichen Adelsträgern insgesamt nur 66 »judenblütig« waren. Im persönlichen Adel der Knights of the Orders of Chivalry und der Knights Bachelor fanden sich unter den 3294 Adeligen nur 216 Juden. Es überstieg der Anteil der im Mannesstamm jüdischen oder judenblütigen Adelsträger insgesamt nicht 3 %, unter Berücksichtigung der von der weiblichen Seite her jüdischen Personen errechnete Höfler einen Anteil von nicht einmal 5 %. Ein für die nationalsozialistische Ideologie wahrhaft niederschmetterndes Ergebnis: Wirtschaft wie Adel waren ganz überwiegend nichtjüdisch, und die ideologischen Annahmen anhand umfassender, aber nüchtern bewerteter empirischer Berechnungen völlig falsifiziert.
Geht man mit Höfler von den britischen Zuständen auf die des vornationalsozialistischen Mitteleuropas über, so stellen sich hier die Probleme viel diffiziler dar. Zunächst ist die Zäsur des ersten Weltkrieges zu berücksichtigen: 1913 waren die englischen und deutschen Spitzenfirmen untereinander etwa gleichrangig, durch den ersten Weltkrieg fielen die deutschen unter Anrechnung von Inflation, Auf- und Abwertungen sowie Zinsfüßen hinsichtlich Nominalwert und Kurswert auf ein Fünftel bis ein Achtel der entsprechenden englischen Summe zurück, während die britischen Firmen unter Berücksichtigung der Pfundabwertung sich kontinuierlich weiterentwickelten, die Londoner Banken etwa verdoppelten ihr bereinigtes Nominalkapital und auch das Aktienkapital plus Reserven. Aus beider Entwicklung sieht man übrigens, was ein verlorener oder gewonnener Krieg volkswirtschaftlich bedeutet.

In der mitteleuropäischen Wirtschaft vollzog sich zwischen 1880 und 1930 ein Umschichtungsprozeß vom Finanzkapital hin zum Industriekapital, als Finanzzentrum entwickelte sich immer mehr Berlin. Hinsichtlich des jüdischen Einflusses zeigt sich ein deutliches Ost-West-Gefälle: im Osten (Berlin, Wien und auch Budapest sowie Böhmen) zeigt sich eine enorm starke jüdische Stellung in Vorständen und Aufsichtsräten in Banken und Industrie, im vom Berliner Kapital teilweise abhängige Westfalen und im Frankfurter Raum nimmt er bereits ab und in den Hansestädten, Bayern und der Schweiz ist er so gut wie gar nicht mehr vorhanden. Eine relativ schwache Stelle nahmen im übrigen Juden auch im Wirtschaftsleben Hollands und Belgiens ein. Je weiter man vom Osten nach Westen komme, umso geringer werde der jüdische Einfluß auf das Wirtschaftsleben, diese Drift lasse sich bis England hin verfolgen.
Diese merkwürdige Feststellung bestätigte sich auch in Deutschland vor dem ersten Weltkrieg, wenn man die regionale Verteilung der großen bürgerlichen Privatvermögen unter Weglassung der alten, im Grundstock vorkapitalistischen Adelsvermögen berücksichtigt. Von den 71 in Berlin ansässigen Millionären mit mehr als 10 Millionen Mark Vermögen waren 46 oder somit 69 % jüdisch, von den 809 Millionären mit einem Vermögen von 2 bis 10 Mill. Mark waren es 356 oder 44 %. Im Rheinland und in den Hansestädten waren von den 121 Inhabern von Vermögen über 10 Mill. Mark nur fünf Juden, was einen %-Anteil von 4 ausmacht, von den 1047 Besitzern zwischen 2 und 10 Mill. Mark gab es 89 oder 9 % Juden.
Untersucht man die Führungsstruktur innerhalb der mitteleuropäischen Großwirtschaft, so treffe man Juden sogut wie nie als leitende Ingenieure an, ihre soziologische Herkunft lasse sich immer auf einen bank- oder handelspolitischen Hintergrund zurückführen. Dies sei auch der Grund, weswegen selbst in stark »verjudeten« Regionen ihre Stellung in der Industrie Mitteleuropas nie den Rang ihres Gewichts im Bankwesen erreicht habe. Die regionale Verteilung der Inhaber der meisten und größten Vorstands- und Aufsichtsratsposten in der deutschen und österreichischen Aktiengesellschaften zeige erneut die starke Stellung der Juden im Osten (vor allem in Berlin und Wien) und die Abnahme ihrer Bedeutung, je weiter man nach Westen komme.

Diese der nationalsozialistischen Theorie von der jüdischen Beherrschung der deutschen Wirtschaft wenigstens teilweise widersprechenden Untersuchungsergebnisse werden verstärkt durch den Umstand, daß die deutschen und österreichischen Juden durch den ersten Weltkrieg wirtschaftlich besonders geschwächt wurden. Höfler setzt für 1913 den Wert der jüdischen Wirtschaftsmacht Englands im Vergleich zu Deutschland und Österreich ein Verhältnis 1:5 bis 1:10 an und meint: »Würden wir für Frankreich, Italien, Rußland und Amerika schon vergleichbare Ziffern besitzen, so würde sich für die Juden der Gesamt-Entente wohl eine wesentlich höhere Ziffer ergeben, aber das Schwergewicht der jüdischen Wirtschaftsmacht würde, trotz der ungeheuren Überlegenheit der damals gegen Deutschland vereinten Volksvermögen, wahrscheinlich noch deutlich auf seiten der Mittelmächte verbleiben.[2])« Entgegen der zu seiner Zeit landläufigen Meinung gehörten die Juden »wirtschaftlich« zu den am härtesten Besiegten des ersten Weltkriegs. Während sich das Eigenkapital z. B. der Londoner (großteils nichtjüdischen) Banken zwischen 1913 und 1932 bereinigt glatt verdoppelt hat, ihr Reingewinn gleich blieb und der Kurswert ihres Aktienkapitals sich mehr als verdoppelte, sank das Eigenkapital der (großteils jüdischen) Berliner Banken auf unter ein Fünftel, der (»völlig verjudeten«) Wiener Banken auf ein Zehntel, verminderte sich der Reingewinn der Berliner und Wiener auf etwas über 1 % und ging der Kurswert des Aktienkapitals in beiden Städten auf fast 5 % des Vorkriegswertes zurück. Den Grund, warum sich »die Juden« gegen ihre wirtschaftlichen Interessen auf die Seite der Entente schlugen, vermutet Höfler in ihrer Abneigung gegen die aristokratisch-soldatische und im Grunde zutiefst antikapitalistische Tradition der kaiserlichen Mittelmächte, die sich im 19. Jahrhundert nur unter äußerem Zwang dem Kapitalismus zugewendet hätten.
Überhaupt sieht Höfler seit dem ersten Weltkrieg die rein privatwirtschaftliche Macht des Judentums im Schwinden. In Rußland hätten die Juden ihre kapitalistische Stellung durch die kommunistische Revolution völlig verloren, allerdings durch den sozialen Aufstieg im Sowjetsystem – freilich in anderer Weise – reichliche Entschädigung erhalten. Die Weltwirtschaftskrise habe gerade die zur Hälfte jüdischen Merchant Banks besonders schwer getroffen, der Aufstieg

2 A. a. O.

des Judentums in den Vereinigten Staaten erfolge auch nicht so sehr in den alteingesessenen Wirtschaftszweigen, sondern mehr in den »neuen«, wie Film und Funk, vor allem aber seit dem New Deal im Staatsapparat und in der Meinungsindustrie, welche den puritanischen Yankees nicht »fein« und wahrscheinlich auch nicht lukrativ genug waren. Hätten die Juden früher die in England und Frankreich kennengelernten Methoden nach Mitteleuropa importiert, so könnten sie nun in Amerika die in Mitteleuropa erworbenen Kenntnisse des Staatssozialismus verwerten, wo in solchen Dingen noch niemand eine Ahnung gehabt habe.

Auf Grund seiner Beobachtungen des Ost-West-Gefälles in Europa und der Entwicklung in der Sowjetunion und vor allem in Amerika, entwickelt Höfler sein »Prinzip der jüdischen Komplementärstellung«: »Die Mehrzahl der Funktionen, die das Judentum nach unseren Untersuchungen in allen Ländern besetzt hält, ist durch die gemeinsame Eigenschaft gekennzeichnet, daß sie vom betreffenden Wirtsvolk auf Grund bestimmter einseitiger Glaubens- oder Ehrvorstellungen als minderwertig empfunden und deshalb gemieden werden, obwohl sie doch zur Erhaltung des betreffenden Gemeinwesens durchaus unentbehrlich sind.[3])« Die Stellung von Juden an den Spitzen der ostmitteleuropäischen Großwirtschaft gehe auf die adeligen, soldatischen und staatlichen Traditionen der tonangebenden Berufsstände in Preußen, Österreich, Ungarn und so fort zurück, die in einem inneren Gegensatz zum Kapitalismus standen und trotzdem unter dem Zwang der Staatsräson den Aufstieg dieser Wirtschaftsform nach Kräften fördern mußten. Die Stellung der Juden im afrikanischen Bergbau gehe auf dasselbe Phänomen zurück, auf das Desinteresse der burischen Hirten an kapitalistischen Wertungen. Schon in den rheinischen und hanseatischen Städten habe ein autonomes und selbstbewußtes Bürgertum stets Handel und Geldwirtschaft betrieben, weswegen auch hier die Juden nie zu einer überragenden Stellung gelangt wären. Dies gelte auch noch in verstärktem Maß für Holland und England, wo Adel und Patriziertum immer in Handel, Überseegeschäft und Geldwesen engagiert waren, und es zuletzt auch aus protestantischem Geist nie »unfein« war, Geld zu »machen«. Wo in diesen altkapitalistischen Ländern Juden eine über ihre Kopfquote

3 A. a. O.

hinausgehende Bedeutung gewannen, dann auf Grund ihrer Beziehungen zu Gegenden, in denen nicht von altersher eine hohe Kaufmannsethik bestand, und deren finanzielle und handelsmäßige Betreuung nun ihnen zufiel, siehe die Londoner Merchant Bankers. Auf Amerika ging das protestantisch-kapitalistische Denken anstandslos von England und Holland aus über.

In der alten preußischen oder österreichischen Gesellschaft stand der Offizier in der sozialen Rangordnung über dem Akademiker, und dieser wieder haushoch über dem Kaufmann – als Akademiker war »man« Reserveoffizier. Wer aus guter Familie stammte, wurde Offizier, Diplomat oder Staatsbeamter, oder allenfalls Arzt, Wissenschafter, Ingenieur oder Advokat; wurde man Kaufmann, so stand man im Geruch, es zu nichts »Besserem« gebracht zu haben. Wechselte ein Offizier vom aktiven Dienst zum Beispiel in eine Versicherung, so war er nie von der Aura eines nicht ganz lupenreinen Abgangs frei. Wirtschaftskapitäne wurden erst recht spät nobilitiert, als höchsten Rang konnte man es bis zur Baronie bringen. Ganz anders im Vereinigten Königreich, hier stand der Kaufmann seit Beginn der Neuzeit und der Überseewirtschaft nie unter einem sozialen Makel. Die englische Ostindische Kompanie gründete das Königshaus für sich und für die Spitzen ihres Adels. Adelsverleihungen an ihre Kaufleute fanden hier auch schon viel früher statt, nie war es »unfein«, Kaufmann oder Bankier zu sein. Auch standen für die Spitzen der Wirtschaft höhere Adelsränge offen, wie Viscount, oder manchmal selbst Earl. Daß die Linie zwischen agrarisch-aristokratischen und kaufmännisch-patrizischen Standesvorstellungen mitten durch Deutschland lief, zeigt das Beispiel der hanseatischen Bürgerschaften oder der ehemaligen Reichstädte. In Hamburg oder Bremen war es den Bürgern geradezu verboten, Adel oder Orden anzunehmen. Dieses exemplarisch stolze Bürgertum verdeutlicht aber nicht nur nochmals das Ost-West-Gefälle, sondern zeigt auch die grundsätzliche Fehlannahme der NS-Ideologen von der durchgängigen Beherrschung der deutschen wie überhaupt der Wirtschaft durch »die Juden«.

Will man Höflers Theorie von der Komplementärstellung der Juden auf unsere Gegenwart und die Geschichte nach der nationalsozialistischen Katastrophe übertragen, so dürften die Sowjetunion und Amerika ein ergiebiges Forschungsfeld abgeben. Stalin entledigte sich im

Kampf um die Alleinherrschaft im Zuge diverser »Säuberungen« eines Großteils der früheren, wirklich aus vielen Juden bestehenden leninistischen Kaderpartei und bediente sich dafür des Hebels der in und nach der Revolution verbreiterten Parteibasis. Im Gegensatz zu den intellektuellen Berufsrevolutionären stammte diese aus dem wirklichen russischen Proletariat und dürfte genauso wie Stalin selbst alte antisemitische Ressentiments mitgebracht haben. Als »neue Klasse« hat sie sich ihren latenten Antisemitismus beibehalten, wie Michael Voslensky in seiner Beschreibung der »Nomenklatura« darlegt. Freilich hat für die Träger der kommunistischen Herrschaft der Antisemitismus nie die ideologische Rolle gespielt wie für die Nationalsozialisten, der sich bis zum Genocid steigerte, und war eher ein historisch gewachsenes Nebenprodukt. Heute jedenfalls herrscht in der Sowjetunion nicht »das Judentum«.

Daß in den Vereinigten Staaten Juden in der Unterhaltungs-, Film-, Vergnügungs- und Medienindustrie eine bedeutende Rolle spielten, hat schon Höfler genauso beobachtet, wie ihre starke Stellung im Regierungsapparat seit dem New Deal. Zwischenzeitlich sind sie auch sehr stark im Wissenschaftsbetrieb und im kulturellen Bereich tätig, als typisches Beispiel möge ihre Position in der Psychiatrie erwähnt sein, worüber sich schon amerikanische Komödien lustig machen. Bei der Beliebtheit des Gangs zum Psychiater in Amerika einerseits und der Funktion der Psychologie und Psychiatrie als moderne und säkularisierte Seelsorge andererseits ergibt dies zusammen mit ihrer Bedeutung gerade in den Sozialwissenschaften einen enormen geistigen Einfluß. Angesichts der politischen Macht der Vereinigten Staaten, der Ausstrahlung des »american way of life« und eines vielfältigen »Zivilisationsimperialismus« bewirkt dies natürlich eine weltweite Bedeutung. Inwieweit Juden in die früher »puritanischen, alten« Wirtschaftszweige weiter vorgedrungen und an der Entwicklung neuester Technik, wie Mikroprozessoren, beteiligt sind, wäre vielleicht einer weiteren Untersuchung wert. Die einseitige und bedingungslose amerikanische Unterstützung für das zionistische Israel, die die arabische, islamische und darüber hinaus »dritte« Welt in die Arme der Sowjetunion zu treiben droht, wirkt freilich vielfach kontraproduktiv und wird auch von vielen weitblickenden Juden bedauert. Jedenfalls zieht die jüdische »Lobby« in Amerika nicht immer an

einem Strang. Wohin aus jüdischer Sicht die Reise gehen soll, ist umstritten, und neben »linken« gibt es genauso »rechte« Juden, so wie Befürworter und Gegner des Zionismus auch das Judentum spalten. Jedenfalls als Arbeitshypothese erweist sich Höflers »Prinzip der jüdischen Komplementärstellung« als wesentlich fruchtbarer für die Erklärung der zweifellos interessanten Stellung der Juden in der Welt als die Primitivität eines ideologischen Antisemitismus oder – eigentlich in nicht allzu ferner geistigen Verwandtschaft – eines simplifizierenden Philosemitismus. Einem Volk alle schlechten oder auch alle guten Eigenschaften zuteilen zu wollen, entspricht ideologischem Denken reinsten Wassers, das eine Mal nur mit negativen und das andere Mal eben mit positiven Vorzeichen. Keinem Volk kann über allen anderen hinaus generell solch allgemeine Wertung zugesprochen werden, auch bei aller an sich positiven Liebe nicht dem eigenem ausschließlich die guten Eigenschaften. Daß im Zuge eines Forschungsauftrages des Reichsinstituts für Geschichte des neuen Deutschlands eine solche Studie mit so weitreichenden Ergebnissen erarbeitet werden konnte, ehrt zwar den weiten Blickwinkel der Mitarbeiter dieser Institution, bedeutet gleichzeitug aber eine furchtbare Blamage für die herrschende Ideologie und ihre antisemitische Schwarz-Weiß-Malerei.
Nach diesem etwas längerem Verweilen bei dem besonders wegen seiner Folgen so gravierenden Rassismus soll nun die zweite zentrale Aussage des Nationalsozialismus untersucht werden, das Führerprinzip und die eng mit ihm zusammenhängende Demokratiekritik. Die Vorstellung von der Herrschaft eines Einzelnen als die beste Staatsform ist uralt und geht wie die Vorstellungen von Demokratie und Aristokratie bis zu den philosophischen Lehren des klassischen Altertums zurück. Ihre besondere Aktualität erhielt sie wieder bei Hitler, einerseits im Positiven durch das Vorbild militärischer Organisation und Effizienz, und andererseits im Negativen durch die abschreckenden Beispiele des Parteien- und Interessenstreites. Doch mit Ausnahme des spätrömischen und dann des byzantinischen Reiches blieb eigentlich bis zur – in historischen Dimensionen gemessen – kurzen Zeit des Absolutismus immer das antike Ideal eines »regimen mixtum«, der gemischten Herrschaft aller drei »guten« Staatsformen – Monarchie, Aristokratie und Demokratie – abendländisches Cha-

rakteristikum, nur in den asiatischen Hochkulturen regierte der monarchische Absolutismus.
Auch nach Ende des europäischen Absolutismus kehrte man wieder zum gemischten Staatswesen der »konstitutionellen Monarchie« zurück. Die vollkommen autoritäre Staatsform bildet im Abendland eigentlich die Ausnahme und wurde zum ersten Mal unter orientalischem Vorbild in den hellenistischen Staaten von Alexander dem Großen und seinen Diadochen eingeführt.
Als für die Verlierer des ersten Weltkrieges die alles in allem doch recht ausgewogene konstitutionelle Monarchie zugrunde ging, und darüber hinaus die alte Ordnung und alle Werte in Frage gestellt wurden, reagierten die Menschen damals, wie eben Menschen immer in Notzeiten reagieren: Sie wollten keine »halben« Lösungen und neigten zur Radikalität. Für die einen bedeutete dies radikale Volksherrschaft und für die anderen absolute Autorität. In Zeiten physischer wie psychischer Not neigen die Menschen obendrein eher dazu, Schutz bei einer starken Persönlichkeit zu suchen. Für die Chancen der Demokratie sprach das Eintreten der Sieger für das Selbstbestimmungsrecht der Völker, dieses wurde aber ausgerechnet den Besiegten alleine vorenthalten. So mußte der Stern der Demokratie wieder in den Augen der Verlierer sinken, zumal bewußt wie unbewußt die kriegsbedingten Antipathien gegen die sich der Demokratie und der Volkssouveränität verschreibenden Siegermächte weiterwirkten. Gerade in patriotischen Kreisen hatte die Idee von der Volkssouveränität dann ausgespielt, wenn man sie als Hebel zum Sturz des »Kaiserismus« und zur Errichtung einer demokratischen Verfassung im Inneren gebrauchte, sie aber außenpolitisch bestenfalls selektiv anzuwenden gestattete. Auch der lange erfolgreiche Kampf der Volksheere der Mittelmächte gegen die Übermacht der Entente stärkte den Glauben an die Qualität militärischen Führertums, das man sich jetzt vielleicht auch im zivilen Bereich als gut brauchbar vorstellen mochte. Das militärische Vorbild fand jedoch nicht nur bei den Besiegten, sondern zum Teil auch bei den Siegern überzeugte Anhänger.
Aber nicht nur von der »rechten«, sondern auch von der »linken« Seite her kam die Demokratie unter Beschuß. Nach dem Untergang der alten Ordnung schien für diese der Revisionismus Bernsteins

sinnlos geworden, nach der russischen stünde nun die Weltrevolution vor der Türe. Wenn schon Marxismus, dann gleich richtig – wenn die kommunistischen Bolschewiken über die sozialdemokratischen Menschewiken in Rußland siegen konnten, warum dann nicht auch sonst überall in der Welt? Das demokratische Lager wurde von beiden Seiten her zerrieben, zumal die Demokratie wohl nicht zu unrecht als das politische Herrschaftssystem des Liberalismus angesehen wurde. Die ökonomische Seite des Liberalismus hieße aber Kapitalismus, der beiden Richtungen – wenn auch aus unterschiedlichen Motiven – zutiefst verhaßt war. Für die Marxisten sind die liberaldemokratischen Kapitalisten der »Klassenfeind«, für die Nationalsozialisten hieß es: »Die Liberalen und die Sozialisten sitzen im Vorzimmer der Kommunisten.« So brach denn auch die Demokratie in Kontinentaleuropa unter dem Druck beider politischer Extreme nahezu überall zusammen und wurde durch linke und vor allem rechte autoritäre Systeme ersetzt.
Der Streit um die beste Staatsform ist alt und wird aus dem aktuellen Anlaß des Versagens der jeweils gültigen neu entfacht, ohne daß seit der Antike wirklich neue Argumente für die, welche auch immer favorisierte auftauchen. Ist einmal die gemischte und ausgewogene Staatsform der Gewaltenteilung, wie sie Montesquieu oder Burke beschrieben haben, aus dem Lot geraten, so folgt dem einen Extrem fast immer das andere und kontroversielle. Auf das Chaos der alten römischen Republik folgten der Caesarismus, auf den französischen Absolutismus die Revolution und auf diese der Bonapartismus. Nur wenn die ursprüngliche Staatsform durch lange Zeit verwurzelt ist, können auf das eine oder andere kurze Extrem wieder die alten eingespielten Verhältnisse zurückkehren, wie dies im England des 17. Jahrhunderts geschehen sein mag. Fehlt die langjährige Tradition des regimen mixtum wie in Rußland, so muß fast zwangsläufig auf den Zaren ein Lenin folgen.
Zerstört man wie im ersten Weltkrieg unter Zuhilfenahme ideologischer Schlagworte die konstitutionell-monarchische Mitte Europas, des kulturell-zivilisatorischen Mittelpunkts der damaligen Welt, so ist es nicht verwunderlich, daß dann ein ganzer Kontinent aus dem Gleichgewicht kommt und die von ihm geistig und politisch stark beeinflußte Welt in Mitleidenschaft gerät.

So standen denn die auf dem Boden der alten Kaiserreiche aus der Katastrophe des ersten Weltkrieges emporgestiegenen Republiken wahrlich nicht unter den besten Auspizien. Aus diesen soziologischen Gründen insgesamt erklärt sich der Aufschwung der autoritären Ideen allgemein, das nationalsozialistische Führerprinzip stellt nur eine ihrer Spielarten dar. Auf eine Kurzformel gebracht, bedeutet es volle Befehlsgewalt nach unten bei gleichzeitiger voller Verantwortung nach oben für alle Ebenen der Befehlshierarchien, die auf alle staatlichen und gesellschaftlichen Bereiche auszudehnen sei. Hitler als oberster Führer unterstand keinem »Oberkommandanten« mehr, legitimierte sich aber durch sein Charisma und seine Berufung auf die »Vorsehung«. In ihm liefen an oberster und zentraler Stelle alle Befehls- und Verantwortungslinien zusammen. Wie sah aber das in der Theorie so bestechend klare Führerprinzip in der Praxis aus, und wie ließ sich das »Führer befiehl, wir folgen Dir!« im Alltag verwirklichen?
Daß sich auch die höchsten Herren zur Ausübung ihrer Funktionen Diener bedienen müssen, ist eine Binsenweisheit seit altersher. Folgerichtig werden seit der kurzen Zeit des abendländischen Absolutismus auch die Inhaber der höchsten Hof- und Staatsämter mit der lateinischen Übersetzung für Diener »Minister« genannt, die »Ministerialen« des Mittelalters fungierten im sozialen »Mittelmanagement«, während im islamischen Orient die Staatsfunktionäre regelrecht als Sklaven des Herrschers bezeichnet wurden, was sie oft auch wirklich waren. Daß diese Diener, Sklaven und Höflinge wegen ihrer Nähe zum absoluten Herren des Staates außerordentlich, formell wie informell, einflußreich waren und auf den Zugang zum Herrscher eifersüchtig wachten, liegt auf der Hand. Diese Abhängigkeit des Alleinherrschers, des »Monarchen«, von seiner »Cameriglia« bildete schon einen Stein des Anstoßes für die Aufklärung und gilt aus naheliegenden Gründen zurecht für moderne autoritäre und totalitäre Systeme, wie auch für alle sonstigen komplexeren Entscheidungsvorgänge. Je zentraler eine Entscheidung getroffen wird, desto größer ist der Informationsverlust von unten nach oben und umso stärker ist die Tendenz zur Verfälschung des Geistes der von oben nach unten gehenden Anordnungen.
Im Führerstaat des realen Nationalsozialismus war es nicht anders

und konnte es auch nicht sein. Unbestritten traf Hitler die letzten Entscheidungen und war auch der anerkannte Adressat für alle Grundsatzfragen – wofür er im Übrigen auch alle Verantwortung vor der Geschichte zu tragen hat. Zusätzlich zum Einfluß aller »Bormänner« traten dann noch die relativen Autonomie der sich vielfach kompetenzmäßig überschneidenden Befehlslinien und die wechselnden Unterstellungsverhältnisse hinzu, um ein trotz aller Autorität wachsendes Organisationswirrwarr entstehen zu lassen, das wesentlich auf die Überforderung des Apparates infolge der allseitigen Einordnung und Gleichschaltung möglichst jeglicher gesellschaftlicher Bereiche zurückzuführen ist. Wahrscheinlich hat Hitler diese Entwicklung anfangs nicht ungern gesehen, um sich nach der Devise des »divide et impera« überall direkte Durchgriffsmöglichkeit offen zu halten. Als er sich mit den zunehmenden Schwierigkeiten in der zweiten Hälfte des zweiten Weltkrieges und offensichtlich bestärkt durch seine Anfangserfolge immer mehr auch gerade in militärische Detailfragen einließ, überforderte er nicht nur seine eigenen Fähigkeiten und Kapazitäten, sondern vermehrte noch das organisatorische Durcheinander, wodurch er ungewollt an seiner eigenen Vernichtung mitarbeitete. Gerade am Nationalsozialismus hat man ein gutes Beispiel für die organisatorischen Schwächen eines rein autoritären Staates und einer totalitären Gesellschaftsordnung.

Somit erweist sich bei näherer Betrachtung der nationalsozialistische Führerstaat als weit nicht so homogen, wie seine Befürworter es ideologisch behaupteten. Peter Hüttenberger stellte geradezu ein »Polykratiemodell« für die nationalsozialistische Herrschaft auf, derzufolge sie aus einer Vielzahl von weitgehend autonomen Herrschaftsträgern bestand, die miteinander um Machtbereiche und Einflußsphären konkurrierten, aber gleichzeitig durch Ideologie und letzten Endes gemeinsame Interessen zusammengehalten worden wären. Sicherlich läßt sich das Polykratiemodell auf jedes autoritäre oder totalitäre System und vielleicht auch auf aristokratische und demokratische Herrschaftsmuster übertragen. Ob nämlich die Träger gesellschaftlicher Macht Einheitspartei, Parteigliederungen, Wehrmacht, Arbeitsfront und Reichsnährstand oder Parteien, Militär, Wirtschaftsverbände, Gewerkschaft, Medien und Kirchen heißen mögen, spielt nur im Vergleich zwischen den Systemen und hinsichtlich ihres strukturellen Aufbaues, nicht aber prinzipiell eine große Rolle.

Wenn man will, läßt sich Hüttenbergers Polykratiemodell auch in die Elitetheorie Vilfredo Paretos einfügen. Aufgrund seiner historischen Studien meinte Pareto, daß die Geschichte ein ewiger Kampf zwischen Minderheiten, sprich Eliten, sei, und dieser immer mit List und Gewalt ausgetragen werden. Je vorurteilsloser eine Elite und je opferbereiter das von ihr beherrschte Volk wären, umso wirkungsvoller könnten Elite und Volk in der Geschichte agieren. Somit komme es auf das Maß an Übereinstimmung zwischen den Führern und ihren Gefolgschaften an. Pareto bekennt sich also durch seine – auch »moralische« – Akzeptierung von Gewalt und List und ein ziemlich einseitiges Oben-Unten-Verständnis zu Oligarchie, einer Entartungsform einer der drei »guten« Staatsformen der antiken Staatsphilosophie, der Aristokratie. Und in der Tat ist es eine alte Beobachtung, daß in monokratischen wie demokratischen Herrschaftsformen immer wieder aristokratische Strukturen sichtbar werden. Daß die Elitetheorie Paretos in guter Übereinstimmung mit dem materialistisch-biologistischen Amoralismus in vielen Köpfen führender Nationalsozialisten herumspukte, bleibt außer Zweifel, steht aber ihrerseits zum rigorosen monokratischen Führertum der Ideologie in gewissem Gegensatz. Jedenfalls versprechen Polykratiemodell wie Elitetheorie eine interessante hypothetische Ergänzung bei der Untersuchung der nationalsozialistischen Herrschaftsstruktur, sie kommen insgesamt der Wahrheit näher, als es die gläubige Übernahme des monokratischen Führerprinzips alleine vermöchte.

Die Berufung Hitlers auf die Vorsehung und damit auf eine transzendent über der Immanenz stehenden Macht wirft insgesamt ein merkwürdiges Licht auf die sonst so durchgängig materialistische Ideologie. Die Vorsehung Hitlers erscheint wie der »deus ex machina« des Barocktheaters immer dann, wenn man mit dem bisherigen Latein am Ende ist, auch erinnert sie an das »Ich bin Gott« des vorher »Gott ist tot« verkündenden Nietzsche. Es ist der Triumph der Metaphysik über den angeblich allmächtigen Materialismus, so wie schon in den Generalisierungs- und Verabsolutierungsmechanismen der Ideologie die ideologisch geleugnete Ausrichtung des Menschen auf eine letzten Endes absolute transzendentale Autorität durchschlägt. Immerhin erkannte Hitler im Gegensatz zu anderen Ideologen wenigstens noch so etwas wie die »Vorsehung« – bewußt oder unbewußt, gewollt oder ungewollt und ehrlich oder geheuchelt – an, auf alle Fälle empfand er die Notwendigkeit ihrer Annahme und wahrscheinlich interpretierte er sie irrig auch wieder mechanistisch. Damit allerdings relativiert er insgesamt die Verbindlichkeit seiner eigenen Ideologie, ohne ihren Absolutheitsanspruch aufzugeben. Die so entstehenden Paradoxien charakterisieren alle Ideologien und spiegeln das schizophrene Zerrbild aller auf einem monistischen Materialismus fußenden Weltanschauungen.

Der Gedanke der Volksgemeinschaft als der dritten geistige Säule des Nationalsozialismus zeigt wohl die geringsten ideologischen Züge. In seiner tiefsten Wurzel drückt er die Sehnsucht nach Überwindung der sozialen Gegensätze aus, die sich im 19. Jahrhundert durch die industrielle Revolution und die Auflösung der letzten Reste der feudalen Ordnung des Mittelalters entscheidend verschärft haben. Ging der Grundherr am Sonntag noch in seine Patronatskirche, um gemeinsam mit seinen Untertanen Gott zu dienen, so kümmerte sich der neureiche Fabriksbesitzer nicht um seine Arbeiter, die für ihn nur in ihrer Arbeitsleistung interessant waren. Der parvenuhafte Dünkel der Kapitalisten und die materielle wie geistige Vernachlässigung der Industriearbeiterschaft unter der Ägide des gleichermaßen antikonservativen wie antisozialen Liberalismus verbreiterten die soziale Kluft und gebaren die »soziale Frage«. Als dann im ersten Weltkrieg Gutsbesitzer neben Arbeiter und Patriziersohn neben Landwirt im Granattrichter beieinander lagen, in Not und Kampf aufeinander angewiesen waren und die sozialen Schranken überwanden, waren alle vier Kameraden geworden und verstanden die ideologischen Tiraden der daheimgebliebenen Politiker, die Gier der Geschäftemacher und die Ressentiments der Spießbürger nicht mehr. Doch wie nun das Völkermorden vorbei war, kehrten die Überlebenden der Materialschlachten in eine soziale Umgebung zurück, die sich nicht geändert oder höchstens noch verdüstert hatte.
Die Enttäuschung und die Verbitterung der Frontgenerationen waren in allen Völkern zu spüren und mündeten in ihrem Bemühen, die soziale Frage zu lösen. Besonders stark mußte die Frustration natür-

lich bei den Verlierern sein, deren staatliche Institutionen zwar aufgelöst waren, deren soziale Zustände sich aber nicht verbessert, sondern durch wirtschaftliche Krisen sogar noch verschlechtert hatten. Dementsprechend gründlich war ihr Wunsch nach einem radikalen Wandel. Die Kriegserfahrung aber zeigte den Heimkehrern, daß jedermann und jede soziale Schicht unentbehrlich und in sich wertvoll waren, und allen Gerechtigkeit zu widerfahren habe.

Dieser soziale Gedanke war eine der Wurzeln des nationalsozialistischen Leitbildes von der Volksgemeinschaft, in ihm werden sowohl der soziale, wie der nationale Aspekt sichtbar. Er richtete sich genauso gegen einen selbstsüchtigen Kapitalismus, wie gegen die marxistischen Klassenkampfvorstellungen. Die Isolierung, Unsicherheit , Trennung und Vereinsamung der Einzelnen, vor allem aber der unteren sozialen Schichten, sollten in der neuen Gemeinschaft des ganzen Volkes aufgehoben werden. Wie der Name der NSDAP als »Arbeiterpartei« schon anzeigen sollte, ging es Hitler vor allem auch um die Arbeiterschaft. Und in der Tat blieben im sozialen Bereich die wenigen positiven Folgen seiner Herrschaft: Die Sozialgesetzgebung konnte von den Nachfolgestaaten seines Reiches voll übernommen werden, und der Klassenkampfgedanke ist seit dem Dritten Reich im deutschen Volk eigentlich tot und konnte im Osten von den Sowjets und im Westen von den Neomarxisten nur durch künstliche Beatmung am Scheinleben erhalten werden. Jedenfalls im Sinne des 19. Jahrhunderts ist die soziale Problematik heute in Mitteleuropa nicht mehr existent und in den breitesten Bevölkerungsschichetn überwunden.

Die zweite Wurzel der Vorstellung von der deutschen Volksgemeinschaft liegt im ethnischen Volkstumsgedanken, den Herder in Ablehnung der rationialistischen Richtung der Aufklärung entwickelte, der in der Romantik seinen Höhepunkt erlangte, an der Entstehung aller modernen Nationalismen mitwirkte und bis in die Gegenwart geschichtswirksam ist. Im Gegensatz zum etatistischen Nationsbegriff der französischen Aufklärung steht für den ethnischen das Ursprüngliche, Naturnahe und historisch Gewachsenene im Vordergrund und findet sein Vorbild in der bäuerlichen Welt und der feudalen Kultur des – nicht als »finster« gesehenen – Mittelalters. Das »Gemüthafte«, Emotionale, ist ihm wichtiger als die Oberfläche des glatten Rationalismus, das chtonisch Unbewußte und Mystische geht vor dem Anspruch des bewußten Erkennens und Gestaltens, und die ewig gleichbleibenden Werte und Strukturen bedeuten mehr als das hektische Treiben des Tages. Der ethnische Volksbegriff sieht im Volk die große und natürlich gewachsene Gemeinschaft, deren Band die gemeinsame Sprache, Geschichte und Kultur bildet. Wie ein Organismus, so gliedere sich ein Volk in kleinere Untergemeinschaften, und seine kleinste Keimzelle sei die Familie. Der Begriff »Nation« charakterisierte die naturhafte Geburtsgemeinschaft, und »Vaterland« und »Muttersprache« betonen das familiäre Gepräge und die intensiven Bindungen der Volksgemeinschaft.

Diesen vielleicht etwas einseitigen, sicher aber recht fruchtbaren Volkstumsgedanken verband nun der Nationalsozialismus nicht nur mit seinen sozialen Überlegungen, sondern darüber hinaus mit dem, was er unter »Preußentum« verstand. An Preußen imponierte ihm einerseits das rationell durchorganisierte und schlagkräftige Staats- und Militärwesen, und andererseits das sprichwörtliche Dienst- und Pflichtbewußtsein der Diener dieses Staates. Für Hitler stellte preußische Disziplin und Pflichterfüllung den reinsten Ausdruck des Deutschtums dar, und sicherlich lag nach der Katastrophe des preußisch-deutschen Zweiten Reiches preußische Einsatzbereitschaft brach, derer sich der Nationalsozialismus bedienen konnte. Betrachtet man aber gerade das Dienst- und Pflichtbewußtsein näher auf seine geistige Wurzeln hin, so hat es seinen Kern im deutschen Idealismus eines Kant, Fichte, Hegel usw. und nicht in ideologischen Verklemmungen gehabt, die dann jedermann vor seinen Karren spannen konnte. Das preußische Offizierskorps wurde idealistisch erzogen, und die akademisch gebildete Beamtenschaft ging aus den von Humboldt in idealistischem Sinn reformierten Universitäten und Gymnasien hervor. Dieses Ausmaß an Disziplin und Pflichtauffassung, wie es in Preußen herrschte und auf seine Umgebung ausstrahlte, wäre ohne transzendente Überhöhung und Sinngebung gar nicht möglich gewesen.

Was aber soll inmitten einer materialistischen Ideologie plötzlich Pflicht und Dienst, also transzendentale und idealistische Haltungen? Auch hier treffen wir wieder auf das Paradoxon jeder Ideologie, das mit bloß materialistischem Mechanismus und Determinismus eben doch nicht das Auslangen findet und auf die Transzendenz zurückgreifen muß. Da aber in der Ideologie der Materialismus herrscht, haben metaphysische Haltungen nur dienende Funktion und werden von den Ideologen schamlos ausgenutzt. Gedanklich richtig wäre aber die herrschende Funktion des Idealismus und die dienende des Positivismus, folgerichtig kommt es in den Ideologien zu den für sie typischen Verdrehungen, Unaufrichtigkeiten, Verkrampfungen und Verbrechen. So wurde denn im Nationalsozialismus die idealistische Opferbereitschaft des deutschen Volkes für eine materialistische Ideologie mißbraucht.

Die Ausnützung des idealistischen Pflichtethos für die Zwecke der im Kern materialistischen Ideologie wird angesichts der nationalsozialistischen Propaganda und der Bedeutung von Georges Sorels »Mythos der Gewalt« in ihr besonders deutlich. Sorel behauptete in seiner Theorie, daß die Grundlage jeder politischen Bewegung ein Mythos sei, denn nur ein solcher könne die emotionellen und voluntativen Kräfte der Menschen mobilisieren. Der Mythos wende sich nicht an die Ratio, sondern an die Tiefenschichten der Menschen – erfaßt er sie hier, so könne er unabhängig von Wahrheit und Realisierbarkeit die Massen bewegen. Gewalt und Bewegung fasziniere die Massen, je mehr ein Mythos auch durch öffentliche Gewaltsamkeiten seine Macht demonstriere, umso beeindruckter seien die Massen, und umso wirksamer werde der Mythos. Seine Gewalt beweist der Mythos an einer bösen Gegenmacht, die sogar erfunden werden müsse, wenn es sie nicht gibt, denn im Kampf gegen das Böse liege der Sinn des Mythos der Gewalt. Bekanntlich beeinflußte Sorel auch Syndikalismus und Kommunismus, nur lag hier der politische Mythos in einer anderen Richtung. Für den Nationalsozialismus war die Rassenlehre der politische Mythos, für sie wurden die Massen mobilisiert und Gewalt demonstriert. In Übereinstimmung mit Paretos und auch Sorels Elitetheorien bekannten sich die Nationalsozialisten zur Propaganda als »Propaganda« und praktizierten in ihren Aufmärschen – ähnlich wie die Kommunisten – ganz offen die Faszination der Kraft und Macht. Daß sich mit den zunehmenden Schwierigkeiten des Regimes gegen Ende seiner Herrschaft eine noch weitere Tendenz zur kumulativen Radikalisierung ausbreitete, hat Hans Mommsen wohl richtig beobachtet.

Inwieweit Sorels Theorie vom Mythos der Gewalt »massenpsychologisch« als gültig verifiziert werden kann, braucht uns hier nicht weiter zu kümmern, jedenfalls wurde seine Lehre geglaubt und erfolgreich praktiziert. Daß sich bei Sorel wie bei Pareto ein weites Feld für ideologische Manipulation öffnet, braucht nicht extra betont zu werden. Unterstellt, beide Theorien wären wenigstens partiell richtig – und vieles spricht dafür – , so kommt es immer noch darauf an, in welchem Geist soziologische Erkenntnisse angewendet werden. Im Nationalsozialismus wurden sie wie die idealistische Pflichtethik im Sinne der allesbeherrschenden Rassenlehre der biologistisch-materialistischen Ideologie untergeordnet. Auch hier zeigt sich wieder, daß empirisch gewonnene Erkenntnisse ambivalent sind und für jede Ideologie verwendet werden können, und der auch im ideologischen Denken notwendigerweise einmal durchschlagende Idealismus unter materialistischen Vorzeichen pervertiert werden muß.

Faßt man nun den Nationalsozialismus zusammen, so erweist sich seine »Lehre« in der Rassentheorie wie im Antisemitismus als reine Ideologie. Das Führerprinzip teilt alle Schwächen einer »reinen« Staatsform, nämlich seine nicht konsequente Durchführbarkeit, und wirft die Frage nach der Legitimation jeder Staatsform auf, die Hitler auf die »Vorsehung« zurückführt, die er aber höchstens im naturphilosophischen Sinn pantheistisch begreift, und eigentlich nicht ins übrige System paßt. Auch fügt sich der Teil der Vorstellung von der Volksgemeinschaft, der sich auf die Dienst- und Pflichtbereitschaft beruft, und ohne dessen idealistische Haltungen es gar nicht zur Gestaltung einer Gemeinschaft kommen könnte, nicht in die materialistische Konstruktion des ideologischen Grundgedankens ein. Wie jede Ideologie besitzt der Nationalsozialismus also eine ganze Reihe von soziologischen, geistesgeschichtlichen und wissenschaftstheoretischen Wurzeln und entwickelte sich zum Mythos: Der aus der Empirie »wissenschaftlich« gewonnene ideologische Kernsatz – die Ungleichheit der menschlichen Rassen – wird verabsolutiert, und alle übrigen Gesichtspunkte auf ihn hin relativiert. Durch diese Simplizierung wird vorerst die große Geschlossenheit der Ideologie erreicht, die auch bei jeder zunächst besticht. Bei näherer Betrachtung verliert sich jedoch dieser Eindruck, und die Künstlichkeit der ganzen ideologischen Konstruktion wird deutlich. Der »metaphysische Rest« bleibt natürlich auch in der Idelogie, wird aber »empirisch-wissenschaftlich« in den Dienst der eigenen Ideologie gestellt, genauso wie alle sonstigen geistes- und naturwissenschaftlichen Erkenntnisse ihren Stellenwert aus der Ideologie her erhalten.

Von Adolf Hitler ist gesagt worden, daß er der Marx, der Lenin und der Stalin des Nationalsozialismus in einem war. Als »Marx« gab er mit seiner Weltanschauung den Theoretikern seines Regimes die Richtung vor, als »Lenin« leitete er die Revolution und als »Stalin« etablierte er die Herrschaft seiner Weltanschauung. Als Theoretiker verknüpfte er zunächst die Theorien Gobineaus und Haeckels, verband sie mit dem Führerprinzip und bereicherte sie um den Gedanken der Volksgemeinschaft. Daß dies durchaus eine Eigenleistung war, ergibt sich aus der Tatsache, daß beispielsweise die Rassenlehre wie der Volksgemeinschaftsgedanke auch auf demokratischer oder aristokratischer Grundlage hätten konstruiert werden können. Das Führerprinzip wiederum bräuchte seinerseits nicht unbedingt die Rassenlehre und die Volksgemeinschaft.

Hitlers Hauptleistung war sicherlich die Planung und Durchführung seiner Machtergreifung, die er gründlich vorbereitete und konsequent verwirklichte. Am Höhepunkt seiner Herrschaft war er obendrein auch noch wirklich populär, nachdem er freilich außerhalb wie innerhalb seiner eigenen Partei sämtliche Konkurrenten ausgeschaltet hatte. Seine innen- wie außenpolitischen Anfangserfolge überstrahlten wohl die meisten Zweifel, allerdings geht sein Untergang auch auf ihn und seine Ideologie zurück. Denn niemand macht sich ungestraft in ideologischer Verblendung und Selbstüberschätzung alle Welt gleichzeitig zum Feind. Die deutschen Truppen wurden in der Sowjetunion anfangs als wirkliche Befreier begrüßt und regelrecht umjubelt, doch dann wurden die Ostvölker als »Untermenschen« behandelt und wieder zurück in die Arme der sowjetischen Kommissare getrieben. So bereiteten sich aus ideologischer Selbsttäuschung die »germanischen Herrenmenschen« ihre eigene Niederlage.

Die Unmöglichkeit, Unfähigkeit und Unwilligkeit, ihre Ideologie zu »exportieren«, kennzeichnet in geradezu charakteristischer Weise die auf die Ideologie zurückzuführende Überheblichkeit der Nationalsozialisten. An die Möglichkeit, eine eigene »Komintern« zu gründen, haben sie nie wirklich gedacht, und wo sie im Zuge ihrer Anfangssiege ihnen genehme Regime installierten – was nicht einmal der Regelfall war -, so taten sie dies aus außen- und hegemonialpolitischen Rücksichten. Ein Wiedererwachen des Nationalsozialismus in seiner gesamten ideologischen Breite ist daher angesichts der offen zutage getretenen Ungereimtheiten dieser Ideologie kaum zu erwarten und auch höchstens nur in »germanischen« Ländern überhaupt vorstellbar. Im übrigen wiederholt sich die Geschichte nur analog, nie homolog. In Teilbereichen und in anderem Gewand freilich ist das Wiederauftreten von Teilen dieser Ideologie genauso möglich wie die Entstehung neuer, solange man in ordnungspolitischen Vorstellungen nicht über das Niveau von Ideologien hinaus gelangt.

Was die hohe Zahl der ehemaligen Nationalsozialisten anbelangt, so braucht man ihre Bedeutung nicht zu überschätzen. Neben den vielen Mitläufern, Opportunisten und Konjunkturrittern sahen die meisten Anhänger Hitlers nicht so sehr seine Ideologie, sondern seine Versprechungen und seine nicht zu unterschätzenden Anfangserfolge. Wo Erfolg ist, strömen Menschen hinzu, hier wie anderswo, und die Zahl der wirklich Gläubigen ist auch bei Ideologien nicht höher als ansonsten. Hitler wollte angesichts dieser Tatsache in seiner NSDAP eigentlich auch nur eine Kaderpartei schaffen, sah sich aber aus organisatorischen Gründen im Zug der umfassenden »Gleichschaltung« gezwungen, die Partei personell zu erweitern, sodaß er zunehmend der SS die Kaderaufgaben übertrug, bis zuletzt auch sie zu einer millionenköpfigen Massenorganisation wurde. Insbesondere nach der Machtergreifung Hitlers erhielten SA und NSDAP den Massenzulauf, weil »man« sie für sein eigenes Fortkommen brauchte. Und in der Zeit der kumulativen Radikalität des Regimes hofften die meisten auf eine »Normalisierung« nach dem Krieg. Jedenfalls haben »die Deutschen« nicht mehr oder weniger Schuld an den Verbrechen des Nationalsozialismus und am Nationalsozialismus selbst, wie »die Russen« am Gulag und am Sowjetsystem oder »die Juden« an der Kreuzigung Christi. An den Kollektivurteilen und Vorurteilen sowie Stereotypien liegt wie in Märchen, Sagen und Mythen immer ein Körnchen Wahrheit, doch teilen sie mit den Ideologien das Schicksal der Generalisierung und werden auch leicht selbst zu politischen Mythen und Ideologien.

Daß der Nationalsozialismus nicht nur sehr »national« bis hin zu seiner Nichtexportierbarkeit war, bestreitet niemand, daß er aber auch

sehr »sozialistisch« gewesen ist, hören die Anhänger der verschiedenen sonstigen Sozialismen weniger gern. Gerade seine Zentralisierungs-, Organisations- und Gleichschaltungswut sind typisch sozialistisch, seine Freude an Maidemonstrationen und Aufmärschen nicht weniger. Daß die Absichten seiner Sozialpolitik nicht klassenkämpferisch, sondern zufolge des Volksgemeinschaftsgedankens integrativ waren, tut dem Sozialismus keinen Abbruch – oder aber man definiert »Sozialismus« immer nur gerade mit seinem eigenen sozialistischen Vorstellungen, womit aber der Sozialismus als Überbegriff gefallen wäre. Um das Dilemma der Sprachassoziation zu vermeiden, greifen insbesondere die verschiedenen sozialistischen Kritiker des Nationalsozialismus zum Kunstkniff der Sprachregelung »faschistisch«, wenn eigentlich von nationalsozialistisch die Rede sein sollte. Streng genommen existieren aber zwischen dem Nationalsozialismus und dem – historisch wirksam gewordenen – Faschismus einige gravierende Unterschiede in Theorie und Praxis. Auch fühlten sich die Nationalsozialisten keineswegs als Faschisten und sahen auf ihre Verbündeten manchmal sogar herab, »faschistisch« galt für sie als eher abwertend. Hitler wie Mussolini als Faschisten zu bezeichnen, bedeutet, Unterschiede zu verwischen; doch einen Unterbegriff als Unterbegriff zu belassen und ihn gleichzeitig zu einem Oberbegriff zu erheben, ist schlicht unwissenschaftlich. Der Oberbegriff über nationalsozialistisch und faschistisch wäre korrekt »totalitär«, soweit er gesellschaftliche Vorgänge erfaßt, und »autoritär«, soweit er staatsrechtliche Zustände umschreibt.
Sicherlich gibt es Gemeinsamkeiten zwischen Faschismus und Nationalsozialismus, wobei aber der Nationalsozialismus noch deutlichere Züge der Ideologie trägt. Die Wurzel zu seinem Verständnis liegt in seiner Rassenlehre, die aber dem Faschismus fremd ist. Dieser wird statt durch diese materialistische Theorie von der katholischen Staats- und Soziallehre geprägt, besitzt also auch theologische Wurzeln, die dem Nationalsozialismus wieder völlig fehlen. Dadurch erhielt der Faschismus eine universelle Komponente, die es ihm auch ermöglichte, seine Vorstellungen zu exportieren. Auf der iberischen Halbinsel und in Südamerika konnte er stark Fuß fassen und blieb lange nach dem Untergang des Nationalsozialismus in Spanien und Portugal die herrschende Lehre. Seine speziell italienische Kompo-

nente – Italien als Nachfahre des Römischen Reiches – läßt sich spielend durch jeden regionalen Nationalismus ersetzen. Gemeinsam mit dem Nationalsozialismus hat er das Führerprinzip und einen integralen Sozialismus. Es fehlt ihm andrerseits der kirchenkämpferische Aspekt des materialistischen Nationalsozialismus völlig, vielmehr arbeitete er immer eng mit der katholischen Amtskirche zusammen. Nicht zufällig gelang Mussolini der Ausgleich zwischen Italien und dem Vatikan in den Lateranverträgen, ausgerechnet dort, wo die liberalen und antiklerikalen Vorgängerregierungen bezeichnenderweise versagten. Gerade wegen des »klerikalen« Einschlags des Faschismus sahen die »germanischen Herrenmenschen« auf die Faschisten scheel herab.
Im tieferen Sinn charakteristisch ist die Tasache, daß die Männer des 20. Juli 1944 nicht Anhänger irgend eines konkurrierenden Materialismus, nicht Radikaldemokraten oder Sozialisten waren, sondern preußische Monarchisten, und auch Mussolini nicht durch einen kommunistischen Aufstand, sondern durch seinen eigenen König und unzufriedene Parteigänger gestürzt wurde. Im faschistischen Italien war der Wechsel innerhalb des bestehenden Staatsrechtes möglich, nicht aber im geistig stärker materialistisch dominierten Deutschland des Nationalsozialismus. In Deutschland schien das materialistische System nur durch Staatsstreich beseitigt werden zu können und wurde letzten Endes durch die Aufhebung des ganzen Staates von außen durch die Siegermächte abgeschafft. Im letztlich vom Katholizismus überhöhten Königreich Italien konnte der Übergang in jeder Hinsicht leichter und harmonischer gelingen.
Mögen sich auch im integrativen Sozialismus – Mussolini kam politisch immerhin aus der marxistischen Sozialdemokratie – , in den Theorien von Pareto und Sorel, im äußeren Erscheinungsbild ihrer Parteiveranstaltungen, im autoritären Stil und in ihren jeweiligen Chauvinismen die »Achsenmächte« noch so sehr geglichen haben, in der Herleitung ihrer Legitimität unterscheiden sie sich gründlich. Der Faschismus benötigte in letzter Konsequenz keine »Vorsehung« als deus ex machina und bildete daher ein geistig homogeneres System als die Theorie des wesentlich materialistischeren Nationalsozialismus. Diesen entscheidenden Unterschied verwischen zu wollen, behindert nur jede ernsthafte Auseinandersetzung mit ideologischem

Denken und wirft ein bezeichnendes Licht auf das schlechte Gewissen derer, die so verfahren.
Geht man der Frage des »cui bono« – wem nützt es? – dieses Einebnungsversuches von Unterschieden aus, so kommt man exakt zu jenen Ideologen, die genausoviel »Dreck am Stecken« wie die von ihnen Kritisierten haben, aber nur einer anderen Ideologie anhängen. Diese anderen Ideologen brauchen sich aber nicht als etwas Besseres zu dünken, denn untereinander sind alle Ideologien gleichrangig, und keine kann vor einer anderen einen Vorrang an Wahrheit beanspruchen. Alle begehen denselben Fehler, aus einer empirischen Beobachtung und einer positivistischen Wissenschaft zu gesellschaftlichen Zielvorstellungen gelangen zu wollen. Durch ihr eindimensionales Denken überfordern sie die Möglichkeiten empirischen Beobachtens, denn das Wesen einer empirischen Wissenschaft liegt eben in der »Beobachtung« und nicht im Handeln. Die Arbeit an Zielvorstellungen ist aber Aufgabe des freien Willens, der transzendentalen Vorstellungen folgt und in kein deterministisches Korsett gezwungen ist. Der transzendental bestimmte freie Wille bedient sich der empirischen Beobachtungen, um sein Ziel in der immanenten Dimension zu erreichen. Die Erkenntnis folgt dem Willen, aber nicht umgekehrt der Wille der Erkenntnis. Der Wille bestimmt, was wir erkennen und zu tun haben.
Fasziniert vom weiten Feld empirischer Erkenntnis übersehen die Ideologen die transzendente Dimension, verlieben sich in eine empirische Theorie, generalisieren sie bis zur Absolutheit und relativieren alle anderen sonst noch auftretenden Gesichtspunkte zugunsten ihrer Lieblingstheorie. Dieser »fixen Idee« wird die Transzendenz samt Ethik geopfert und alles in eine Dimension, in die materielle Welt der Immanenz, gepreßt. Da die Transzendenz aber doch nicht ganz tot zu kriegen ist, wird sie nun wenigstens in den Dienst des Materialismus gestellt. Als habe der Wille der Ideologie zu dienen, wenn es ihn schon geben sollte! Statt daß der Wille die Materie gestaltet, soll jetzt in der Ideologie die Materie den Willen formen. Das Schema ist immer dasselbe, nur die Inhalte sind beliebig vertauschbar.

Kapitel 8

Der Marxismus

Die Lehre von Karl Marx und seiner Schule ist oft schon richtig als umgekehrter Hegelianismus und negativierte klassische Volkswirtschaftstheorie bezeichnet worden. Um aber die ganze ideologische Breite zu verstehen, muß man schon näher auf ihre Bestandteile und die Entwicklung ihres Denkens eingehen. Besonders wichtig für die Beurteilung des Marxismus sind der Einfluß Hegels, die Rolle des frühen Sozialismus vor Marx, der Stellenwert der marxistischen Wirtschaftstheorie und die Weiterentwicklung von Marx' Überlegungen bei Bernstein und Lenin. Die Beurteilung des realen Sozialismus als herrschendes Staats- und Gesellschaftssystem, einen Vergleich zwischen Theorie und Praxis und schließlich die Qualifizierung der Stellung des Marxismus unter den Ideologien überhaupt wird man sich bei der Untersuchung dieser Ideologie wohl nicht verkneifen können, abschließend in die Betrachtung mit einzubeziehen.

Geistesgeschichtlich am wichtigsten war für Marx ohne Zweifel die Philosophie Georg Wilhelm Friedrich Hegels, eines idealistischen Philosophen, ja des preußischen Staatsphilosophen seiner Zeit schlechthin. Um den Einfluß Hegels auf den Marxismus darzustellen, muß man die Grundzüge seines Denkens näher kennenlernen. Als pointiertem Idealisten galt Hegels Aufmerksamkeit ganz dem transzendentalen Bereich, von ihm stammt der Ausspruch auf einen Einwand hin, daß denn seine Erkenntnisse mit der physischen Wirklichkeit nicht immer ganz in Übereinstimmung zu stehen schienen: »Umso schlimmer für die Wirklichkeit!« Als Idealisten stand für ihn die Abhängigkeit der immanenten Welt von den transzendentalen Vorstellungen also unwiderruflich fest. Über die Erkenntnistheorie und die Ethik hinaus übertrug er nun das Abhängigkeitsverhältnis der Immanenz von der Transzendenz auf die Ontologie und die Schöpfungs- oder Entwicklungsgeschichte im Gesamten:

Damit der Geist der Welt, also Gott, seiner selbst überhaupt gewahr werde, entäußere er sich seiner selbst und schaffe die Welt der physischen Erscheinungen. In diesem Stadium der Entäußerung sei er aber sich selbst entfremdet, sodaß er nach der Aufhebung seiner Entfremdung trachte, um schließlich wieder zu sich selbst zurückzukehren. Schon hierin ist das Schlüsselvokabular des späteren Marxismus enthalten. Mit einem Wort: Gott entäußere sich im Menschen, empfinde sich aber in menschlicher Gestalt seiner selbst entfremdet und strebe deshalb nach der Aufhebung seiner Entfremdung durch Hinwendung und Umkehr zu sich selbst. Im Stadium der Entfremdung und des Strebens nach seiner Aufhebung stehe der heutige Mensch, gelinge ihm die Aufhebung der Entfremdung, so sei er zu Gott zurückgekehrt. Gott sei also Mensch geworden und strebe nun nach seiner göttlichen Einheit mit sich selbst zurück. Nach Hegel steckt im Menschen somit Göttliches, je mehr es der Mensch im Stadium seiner physischen Entfremdung vermag, diese aufzuheben, umso näher komme er zum Göttlichen in sich selbst und zur Einheit Gottes. Im Nachdenken über sich selbst denke der Mensch über Gott nach. In der Welt der physischen Erscheinungen erkenne der Mensch die Entäußerung Gottes.

In diesen drei Schritten ist bereits die berühmte Hegelsche Dialektik enthalten, die Marx übernimmt: These, Antithese und Synthese. Aus der Setzung von These und Antithese, aus Sein und Anderssein, gehe alles Denken hervor und entwickle sich alles besondere Wissen, in der Synthese vereinigten sich These und Antithese in höherer Qualität. Schon früher, und auch bei Fichte, findet sich die Dialektik vorgebildet, bei Hegel wird sie bis zum krönenden Abschluß systematisiert. Aus dem transzendentalen Idealismus ist der absolute Idealismus geworden.

So fruchtbar das dialektische Modell auch sein mag, so ist es eben doch nur ein Modell und entwirft ein Bild der Welt, ohne diese Welt selbst wirklich zu sein. Hegel entwirft ein Bild Gottes, das für ihn selbst vielleicht so mystisch schaubar war, das aber wegen der dimensionalen Unterschiede zwischen endlicher menschlicher Faßbarkeit und unendlicher Größe Gottes die Möglichkeiten der verbindlichen Nachvollziehbarkeit philosophischen Denkens sprengt. Eigentlich erzählt er einen religiösen Mythos, dessen Übernahme durch andere Menschen nur durch Glaube oder durch Nachvollzug seiner mystischen Schau verbindlich werden kann, aber mit Mitteln auch transzendentaler Philosophie nicht beweisbar oder widerlegbar ist. Sein absoluter Idealismus hat die Grenze zwischen Transzendenz und Numinosem überschritten und ist nicht mehr Philosophie, sondern Mythologie. Ein philosophischer transzendentaler Idealist kann Hegels Gottesbild theologisch teilen oder nicht, rein philosophisch ist es nicht zwingend, da es nicht in seinen philosophischen Bereich fällt und dem Numinosen angehört. Setzt man über den Modellcharakter Hegels Dialektik absolut, so operiert man mit einer unbeweisbaren Tatsachenbehauptung.

Hegels absoluter Idealismus teilt als ein im Wesentlichen religiöser Mythos alle Stärken und Schwächen religiöser Mythen: Sie meinen Numinoses, können sich aber nur mit endlichen Begriffen ausdrükken und sind bloß für Menschen voll verständlch, nachvollziehbar und verbindlich, die dasselbe Bild vom Numinosen in sich tragen. Gegenüber rein politischen, ideologischen sowie im Grunde materialistischen Mythologien haben die religiösen den unschlagbaren Vorzug, im Letzten immer Gott zu meinen und Irdisches und Menschliches nur relativ zum Numinosen zu sehen. Ideologische Mythologien hingegen leugnen den Bezug zu einer unvergänglichen Sinnqualität, nur widerwillig akzeptieren sie transzendentale Phänomene, die sie dann aber nur als Funktion ihrer materialistischen Ersatzgötter gelten lassen, und verabsolutieren Irdisches wie Menschliches. Materialistische Mythen verwechseln den Stellenwert von Empirie und Ethik, von Physik und Metaphysik, und sind auf Grund ihrer wissenschaftstheoretischen Ausgangslage und ihrer inneren Widersprüche stets zu widerlegen. Ein religiöser Mythos ist einer immanenten Beurteilung immer entzogen, er kann als wahr oder falsch empfunden werden, und man kann ihn glauben oder nicht – ein materialistischer Mythos muß sich eine wissenschaftliche Untersuchung gefallen lassen, er ist stets falsch und unglaubwürdig.

Für die gläubige, ja begeisterte Aufnahme, die Hegels Dialektik seinerzeit fand und teilweise bis zum heutigen Tag findet, mag auch die tiefe »archetypische« Verwurzelung der Zahl »drei« im menschlichen Unbewußten sprechen. Man findet sie in der christlichen Dreieinigkeit aus Gott-Vater dem Schöpfer, Gott-Sohn dem Versöhner und Heiligem Geist dem Erlöser, in der Trias an der Spitze des hinduistischen Pantheos aus Gott Brahman dem Schöpfer, Gott Schiwa dem Zerstörer und Veränderer und Gott Wischnu dem Erhalter der Welt, im Dreipaß des gotischen Maßwerks, in den Mandalas und in vielem anderen mehr. In Erde, Himmel und Hölle des Christentums oder des Islams finden wir sie wie im Ich, Es und Überich bei Freud. Doch alle diese Hinweise reichen für eine wirkliche Verifikation nicht aus, in der Mischung von Philosophie und Mythos allerdings wurde und wird sie in der Form der Dialektik von den Hegelianern als letztlich gegeben angenommen.

Diese mythologisch-philosophische Kombination mündet in der pointierten Feststellung, daß Gott in seiner Entfremdung Mensch geworden ist. Zum großen Jubel derjenigen Hegelianer, denen das Hegelsche System zwar unschlagbar, aber doch zu spiritualistisch erschien, stellte Ludwig Feuerbach in einer »kopernikanischen« Wende Hegels System auf den »Kopf«: In Wahrheit sei nicht Gott in seiner Entfremdung Mensch, vielmehr sei Gott ein Produkt der entfremdeten Vorstellung des sich entäußernden menschlichen Geistes, und die Entfremdung könne aufgehoben werden, wenn der Mensch sich von seiner Vorstellung Gottes löse und zur reinen Sicht seiner selbst zurückkehre. Nicht Gott schuf den Menschen, sondern der Mensch Gott – aus dem absoluten Idealismus Hegels ist der anthropozentrische absolute Materialismus geworden: Gott ist nicht Mensch, sondern der Mensch ist Gott geworden.

Durch die Umkehrung von Hegels System spaltete Feuerbach die Hegelianer in Alt- und Junghegelianer, behielt aber Hegels Dialektik bei und schuf damit die philosophisch-mythologische Grundlage für die modernen Materialismen. Der Mythos wurde beibehalten, nur erzählt er jetzt nicht die Geschichte Gottes, sondern die des Menschen. Was die Junghegelianer allerdings nicht merkten, ist die Tatsache, daß eine materialistische Mythologie des Menschen eigentlich einen Widerspruch in sich darstellt, denn das Feld materialistischer Ambitionen ist die Naturwissenschaft, die keiner Mythologie bedarf. Zwar empfanden und empfinden sich die Junghegelianer als Wissenschaftstheoretiker der Naturwissenschaften, klammern sich aber an den idealistisch-religiösen Mythos der hegelschen Dialektik, nur daß sie nun anthropozentrisch aufgefaßt wird. Damit teilt freilich Feuerbachs Fundamentalmaterialismus das Schicksal aller materialistischen Mythen, nämlich die Notwendigkeit des inneren Widerspruchs und den prinzipiellen Irrtum. Die Grundlegung eines monistischen Mate-

rialismus ist auch durch Feuerbachs Umkehr von Hegels System nicht zu erreichen.
Der Mensch, bar jeder transzendenten Dimension, muß letztlich aus seiner materiellen Kostitution erklärt werden, auch wenn er an der Spitze aller Materie steht. Diesen Materialismus übernahm Marx als begeisteter Junghegelianer genauso wie die Dialektik. Allerdings kommt noch ein wesentlicher Moment hinzu, um die Grundstruktur des Marxismus abzurunden: die Ökonomie. Diesen Beitrag lieferte Moses Hess: Nach ihm sei der eigentliche Motor aller menschlichenn Anstrengungen, und damit der Geschichte, die Wirtschaft. Hinter allen Handlungen der Menschen stecke im Grunde immer das Motiv wirtschaftlichen Interesses. Auf die Übernahme dieser Vorstellung geht Marx' intensive Auseinandersetzung mit der klassischen Volkswirtschaftslehre zurück, die er im Wesentlichen übernahm, negativ auslegte und in seinem Sinn in sein junghegelianisches System einbaute und erweiterte.
Doch so wichtig für alle Vorgänge auch wirtschaftliche Motive sein mögen, so unzulässig ist ihre generelle Verallgemeinerung. Eine monokausale Rückführung aller immanenten Erscheinungen auf letztlich eine einzige Ursache entlarvt solch ein Denken als Ideologie reinsten Wassers, wobei es vollkommen gleichgültig ist, welche Ursache im Einzelnen auch immer konkret generalisiert werden mag. Ein Motiv – die ökonomische Interessen – wird verabsolutiert, alle anderen Gesichtspunkte – mögliche andere sowie weitere Motive für menschliches Handeln – werden relativiert. In Wirklichkeit spielen dagegen immer verschiedene Ursachen und Motive zusammen, manchmal wird das eine, manchmal das andere und manchmal werden einige gemeinsam menschliches Handeln und geschichtliche Vorgänge auslösen. So vielfältig wirtschaftlicher Einfluß auch immer sein mag, er ist nicht der alleinige, einzige und immer alles entscheidende Verursacher geschichtlicher Abläufe.
Die ideologische Verabsolutierung des homo oeconomicus teilt im Übrigen der Marxismus mit dem ihm zeitlich vorangehenden Liberalismus. Der starke Einfluß des Liberalismus auf den Marxismus und die innere Abhängigkeit dieses von jenem macht sich im ganzen ökonomischen Bereich des Marxismus bemerkbar. Sähe man in der Theorie Marxens nur eine Volkswirtschaftslehre, so könnte man sie

als negativierte klassische Nationalökonomie definieren. In Wahrheit geht der Marxismus viel weiter und stellt ein größeres und durchaus eigenständiges Gebilde dar. Schon die Verbindung des Junghegelianismus mit der Theorie von Moses Hess ist originell, die Beschäftigung mit der klassischen Volkswirtschaftstheorie von Adam Smith und David Ricardo war für Marx daher eigentlich nur naheliegend. Daß er diese freilich in gewissem Sinn negativ auffaßte, bildet eine weitere Eigenleistung. Es wäre nämlich genausogut möglich gewesen, sie positiv oder neutral mit den bisherigen Bestandteilen seines Systems in Verbindung zu bringen.

Seine Dynamik erhält der Marxismus aus seiner Geschichtstheorie und der damit zusammenhängenden Theorie vom Wesen der Arbeit. Getreu dem junghegelianischen System kennt Marx die Begriffe von der Entäußerung und Entfremdung und verbindet sie mit der von Hess entliehenen Theorie von der Wirtschaft als Motor der menschlichen Geschichte: Aus ursprünglich harmonischer Gemeinschaftsarbeit zur Deckung der natürlichen Bedürfnisse im Urkommunismus sei durch die Arbeitsteilung die Entfremdung des Menschen von seiner Arbeit, in der er sich entäußert und mit zunehmender Fremdsteuerung nicht mehr selbst erkennen kann, entstanden. Der Mensch arbeite nicht mehr alleine für seine eigenen Bedürfnisse, werde fremdbestimmt und erhalte auch nicht den vollen Ausgleich des Wertes seiner Arbeit. Die Arbeitsteilung benötige zur Durchsetzung ihrer Maßnahmen eines staatlichen Herrschaftsapparates und beute die lohnabhängigen Menschen aus. Das Arbeitsleid verschärfe sich von der Sklavenhaltergesellschaft über die Feudalgesellschaft bis hin zum Kapitalismus. In ihm kulminiere zufolge der nationalökonomischen Gesetze der Gegensatz und die Entfremdung ständig – immer weniger die Produktionsfaktoren kontrollierende Kapitalisten stünden immer mehr ausgebeuteten Proletariern gegenüber. Nicht einmal der böse Wille der Kapitalisten, sondern die Zwangsläufigkeit der ökonomischen Gesetze verschärfe die Klassengegensätze und den Klassenkampf bis hin zum Umkippen des Systems in der proletarischen Revolution. In ihr würden die bisherigen Kapitalisten enteignet, die Produktionsmittel gelangten in die allgemeinen Hände der Gesellschaft, der Staat würde überflüssig, und es käme zur »freien Assoziation der Individuen« im Kommunismus ohne Privateigentum an den Produktionsmitteln und bei freier Arbeit ohne Entfremdung. Nur mehr für die eigenen Bedürfnisse werde gearbeitet, die Entfremdung wäre aufgehoben und das Endstadium der Menschheit erreicht. Die Geschichte der Klassengegensätze und Klassenkämpfe sei endlich zur Ruhe gekommen.

Zur proletarischen Revolution könne es nur im Hochkapitalismus und in den von ihm geprägten hochindustrialisierten Gesellschaften kommen, wo die Konzentration des volkswirtschaftlichen Kapitals in immer weniger Händen bei gleichzeitig zunehmender Verelendung des die ganz überwiegende Mehrheit der Bevölkerung stellenden Industrieproletariats zur Destabilität des kapitalistisch-liberalen Systems führen müsse. Erst nach Durchschreiten dieses Stadiums käme es nach der Revolution zum endgültigen Kommunismus. Die Leiden der Proletarier im Kapitalismus seien zwangsläufige Folgen der Spannung zwischen Kapital und Arbeit, im kapitalistischen System beraube das Kapital der Arbeit, dem eigentlich wertbildenden Faktor, einen Teil seines Wertes, des »Mehrwertes«. Nach der »Expropriation der Expropriateure« entwickle sich auf der Grundlage gemeinsamen Eigentums der Produktionsmittel und kooperativer Gestaltung des Produktionsprozesses die neue klassenlose Ära mit gerechter Verteilung des Arbeitsertrages.

Diese »mit der Notwendigkeit eines Naturprozesses« sich vollziehende Entwicklung liefe nach den »Gesetzen« des »Historischen Materialismus« ab, der Übertragung des Materialismus auf Geschichte, Politik und Ökonomie. Marx sah die naturwissenschaftliche Zwangsläufigkeit der von ihm prophezeiten historisch-ökonomischen Entwicklung in solcher Intensität, daß er fürchtete, mit seinem Hauptwerk, dem »Kapital«, nicht mehr rechtzeitig vor Beginn der proletarischen Revolution fertig zu werden – es erschien mit seinem ersten Band 1867! Als seinen Vorstellungen getreuer Materialist führt er alle geistigen Entfaltungsformen des Menschen allein auf materielle Grundlagen zurück, jene wären nur der »Überbau« zum materialistischen »Unterbau«. Folglich könne sich ein »wissenschaftlicher Sozialist« eigentlich nur der materialistischen Prozesse bewußt werden, sie aber nicht willkürlich beeinflussen und höchstens durch einen höheren Grad von Bewußtmachung beschleunigen. Die von Marx geleitete »Internationale Arbeitsassoziation« sowie die nationalen Arbeitervereine und Arbeiterparteien hätten die Aufgabe der Beschleunigung der historischen Entwicklung durch Bewußtmachung und Verschärfung des Klassenkampfes.

Der des Glaubens seiner Väter verlustig gegangene Sohn eines deutsch-jüdischen Rechtsanwaltes studierte in Bonn und Berlin Philosophie, lernte die Welt der Gedanken Hegels und Feuerbachs kennen, verschrieb sich dem Materialismus und schuf sich in der nach ihm benannten Ideologie die perfekte Ersatzreligion. Seine Heilsgeschichte umfaßt Anfang und Ende der Welt und sah sein Zeitalter wie die vor ihm liegenden geschichtlichen Epochen als Durchgansgstadien zum jetzt unmittelbar bevorsteheden – irdischen – Paradies. Das im Kapitalismus leidende und im Endkommunismus erlöste Proletariat bildet das Objekt seines Mythos, so wie die materialistische Dialektik die eigentliche ordnungsimmanente Schubkraft in seinem System darstellt. Der durch Arbeitsteilung und Privateigentum an den Produktionsmitteln entfremdete Mensch verlor sein irdisches Paradies und hebt durch die Expropriation der Expropriateure seine Entfremdung wieder auf, er kehrt zum Stadium vor seiner Entfremdung zurück, zum Kommunismus. Hegels Entäußerung, Entfremdung und Aufhebung bleiben unter materialistischen Vorzeichen Merkmale der historischen Entwicklung, so wie These, Antithese und Synthese auf materialistischer Basis den Motor zu jeglicher Entwicklung bilden. In der Synthese des nachkapitalistischen Kommunismus vollzieht sich die säkulare Eschatologie des Marxismus.

Die auffällige Ähnlichkeit des Marxismus mit Judentum und Christentum ist nicht zuletzt eine der Quellen seiner agitatorischen Kraft und propagandistischen Wirkung. Für »emanzipierte« Gemüter muß er geradezu als säkularisierte »Reinigung« des abendländischen religiösen Denkens wirken: Die Struktur bleibt gleich, der Inhalt hat sich von Gott zum Menschen hin gewandelt. Die Wandlung von Hegel zu Feuerbach kann universell vergrößert im Verhältnis von Christentum und Marxismus wiederholt erscheinen, das Umschlagen des absoluten Idealismus Hegels zum Materialismus Feuerbachs wäre in der dialektischen Spannung zwischen Religion und »wissenschaftlichem Sozialismus« wiederzufinden. Daß die eigentliche Religion – die Begegnung des Menschen mit dem Numinosen und seine Antwort darauf – für Marx zunächst aus materialistischer Warte als blo-

ßes Überbauphänomen und dann aus historisch-materialistischem Gesichtspunkt als reines Instrument der herrschenden Klassen gesehen und abgelehnt wird, ist bei ihm systemimmanent logisch und braucht nicht noch extra betont zu werden.
Marx schuf sich selbst und in weiterer Folge allen Menschen, die die transzendentale Dimension verloren haben, in sublimierter Form einen eigenen Erlösungsmythos. Als Theoretiker des »wissenschaftlichen Sozialismus« schlüpfte er in die Rolle des Propheten seiner eigenen Lehre und suchte und fand seine Selbstverwirklichung und Selbsterlösung in ihr. Folgerichtig verfolgte er mit unnachsichtigem Haß und leidenschaftlichem Temperament nicht nur seine direkten weltanschaulichen Gegner, sondern auch insbesondere alle Abweichler und Abgefallenen von seiner Lehre. Beispielsweise nannte er Ferdinand Lasalle, den Gründer des »Allgemeinen Deutschen Arbeitervereines«, einen »jiddischen Nigger« – höchst merkwürdig für einen posthum ernannten Säulenheiligen des Antikolonialismus.
Es ist müßig, nach dem Bisherigen im Einzelnen die Fehler und Irrtümer des Marxismus nachzuweisen, denn er ist als die klassische Ideologie klar entlarvt. Marx generalisiert unter Mitheranziehung verschiedener anderer Gedanken und Ideologien seine Grundtheorie - die Bedeutung ökonomischer Aspekte in der Geschichte – und relativiert alle anderen Gesichtspunkte zugunsten seiner verabsolutierten Theorie. Aus einem radikalen materialistischen Ansatz entwickelt er einen Mythos vom Sinn und Ablauf der Geschichte, der bei weitem den Rahmen jeglicher Empirie sprengt. Bei seiner wie bei allen anderen Ideologien führt die Überforderung des eigenen materialistischen Systems zu jenem Wust von Aporien, Halbwahrheiten, Verlogenheiten, Apologien und Unappetitlichkeiten, die alle Ideologien begleiten und begleiten müssen, sobald sie als Programm historisch wirksam werden. Eine verquere Theorie wird immer eine verquere Praxis hervorbringen müssen, wenn sie gesellschaftspolitisch umgesetzt werden soll. Relativ positiv zu bewertende Begleiterscheinungen einer gesellschaftlich wirksamen Ideologie gehen immer auf das Weiterlaufen der (von der Ideologie als relativ belassenen) anderen Gesichtspunkte des Gesamtsystems zurück. Die ideologisch motivierten Verbrechen und Grausamkeiten resultieren aus der Verabsolutierung der materialistischen Grundtheorie.

Für jede Ideologie ist nicht nur das Verhältnis zwischen Theorie und der sie eigentlich begründen sollenden praktischen Wirklichkeit ein Problem, sondern auch besonders das Verhältnis zwischen »wissenschaftlich« begründeter materialistischer Theorie und Aussage über den Zustand der Wirklichkeit einerseits und dem praktischen Verhalten andererseits. Jede Ideologie will etwas, was sie auf Grund ihrer eigenen theoretischen Grundlagen gar nicht dürfte: nämlich die Welt verändern. So ergeht es auch dem Marxismus. Wenn nur das wirklich real ist, was an materiellen Dingen und Vorgängen empirisch beobachtbar ist, so bewegt man sich im deterministischen Rahmen und hat keinerlei Möglichkeit zu freiem, die Welt verändernden Handeln. Die Veränderung der Welt setzt doch voraus, daß aus Eigenverantwortung und Selbststeuerung gehandelt werden kann, genau das aber leugnet der Materialismus in seiner Monokausalität.

Diesen dimensionalen Unterschied zwischen empirischer Beobachtung und Beschreibung einerseits und freiem Handeln und Weltveränderung andererseits empfand auch Marx, als an ihn die Fragen herangetragen wurden, wie man zur konkreten Besserung der Lage der Arbeiterschaft vorgehen oder was man in weniger kapitalistischen oder industrialisierten Ländern tun sollte. Angesichts dieser Aporie empfahl er ziemlich hilflos, das »revolutionäre Bewußtsein« zu verstärken, wodurch sich die proletarische Revolution beschleunigen ließe. Als konsequenter Materialist leugnete er die Möglichkeit wirklich freien und die Welt verändernden Handelns, übersah aber den entscheidenden Punkt, daß auch die Bewußtmachung, das Denken und die beschleunigte Herbeiführung der Revolution selbstverständlich schon freie Handlungen sind und damit das materialistische System sprengen.

Genau an dieser Stelle, der Frage nach dem richtigen Handeln, liegt auch nicht zufälligerweise die Bruchstelle des Marxismus und seine Spaltung in Revisionismus und Leninismus. Sobald eine Ideologie vom Stadium der theoretisierenden Erfindung in das der praktischen Anwendung tritt, schlägt die Stunde der Wahrheit in der Form des Zusammenbruchs des monolithischen Materialismus. Nirgends zeigt sich deutlicher der Vorrang des Voluntarismus vor dem Empirismus, der Praxis vor der Theorie, des Willens vor der Erkenntnis und des Bewußtseins vor dem Sein als eben hier. Das Sein folgt dem Bewußtsein und nicht das Bewußtsein dem Sein, wie Marx behauptete! Es gibt für uns Menschen kein erkennbares Sein außerhalb unseres Bewußtseins, und die Fähigkeiten unseres Bewußtseins bestimmen die Formen des uns faßbaren Seins. Damit aber bricht jeder materialistische Monismus zusammen und mit ihm jede Ideologie. Denn sowohl die Frage nach dem richtigen Handeln als auch nur die Möglichkeit, überhaupt aus sich heraus selbstverantwortlich handeln zu können, liegen in der transzendenten Dimension. Die Leugnung jeder Metaphysik durch die materialistischen Ideologien gebiert nun die Unzahl jener Apologien, die das Unmögliche doch noch wahr machen wollen und den materialistischen Monismus zu retten versuchen. Auch ein Idealist kann bei der Beantwortung der Frage nach dem richtigen Handeln irren, ohne daß deshalb der Idealismus prinzipiell zu bezweifeln wäre, denn nur Gott in seiner Vollkommenheit irrt nie. Reißt jedoch die monistische Kausalkette des Materialismus am schwächsten Glied, dem Problem des Handelns, so ist die ganze Ideologie des monokausalen Materialismus gefallen.

Da die Arbeiterschaft nun nicht endlos auf die von Marx geweissagte Revolution warten wollte, sondern eine konkrete Verbesserung ihrer momentanen Lage erstrebte, entwickelte Eduard Bernstein den Revisionismus, die evolutionäre Richtung des Sozialismus. Entgegen kam ihm auch der konservative Staat des ausgehenden 19. Jahrhunderts, der sich mit der Überwindung des Manchesterliberalismus zunehmend um die soziale Lage der Arbeiter kümmerte und von sich aus die Sozialgesetzgebung in Angriff nahm. Gewollt und ungewollt wirkten so Revisionismus und staatliche Sozialmaßmahmen zusammen, bauten das Elend des Proletariats allmählich ab und rückten somit die Voraussetzungen für die proletarische Revolution – die zunehmende Verelendung der Massen – in immer weitere Ferne. Gewerkschaftliche Kampfmaßnahmen sowie staatliche Sozialgesetzgebung widerlegen somit die marxistische Aussage von der »naturwissenschaftlichen Notwendigkeit« des Auftretens der Revolution und erweisen die Fähigkeit zur Reform des Kapitalismus sowie zum Ausgleich der Spannungen zwischen Kapital und Arbeit.

An die Stelle des marxistischen Materialismus stellen die Revisionisten Vorstellungen aus dem Frühsozialismus, der von Marx im Gegensatz zu seinem »wissenschaftlichen Sozialismus« »utopischer

Sozialismus« genannt wurde und auf den er vielfach zurückgriff, um ihn teilweise in sein System einzubauen. Ohne im Detail auf den Frühsozialismus einzugehen, kann festgehalten werden, daß seine Bandbreite von einem anders als bei Marx hergeleiteten Materialismus bis hin zu einem nationalen und monarchischen Sozialismus reichte. Fourier, Saint-Simon, Proudhon, Blanc, Winkelblech, Rodbertus, Lassalle und Schmoller mögen für die Namen einer großen Zahl von nichtmarxistischen Sozialisten des 19. Jahrhunderts stehen, die den Revisionismus und die staatliche Sozialgesetzgebung anregten. Ihnen allen galt die Sorge um die »soziale Frage« aus anderen Motiven als dem marxistischen Mythos. Zum Teil übernahmen sie manches von ihm, zum Teil blieb freilich auch sein Einfluß auf den Revisionismus bestehen. Ohne Zweifel ist es dem Zusammenwirken von Staat und Sozialdemokratie und der Zusammenarbeit von Gewerkschaften und Unternehmern zu verdanken, daß die »soziale Frage« – jedenfalls im Sinne und für das Verständnis des vergangenen Jahrhunderts – in den klassischen Industriestaaten im wesentlichen gelöst ist.

Wenn nun die revisionistische Gewerkschaftsarbeit und das Wirken der reformerischen Sozialdemokraten in den Parlamenten die Revolution immer unwahrscheinlicher werden ließen, wie können dann wirkliche Revolutionäre doch noch für sie arbeiten und sie verwirklichen? Diese Frage griff Lenin auf und sah sich vor dem doppelten Problem, daß einerseits Rußland nach marxistischer Lehre die industriell-kapitalistischen Voraussetzungen für eine proletarische Revolution bei weitem noch nicht erfüllte, und daß andererseits die Arbeiterschaft eher an der Verbesserung ihrer sozialen Lage als an der Revolution interessiert und somit politisch eigentlich »nicht reif« für sie war. Lenins Lösung lag in der Schaffung einer Kaderpartei von Berufsrevolutionären, die als »Vorhut der Arbeiterklasse« im Namen des Proletariats die Revolution vorbereiten, leitend durchführen und in der »Diktatur des Proletariats« die neue Gesellschaft aufbauen sollten. Der tatsächlichen Arbeiterschaft verblieb freilich nur die Rolle des Statisten und des die Revolution und die neue Gesellschaft ligitimierenden Theorieprinzips. So ließ sich in einem überwiegend agrarischem Land und ohne wirklich gestalterischen Anteil des Proletariats durch Berufsrevolutionäre die Revolution »machen« und eine

neue Gesellschaftsordnung errichten, ja auf dieser Grundlage Revolution und »marxistische« Gesellschaftsprinzipien exportieren.
Wie der Revisionismus im Westen, so war und ist der Leninismus im Osten erfolgreich. Beide haben aber dafür den Boden des strengen Materialismus verlassen müssen. In ihrer evolutionären wie revolutionären Praxis haben sie damit den eigentlichen Marxismus »verraten« und umgebaut, weil sein wesentlicher Kern, der Materialismus, für jeden Einsichtigen faktisch unhaltbar wurde. Geistert Marx nur mehr gelegentlich im Original und schon mehr in modischen Neuformulierungen im sozialdemokratischen Revisionismus herum, so spielt er im Leninismus noch im Original eine wesentlich größere theoretische Rolle. Der Grund für diese Akzeptanz des eigentlich Unhaltbaren liegt in der Notwendigkeit eines geistigen Ordnungsrahmens bei der totalen Erfassung des Menschen durch die neuen leninistischen Machthaber, eben im Totalitarismus. Reformierten und arrangierten sich die Revisionisten, so will die »Vorhut der Arbeiterklasse« in der »Diktatur des Proletariats« wortwörtlich »den neuen Menschen« schaffen und muß daher psychisch wie physisch alles vernichten, was ihrer eigenen Ideologie zuwiderläuft. Der Evolutionär kann sich und andere anpassen, der Revolutionär ist wesenhaft zum Synkretismus wie zum Eklektizismus unfähig. Wenn aber alle anderen Ordnungsvorstellungen ideologisch verdammt sind, um so lebensnotwendiger wird der eigene ideologische Ordnungsrahmen. Da der nur psychologisch und soziologisch zu verstehende Haß der Berufsrevolutionäre auf die alte Ordnung, Religion, Ethik und mögliche idealistische Haltungen gerichtet ist, bastelt die »Vorhut der Arbeiterklasse« lieber an immer komplizierteren Rationalismen und Apologien zur Rechtfertigung ihrer Handlungen und Herrschaft, als den materialistischen Monismus aufzugeben. Der totalitäre Anspruch der revolutionären Ideologie hat sie blind gemacht für die Wirklichkeit, obwohl immer noch die Ableitung der Theorie aus der Praxis behauptet wird.
So vergleichen Marxisten immer nur ihre Theorie mit der – inzwischen kaum noch kapitalistischen – Praxis ihrer Gegner. Nie fällt ihnen aber ein, einmal den »real existierenden Sozialismus« mit dem heute »real praktizierten Kapitalismus« zu vergleichen. Das schlechte intellektuelle Gewissen der Marxisten verschiedener Spiel-

art spiegelt gerade ihre Unfähigkeit wider, im kritischen Vergleich zwischen Praxis und Praxis oder zwischen Theorie und Theorie zu bestehen, sodaß sie in ihrer Agitation stets Unvergleichbares vergleichen. Ohne kritiklos die liberal-kapitalistische Theorie übernehmen zu wollen, hält sie ohne weiteres jedem Vergleich mit der marxistisch-leninistischen stand. Der Vergleich der praktischen Ökonomien beider Systeme fällt auf alle Fälle zuungunsten des Marxismus aus. So kräftig und mutig Marxisten in der kritischen »Entlarvung« ihrer Gegner sind, so empfindlich und wehleidig reagieren sie auf eine entsprechende Demaskierung und Kritisierung ihrer eigenen Ideologie.

Mochten Lenin und seine Gruppe vielleicht noch geglaubt haben, im Sinne von Marx unbewußte Werkzeuge einer materialistisch ablaufenden Geschichte zu sein, so sprechen denn die Weiterentwicklung des Leninismus und die verschiedenen systemimmanenten Experimente des Kommunismus eine für den mechanistischen Materialismus noch vernichtendere Sprache. Als die Herrschaft der Bolschewiki Lenins gesichert war, stellte sich die Frage, auf die auch Marx nur nebulos eingehen konnte, wie nun eine rein »marxistische« Gesellschaft wohl funktioniren sollte. Eigentlich müßte nun die »freie Assoziation der Individuen« kommen, doch der Wunsch nach Export der Revolution blieb wie eine mögliche Bedrohung der »revolutionären Errungenschaften« von außen, zumal die Vorhut das beschwerliche Leben der Berufsrevolutionäre nicht umsonst geführt haben wollte. Im Gegensatz zu Trotzkis Vorstellungen von der »permanenten Revolution«, die Mao Tsetung später einmal wieder aufgreifen sollte, entwickelte Stalin seine Lehre vom »Aufbau des Sozialismus in einem Lande«. Daß er sich dabei in seinem persönlichen Kampf um die Macht der nationalrussischen Bolschewiki gegen die Internationalisten bediente, spielt für den geistigen Teil der Auseinandersetzungen höchstens eine Nebenrolle. Wichtiger ist sicherlich, daß die neue Klasse der wachsenden Zahl von Bürokraten, die zur Leitung der neuen Ordnung und der zentralisierten Wirtschaft notwendig war, wie jede Bürokratie notwendigerweise systemerhaltend und -stabilisierend wirkt und in Stalin ihren natürlichen Verbündeten hatte. In Wahrheit scheiterte Trotzki an der Wirklichkeit und nicht an Stalins besonders korrupter oder böser Clique. Die Fortsetzung der Revolu-

tion hätte nur ihren Zusammenbruch und die »Reaktion« bewirkt, aber nie das Absterben des Staates.
Daß Stalin die Landwirtschaft kollektivierte, ist aus seiner Sicht heraus nur logisch, denn in einem totalitären Staat darf es keine autonomen Freiräume geben. Aus demselben Grund kann die Industrie nicht dezentral auf gewerkschaftlich-syndikalistischer Basis organisiert werden, denn aus den betrieblichen Selbständigkeiten erwüchse nur die das Ganze erschütternde Zerrüttung. Die Forcierung der Schwerindustrie spiegelt in einem vorwiegend agrarischen Land nicht nur die alte Vorliebe des Marxismus für die Industrie wider, sondern in seiner rüstungspolitischen Form auch die Fortsetzung des alten Auftrages zur Weltrevolution. Nach Lenins These, daß der Imperialismus die höchste Stufe des Kapitalismus sei, erwachsen in den – wie in Rußland anfangs auch – agrarischen Kolonialvölkern der Sowjetunion neue logische Verbündete, wodurch im Übrigen der Klassenkampf zum Rassenkampf erweitert wird.
Wenn nun der sozialistische Staat Sowjetunion zur »Vorhut der Weltrevolution« geworden ist, wie schon im alten Rußland die Kaderpartei der Berufsrevolutionäre die »Vorhut der Arbeiterklasse« bildete, so verbindet sich der alte russische Imperialismus mit dem marxistisch-leninistischen Auftrag zur Weltrevolution in der Form des sowjetischen Imperialismus. Alles was der Sowjetunion nützt, hilft ihr zu überleben und stärkt ihre Kräfte zur Vorbereitung und Ausbreitung der Revolution überall in der Welt. Jede nationale revolutionäre Bewegung hat sich demgemäß den Interessen der Sowjetunion unterzuordnen, denn sie ist wahrhaftig das »Vaterland des Sozialismus«. Durch Stalins geniale und viel zu wenig gewürdigte Leistung fallen marxistischer Internationalismus und sowjetischer Patriotismus völlig zusammen. Es ist nur konsequent gewesen, wenn Stalin die »Kommunistische Internatikonale« zum reinen Instrument sowjetischer Machtpoltik machte.
Da die Sowjetunion an der Spitze der weltrevolutionären Bewegung steht, bestimmen die Räte oder »Sowjets« auch den »real existierenden Sozialismus« auf der ganzen Welt. Nach sowjetischer Vorstellung beherrscht den revolutionären wie den real existierenden Sozialismus, wer immer im Kreml das Sagen hat. Wenn niemand wirksam aufmuckt, und die Weltrevolution gelänge, dann ist aus ihr auch die

Weltherrschaft der Sowjetunion und die der »roten Zaren« geworden. Und das alles im Namen des Materialismus, des Proletariats, der Entrechteten und Geknechteten, des Absterbens des Staates und der freien Assoziation der Individuen!.
Allerdings legte noch zu Lebzeiten Stalins mit »kapitalistischer« Hilfe der jugoslawische Kommunistenführer Tito die Hegemonie der Sowjetunion ab, später gefolgt von den Rotchinesen und Albanern. Zwischenzeitlich lavieren einige Staaten mit marxistisch-kommunistischen Strukturen zwischen dem Kreml und dem »Tor des himmlischen Friedens« um etwas Eigenständigkeit im Inneren wie im Äußeren, ja es ereigneten sich bereits nicht nur Volksaufstände unter Einschluß der Arbeiterschaft gegen die sozialistisch-kommunistische Ordnung, sondern auch regelrechte Kriege zwischen »marxistisch«-leninistischen Staaten. Ließ sich die Hegemonie der Sowjetunion auch nicht überall aufrecht erhalten, so bleibt sie einstweilen unangefochten der mächtigste Staat weltrevolutionärer Ausrichtung. Sie betreibt nach wie vor mit nicht zu unterschätzendem Erfolg ihre »internationalistische Pflicht« und hält wenigstens in ihrem Herrschaftsbereich an ihrem Vormachtsanspruch eisern fest, wie die »Breschnew-Doktrin« von der beschränkten Souveränität der sozialistischen »Bruderländer« zeigt.
Wo man hinsieht, nirgends ist ein Quäntchen Materialismus der Praxis zu entdecken, außer in der propagierten Theorie. Während im Osten kein Denkender mehr wirklich an die Grundlagen der marxistisch-leninistischen Ideologie anhand der täglichen Praxis glauben kann, und diese nur als unbedingt notwendiger Bezugsrahmen – denn ohne irgendeinen solchen geht es nicht – aufrecht erhalten wird, laufen im Westen beamtete Theoretiker und nach ihnen wurzellose Studenten immer noch hinter dem Phantom des Materialismus einher. Etwas angereichert mit freudianischer Psychoanalyse versucht die »Frankfurter Schule« um Marcuse, Adorno, Horkheimer und Bloch dem bereits unglaubwürdig gewordenen »orthodoxen« Marxismus neues Leben einzuhauchen und erzielt den erstaunlichen Erfolg, daß die im Westen bar aller Bedrückungen lebenden »Intellektuellen« prompt auf den Materialismus des »Neo-Marxismus« hereinfallen und sich enorm schick und modern vorkommen, wenn sie statt »Klassenkampf« jetzt »sozio-ökonomischer Konflikt« sagen.

So tief sitzt bereits der materialistische Stachel, daß der Grundsatzirrtum des materialistischen Ansatzes nur zu leicht übersehen wird.
Die erstaunliche Wehrlosigkeit der nichtkommunistischen Welt dem Marxismus-Leninismus-Stalinismus-Maoismus usw. gegenüber liegt im Umstand begründet, daß der Materialismus in liberal-kapitalistischer und anderer Form das Feld der geistigen Wüste des Westens schon so gründlich beackert hat, daß Marxisten sich nicht mehr sonderlich schwer tun, zu ernten, was Westler bereits gesät haben. Wäre wirklich das Materielle oder gar die Wirtschaft der Motor aller Dinge, dann wäre es schon längst um den Marxismus schlecht bestellt. Unter den Materialisten haben es freilich die Konsequentesten und Skrupellosesten am leichtesten. So wird aus reiner Schwäche des Liberal-Kapitalismus und nicht aus überlegener Stärke des Marxismus ein Land nach dem anderen kommunistisch, ohne daß ein gegenläufiger Trend zu beobachten wäre. Niemand ist stärker, als man selbst schwach ist. Die Antwort auf den Materialismus des Marxismus liegt nicht in der Entwicklung irgend eines neuen Materialismus, sondern im Idealismus. Er allein ist die richtige Waffe gegen jegliche materialistische Ideologie.
Da die materialistischen Katzen des Westens nun einmal das theoretisierende Mausen nicht lassen können, stürzten sie sich voll intellektueller Liebe auf den »Prager Frühling« mit seinem Experiment eines »Sozialismus mit menschlichem Antlitz«. Ohne einstweilen auf die Frage einzugehen, was eigentlich wirklich menschlich oder human wäre, die grausame oder die mitfühlende Seite, läßt sich sicherlich behaupten und genauso noch für heute aufrecht erhalten, was schon im Lauf der Ideengeschichte aufgestellt wurde: daß es nämlich auch einen nichtmarxistischen und nichtmaterialistischen Sozialismus geben könnte. Platon, Lassalle und Schmoller sowie die urchristlichen Gemeinden bieten hiefür angemessene Anschauungsobjekte. Sozialismus ließe sich monarchisch, aristokratisch und demokratisch konstituieren, er kann national wie international sein und sich auf religiöse, transzendentalphilosophische und auf rein utilaristische Fundamente stellen – er braucht in keinerlei Weise materialistisch zu sein! Aber auf nichtmaterialistische Ansatzpunkte für einen Sozialismus kommt es unseren halbgebildeten »Intellektuellen« ja gar nicht an, vielmehr suchen sie verzweifelt immer bloß nach Möglich-

keiten, den Marxismus und Materialismus doch noch retten zu können. Im Unterschied zu den wirklich hartgesottenen Materialisten steckt in ihnen freilich immer noch ein Rest völlig unmaterialistischer ethischer Empfindungen, sodaß sie das Unmögliche suchen: einen ethischen Materialismus.

Auf derselben dimensionalen Ebene lassen sich aber Immanenz und Transzendenz nicht vereinen. Der Materialismus leugnet die metaphysische Dimension überhaupt, sodaß ein »menschlicher« Marxismus nicht möglich ist, da der dem Marxismus zugrunde liegende Materialismus nun einmal auf einem reduktionistischen Menschenbild beruht und mit aller Transzendenz auch die Ethik verwirft. Ein Idealist wird neben der Transzendenz auch die immanente Ebene anerkennen; ein Materialist kann dies umgekehrt nicht, für ihn existiert allein die Immanenz materialistischer Determination. Wer wirklich einen »Sozialismus mit menschlichem Antlitz« will, muß sich von Marxismus und Materialismus trennen; um die Entscheidung zwischen Idealismus oder Materialismus kommt niemand herum. Dies allerdings kann die Sowjetmacht niemals zulassen, wenn sie mit ihrer Ideologie nicht die Fundamente ihrer eigenen Existenz aufgeben will. Wer sich wirklich als Instrument der Geschichte zur Schaffung des »neuen Menschen« sieht, wird auf die Liquidierung der »feindlichen Gegenmacht« nie verzichten dürfen – Vertrauen ist gut, Kontrolle ist besser!

Obwohl der Marxismus ganz offensichtlich sein geistiges – nicht sein politisches! – Leben ausgehaucht hat, quälen sich seine intellektuellen Anhänger mit immer neuen Wegen zur materialistischen »Veränderung« der Welt. Der Revisionismus der Sozialdemokratie erscheint ihnen zu weich, korrumpiert und angepaßt. Daß es mit dem »real existierenden Sozialismus« der verschiedensten kommunistischen Richtungen so wie bisher genausowenig weitergehen kann, ist ihnen auch klar. Sie suchen also das, was Marx »wirklich« wollte, zu verwirklichen, ohne den grundsätzlichen Irrtum, den materialistischen Ansatz, als den Kardinalfehler zu erkennen. In ihren Zielen sind sich Revisionismus und Leninismus einig, der Pfad dorthin trennt sie. Daß Marx freilich dem Leninismus näher steht, geht aus seiner Annahme der Notwendigkeit der Revolution und aus seinem Desinteresse an der momentanen Verbesserung des sozialen Loses der Arbeiter deutlich hervor. Daß der Original-Marx aus Gründen der Unzulänglichkeit seines Systems bereits im Prinzip scheitern mußte, belegt nicht nur sein Mißerfolg in der von ihm selbst geleiteten »Ersten Internationale«, sondern liegt schon allein in der Tatsache begründet, daß seine Lehre gespalten und weiterentwickelt werden mußte, um überhaupt anwendbar zu werden. Aus dem Original-Marx ist schon gar keine Rettung des Marxismus zu erwarten. Wie sollte jemand, der in seinem eigenen historischen Leben praktisch scheiterte und nur eine unzulängliche Theorie hinterließ, gleichzeitig eine richtige Schau des mit naturwissenschaftlicher Notwendigkeit sich vollziehenden materialistischen Geschichtsablaufes liefern können?

Marx lebte in Wirklichkeit in seiner eigenen säkularen Erlösungsgeschichte, und viele entwurzelte Halbgebildete folgen ihm nach. Daraus erklärt sich auch das erstaunliche Phänomen, daß die Theoretiker und Führer der marxistischen »Arbeiterbewegung« so gut wie nie selbst Arbeiter, sondern – nicht zu selten auch im privaten Berufsleben gescheiterte – Intellektuelle waren und bis zum heutigen Tage sind. Sie wirkten und wirken im vermeintlichen Interesse des »Proletariats« und mehr noch im Bewußtsein ihrer historischen Auserwähltheit, gaben und geben die marxistische Lehre an die Arbeiterschaft weiter und konnten sich auch lange Zeit des Zustroms derer erfreuen, die wirklich nichts mehr zu verlieren hatten als ihre Ketten.

Lenin sah die »Unreife« der Arbeiterschaft für das eschatologische Ziel des Marxismus, die Revolution, klar ein und schuf gerade deshalb seine Kaderpartei von Berufsrevolutionären, deren Erbe die »neue Klasse« der Nomenklatura angetreten hat.

Aber auch in der revisionistischen Sozialdemokartie blieben ohne leninistische Vorzeichen die Intellektuellen die »Vorhut der Arbeiterklasse«. Im Leninismus wie im Revisionismus rekrutieren sich mittlerweile die neuen Kader teilweise aus dem Arbeitermilieu, sie gehen und gingen aber nie einem typischen Arbeiterberuf nach, sondern sind akademisch gebildete Funktionäre und Führer ihrer Arbeiterparteien. Die Arbeiterschaft selbst blieb eigentlich immer nur das Objekt der geistigen Selbsterlösung wie der materiellen Karriere ihrer Führerschaft und stellt bestenfalls das Reservoir für einen Teil der Nachwuchsfunktionäre. Der andere Teil geht aus den Familien

der schon etablierten Parteibürokratie hervor – die Arbeiter selbst profitieren geistig wie materiell am geringsten vom Marxismus. Inzwischen laufen im Westen in Scharen die zu Besitzbürgern gewordenen Arbeiter der Sozialdemokratie davon, ihre »Arbeiterbewegung« rekrutiert sich heute auch an der Basis und in der Wählerschaft zunehmend aus der enorm gewachsenen Zahl der »Intellektuellen«. Im Osten ist das Bekenntnis zum Marxismus mittlerweile zu einer bloßen Frage des gewöhnlichen beruflichen Aufstieges geworden. Das Heilsobjekt des Marxismus verläßt die Ideologie selbst.
Im Westen gibt sich eine von den verschiedensten »humanen« oder besser anthropozentrierten Materialismen aufgeweichte und unsichere öffentliche Meinung mit schierem Erstaunen dem Umstand hin, daß doch so nette, gebildete und zum Teil aus gutem Hause stammende junge Menschen zu Terroristen werden können. Messerscharf, wie es nun einmal nur Materialisten vermögen, schließt sie daher, daß diese erst recht besonders zu bedauernde Opfer einer repressiven kapitalistisch-liberalen Gesellschaft sein müßten. Ohne vorerst näher auf die gegenwärtige westliche Sozialordnung einzugehen, darf nur darauf hingewiesen werden, daß das Phänomen des Terrorismus unter vergleichbaren psychologischen und soziologischen Voraussetzungen – was das »recruiting« des Terrorismus betrifft – schon im zu Ende gehenden Zarenreich ebenfalls unter marxistischen Vorzeichen auftrat, wie neuerdings wieder Alexander Solschenizyn im »Roten Kreis« nachdrücklich aufweist. Die bolschewistischen und anarachistischen Terroristen im alten Rußland wurden von ihren zum Großteil im Ausland sitzenden Untergrundorganisationen gesteuert. Nun besorgt dieses Geschäft ihre Nachfolgeorganisation, der KGB – im Westen nichts Neues. Was die Psychologie der Terroristen betrifft, so genügt wohl der Hinweis auf ihre von der Ideologie manipulierte Geistesverfassung und auf die Schizophrenie einer die Ethik leugnenden und doch gleichzeitig selbstaufopferungsbereiten Psyche. Gerade im Terrorismus bricht deutlich erkennbar die durch den ideologischen Materialismus zwar verdrängte, aber doch nicht zu unterdrückende und von den Ideologen pervertiert manipulierte transzendente Ausrichtung des Menschen hervor. Wären die Seelen der zu Terroristen gewordenen Menschen statt in die Hände einer in Wirklichkeit verkrüppelnden Ideologie in die des Idealismus gefallen, so

wäre das Abgleiten von hervorragend hingabebereiten Menschen in den Terrorismus nie erfolgt.
Auf die Dauer läßt sich aber selbst im rigidesten Materialismus die metaphysische Dimension des Menschen nicht unterdrücken, auch wenn sie sich nicht so frei und konstruktiv entfalten kann wie unter offenen idealistischen Verhältnissen. So tauchen denn lange verdammte oder nie beseitigte Formen der vormaterialistischen Gesellschaftsordnung wieder auf und erhalten neue Bewertungen. Transzendentale Haltungen werden plötzlich von der Ideologie selbst gefordert, und unversehens erscheint auch die Geschichte in neuem Licht. Der Sonntag, früher der »Tag des Herren«, bleibt Feiertag, »Väterchen Frost« macht dem Weihnachtsmann Konkurrenz, und aus Fürsten und früheren »Fürstenknechten« werden anerkannte Symbolfiguren. Verstorbenen eigenen Staatsmännern wird geschworen, daß ihr Andenken und ihre Verdienste ewig fortleben werden, und die Bilder der Ahnherren der eigenen Ideologie werden wie Ikonen ausgestellt und herumgetragen. Aus der anonymen materialistischen Geschichte springen Vorbilder hervor, der »Personenkult« ist nicht umzubringen und straft den historischen Materialismus Lügen. Besonders Verdienten werden Orden und Ehrenzeichen verliehen, und in den Streitkräften werden nicht nur die Ränge beibehalten, sondern sichtbare Rangabzeichen eingeführt. Funktionäre benützen eigene Kraftfahrzeugtypen, erhalten spezielle Nummernschilder und befahren eigene Straßenzüge. Prämienentlohnung wird eingeführt und ein Teil des schwarzen Marktes legalisiert und gefördert.
Natürlich wird um solche Maßnahmen gerungen, sie werden eingeführt, wieder abgeschafft und erneut verordnet. Die Partei behält zwar immer recht, auch wenn sie heute dies, morgen das und übermorgen jenes verkündet, doch zeigt das Ringen um die und die Durchsetzung der Parteilinie klar die zu engen Grenzen des materialistischen Modells. Dogmatische Intoleranz wird besonders unerträglich und widerwärtig, wenn sie im Namen »naturwissenschaftlicher« Wahrheit gepflogen wird, sich aber auf Normen erstreckt, die naturwissenschaftlich überhaupt nicht in den Griff zu bekommen sind oder sogar Aussagen enthalten, die selbst der Naturwissenschaft eindeutig widersprechen, aber der vorgeblich naturwissenschaftlichen Ideologie konvenieren, wie beispielsweise Lyssenkos dogmatische

Behauptung von der Vererbung erworbener Eigenschaften. Auf ewig kann freilich weder der Marxismus noch sonst irgendeine Ideologie die Wahrheit beugen, zu der nun einmal neben der immanenten auch die transzendente Dimension des Menschen gehört. Solange allerdings das materialistische Denken die Menschen beherrscht, werden sie sich selbst schon in Grundsatzfragen betrügen. Erst wenn im Prinzipiellen die Klarheit herrscht, daß Physik und Metaphysik gleichberechtigt sind, und jede ihr spezifisches Aufgabengebiet zu bewältigen hat, besteht die Hoffnung, daß im Folgenden die Menschen weniger irren. Wer freilich schon im Ansatz fehl geht, muß es zwangsläufig in der Folge umso mehr. Die Frage nach der richtigen Parteilinie ist eigentlich die Frage nach dem rechten Handeln, spätestens hier ist aber die Grenze vom Empirismus zum Idealismus endgültig überschritten.

Der Marxismus präsentiert sich somit als das klassische Beispiel einer Ideologie mit allen scheinbaren Vorzügen und tatsächlichen Nachteilen. Keine große historisch wirksam gewordene Ideologie ist in sich so geschlossen und wirkt auf den ersten Blick wie aus einem Guß wie der Marxismus. Diesem vermeintlichen Vorteil gegenüber anderen Ideologien steht aber das gewaltige Manko entgegen, daß das ganze mit enormer Akribie zusammengetragene Gebäude sofort wie ein Kartenhaus zusammenstürzt, wenn man seine verabsolutierte Grundtheorie durchschaut und falsifiziert hat. Andere Ideologien haben Nebengebäude errichtet, die man gegebenenfalls gesondert einreißen muß. Der Marxismus steht und fällt mit dem dialektischen Modell und dem auf die Geschichte übertragenen sozio-ökonomischen Materialismus. Bei anderen Ideologien muß man an jeden einzelnen der kombinierten Nebenmaterialismen extra herangehen, um die ganze Ideologie vollständig zu entlarven; beim Marxismus genügt wegen seiner inneren Geschlossenheit ein einziger Stoß zu seinem Einsturz. Erkennt man die prinzipielle Unmöglichkeit der Aufrechterhaltung eines monistischen Materialismus, hat man freilich alle Ideologien mit ihren Nebennischen zu Fall gebracht.

Nicht umsonst reagieren hauptamtliche Marxisten mit dem lauten Vorwurf der »Verleumdung«, wenn man ihre eigene Methode der »kritischen Hinterfragung« auf sie selbst anwendet. Nur zu offensichtlich ist die wohl recht simple Struktur ihrer Ideologie aus der

Generalisierung eines verabsolutierten materialistischen Ansatzes bei gleichzeitiger Relativierung aller sonstigen Gesichtspunkte und der Entwicklung eines säkularen Mythos. Für die geistige Auseinandersetzung mit der Ideologie ist es im Grunde völlig überflüssig, darüber zu streiten, wieweit beispielsweise Mao Trotzki gefolgt sei, denn der grundsäzliche Fehler von beiden liegt viel weiter vorne und setzt beide ins Unrecht. Wer die Ausgangslage falsch – nämlich materialistisch – beurteilt, kann auch in den folgenden Überlegungen nicht recht behalten.

Wie sehr das geistige Ringen in der Entwicklung des Marxismus auch tatsächlich praktische Folgen hat, braucht nicht noch extra betont zu werden, es bestimmt den Gang der Geschichte und Politik bis zum heutigen Tage mit. Aber auch dadurch wird ersichtlich, wie sehr das Bewußtsein das Sein bestimmt und der Geist die Materie lenkt. Gerade die theoretisierenden Professoren der »Frankfurter Schule« zeigten sich erstaunt, wie sehr die von ihnen aufgestellten Theorien die »Generation von 1968« praktisch beeinflußte und junge Studenten zu einem Verhalten verführte, vor dem dann die Herren Professoren auf ruhigere Universitäten flüchteten und von dem sie sich professoral distanzierten. Es ist doch erstaunlich, wie materialistische Denker selbst verblüfft sind, daß es so einen Zusammenhang zwischen Theorie und Praxis geben könne. Nur in der Richtung haben sie sich geirrt: Nicht die sozio-ökonomische Praxis führte zu ihren marxistischen Theorien, sondern umgekehrt bewirkten ihre marxistischen Lehren jenes Verhalten ihrer eigenen Anhänger, das ihnen dann selbst nicht mehr gefiel.

Die Fehler der marxistischen wie aller anderen Ideologien ließen sich getrost unter die Skurrilitäten einer irre gewordenen Menschheit einreihen, wenn ihnen nicht Hekatomben von Menschen zum Opfer gebracht und höchste Werte in den Schmutz gezogen würden. Nicht geringer, sondern eigentlich noch schlimmer erscheinen diese Verbrechen, wenn dieselbe Ideologie, die sie begangen hat, die Geschundeten und Ermordeten im Nachhinein wenigstens teilweise rehabilitiert und das früher Herabgesetzte manchmal wieder zu Ehren kommen läßt. Daß die Revolution ihre eigenen Kinder frißt, wird wohl noch am leichtesten zu verschmerzen sein und stellt die ausgleichende irdische Gerechtigkeit für ihre Verbrechen dar, auch wenn sie insofern zu bedauern sind, als unter ihnen immer eine Menge fehlgeleiteter Idealisten anzutreffen ist.

Beim Marxismus wird vielleicht noch klarer als bei anderen Ideologien: Nicht eine schlechte Welt bringt arge Theorien hervor, sondern schlechte Lehren gebären böse Zustände. Nie ist Idealismus wichtiger und nötiger als in einer von Materialismus und Ideologien dominierten Zeit. Am Marxismus mag der Einfluß der sozio-ökonomischen Gesichtspunkte auf die Geschichte in wohlproportionierter Form und ohne alle einseitigen Übertreibungen und ideologischen Verallgemeinerungen für uns alle als akzeptabel übrigbleiben, das aber genügt.

Kapitel 9

Aufklärung und Liberalismus

Das Programm der Aufklärung faßte Kant als den »Ausgang des Menschen aus seiner selbstverschuldeten Unmündigkeit« zusammen. Ihr Ziel war die Befreiung von Aberglauben und Vorurteilen. Mit der geistigen Befreiung würde auch die politische kommen, und mit der Zunahme des Wissens ginge auch die Beseitigung der materiellen Nöte einher. Selbstverschuldet wäre die Unmündigkeit wegen der Selbstgefangennahme des Menschen in unreinen Vorstellungen. Kehrte mit der Säuberung der Gedankenwelt die Durchschaubarkeit aller Zusammenhänge ein, so fielen sowohl die Möglichkeit als auch die Notwendigkeit, den Menschen in Abhängigkeit zu halten, fort, und das Zeitalter der wahren Freiheit und Selbstbestimmung wäre gekommen.

Den Weg der mit Selbstverantwortung erfüllten Freiheit beschritt historisch der deutsche Idealismus. Da der geschichtlich wirksame Widerpart der Aufklärung natürlich die Institutionen der damaligen Zeit sein mußte, lag die Gefahr nahe, das Kind mit dem Bade auszuschütten, indem man den Bruch mit der kulturellen Tradition so abrupt vollzog, daß nicht nur der Aberglaube, sondern mit ihm auch die positiven Kulturwerte vernichtet würden. Prompt diesen Fehler beging ein Teil der Aufklärer, als er mit den Fundamenten des Zeitgeistes auch Transzendenz und Religiosität angriff. Mit dem Aufkommen der ihren Siegeszug antretenden Naturwissenschaften glaubte dieser Teil der Aufklärung, in den neuen Wissenschaften und ihren Methoden eine universelle Wunderwaffe gefunden zu haben, mit der man auch Philosophie und Religion reformieren, ja ersetzen könnte.

So stand bereits zu Beginn der Aufklärung die Spaltung der Bewegung ins Haus, die einen wollten in erster Linie eine moralische Erneuerung, die anderen einen prinzipiellen Umschwung und Neubeginn auf empiristischer Grundlage. Kant ließ noch beiden Richtungen Gerechtigkeit widerfahren, die nach ihm kommenden Idealisten legten auf die »praktische Vernunft« größeren Wert als auf die »theoretische« und bauten den »deutschen Idealismus« aus. Als dann durch Feuerbach der absolute Idealismus Hegels in den Materialismus umgekehrt wurde, schienen sich der »französische Positivismus« und der Materialismus durchgesetzt zu haben. Freilich vollzog nicht der ganze Idealismus diese Wende mit, nicht einmal alle Hegelianer schlossen sich ihr an, doch die zunehmende Säkularisierung und der Untergang des alten europäischen Staatensystems gab dem Materialismus scheinbar recht. Angesichts der Drohungen der ökologischen und nuklearen Katastrophe sowie der Sinnkrise und des Wertverlustes aber haben Materialismus und Positivismus aus heutiger Sicht nicht nur politisch, sondern auch geistig versagt.

Zeitlich dem deutschen Idealismus zunächst vorausgehend und dann parallel zu ihm entwicklete sich der französische Rationalismus, Materialismus und Positivismus. Er konnte auf den »englischen Empirismus« eines Hobbes, Locke und Hume zurückgreifen. Hume beeinflußte seinerseits wieder Adam Smith, den Begründer der klassischen, später »liberal« genannten Nationalökonomie, die selbst wieder über David Ricardo auf Karl Marx wirkte. Gleich zu Beginn des Empirismus steht jedoch seine Spaltung in eine pessimistische und eine optimistische Richtung und zeigt schon zu Anfang des modernen Materialismus die Ambivalenz des späteren Positivismus und die Entwicklung zur Ideologie.

Beiden empiristischen Richtungen gemeinsam ist die Überzeugung, daß alle Erkenntnis ausschließlich aus Sinneseindrücken stamme, alles Wirkliche nur Körper und Bewegung sei, und keine über die Immanenz hinausgehende Transzendenz existieren könne. Als Zeitgenosse des englischen Bürgerkrieges nimmt Thomas Hobbes unter dessen Eindruck an, daß der Mensch von Natur aus ein Raubtier sei, es im vorstaatlichen Zustand kein erkennbares, bestimmtes und anwendbares Recht gäbe, und eine Trennung von Macht und Recht unmöglich sei, da das Recht durch den Machthaber überhaupt erst entstünde. John Locke kommt als Zeitgenosse und Parteigänger der »Glorreichen Revolution« unter ihrem Eindruck zu genau gegensätzlichen Annahmen: Der Mensch sei von Natur aus gut, schon im Naturzustand gäbe es im vorstaatlichen Zustand ein wahres, allgemeingültiges und für jedermann leicht erkennbares Recht, und eine Trennung von Macht und Recht sei möglich, da das Recht schon natürlich

existierte. Unter Berufung auf ihre empirisch aus der Natur gewonnenen Erkenntnisse der »wahren« Wirklichkeit entwickeln beide völlig unterschiedliche »Weltanschauungen«!
Natürlich müssen sie dann auch zu gänzlich kontroversiellen Schlußfolgerungen gelangen. Da Locke das Recht schon für den Naturzustand annimmt, und die Menschen für ihn von Natur aus gut sind, wären die Schwäche des Staates und sogar seine Aufhebung nicht schlimm. Der Staat habe nur die Aufgabe, durch seine Macht die Durchsetzung des natürlichen Rechts zu sichern, wozu ihm die Bevölkerungsmehrheit hinter sich genüge. Für Locke will die Mehrheit auch sicher das natürliche Recht. Hobbes sieht hingegen die Aufgabe des Staates nicht nur darin, Recht durchzusetzen, sondern vielmehr es auch zu schaffen. Da der Mensch von Natur aus ein Raubtier sei, wäre es die Pflicht des Staates, den Menschen zu domestizieren. Mehrheitsentscheidungen näherten den Staat nur dem Naturzustand und damit dem Krieg aller gegen alle an, sodaß sie unter diesen Voraussetzungen nicht nur sinnlos, sondern sogar schädlich wären und den Staat nur schwächten. Entscheidungen eines unumschränkten Herrschers mögen für den einzelnen Untertanen unangenehm sein, die Mehrheit würde unter ihm aber sicher leben. Die Verhältnisse wären also unter dem ärgsten Tyrannen besser als im Naturzustand, jede Ordnung sei besser als keine. An transzendente Rechtsnormen könne somit kein Herrscher gebunden sein, das Recht entstünde nach den Grundsätzen der Praktikabilität überhaupt erst durch seinen Willen.
Die empirische Beobachtung der Natur liefert also kein einheitliches, sondern ganz gegensätzliche Modelle, aus ihr ließen sich auch eine Mittelstellung oder ein beliebiger Prozentsatz von »gut« und »schlecht« ableiten – ganz nach Belieben des Betrachters. Vom Modell Lockes aus lassen sich die Grundannahmen Hobbes genausowenig widerlegen, wie umgekehrt nicht die Lockes von Hobbes her. Konsequenterweise landet Locke bei der Demokratie, so wie Hobbes beim Absolutismus und jeder autoritären Staatsform. Die Entscheidung zwischen Demokratie, Monokratie oder irgend einer anderen Staats- und Regierungsform läßt sich also nicht auf der Ebene einer materialistischen Empirie, sondern nur auf transzendentaler Grundlage treffen.

So entpuppen sich Hobbes wie Locke als Ideologen. Beide generalisieren eine empirisch gewonnene Theorie und relativieren alle anderen Gesichtspunkte zugunsten ihres verabsolutierten Pessimismus oder Optimismus. Um beide Lehren lassen sich umfangreiche Mythologien spinnen, für beide läßt sich eine Unzahl von Indizien finden und trotzdem sind sie weder wirklich zu verifizieren noch überzeugend zu falsifizieren. Die Empirie ist ein gutes Beobachtungsfeld, aber keine ethische oder politische Entscheidungsgrundlage. Der grundsätzliche Fehler des Materialismus und der auf ihm errichteten Ideologien ist die angenommene Nachrangstellung des Voluntarismus gegenüber der Empirie, ja die Opferung des Willens und die Absolutsetzung des materiellen Seins. In Wirklichkeit folgt aber das Sein dem Bewußtsein und die Erkenntnis dem Willen, denn ausschließlich die Formen unseres Bewußtseins bestimmen die uns überhaupt zugänglichen Formen des Seins. Ein Sein außerhalb unseres Bewußtseins kann von uns in keinerlei Weise erschlossen werden. Zuerst kommt der Wille zur Erkenntnis und dann erst die Erkenntnis selbst. Das Feld der Erkenntnis ist das Material, das der Wille formt – ohne Willen keine Erkenntnis.

Würde wirklich das materielle Sein das bewußte Wollen und Handeln determinieren, wäre es unmöglich, aus ein und derselben materiellen Welt völlig gegensätzliche Weltanschauungen zu konstruieren. Ohne freien Willen wären die Gedankenarbeit des Forschers und der Kampf der Politik völlig undenkbare Konstruktionen. Wer aber wirklich um Dinge oder Probleme gerungen hat, kann seinerseits nur lächeln ob der deterministischen Behauptungen des Materialismus. Genau den reduktionistischen Fehler aller Ideologien, die Metaphysik zugunsten der Physik zu reduzieren, begingen schon die empiristischen Aufklärer und mußten so ein unzureichendes Menschen- und Weltbild entwerfen. Wurde Hobbes zum Ahnherrn aller autoritären Ideologien, so wurde Locke zum Ahnvater der Ideologien des unbeschränkt optimistischen Fortschrittsglaubens. Aufgrund ihres ideologischen Reduktionismus müssen sie blind bleiben für die berechtigten Ansichten der Gegenseite und können ihre Gegensätze infolge der Wegreduzierung der Tanszendenz nicht überhöhend versöhnen. In Ermangelung der Metaphysik verblieb und verbleibt nur der unversöhnliche Kampf bis aufs Messer. Gerade die

Entwicklung der Aufklärung zeigt ihrerseits, daß den Lehren die Veränderung der Welt folgt und nicht umgekehrt der Veränderung der Welt erst die Lehren.
Hume teilt mit Jean Jacques Rousseau den »natürlichen« Optimismus, mit letzterem geht die Führung in der Entwicklung des Materialismus für einige Zeit auf Frankreich über. In der von ihm idealisierten Natur sah Rousseau das Vorbild zur Überwindung des von ihm als »unnatürlich« abgelehnten Staates und entwickelte in seinem »contract social« die ideologischen Grundlagen der modernen säkularen Demokratie, die er selbst allerdings eher als Staatsform für Götter als für Menschen charakterisierte. Parallel zu ihm formulierte Turgot in der »Drei-Stadien-Theorie« seines geschichtsphilosophischen Modells das Ende der Transzendenz und der Religion: Der menschliche Geist entwickle sich von mythischen und religiösen Anfängen über das Stadium des Begrifflichen und Abstrakten hin zum mathematisch-naturwissenschaftlichen Denken. Diesen säkularisierten Mythos übernahmen Condorcet, der auf den »Fortschritt des menschlichen Geistes« die Überflüssigkeit der Religion, und Saint Simon sowie Auguste Comte, die auf ihn auch die Überfälligkeit des Staates zurückführten. An die Stelle des transzendental legitimierten Staates würde die »physique social« treten – der »Kult der Vernunft« der Französischen Revolution, der »Mensch als Maschine« und das nicht mehr transzendental überhöhte »polytechnische« Zeitalter waren geboren. Die Verwaltung hat den ideellen Staat ersetzt, sie wird allein als materialistische Verteilungsorganisation aufgefaßt.
Die Folgen dieser ideologischen Visionen sind allenthalben anzutreffen: geistige Leere, existenzielles Vakuum, ahistorischer Intellektualismus, wertphilosophische Orientierungslosigkeit, der durch den »Apparat« und die Bürokratisierung heillos überforderte reine Verwaltungsstaat, naturwissenschaftliche Aporien, aneinander vorbeiredende Ideologien, geistige wie ökologische Umweltverschmutzung, Selbstvernichtungsängste der Menschheit, simplifizierender Reduktionismus, Kommunikationsverlust und Vereinsamung. Die von Comte verkündete »Religion der Humanität« im Zeichen des Positivismus muß sich als Ideologie der Hoffnungslosigkeit und Bestialität herausstellen, wird in ihr doch der Mensch der Transzendenz und Ethik beraubt und auf seine rein physisch-materielle Existenz zu-

rückgeworfen. Was soll denn noch eine »Humanität« ohne die gerade den Menschen kennzeichnende transzendente Dimension? Eine materialistischere Ersatzreligion ist in dieser Offenheit nie mehr verkündet worden. Ohne Metaphysik bedeutet »Humanität« eine bloße Leerformel, bestenfalls postuliert sie Orientierungslosigkeit infolge der den Menschen weitgehend fehlenden Instinkte der sonstigen Lebewesen. An die Stelle der Instinkte tritt aber bei uns Ethik und Transzendenz, ohne diese ist das »humane« Wesen ein reiner Homunculus.

Läßt sich so die Entwicklungslinie vom Empirismus über die »physique social« bis zum »utopischen« Sozialismus ziehen, so läuft eine andere von Adam Smith über den klassischen Liberalismus bis hin zu Marx' »Kritik der politischen Ökonomie«. Smith behält Humes und Lockes »natürlichen« Optimismus bei, im Mittelpunkt seiner Lehre steht jedoch der »homo oeconomicus«: Jedermann müsse direkt oder indirekt wirtschaften, um überhaupt seine Bedürfnisse decken und leben zu können. Befreie man die Menschen von jeder ökonomischen und politisches Bevormundung, so komme es zum Konkurenzkampf jedes gegen jeden, wodurch insgesamt die Gesellschaft vom natürlichen Egoismus des einzelnen profitiere. Bereits er sieht insoferne den Motor aller Dinge im Ökonomischen, als der eigentlich treibende Faktor des Menschen seine Bemühungen um das wirtschaftliche Überleben darstelle. Da der Mensch »von Natur aus« gut sei, bringe die allgemeine gesellschaftliche Konkurrenz letztendlich auch ein positives Ergebnis hervor. Unter dem Einfluß von Malthus' Untersuchungen über den Bevölkerungszuwachs und Ricardos Wertlehre in seinem Buch »Politische Ökonomie«, die ja Marx im »Kapital« kritisiert – sein Untertitel lautet eben »Kritik der politischen Ökonomie« – , schlägt der empiristische Pessimismus in der ursprünglich optimistischen klassischen Volkswirtschaftslehre durch. Die Fortsetzung des Hobbes'schen Pessimismus findet ihre Weiterentwicklung in Ricardo, Marx und Lenin.

Ein und derselbe ideologische Ansatz, der »homo oeconomicus«, bringt somit sowohl eine optimistische als auch eine pessimistische Lehre hervor, obwohl sich beide auf die Empirie berufen. Gibt es also verschiedene Empirien? Wenn es sie gäbe, würde die Zuverlässigkeit der Empirie und damit sie selbst fallen – nein, es gibt nur eine

Überforderung der Empirie! Die Verabsolutierung des »homo oeconomicus« und die Reduktionierung aller sonstigen Gesichtspunkte einerseits sowie die dringend verspürte Notwendigkeit andererseits, trotz allem Determinismus doch noch eine Handlungsanweisung liefern zu müssen, führten dazu, Nichtempirisches in die Empirie einbauen zu wollen, überfordern damit die Empirie und schaffen die Ideologie. Aus der reinen Empirie können wir tatsächlich nichts lernen, was unsere Erfahrung ausmacht, sind immer nur die beobachtbaren Folgen unsererer freien Willenshandlungen – wirklich lernen können wir aus der reinen Beobachtung nichts, insofern hat Sir Karl Popper schon recht. Denn lernen können wir nur aus dem Erfolg unserer selbstbestimmten Handlungen, die empirische Beobachtung ersetzt nicht unseren freien Willensentschluß. Auf ihn kommt es aber beim Lernprozeß immer an. Wer ihn wegreduziert, malt ein reduziertes Menschenbild. In dem Augenblick, als die – später »liberal« genannte – Nationalökonomie den Boden ihres eigentlichen Untersuchungsgebietes verläßt und universelle Ansprüche auf den Menschen erhebt, entwickelt sie sich zur Ideologie und schadet ihrem ureigensten Anliegen.
Ohne die radikalen Auswüchse der »Sozialphysik« der französischen Positivisten mitzumachen, verbanden die Anhänger des – kapitalistischen – Freihandelssystems, die klassischen Nationalökonomen, ihre Lehre mit den Theorien Lockes, Humes und der Demokraten, woraus das System des Liberalismus erwuchs. Der Begriff »liberal« selbst entstand eigentlich sehr spät, nämlich zur napoleonischen Zeit in Spanien, und meinte »konstitutionell-demokratisch«. Die Verbindung des Gedankens der Volkssouveränität mit dem Kapitalismus kreierte den historischen Liberalismus des 19. Jahrhunderts. Zunächst freilich wurde die Demokratie noch recht plutokratisch interpretiert, die Masse der Bevölkerung wurde durch die Liberalen vom Wahlrecht ferngehalten oder erhielt es nur in eingeschränktem Ausmaß. Sprachen sich die Legitimisten anfangs aus prinzipiellen Gründen überhaupt gegen Volkswahlen aus, so blieb die Herrschaft des Liberalismus an einen Wahlzensus gebunden, der die Dominanz des Bürgertums sicherte. Erst allmählich gingen die Konservativen – geistig beeinflußt von Burke und Tocqueville – zum Teil zum Liberalismus über, zum Teil entwickelten sie eine Art von Volkskonser-

vatismus. Aus unterschiedlichen Motiven, aber mit demselben taktischen Ziel dehnten Volkskonservative und Radikale allmählich das Wahlrecht so aus, daß in den meisten Parlamenten die Bürgerlich-Liberalen allmählich in die Minderheit gerieten, worin sie sich bis zum heutigen Tage befinden. Mag der liberale Einfluß immer noch nachwirken, mögen die liberalen Parteien immer noch das gesellschaftliche und staatliche Leben mitbestimmen, ihre ausschlaggebende Rolle von einst besitzen sie nicht mehr. Die westlichen Industrienationen sind heute zwischen Sozialdemokratie und gemäßigtem Konservatismus gespalten und die Liberalen überall in der Minderheit, wenn auch als Mehrheitsbeschaffer vielfach umworben.

Für die Konservativen ist es die Tragödie, daß sie sich zu Zeiten, als die überwiegende Mehrheit der Völker noch konservativ dachte und fühlte, gegen den Gedanken der Volkssouveränität sträubten. Ihre beherrschende Idee, das Gottesgnadentum von Regierung und Macht, verknüpften sie in absolutistischem oder ständischen Sinn mit der Monarchie, ohne die Möglichkeit eines demokratischen Gottesgnadentums zu ventilieren, etwa nach dem Motto »vox populi – vox Dei«. Allein Alexis de Tocqueville machte in seinen Untersuchungen »Über die Demokratie in Amerika« und über »Das ancien régime und die Revolution« diesen Versuch, der aber von den Konservativen höchstens recht halbherzig aufgenommen wurde. Die Demokraten haben sich damals bereits mit überwältigender Mehrheit der materialistischen Ideologie der »französischen« Aufklärung verschrieben. So ist es aus der geistesgeschichtlichen Gegnerschaft von Gottesgnadentum und Positivismus sowie von Monarchie und Volkssouveränität nie zu einer historisch wirksamen Umsetzung eines transzendental überhöhten demokratischen Gedankens gekommen. Der Hauptleidtragende dieser Entwicklung ist dabei nicht die Metaphysik, denn ihre Gültigkeit hängt prinzipiell nicht von der Zustimmung oder Ablehnung der momentan tonangebenden Mode ab, sondern die Demokratie. Indem sie sich in ihren Grundlagen vom Materialismus abhängig gemacht hat, muß auch sie in ihren Grundfesten schwanken, sobald er mit seiner Weisheit am Ende ist. Wer das demokratische Prinzip retten will, muß es schleunigst vom Ballast der materialistischen Ideologie befreien und transzendental fundamentieren.

Mangels einer wirklich metaphysischen Ethik im Liberalismus müssen Fragen der Nützlichkeit und Brauchbarkeit zu pseudoreligiösen Glaubensfragen werden, die an der Elle der Ideologie gemessen werden. Im Zeichen der Enttabuisierung errichtet man neue Tabus, und unter dem Vorwand der Emanzipation schafft man neue Abhängigkeiten. Unabhängig von dem erreichten Grad der Mündigkeit fordert der Neo-Liberalismus überall in der Welt das Prinzip »one man – one vote«, zerschlägt gewachsene Strukturen, exportiert sein Wirtschaftssystem und hält die nun auf den Materialismus ausgericheteten Menschen in wirtschaftlicher und ideologischer Abhängigkeit. Wer gegen das liberale Tabu warnend seine Stimme erhebt, wird mit dem antidemokratischen Bannfluch bedroht, obwohl sich – nach weltweiten Maßstäben gemessen – das liberale Staatsprinzip noch bei weitem nicht durchgesetzt hat. Zwar eigentlich nur von der Minderheit der wirklich Liberalen geliebt, hat sich ihr System im Grunde nur als der kleinste gemeinsame Nenner gehalten, auf dem sich gemäßigte Konservative und Sozialdemokraten mit den Liberalen zu einem Grundkonsensus treffen konnten. Insoferne hat er sich auch bewährt, wenngleich die Entwicklungslinien des Liberalismus selbst in entgegengesetzte Richtungen laufen.
Beeinflußt von der »Sozialphysik« der französischen Positivisten und von verschiedenen Sozialismen fordern die Radikalliberalen die generelle Demokratisierung aller Lebensbereiche in dem Sinne, daß alle über alles mitzubestimmen hätten. Dagegen wenden sich die Liberalkonservativen, denn eine allgemeine Demokratisierung hätte den Verlust der Freiheit des Einzelnen zur Folge, sobald er in den Abstimmungen in der Minderheit verbliebe. Daher werden möglichst viele Freiräume für den Einzelnen gefordert, in denen er sich dann frei selbstverwirklichen könne, ohne daß ihm andere hineinzureden vermöchten. Ohne näher auf die naheliegenden Konsequenzen beider Liberalismen einzugehen, treffen wir wieder einmal auf das Phänomen der Uneinigkeit bei identischer ideologischer Grundvoraussetzung. Auch die liberale Antinomie läßt sich auf dem Boden des Materialismus nicht beseitigen, eine Klärung der Standpunkte wäre nur durch Hereinnahme der Transzendenz zu erreichen.
Beiden liberalen Richtungen gemeinsam ist die Geringschätzung des Staates. Er wird mehr oder weniger als (einstweilen noch) notwendi-

ges Übel und bestenfalls als Dienstleistungsbetrieb verstanden, vor dessen Übermacht es als vorrangiges Ziel gelte, den Bürger zu schützen. Eine spezifische sittliche Aufgabe kann der Staat aufgrund der ideologischen Grundlagen im Materialismus nicht mehr haben, er vermag also keine wirklichen Ziele vorzugeben, exekutiert die gesellschaftlichen Gegebenheiten im nachhinein und wird höchstens als Ordnungsrahmen akzeptiert. Natürlich gibt es unter diesen Voraussetzungen kein sich-in-den-Dienst-Stellen für den Staat, er ist ja nur Instrument des egozentrischen Willens seiner Bürger und keiner höheren Ordnung.

Ein besonders merkwürdiges Licht fällt auf die im Liberalismus gepflegten Grund- und Menschenrechte: Abgesehen davon, daß es wohl keine dezidierten Rechte ohne Pflichten geben kann, widerspricht schon allein der Gedanke an schützenswerte Freiräume und Rechte dem Mechanismus und der dem Liberalismus zugrunde liegenden materialistischen Ideologie. Empirismus, Determinismus und Positivismus lassen keinen Platz für völlig antimaterialistische Freiheiten! Auch hier sind transzendentale Anliegen wieder einmal in ein doch sonst so auf seine vorurteilsfreie und »wissenschaftliche« Grundlage stolzes System hineingerutscht, das eigentlich ganz immanent sein will. Die typischen Verzerrungen der Proportionen durch die Ideologiebildung sind die zwangsläufigen Folgen und schaden dem Gedanken einer wirklichen, nämlich selbstverantwortlichen Freiheit nur. Wem es wirklich um Freiheitsrechte geht, kann nur den Materialismus verwerfen und sich dem Idealismus anschließen.

Die immer häufiger in Fragen der Menschenrechte angerufenen Verfassungsgerichtshöfe der westlichen Staaten stehen vor einer sie zwar ehrenden, aber undankbaren Aufgabe: Sie müssen die Freiheit in einem System schützen, bei dessen Geburt der Materialismus Pate stand. So wichtig und richtig die Rechtsstaatlichkeit ist, die im übrigen nicht vom Liberalismus, sondern von der konstitutionellen Monarchie hervorgebracht wurde, eine wirklich ethische Instanz kann auch ein Verfassungsgericht in nur äußerst eingeschränktem Ausmaß sein, ist es doch selbst an das Votum der gesetzgeberischen Körperschaften gebunden, die auch die Verfassung ändern können. Höchste sittliche Autorität kommt immer nur einem allgemeinen transzendentalen Bewußtsein zu. Gegen dieses hat aber die liberale Ideologie

von Anfang an gesündigt. Eine wirkliche Zukunft hat somit der Liberalismus nur im Zusammenhang mit dem Idealismus.
Nach altliberalem Dogma folgt die Politik der Wirtschaft, eine Idee, der ja auch in der Folge Marx huldigte. Getreu diesem Glauben hofften die Väter der europäischen Einigungsbewegung nach dem Zweiten Weltkrieg, daß sie zur Einigung Europas über einen wirtschaftlichen Zusammenschluß gelangen könnten. So schufen sie eine Wirtschaftsgemeinschaft, die ihr auf dem Fuß zu folgen und eigentlich automatisch eintreten sollende politische Einigung ist heute freilich so weit entfernt wie zuvor. Die Wirtschaft bildet also nicht die allein ausschlaggebende Triebfeder der Politik und Geschichte, vielmehr ist sie ein Teil der Politik und folgt dem umfassenderen Primat einer ganzheitlichen Politik- und Geschichtsvorstellung. In Wirklichkeit war die wirtschaftliche Einigung (West-)Europas genauso ein politischer Akt, wie es eines ebensolchen bedarf, um eine politische Vereinigung hervorzurufen. Die Wirtschaft folgt der Politik und nicht umgekehrt, so wie bereits das Bewußtsein das Sein bestimmt.
Mag die moderne Naturwissenschaft durch die Akzeptanz des »Zufalls« inzwischen die Scheuklappen des 19. Jahrhunderts beiseite gelegt und von sich aus die Möglichkeit mikrokosmischer Freiheit zugestanden haben, so bleibt der Aufbau eines ethischen Systems nicht ihre Aufgabe, sondern die des Idealismus. Er allein weist Freiheit und Verantwortung die Plätze zu, nur durch ihn gibt es richtiges Handeln und Wollen vom prinzipiellen Ansatz her. Er »emanzipiert« nicht von ethischen Werten, um dann das atomisierte Individuum um so fester an den Materialismus zu binden, sondern er weist dem freien Willen den Weg der sittlichen Verpflichtung. Aus dieser Sicht muß nach dem vorläufigen Sieg der durch Empirismus und Positivismus zur Ideologie pervertierten Aufklärung das eigentliche Programm der Aufklärung als gescheitert betrachtet werden: Aus der einen selbstverschuldeten Unmündigkeit taumelte die Menschheit in eine neue, vielleicht sogar noch schlimmere. Anstelle der alten wurden neue Tabus und neuer Aberglauben produziert, nun unter materialistischen Vorzeichen. Statt wirklicher Befreiung brachte die pseudoaufklärerische Emanzipation nur Entwurzelung und neue Abhängigkeiten. Die Aufklärung muß heute neu beginnen, unter idealistischen Auspizien stehen und beim deutschen Idealismus anknüpfen.

Was an der historischen Aufklärung auch aus heutiger Sicht brauchbar war, stammt ausschließlich von ihm aus der Zeit vor der Feuerbachschen Verdrehung des Idealismus in den Materialismus. Neben einer wieder noetisch gefestigten Menschheit wäre der Hauptnutznießer einer neuen, idealistischen Aufklärung die Naturwissenschaft selbst, da sie, von den ideologischen Überfrachtungen befreit, sich ihren eigentlichen Aufgaben zuwenden könnte.

Kapitel 10

Das Diabolische und Neurotische der Ideologie

In der griechischen Sprache ist der Diabolos die personifizierte Kraft, welche die Gedanken durcheinanderwirft, verwirrt und Unsicherheit stiftet. Im Neuen Testament ist er der derzeitige Weltbeherrscher und bedroht nach der Kirchenlehre die Menschen ständig mit seinen Versuchungen. Analog lassen sich die materialistischen Ideologien der Gegenwart mit diesem alten Bild durchaus vergleichen. Unsere modernen Ideologien verwirren durch ihren Materialismus die Menschen und versuchen sie, indem sie ihnen vorgaukeln wollen, daß allein das Immanente das Wahre sei. Unsicherheit stiften die Ideologien insofern, als sie untereinander gleichrangig und im selben Ausmaß »wahr« sind, sodaß sie in Wirklichkeit keine Orientierung ermöglichen. Die auf die Ontologie ausgedehnte Behauptung, daß der Mensch das Maß aller Dinge sei, stellt das eigentlich Diabolische des Materialismus dar und bringt die offensichtlichen Fehlleistungen der Ideologien auch in die immanente Welt.

Die Herrschaft der Ideologien heute ist bei allen ihren Unzulänglichkeiten und Verbrechen jedoch immer nur eine scheinbare, wie die Mechanismen ihrer zwangsläufig zustande kommenden Mythenbildungen und Apologien zeigen. Schon an ihren Wiegen steht das Absolute, nur daß sie es nicht transzendent außerhalb suchen, sondern in die Immanenz selbst hineintragen und dadurch erst die Ideologie erzeugen. In den Materialismus der ideologischen Konstruktionen schlüpft etwas, was es nach ihren eigenen Maßstäben eigentlich gar nicht geben dürfte, eine Absolutheit. Im Unsinn eines immanent Absoluten zeigt sich bereits das Unabdingbare der Transzendenz, sie schlägt – verleugnet und abgestritten – doch überall in der Ideologie durch. Die Transzendenz ist das neurotisierende Trauma des Materialismus, sie wird verdrängt und tritt in verschobener Gestalt trotzdem mit umso größerer Macht allerorten wieder hervor. Somit präsentiert sich die Ideologie als Neurose eines erkrankten philosophischen und politischen Bewußtseins. Die Symptome der Ideologien sind demnach nicht nur im übertragenen, sondern auch im wortwörtlichen Sinn neurotisch, die ideologischen Fehlleistungen stellen sich als zwangsläufige Produkte der Neurose namens »Ideologie« heraus.

Was sich theologisch als diabolisch erwies, zeigt sich tiefenpsychologisch als neurotisch. Diese Aussage verliert auch dann nicht an Gültigkeit, wenn selbst manche Schulen der Tiefenpsychologie nicht nur von Ideologien beeinflußt, sondern sogar direkt ideologisch sein mögen. Wer statt nach der Harmonie mit dem Ewigen zu streben, mit ihm im Krieg liegt, ist nicht nur im theologischen Sinn vom Teufel besessen, sondern fühlt sich auch als immanentes Wesen unglücklich und wird neurotisch. Seine neurotischen Produkte zeigen immer in verschobener Form das Urbild des traumatischen Konfliktes. Freilich muß nicht jedes Trauma und nicht jeder Konflikt zu einer Neurose führen, sowie Neurosen auch geheilt werden können. Vielmehr scheint sogar jede große Leistung den Nährboden einer gewissen – fruchtbaren – Spannung zu benötigen. Ein Zuviel an Streß und Spannung kann jedoch ein Abgleiten in eine Neurose und bei Denkern oder Politikern in eine Ideologie zur Folge haben. Allzufern liegt bei Vorhandensein von Konfliktsituationen die Gefahr auch nicht, sich einseitig auf eine der Dimensionen des Menschlichen zu verlegen, sowie eben jeder Irrtum menschlich ist. Aufgabe des Idealismus ist es nun, aus den Irrtümern der Einseitigkeit herauszuführen, wobei es gleichgültig ist, ob ein Idealist Psychiater, Theologe, Philosoph oder was auch sonst von Profession ist, die Wirkungsbereiche überschneiden und ergänzen einander.

Was immer im einzelnen Ideologen zur Ausbildung ihrer neurotischen Ideologien veranlaßt haben mag, geht wohl aus den Lebensgeschichten der Betreffenden selbst hervor. Stets verdrängten sie den metaphysischen Aspekt des Lebens und schufen sich dafür scheinbar durchgängige materialistische Ideologien. Theologisch gesprochen bastelten sie nach ihrer Abwendung von Gott an ihrer eigenen Selbsterlösung. Tiefenpsychgologisch entwickelten sie Abwehrmechanismen, um ihrer Neurose der verdrängten transzendentalen Sinngebung doch noch zu entkommen. Die Unterdrückung eines wesentlichen Lebenselementes, der Transzendenz im Fall der Ideologiebildung, hat allemal verheerende psychologische, politische, philosophische und/oder theologische Folgen, je nachdem, wie der Fall im einzelnen liegen mag. Noch furchtbarer wird es jedoch, wenn das neurotische Produkt einer Ideologie auf andere, nach Hilfe und Orientierung suchende Menschen übertragen wird. Aus einer individuellen Neurose kann eine kollektive werden. Und genau hier halten wir heute, nur daß wir jetzt nicht an einer, sondern an einer ganzen Reihe von Ideologien leiden, die allerdings die gemeinsame Grundsymptomatik des Materialismus aufweisen.

Die Neurosefolgen der Ideologien sind überall aufzufinden: Wir treffen sie in Handlungsanweisungen und Pseudoethiken deterministischer Systeme, in den Mythologien empiristischer, positivistischer und materialistischer Lehren und überhaupt in der Unwissenschaftlichkeit namens der Wissenschaften. Die neurotische Herrschaft der diabolischen Ideologien ist für jedermann erkennbar so unzureichend und geradezu lächerlich lückenhaft, daß sie in dem Moment zusammenbricht, in dem man ihre Voraussetzungen und Strukturen im Prinzip durchschaut hat. Wie ein Spuk hinweggefegt ist jeglicher Materialismus, wenn man sich nur vor Augen führt, daß mit ihren axiomatischen Voraussetzungen auch die Naturwissenschaften transzendentalen Ursprungs sind. Die Formen unseres Bewußtseins bestimmen die Arten des für uns überhaupt faßbaren Seins. Wäre es umgekehrt, wären die Ideologien gar nicht entstanden, denn wir bräuchten uns nicht den Kopf über unsere Zukunft zu zerbrechen, wenn ohnehin alles materialistisch determiniert wäre. Wir bräuchten uns nur zurückzulehnen und auf das zu warten, was mit naturwissenschaftlicher Zwangsläufigkeit angeblich kommen solle. Da dem aber nun einmal nicht so ist, und wir unser Leben in den Grenzen unserer Kreatürlichkeit selbst gestalten können und müssen, handeln und denken wir in Freiheit und sind somit auch nicht gefeit, uns irren und sogar Ideologien auskochen zu können.

Da wir Menschen nun einmal endliche und beschränkte Wesen sind, sind wir wie in der Psychologie so auch in der Philosophie und Theologie nicht dagegen gewappnet, uns irren und Ideologien entwicklen zu können. Der Irrtum ist eines der konstitutionellen Charakteristika von uns, und niemand wird einen solchen für immer vermeiden können. Trotzdem müssen wir uns um die volle Wahrheit bemühen, denn nur sie zählt ethisch und wissenschaftlich wirklich. So tut es der

Größe Sigmund Freuds keinen Abbruch, daß er selbst offenbar unter dem Ödipuskomplex litt, wie auch die Hexenprozesse nicht das Wesen der Theologie prinzipiell diskreditieren können. Worauf es psychologisch, philosophisch und theologisch ankommt, ist das eigentlich Gemeinte. Nur sollten wir bereits bei unseren Bemühungen um die Wahrheit und das richtige Handeln damit beginnen, keinen systematischen Fehler zu begehen. Der Materialismus alledings ist der »Bias« des ideologischen Denkens. Schalten wir ihn aus, so können wir uns immer noch irren, und es wird uns auf der Suche nach dem rechten Weg sicherlich nicht langweilig werden. Doch vermeiden wir wenigstens den systemimmanenten Irrtum der Ideologiebildung.
Bekanntlich vermögen wir nur in Vorstellungen, Bildern, Ideen und Modellen zu denken. Der entscheidende Fehler der Ideologen besteht nun darin, ein einziges Modell zur absoluten und letzten Wahrheit erklären zu wollen. Statt froh über den Reichtum der Vielfalt auch in den Modellmöglichkeiten zu sein, reduziert der ideologische Materialismus auf seiner Suche nach einfachen und überschaubaren Erklärungen in simplifizierender Weise die Welt der Erscheinungen und Begriffe auf die Immanenz, ohne seine eigene axiomatische Voraussetzung in der Transzendenz zu begreifen, wodurch die immanente Betrachtungsweise erst in die Ideologie abgleitet. Der Mechanismus der Generalisierung einer empirischen Theorie bei gleichzeitiger Relativierung aller anderen Gesichtspunkte zugunsten der verabsolutierten Behauptung bildet nicht nur den systematischen Fehler, sondern auch den Abwehrmechnismus des ideologischen Denkens. Die Ergebnisse dieses simplifizierenden und pseudomythologischen Reduktionismus auch noch als »wissenschaftlich« präsentieren zu wollen, macht die Ideologie vollends zur Rationalisierung im psychologischen Sinn.
Den »Stein der Weisen« des Alchemisten bildet heute die Ideologie für den Materialisten. So wie sich aber jener als Lug und Trug herausstellte, zerfällt mit ihrer scheinbaren Einfachkeit und Überschaubarkeit auch diese zu Staub, unterzieht man sie einer systematischen Kritik. Der Wust an rationalisierender Apologetik der Ideologien ist die Mühe in keinerlei Weise wert, solange die Ideologen den systematischen Fehler am Beginn ihrer Konstruktionen nicht einsehen wollen. Der ideologische Bias verzerrt nämlich unentwirrbar alle weiteren

Gedanken und macht sie wahrhaftig »diabolisch« – eine Ordnung in das Durcheinandergeworfene läßt sich nur durch eine sytematische Reinigung des Ganzen bringen. Was sollen die angeblich 25.000 Bände marxistischer Literatur, die allein ein Anhänger dieser Ideologie einer unbedeutenden österreichischen Universität vermacht haben soll, was mag auch die zehnfache Anzahl von Büchern, sie sind die ökologische Umweltbelastung durch Abholzen der Wälder und Verschmutzung von Wasser und Luft nicht wert, die schon zur bloßen mechanischen Papierherstellung begangen wurde. Sämtliche ideologische Apologien versagen, sobald man den Mechanismus der Ideologiebildung entlarvt hat.

Glaubt denn noch wirklich jemand ernsthaft, durch Reduktionismus, Simplifizierung und säkulare Mythen »den neuen Menschen schaffen« zu können? Um bei theologischen termini technici zu bleiben, muß durch einen idealistischen »Exorzismus« der Materialismus aus unseren von ideologischem Denken überfrachteten Vorstellungen gebannt werden. Psychoanalytisch bedeutet dies, an die Wurzel des traumatischen Irrtums zu gehen und von hier aus das neurotische Fehlverhalten zu korrigieren. Wenden wir uns doch endlich gegen die geradezu lachhafte Einseitigkeit eines einspurigen oder eindimensionalen Denkens und gegen den Zustand einer ohnmächtigen Scheinallmacht materialistischer Ideologien. Seien wir doch froh, daß wir zur teilweisen Aufhebung unserer Beschränktheit die Möglichkeiten verschiedener Modelle und nicht nur einer Dimension besitzen, und verstärken wir nicht noch mehr unsere Schwächen durch selbstgemachte Einschränkung und künstliche Blindheit.

Im Unterschied zu den Ideologien beginnt die moderne Naturwissenschaft wiederum einzusehen, daß sie doch nicht allmächtig ist und auch ihre Grenzen findet. Nur die schrecklichen Vereinfacher von Ideologen glauben immer noch, alles und jedes immanent erklären zu können und zu müssen. Allein ihnen bleibt der traurige Verdienst, im Namen der aufklärerischen Entmythologisierung neue, nunmehr säkulare Mythen geschaffen zu haben. Eine wirkliche Befreiung des Menschen, nämlich die, aus freiem Willen seine Pflicht zu tun, haben sie verhindert. So erweisen sie der Naturwissenschaft einen Bärendienst. Sie ist reformierbar und lernt hinzu, aber die Ideologien bleiben bei all ihrer rein theoretischen Gelehrsamkeit und Akribie starr und steril. Den Grundsatz jeder modernen Wissenschaftlichkeit, daß sich alle Theorie in der Praxis bewähren muß, vernachlässigen die Ideologen am meisten. So geraten sie allmählich sogar in Gegensatz zur modernen Wissenschaft und entziehen sich selbst den Boden ihres Herrschaftsanspruches.

Niemand wird etwas gegen Empirismus, Positivismus und Naturwissenschaft einwenden dürfen, solange diese transzendental überhöht sind und damit ein klar umrissenes Aufgabengebiet zu bearbeiten haben. Die Ergebnisse ihrer Arbeiten sind aber nicht nur abhängig von ihren – letztendlich transzendentalen - Voraussetzungen, sondern bedürfen für ihre praktische Anwendung noch einer metaphysischen Interpretation und Handlungsanweisung. Daß 2 x 2 = 4 sei, kann von jedermann unabhängig von seiner ideellen Ausrichtung in den Mund genommen werden, was er jedoch aus dieser Annahme macht, kann sehr wohl einen Idealisten von einem Materialisten sowie Marxisten, Nationalsozialisten und Liberale voneinander unterscheiden. Hinsichtlich ihrer praktischen Verwendung sind die Produkte der Mathematik und des reinen Positivismus stets ambivalent. Was aus ihnen gemacht wird, bestimmt die Ethik. Diese aber folgt anderen Gesichtspunkten als der Positivismus; sie ist nicht materiell determiniert, sondern folgt den transzendentalen Sittengeboten.

Dem Idealismus geht es um die richtigen Proportionen und um ein ausgewogenes Verhältnis von Immanenz und Transzendenz. Er leugnet die Existenz der physischen Dimension nicht, so wie der Materialismus die Metaphysik negieren möchte. Der Idealismus ist somit ganzheitlich und nicht reduktionistische wie die Ideologie. Für ihn gibt es die Materie als die Erscheinung des Transzendenten unter den Bedigungen von Zeit und Raum, also unter den Voraussetzungen der Immanenz. Da die Vorstellung von Zeit und Raum selbst transzendent ist, muß die Immanenz und mit ihr die Materie selbst metaphysisch gesetzt sein, sodaß das Eigentliche die Transzendenz ist und ihr der Vorrang vor der Immanenz gebührt. Was wir aus der Materie machen, wird ethisch und damit transzendent bestimmt; daß es die Immanenz aber gibt, wird kein Idealist bestreiten.

Dieser idealistischen Ganzheitlichkeit, Ausgewogenheit und »Abgeklärtheit« hat der Materialismus nur die Einseitigkeit seiner diversen Ideologien entgegenzusetzen. Da diese untereinander gleichwertig falsch – weil eindimensional und obendrein an der nachrangigen Dimension orientiert – sind, werden sie zwangsläufig verlogen. Ihre einzige Waffe kann nur blinder Fanatismus sein. Dieser richtet sich gleichermaßen gegen transzendentale Anschauungen wie gegen ideologische Gegner. Natürlich ist der Fanatismus kein Ersatz für Gültigkeit und Wahrhaftigkeit. Die ideologischen Kampfmethoden erweisen sich somit nicht nur als im Grunde nutzlos, sondern auch als gleichermaßen diabolisch wie neurotische verwirrt und verwirrend. Die ideologische Forderung nach einem im Sinne des materialistischen Determinismus völlig irrationalen »gesellschaftspolitischen Engagement« tritt an die Stelle der transzendental fundierten Gültigkeit der Ethik. Wofür das ideologisch motivierte gesellschaftspolitische Engagement auch immer einzutreten vorgibt, ersetzt es doch niemals die Forderung nach Überprüfbarkeit der zugrundeliegenden ideologischen Lehre. In Wirklichkeit geht die Ethik dem Engagement voraus, aus transzendental-ethischen Überzeugungen kann es erwachsen; eine Umkehrung der Rangfolge, Abhängigkeit und Proportion ist eben Kennzeichen neurotischer Verwirrung. Feuerbachs Wende stellte nicht bloß Hegel, sondern auch die Welt auf den Kopf. Auf sie geht ein Großteil der Verirrungen unseres heutigen neurotischen Zeitgeistes zurück.

Niemand aber kann uns hindern, Neurosen zu heilen und Ordnung in die Verwirrung zu bringen, wenn wir es nur wirklich wollen. Der »Kunstgriff«, den Feuerbach bei Hegel vornahm, läßt sich spielend an Feuerbach selbst wiederholen, und die Proportionen wären wieder zurechtgerückt, die Reihenfolge geklärt und die Abhängigkeiten verdeutlicht. Die noetische Neurose nach Frankl, das um sich greifende Sinnlosigkeitsgefühl unserer Tage, die Orientierungslosigkeit von Politik und Wissenschaft der Gegenwart und die Bedrohungen ökologischer und waffentechnischer Art sind nicht durch die Erfindung neuer materialistischer Ideologien in den Griff zu bekommen, sondern allein durch transzendentalen Idealismus zu heilen.

Wer hingegen immer noch nicht begriffen hat, was Ideologien sind und wie sie funktionieren, kann sich selbst welche erfinden: Man nehme nur irgendeine empirische Theorie von einigem Interesse, generalisiere sie und relativiere alle anderen, der verabsolutierten Behauptung noch so widersprechende Gesichtspunkte, und fertig ist eine »unschlagbare« Ideologie. Auf diese Weise lassen sich jederzeit unzählige Ideologien fabrizieren, womit eine Anleitung für Gesellschaftsspiele intellektueller Kreise frei Haus geliefert sein soll. Viel Vergnügen mit den dabei zutage geförderten Wahrheiten »naturwissenschaftlicher Zwangsläufigkeit«!

Kapitel 11

Die Trostlosigkeit des Materialismus und das Problem der Teleologie

Das frivole Spielchen, das die Ideologen unterschiedlichster Provenienz selbst klugen Köpfen mit nicht zu unterschätzendem Erfolg vorgaukeln konnten, verschob und verwirrte nicht nur die Gedankenwelt, sondern förderte unter dem Titel aufklärerischer Befreiung etwas zu Tage, was eigentlich gar nicht beabsichtigt war, der ursprünglichen ideologischen Verheißung voll zuwiderläuft und als ein typisches Symptom der noetischen Neurose zu bezeichnen ist: die Trostlosigkeit. Ihr Leid klagt der unbestechlichste Zeuge jeder Epoche, die Kunst der Gegenwart. Sie kann auch von nichts anderem berichten, ist doch getreu den herrschenden materialistischen Ideologien der Mensch angeblich eingepfercht im System des Determinismus, das nicht nur keine Freiheit kennt, sondern mit seiner Weisheit heute offenbar am Ende ist und keine Tröstung einer verzweifelnden Menschheit anzubieten hat. Der Konsumrausch bietet nur einen schwachen und kurzzeitigen Ersatz für den Sinn und Zweck des Lebens, und nicht einmal ihn kann der Materialismus durchgängig gewährleisten.

Als winziges Glied einer universellen Kette von Anbeginn bis zum Ende des Alls fristet nach materialistischer Anschauung der Mensch sein kümmerliches und befristetes Dasein. Sein Bewußtsein wäre dabei eigentlich nicht nur überflüssig, da es ein freies Ausbrechen aus den durchgängigen Bestimmungen des Determinismus gar nicht geben kann, sondern vielmehr nur Hohn, da er als gefesselter Prometheus hilflos seiner Fremdbestimmung und wehrlos seinem Leiden ausgesetzt ist. Der immanente Mensch lebt als Zusammenklumpung von Atomen, um durch seinen Tod in seine Bestandteile zu zerfallen und seinerseits wieder atomisierte Voraussetzung neuer »Lebewesen« zu werden, denen es nicht anders ergeht als ihm selbst. Allerdings besitzt er allein jenes überzählige und damit naturwissenschaftlich im Grunde unsinnige selbstquälerische Bewußtsein, das es ihm ermöglicht, an seinem Elend bewußt teilzunehmen.

Das menschliche »Leben« stellt sich nach materialistischer Ansicht als anthropozentrische Fiktion dar, in Wirklichkeit sei der Mensch eine Maschine mit begrenzter Funktionsdauer, und das Leben eine Erscheinungsform der Funktion des Mechanismus Mensch. So weit, so schlecht. Früher boten wenigstens die Ideologien Scheinlösungen und einen Pseudosinn des menschlichen Lebens an. Mittlerweile werden aber nicht nur die Ideologien unglaubwürdig und obsolet, sondern der Neopositivismus verwirft von sich aus die Ideologien als das, was sie sind, als Mythen, und läßt die vollends düpierte Menschheit nackt und bloß im Regen ihrer Abstraktionen stehen. Daß freilich auch die neopositivistischen Positionen axiomatisch nicht aus der Empirie selbst stammen, sondern vorher transzendental gesetzt wurden, wird dabei von den Anhängern des Neopositivismus gerne selbst übersehen. So groß ihr Verdienst an der Mithilfe bei der Entlarvung der Ideologien auch sein mag, so sehr gehen sie selbst reduktionistisch vor und liefern eigentlich nur eine neue Ideologie. Die Entzauberung der säkularen Mythen hat vor ihren eigenen Ansätzen selbst Halt gemacht.

Wer auf dem Boden des Materialismus stehen bleibt, auch wenn er die »großen« Ideologien überwunden glaubt, dem bleibt nur die Verzweiflung über die Scheinfreiheit, die Tristesse ob des ewigen Gleichbleibens in kybernetischen Regelkreisen und die Sinnlosigkeit eines perpetuum mobile atomisierter Materie. Wie die Freiheit wäre auch das Leben nur scheinbar – im Grunde handelt es sich beim Materialismus um ein totes System! Die Todessymbolik der modernen Kunst kommt genau von daher und kaum von unmittelbar drohenden realen Gefahren, denn diese waren früheren Generationen sicherlich nicht minder, sondern wahrscheinlich sogar noch mehr gegenwärtig. Der Tod wird somit Ausdruck eines erstorbenen Zeitgeistes und steriler lebloser Ideologien. Mit dem Tod sänken auch Bewußtsein und als letzter Lebenssinn die animalische Freude am Leben selbst ins Grab. Schluß – aus. Damit wäre der Vorhang des materialistischen Trauerstückes gefallen.

Daß schon während des ganzen Spieles und nach der letzten Bühnenszene das Leben hinter den Kulissen des Materialismus fröhlich weitergeht, so wie es auch schon vorher existierte, bleibt unseren traurigen Ideologen in ihrer Fixiertheit auf die Immanenz verborgen.

Naiv wie die Kinder beim Kasperletheater halten sie allein das für wahr, was sich vor ihren Nasen abspielt. Das Rundherum, und wer die Puppen führt, das nehmen sie nicht wahr. Auf die Idee, auch einmal hinter den Vorhang sehen zu wollen, kommen sie nicht. Aber genau dort spielt sich das wirkliche Leben ab. Anstatt dieses kennenzulernen, mutmaßen sie in den kühnsten Spekulationen über die Zusammenhänge dessen, was sie von ihren Plätzen im Zuschauerraum unmittelbar mitbekamen. Von dem Gedanken, selbst ein Stück Leben zu schreiben oder am Lebendigen teilzunehmen, rücken sie entsetzt ab, und sei es aus Furcht, ihre scheinbar bequemen Kritikerstühle zu verlieren.

Leben aber heißt gestalten und als Gestaltender selbst gestaltet werden. Wenigstens für die theoretisierenden Erfinder von Ideologien gilt wohl, daß sie sich auf das lebensnahe Abenteuer der Transzendenz nie eingelassen haben und den Mut hiefür nicht aufbrachten. Oder ihre traumatischen Erlebnisse verbannten sie zu ihren Ideologenrollen und verhinderten ihre Berührung mit der Metaphysik. Wie dem aber immer auch sei, bloß ein Blick hinter die Vorderwand der Kulisse hätte nicht nur hervorgebracht, worauf die Illusion beruht, sondern auch wie gespielt wird. Dann hätten sie den »Schleier der Mâyâ« zerrissen, so haben sie ihn aber noch dichter gewoben und sich selbst mit ihrem Fußvolk in ihm um so fester verfangen. Und je radikaler sie sich der Immanenz verschreiben, desto weiter gehen sie am wirklichen Lebenssinn vorbei. Würden sie nur einmal begreifen, daß die axiomatischen Voraussetzungen ihrer auf die Immanenz gerichteten Überlegungen selbst gar nicht aus der Immanenz stammen, wären sie geheilt.

So aber quälen sie sich und ihre Mitmenschen und reduktionieren den Menschen zu einer Maschine ohne Sinn und Ziel. Der Mensch ist aber nun einmal in Wirklichkeit teleologisch ausgerichtet – biologisch, ökonomisch, geistig und moralisch. Durch die Leugnung der Teleologie verwirft der Materialismus das wirkliche Leben selbst. Was soll den die ganze vermeintliche »Wissenschaftlichkeit« der materialistischen Methoden, wenn ihre Theorie der Praxis so fundamental widerspricht? Die »klassischen« Ideologien bieten säkularmythologische Scheinerlösungen an, die Neopositivisten verharren »nur« auf ihrem materialistischen Vorurteil und finden die Zustimmung eines indifferent materialistischen Zeitgeistes, der uns endzeitlich ohnehin schon aufgegeben hat, sich jedoch über die Voraussetzungen seiner immanenten Betrachtungsweise nie Rechenschaft ablegt. Der »metaphysische Rest« bleibt bei beiden unzureichend behandelt – hier liegt aber die Lösung der praktischen Lebensfragen!

In der Metaphysik ist die Teleologie sehr wohl zugelassen, nur in ihr finden wir die Antwort nach Sinn und Zweck. Der Telos, Sinn und Ziel, ist für uns die Triebfeder unseres wirklichen biologischen, ökonomischen, geistigen und moralischen Lebens. Wer auch nur seine Existenzmöglichkeit verwirft, wie es der Materialismus tut, hat den Anspruch verwirkt, für Menschen etwas über Menschen zu sagen zu haben. Daß es ohne Teleologie auf Dauer nicht geht, zeigt die Geschichte sämtlicher Ideologiebildungen zur Genüge, schon im Absolutierungsmechanismus jeder ideologischen Grundaussage steigt der Telos wieder empor. Allerdings wird er im ideologischen Materialismus mit der Metaphysik vorerst neurotisch verdrängt und gewinnt danach in der kompensatorischen Generalisierung einer empirisch gewonnenen Theorie seine zerstörerische Dynamik. Befreien wir hingegen die Teleologie vom materialistischen Vorurteil, so gewinnt die Menschheit Sinn und Ziel. Dies dürfen wir getrost, stammen doch die Axiome sämtlicher empirischer Vorstellungsmodelle aus dem metaphysischen Bereich. Angesichts der konkreten Verzweiflung eines großen Teils der heutigen Menschheit werden uns die ideologischen Versager nicht verbieten können, das empiristische und positivistische Modell durch ein idealistisches zu ergänzen und in Fragen des praktischen Handelns und Wollens an Ideologie statt das zweite zu setzen.

Wessen wir heute notwendiger denn je bedürfen, ist die klare Einsicht in die teleologische und idealistische Ausrichtung des Menschen. An die Stelle des materialistischen Reduktionismus auf das rein Immanente muß die sinnvolle Ergänzung und Kombination von Naturwissenschaften und Idealismus treten. Allein durch das Zurechtrücken der Proportionen und niemals durch einseitigen Reduktionismus läßt sich das Werk der Befreiung des Menschen in Angriff nehmen. Wer den Menschen, die Welt oder was auch immer reduziert, schädigt sich selbst und seine Mitwelt. All die neurotischen und diabolischen Fehlleistungen, Verkrampfungen, Überforderungen und Verbrechen der Ideologien gehen auf die Fehlannahme des Materialismus zurück, daß die Formen des Seins die Möglichkeiten unseres Bewußtseins prägten, wo doch in Wirklichkeit die Formen unseres Bewußtseins – und zu ihnen gehören sämtliche Überlegungen und alles Wissen der Menschheit von Anbeginn an – erst Zugang zum Sein verschaffen und damit die Möglichkeiten des uns überhaupt faßbaren Seins bestimmen.

Für uns gibt es kein Sein ohne Bewußtsein, das Bewußtsein formt das Sein, und erst durch Handeln und Wollen kommen wir zu Erkenntnis dessen, was für uns ist. Außerhalb unseres Bewußtseins können wir keine Vorstellung von Sein besitzen, alles für uns faßbare Sein ist also von unserem Bewußtsein abhängig. Durch bewußtes Wollen und Handeln gelangen wir erst zur Erkenntnis, jede Form von Wissenschaft ist ein Erzeugnis unseres Bewußtseins. Nicht wir werden von der Wissenschaft, sondern die Wissenschaft wird durch uns beherrscht. Wissenschaft und Erkenntnis stehen nicht außerhalb von uns, können uns nicht bedrohen oder fremdbestimmen, vielmehr bestimmt unser bewußtes Wollen und Handeln, was wir wissen und erkennen. Wir sind nicht abhängig von den Produkten unseres eigenen Bewußtseins, sondern unsere geistigen Erzeugnisse sind und bleiben von uns und unserem Bewußtsein abhängig. Somit steht der Wille über der Erkenntnis, der Wille formt das Erkennen, die Wissenschaft und das Bewußtsein des uns faßbaren Seins. Unmöglich ist die vom Materialismus behauptete Determinierung von Bewußtsein durch Sein und von Wollen durch Erkennen.

Sämtliche Anschauungsweisen sind Produkte unseres Bewußtseins, gleichgültig, ob es sich nun um transzendente oder um empirische dreht. Die Wurzeln unserer Vorstellungen liegen immer in der Transzendenz und auch bei empirischen dort, aber nicht in der Immanenz selbst. Was immanent und empirisch ist, bestimmt die Transzendenz, so wie sie auch angibt, was transzendent ist, denn alle axiomatischen Aussagen liegen nicht im physischen, sondern im metaphysischen Bereich. Die Metaphysik ist daher das eigentliche Bestimmende all unseres Wissens und Wollens, sie ist die absolute »Herrin«. Kein materialistisches Aufbegehren wird ihre Herrschaft jemals ins Wanken bringen, der Materialismus selbst führt nur in die wissenschaftliche Aporie und zur neurotischen Selbsttäuschung des

Menschen. In ihren Quellen gleichermaßen transzendent haben empirische und transzendente Anschauungsweisen nur unterschiedliche Objekte zum Aufgabengebiet und folgen anderen Gesetzen. Empirische Vorstellungen richten sich auf die sinnlich wahrnehmbare Objektwelt, in ihnen herrscht hinsichtlich der Aufeinanderfolge von Vorgängen das Kausalgesetz. Transzendente Anschauungen bestimmen unser Wollen und Handeln, in ihnen herrschen die Ethik und das Numinose. Je klarer man diese beiden Dimensionen begrifflich auseinanderhält, umso weniger gerät man in Gefahr, materialistischen Ideologien aufzusitzen. Ethik und Numinoses greifen über unser Wollen und Handeln immer auch in die Objektwelt der immanenten Erscheinungen ein – folgt man den sittlichen Geboten und numinosen Anschauungen reinen Gewissens, so verscheucht man alle scheinbaren immanente Gefahren und Drohungen und hat Anteil am Ewigen.

Die Leugnung von Transzendenz, Ethik und Gott durch den Materialismus brachte uns zwangsläufig die Verzerrungen der ideologischen Menschen- und Weltbilder und die scheinbaren Bedrohungen unserer heutigen Tage. Stellen wir uns in den Dienst des transzendentalen Idealismus, beenden wir die Pseudoherrschaft des Materialismus und beteiligen uns selbst am Überzeitlichen! Dazu brauchen wir uns nur die transzendentale Herkunft des Seins und damit den metaphysischen Ursprungs von uns selbst ins Bewußtsein zu bringen und die dienende Funktion der Materie anzuerkennen. Folgen wir als Idealisten dem Sittengesetz, so wirken wir an der allmächtigen Herrschaft der Transzendenz mit und brauchen um unsere Fortdauer nicht bange zu werden.

Teil III

Praktischer Idealismus

Ein und derselbe Mond spiegelt sich in allen Wassern.
Alle Monde im Wasser sind eins in dem einen einzigen Mond

Zen

Zweifache Meinung gibt es nach des Buddha Meinung:
Die höchste Wahrheit und die Wahrheit der Erscheinung.

Nagarjuna

Vom Tempel, von der Kaaba kannst du Gott ereichen,
Die Kirchenglocken läuten Gottes Dienst desgleichen,
Ob Parsengürtel, Kirche, Rosenkranz und Kreuz,
Sie alle sind des Gottesdienstes Zeichen.

Omar i Chajjam

Erhabener lebendiger Wille, den kein Namen nennt, und kein Begriff umfaßt, wohl darf ich mein Gemüt zu dir erheben; denn du und ich sind nicht getrennt. Deine Stimme ertönt in mir, die meine tönt in dir wieder; und alle meine Gedanken, wenn sie nur wahr und gut sind, sind in dir gedacht.

Johann Gottlieb Fichte – Die Bestimmung des Menschen, Drittes Buch, Glaube

Kapitel 12

Die Notwendigkeit einer neuen »kopernikanischen« Wende

Bis zu Beginn der Neuzeit war man mit Claudius Ptolemaeus der Ansicht, daß sich alle Himmelskörper in epizyklischen Bahnen um die Erde als Zentrum bewegten. Erst Nikolaus Kopernikus rückte mit seinem heliozentrischen Weltsystem die Erde aus dem Mittelpunkt des Universums, was bekanntlich der damaligen Theologie einige Probleme bereitete. So haben wir uns heute daran gewöhnt, unseren Planeten Erde nicht mehr als astronomisches Zentrum zu betrachten, und wundern uns höchsten ob der Hartnäckigkeit des seinerzeitigen Aberglaubens, wobei wir allerdings nur zu gerne übersehen, daß wir immer noch vielfach in einem anderen, verwandten und nicht minder fundamentalen Aberglauben verharren, dem materialistischen Vorurteil.

Wie das ptolemäische, so hat auch das materialistische Weltmodell den Vorteil unmittelbarer Anschaulichkeit für sich, selbst wenn beide nur auf einem unzulässigen Anthropozentrismus beruhen. Die Bewegungen der Planeten und damit des Planetensystems überhaupt lassen sich besser mit einem extraterrazentrischen Modell verstehen, sowie trotz der Notwendigkeit einer zunächst anthropozentrischen Ausgangslage doch der Mensch nicht das Maß aller Dinge ist. Der Materialismus bleibt beim stofflichen Anthropozentrismus und Subjektivismus stehen und verschließt sich in der Naivität des unmittelbar Anschaulichen den wirklich hinter den Dingen stehenden Kräften. Wie sich die Inquisition gegen Galileo Galilei sträubte, so wehrt sich nun der Materialismus gegen einen transzendentalen Standpunkt – nur jetzt mit umgekehrten Vorzeichen. Was beide wollten, stellt auch ihren gemeinsamen Fehler dar, nämlich mit den jeweils falschen Mitteln eine Weltanschauung retten zu wollen. In Wirklichkeit geht es nicht um ein »entweder-oder«, sondern um ein »sowohl-als auch«. Überzog die Inquisition den spirituellen Bereich, so tut dasselbe heute der Materialismus mit der Absolutsetzung und Überforderung der immanenten Dimension. Die eine übersah die Eigengesetzlichkeit der Immanenz, weil sie wußte, daß Immanentes ohne transzendentalen Voraussetzungen nicht denkbar ist; der andere übersieht eben diese Voraussetzungen und überzieht sein im immanenten Bereich legitimes Instrumentarium.

Jedes Wissen beruht auf Erfahrung, jede Erfahrung ist wertvoll und auf keine darf verzichtet werden. Wer dennoch eine seiner Erfahrungen verdrängt und sie nicht wahrhaben möchte, reagiert neurotisch und verrückt die Wirklichkeit. Im immanenten Bereich wird Erfahrung durch empirische Beobachtung und transzendentale Beurteilung gewonnen; im transzendenten kommt Wissen durch systematische Überlegung, durch Kombination der bisherigen Erfahrungen mit neuen und durch geistige Anstrengungen auf der Grundlage derjenigen Erkenntnisvoraussetzungen, Begriffe und Grundsätze, die nicht aus der Erfahrung stammen und unabhängig von ihr einsichtig oder gültig sind, aber auch durch Intuition zustande. Empirisches Wissen wird also durch die Handlung der Beobachtung und Bewertung erworben, transzendentales beruht einerseits auch auf Willenshandlungen, andererseits aber auch auf unmittelbares plötzliches Erfassen geistiger Inhalte. Strenggenommen besteht die Empirie nur aus der Beobachtung von Gegenständen und Ereignissen, die Inbeziehungssetzung von einem »Zuerst« mit einem darauffolgenden »Danach« stammt per definitionem nicht aus den beobachteten Ereignissen selbst, sondern geht darüber hinaus, ist also transzendent und wird durch unsere Gedächtnisleistung den rein immanenten Ereignissen hinzugefügt. Wir beobachten ja eigentlich nur ein »Erstens-Zweitens«, daß daraus »Ursache« und »Wirkung« wird, haftet den Dingen nicht immanent an, sondern beruht auf einer darüber hinaus gehenden, also transzendentalen, logischen »Spekulation« unseres Geistes. Nimmt man es genau, was man bei einer ernsthaften Auseinandersetzung doch immer tun sollte, so ist auch die Logik und die reine Mathematik samt Wahrscheinlichkeitsrechnung und Statistik genauso wie die Erkenntnistheorie, Ontologie und Ethik nicht immanent, sondern transzendent.

Wenn nun auch die gedankliche Verknüpfung von rein empirisch Gewonnenem transzendental ist, was bleibt dann noch an wirklicher Immanenz? Eigentlich sehr wenig, nämlich bloß die an den Dingen selbst haftende Oberfäche. Was hinter der Fassade steht, kann empi-

risch-immanent nie aufgeklärt werden. Bedenkt man weiters, daß auch die Axiome der Empirie nicht aus dieser selbst stammen, so stellt sich die Immanenz als totes Gebilde heraus, mit der niemand ohne Zuhilfenahme darüberhinausgehender Mittel auch nur irgendetwas Vernünftiges anfangen könnte. Lebendig wird die Immanenz erst durch die Hereinnahme transzendentaler Gesichtspunkte, allein wäre sie nur steriles Bruchwerk. Die Metaphysik belebt nicht nur die Physis, sie ist vielmehr unser eigentliches Betätigungsfeld, nur in ihr leben wir wirklich. Logik, Mathematik, Wissenschaftslehre, Ontologie und Ethik sind die konstituierenden Bausteine des praktischen Lebens, ohne sie ließen sich nicht einmal vernünftige Aussagen über die Immanenz treffen. Völlig unsinnig und willkürlich ist es, irgendwelche Bestandteile aus ihnen herauszureißen, um daraus so etwas wie einen »Materialismus« zimmern zu wollen. Der Entschluß hiezu würde dann aber immer noch nicht in der immanenten Empirie, sondern per definitionem in der Transzendenz fallen.
Jetzt stellt sich die Unsinnigkeit materialistischen Denkens erst so richtig heraus: Die materialistische Ideologie beruht auf dem transzendenten Entschluß, die Transzendenz leugnen zu wollen! Kein Wunder also, daß ein solches Denken schlimmste Folgen haben muß. Die geistige Umweltverschmutzung ging der ökologischen nicht nur zeitlich voraus, sondern bedingte sie ohne Zweifel. Haben auch die Folgen der materialistischen Ideologie wahrscheinlich noch nicht ihren Höhepunkt überschritten, so anerkennen doch heute wenigstens die Spitzenvertreter der Naturwissenschaften die Grenze naturwissenschaftlicher Möglichkeiten. Es ist also höchste Zeit zu einer fundamentalen Wende weg vom Materialismus hin zur einzigen wirklichen Alternative, zum Idealismus. An die Stelle der Selbsttäuschungen eines materialistischen Anthropozentrismus muß der transzendentale Idealismus treten. Wie Kopernikus Ptolemäus überwand, so müssen wir heute angesichts der Aporien des Materialismus diesen durch den Idealismus überwinden.
Noch ein Wort zur »Ideologie«: Wörtlich heißt es Ideenlehre, doch im Gegensatz zu den idealistischen Ideenlehren seit Platon, die sich sehr wohl zur transzendentalen Herkunft der Ideen bekannten, realisieren die materialistischen Ideologien in ihrer Ablehnung jeglicher Metaphysik nicht, selbst – wenn auch fehlgeleiteten – metaphysi-

schen Ursprungs zu sein. Für den Idealismus sind die Ideen das tatsächlich Wirkliche, die unter den Bedingungen von Zeit und Raum immanente Gestalt annehmen, während sich die materialistischen Ideologien von der Idee einer »empirisch« gewonnenen und – in Wahrheit willkürlich – verabsolutierten Theorie leiten lassen. Eine neue »kopernikanische« Wende hat die Ideologien von ihren gewalttätigen Verabsolutierungen zu reinigen und zu echter transzendentaler Ideenlehre zurückzuführen.
Aber nicht nur die Ideologien, sondern auch die seriösen »empirischen« – genauer: gemischt immanent-transzendenten – Wissenschaften sind ohne Metaphysik nicht vorstellbar. Die, im jeweils legitimen Rahmen erzielten, positiven Ergebnisse der ideologisch nicht überzogenen modernen Wissenschaften brauchen nicht unterschätzt zu werden und sind auch nicht zufällig entstanden. Das, was ihnen ihre Gültigkeit verleiht, stammt allerdings nicht so sehr aus dem immanenten Chaos, vielmehr ist es der Zuverlässigkeit unserer transzendentalen Denkkategorien zuzuschreiben. Die Struktur der immanenten Erscheinungen, wie z. B. die Systematik der Biologie nach Linné, wohnt ja nicht den Erscheinungen direkt inne, sondern wurde durch, über die Oberfläche der Erscheinungen hinausgehende, Denkakte des menschlichen Geistes der Physis zugemessen. Erst der Vergleich der empirisch beobachteten Immanenz mit den transzendentalen Vorstellungen unseres Geistes bringt Ordnung und System in die Erscheinungen, das ordnende Element ist somit transzendent. Aussagen über Struktur und Zusammenhänge der Physis sind immer metaphysisch, denn wir schaffen die Physik und nicht sie uns. Wir tragen unsere metaphysischen Vorstellungen lediglich hinaus in die Welt der physischen Erscheinungen; die immanente Welt gleicht sich immer der transzendenten an. Bevor wir eine moderne entwickelten, konnte die Menschheit durch Jahrhunderte auch ganz gut mit der antiken, aristotelischen Elementenlehre leben, die Immanenz hat sich der einen wie der anderen angepaßt. Wenn wir bessere Systeme entwickeln, tun wir dies mit transzendentalen Denkakten und formen damit die immanente Umwelt. Irren wir uns, so tun wir dies gleichfalls transzendental und gestalten die immanente Umwelt eben schlechter. Die Bewährung unserer transzendentalen Vorstellungen erfolgt nicht an der Immanenz, denn über ihre Zusammenhänge las-

sen sich allein transzendentale Aussagen treffen, sondern durch eine transzendentale Beurteilung dessen, was unsere transzendental hervorgerufenen Willenshandlungen in der Immanenz bewirkten.
Die Immanenz kann sich nicht irren, aber nicht deshalb, weil sie immer recht hat, sondern weil sie uns folgt und keinen eigenen, uns erkennbaren Willen besitzt. Scheitern wir an der Immanenz, so tun wir dies, weil es uns schon vorher in der Transzendenz passiert ist. Die Immanenz ist nur der unter den Bedingungen von Zeit und Raum stehende Spiegel der Transzendenz. Der fundamentale Irrtum des Materialismus liegt darin, daß er einerseits der Immanenz ein Eigenleben zuordnet und andererseits noch alles obendrein von ihr abhängig machen will. In Wirklichkeit hängen Physik und Metaphysik untrennbar zusammen, wobei für uns nur das einseitige Abhängigkeitsverhältnis der ersten von der zweiten zu erkennen ist, denn was Physik wirklich sein soll, haben immer noch Menschen durch einen metaphysichen Willensakt bestimmt. Unzulänglichkeiten der immanenten Welt sind somit Ausdruck von transzendenten Irrtümern. Da wir rein empirisch nur die Oberfläche von Erscheinungen und die Aufeinanderfolge von Ereignissen beobachten können, die gedanklichen Verknüpfungen zwischen den empirisch gewonnenen Feststellungen aber darüber hinaus gehen, müssen zwangsläufig Irrtümer am Ort der gedanklichen Kombination stattfinden. Verifikation und Falsifikation erfolgen daher in der Transzendenz.
Bekanntlich nennen wir alles, was unmittelbar an Zeit und Raum geküpft ist, immanent, was hingegen über die unmittelbare zeitliche und räumliche Fixierung hinausgeht, transzendent. Etwas, das unter immanenten Bedingungen als Gegenstand oder Ereignis auftritt, erscheint unter transzendenten Bedingungen als Idee. Von allem, das wir in Zeit und Raum beobachten, können wir uns eine Idee oder Vorstellung machen; wir brauchen zur Nachprüfung dieser Feststellung nur die Augen zu schließen und werden bemerken, daß wir unabhängig von der unmittelbaren Beobachtung auch zu sehen und denken vermögen, ohne daß deshalb die Schärfe unserer Gedanken nachließe. Vielleicht können wir uns unter Ausschaltung der unmittelbaren Sinneswahrnehmung sogar noch besser konzentrieren. Gegenständliches und die Idee hiervon gehören in unserem Bewußtsein untrennbar zusammen und erscheinen nur als die beiden Seiten ein

und derselben Sache. Umgekehrt läßt sich aber nicht jede Idee personifiziert materialisieren. Wenn wir jemanden sehen, können wir ihn uns auch ohne seine Anwesenheit wieder gedanklich vorstellen. Abstraktes hingegen, wie z. B. Logik oder Mathematik, findet keine direkte materielle Entsprechung und kann höchstens an empirischem Material experimentell ausprobiert oder indirekt umgesetzt werden. Im Fall dieser reinen oder höheren Ideen dient uns die Welt der empirischen Erscheinungen lediglich als Indikator für den Grad der inneren Stimmigkeit unserer Überlegungen im Sinne eines Spiegeleffektes. Nicht weil die Empirie stets recht habe, wie die Materialisten behaupten, tragen wir unsere Gedanken nach außen in die Immanenz, sondern weil sich dort manche Ideen anschaulich darstellen lassen und auf ihre Brauchbarkeit für die empirische Verwendung überprüft werden können.

Die höchsten Ideen wie Gott oder Freiheit sind empirisch nicht beweisbar, transzendental aber sehr wohl zu erschließen. Empirisch überprüfbar sind genaugenommen nur die Folgen unserer Handlungen, ihre Beurteilung erfolgt per definitionem transzendental. Das Kriterium jeder Bewährung liegt nicht in dem rein immanenten Zustand einer Sache, sondern in der über ihn hinausgehenden, also transzendentalen Beurteilung. Das Maß für das metaphysische Urteil liegt in der Metaphysik selbst und nicht im Physischen. So mag etwas metaphysisch durchaus gerechtfertigt erscheinen, nämlich z. B. für eine gerechte Sache zu sterben, obwohl man nach rein physischen Gesichtspunkten vielleicht das Leben als höchstes aller Güter einschätzen könnte. In aller Strenge stünde der Empirie aber weder dieses noch sonst ein Urteil zu, denn sie kann ja per definitionem nur beobachten. Mißlingt ein Experiment, so beobachten wir nur z. B. eine Explosion, das Mißlingen stellt der den Vorgang beobachtende Versuchsleiter transzendental fest. Die Brauchbarkeit und Verwendungsfähigkeit für die Immanenz stellt somit den letzten – wiederum transzendentalen – Beurteilungsmaßstab für alle auf die Empirie gerichteten Überlegungen dar. Die »empirische Bewährung« beruht also auf einer transzendentalen Bewertung von immanenten Beobachtungen. Aus der Materie, der Beobachtung und der Empirie allein können keine Schlüsse gezogen werden, womit in diesem Sinne Popper recht hat, wenn er behauptet, wir könnten aus der bloßen Empirie selbst nichts lernen. Zum Lernvorgang bedarf es immer der Transzendenz. So muß eine »wertfreie«, unethische und nicht am Transzendentalen orientierte Erziehung immer ihr Ziel verfehlen. Der Tod für eine gerechte Sache stellt sich rein auf physischer Ebene empirisch beobachtet als Lebensende heraus, seine Bewertung liegt auf einer ganz anderen, der metaphysischen Ebene.

Genau genommen gibt es also keine empirische Bewährung, sondern nur eine transzendentale Beurteilung einer empirischen Beobachtung. Wie sieht dies nun bei Naturkatastrophen aus? Für unsere empirische Existenz können Erdbeben und Vulkanausbrüche beispielsweise durchaus lebensbedrohend sein, sie sind es aber eben stets nur für uns. »An sich« können sie etwas ganz anderes bedeuten. Dasselbe gilt auch für den Verlust unseres physischen Lebens – eine Beurteilung kann allein aus einem metaphysischen Standpunkt erfolgen, denn der Empirie kommt nur die Beobachtung des Todes zu, nicht mehr und nicht weniger. Wenn wir uns selbst als empirisches Objekt betrachten, was ja durchaus zulässig ist, so gilt für uns als empirisch beobachtbares Objekt, was für alle gelten muß: In Raum und Zeit sind wir ein immanenter Gegenstand, über Raum und Zeit hinaus aber auch selbst eine transzendente Idee. Endet unsere unmittelbare Gebundenheit an Zeit und Raum, dann ist noch lange nichts über unseren Zustand jenseits der zeitlichen und räumlichen Begrenzung gesagt. Geht ein physischer Gegenstand zugrunde, so können wir trotzdem noch immer eine Idee von ihm besitzen. Er bleibt also weiter metaphysisch existent. Ideen existieren unabhängig von Zeit und Raum und sind nicht daran gebunden, ob der eine sie denkt oder der andere nicht. Mit unserem empirisch beobachtbaren Tod stirbt unsere Existenz in Zeit und Raum und zerfällt in ihre physischen Betandteile, um wieder immanente Lebensgrundlage für anderes physisches Leben zu bilden. Als Idee leben wir transzendental weiter, so wie wir im metaphysischen Bereich schon immer gelebt haben.

Um bei der vorangegangenen Frage zu bleiben, was löst denn nun Naturkatastrophen aus? Wir »Fortgeschrittenen« führen sie auf physikalische Kräfte zurück, unsere »primitiven« Vorfahren glaubten sie in unbegreiflichen Mächten oder in Geistern und Dämonen zu orten, und auch die aristotelische Physik sah sämtliche Materie von teleologischen Formsubstanzen beseelt. Rein empirisch können wir beispielsweise Erdbeben nur beobachten, die Interpretation der Beobachtung erfolgt im Nachhinein durch über die reine Beobachtung hinausgehende und damit transzendentale Überlegungen. Wieder tragen wir unsere Vorstellungen in die Objekte hinein, aus ihnen selbst stammen sie nicht. Ob wir uns nun für ein physikalisches, animistisches, aristotelisches oder ein sonstiges Modell entscheiden, liegt allein in der transzendentalen Freiheit unseres Geistes. Es ist ein und dieselbe empirische Beobachtung, die den einen zur Anrufung der Götter und den anderen zur Entsendung einer seismologischen Untersuchungskommission veranlaßt. An der reinen Empirie kann es also nicht liegen, wie man ein für alle Augen identisches Phänomen beurteilt. An der Elle der bloßen Beobachtung gemessen sind alle Antworten auf ein Ereignis »empirisch« gleich »richtig«, weil alle Interpretationen ja gar nicht empirisch, sondern transzendental sind – der Unterschied liegt in der Bewertung des metaphysichen Modells, auf das sich die Physis beziehen soll. Das Bewertungs- und Bewährungskriterium ist selbst transzendental und gibt lediglich an, inwieweit das eine oder andere metaphysische Modell für eine empirische Verwendung brauchbar ist. Das eine Modell mag für dieses Phänomen und ein anderes für jenes praktikabler sein, sie brauchen sich nicht einmal wechselseitig auszuschließen.

Was hinter den Phänomenen wirklich steckt, den »Dingen an sich«, läßt sich durch noch so systematische Spekulationen unserseits auch nicht ergründen. Folgen wir der modernen Physik, so erhebt sich nach jeder Antwort gleich wieder eine Frage, ohne daß wir uns je ein Ende dieses Kreislaufes vorstellen können. Folgen wir dem Animismus, so bleibt uns die geheimnisvolle Kraft der Geister gleichfalls weitgehend verschlossen. Wir können uns mit unseren – transzendentalen, und nochmals sei's gesagt: nicht empirischen – Modellen und Vorstellungen der vollen Wahrheit aus eigener Kraft nur bis zu einem gewissen Grad nähern, ohne sie je ganz zu erreichen. In der Physik bleibt ein metaphysischer und in der Metaphysik ein numinoser »Rest«. Letzterer wird uns nur durch göttliche Offenbarung zugänglich, sei es, daß wir selbst eine erleben, oder sei es, daß wir eine glauben und annehmen, von der jemand berichtet. Wir Menschen sind eben endlich und beschränkt, nur Gott ist per definitionem unendlich, unbeschränkt und allwissend.

Die Einsicht in die Begrenztheit unserer menschlichen Möglichkeiten bedeutet aber nicht, jetzt einfach die Hände in den Schoß legen zu sollen. Worauf es ankommt, ist die Gesinnung, mit der wir an die Dinge herangehen. Bemühen wir uns guten Gewissens um das Richtige und lassen wir uns durch nichts beirren, so braucht uns um den Erfolg nicht zu bangen, denn wir werden dann soweit gelangen, wie es für das Gelingen unserer Arbeit notwendig ist, und mehr müssen wir auch nicht verlangen. Es reicht die Erfahrung, daß die Welt der Ideen so geordnet ist, daß wir nicht nur transzendent, sondern auch immanent zurecht kommen können. Die Empirie als Welt der Erscheinungen ist auch nicht unser eigentliches Betätigungsfeld und existiert nur, damit wir uns in ihr bewähren. Worauf wir ausschließlich Einfluß haben, ist unsere Gesinnung, folgen wir ihr durch den Gehorsam gegenüber dem Sittengebot, so tun wir in unserer eigentlichen Welt, der Transzendenz, sicherlich das Richtige. Empirisch beobachten wir nur die immanenten Schatten der transzendenten Ideen, die Schatten aber hängen von den sie abbildenden wirklichen Gestalten ab.
Nicht das sterile Gebilde reiner Empirie, mit der niemand ohne Hereinnahme transzendentaler Gesichtspunkte etwas anzufangen vermag, ist unser eigentlicher Lebensbereich, sondern die erst den Sinn gebende Transzendenz. Um ein letztes Mal auf das Beispiel der Naturkatastrophen zurückzukommen, so bedeutet dies, daß jede transzendentale Antwort auf sie von metaphysischem Standpunkt aus gerechtfertigt erscheint. Richtig ist es, Seismologen zu entsenden, um vielleicht bei späteren Vorfällen doch noch rechtzeitig Warnungen herausgeben zu können; richtig ist es aber auch nicht minder, auf transzendentaler Ebene in Erkenntnis der eigenen Ohnmacht mit dem Allmächtigen in Verbindung treten und den höheren Sinn des Ereignisses eruieren zu wollen. Wie unsere Freuden und unser Glück, so sind unsere Leiden und unser Unglück Aufruf, unser eigentliches Wesen in der Transzendenz kennenzulernen. Krankheit und Not haben uns durchaus mehr zu sagen, als nur möglichst schnell wieder aus ihnen herauszukommen, und Frohsinn und Lust sind nicht nur dazu da, sie möglichst lange zu erhalten. Alles uns existenziell Berührende gibt uns die Chance, unsere metaphysische Existenz besser zu ergründen und von ihr Kunde zu geben.

Trotz aller medizinischen Künste werden wir alle sterben und leben immer im Weichbild des Todes. Dieser hat aber seinen Schrecken verloren, wenn wir ihn als Anruf verstehen, in Harmonie mit der ewigen Welt der Transzendenz zu leben. Je mehr wir schon als immanente Wesen auf unsere eigentlich transzendente Herkunft ausgerichtet sind, umso mehr werden auch unsere immanenten Taten ins Überzeitliche übergehen. Ob wir als Abendländer der Ansicht sind, immanent nur ein einziges Mal zu leben, oder ob wir uns dem asiatischen Glauben des ewigen Kreislaufes der Wiedergeburten anschließen, wichtig allein sind unsere transzendentale Haltung und das Leben, das wir als endliche Wesen bereits in der physischen Existenz transzendental führen. Dem Schleier der Mâyâ werden wir nicht mehr aufsitzen, sobald wir die Abhängigkeit der Immanenz von der Transzendenz erkannt haben.

Die neue kopernikanische Wende führt vom unbegründeten Glauben an die Allwissenheit der Empirie zur gesicherten Gewißheit der sinngebenden und gestalterischen Kraft der Transzendenz. So wie im astronomischen Sinne die Welt nicht den Mittelpunkt des Universums darstellt, so gewinnen wir aus der Beobachtung der immanenten Oberfläche rein empirischer Erscheinungen keine wirkliche Erkenntnis. Nicht in den Dingen steckt die Weisheit, sondern in unseren, weit über die Dinge hinausgehenden geistigen Möglichkeiten. Die Objekte unserer Beobachtungen verhalten sich erkenntnistheoretisch völlig passiv, aktiv allein sind unsere Gedankenleistungen. Das Wechselspiel von aktiven transzendentalen Vorstellungen und passiven empirisch beobachteten Gegenständen und Abfolgen ermöglicht überhaupt erst eine gewisse Einsicht in die Dinge. Da einerseits die aktive Rolle der Gedankenleistungen die passive der Gegenstände und Abfolgen quantitativ und qualitativ eindeutig überragt und bestimmt, andererseits ein letztendliches Durchschauen der Dinge an sich nicht vorzustellen ist, liegt die entscheidende Komponente für unser Wollen, Handeln und Erkennen und damit für die menschliche Geschichte nicht in der Materie, sondern in dem, was über sie hinausgeht, eben in der Transzendenz.

Wir werden also aufhören müssen mit der faszinierten Nabelschau des heutigen Materialismus, der glaubt, aus der Beschaffenheit von Dingen etwas sehen zu können, das mit dem Instrumentarium der empirischen Beobachtung gar nicht gesehen werden kann, nämlich die tieferen Zusammenhänge oder den Sinn der Dingwelt. Der Sinn der Gegenstände haftet nicht erschöpfend an ihnen und ihren Strukturen, sondern geht über sie hinaus. Der Zweck der immanenten Welt liegt nicht in ihr selbst, vielmehr geht er selbst über sie hinaus und erweist sich definitionsgemäß als transzendent. Sinn und Zweck mag vielleicht Dinge prägen können, die Wurzel des Telos wohnt ihnen jedoch nicht inne. Schon allein daher reichen die Methoden des Materialismus nicht aus, mehr als nur Oberflächliches zu erfahren. Der anthropozentrische Glaube, in sich deshalb den letzten Sinn zu sehen, weil man selbst Ausgangspunkt der eigenen Überlegungen ist, leitet nicht nur den einzelnen Menschen in die Irre, sondern verweist den ganzen Materialismus in die falsche Richtung.

Alle Erkenntnis muß zunächst vom Subjekt ausgehen, wodurch der Ansatz jeder Erkenntnistheorie vorerst einmal subjektiv wird. Der Idealismus überwindet im Fortgang seiner Überlegungen diesen Subjektivismus und findet schon bald und endgültig in der Ontologie und in der Ethik zu einem transzendentalen Altruismus. Der Materialismus hingegen macht das Subjekt selbst wie die Dingwelt gleichermaßen zum alleinigen Objekt rein materieller Untersuchungen, sodaß es zu einer Identifikation von materiellem Subjekt und Objekt kommt und der anthropozentrische Subjektivismus erhalten bleibt. Wer in sich und der Umwelt nur gleicherweise Gegenständliches sieht, kann keine wirklichen Wertvorstellungen entwickeln und muß auch für den Eigenwert des Außersubjektiven blind sein, wodurch dann noch der Egoismus des Subjekts »objektiv« gerechtfertigt erscheint. Der Weg vom Anthropozentrismus zum Materialismus und von hier zum Egoismus ist systemimmanent nur logisch, kann jedoch genausogut umgekehrt verlaufen.

Die Lieblingsidee des Materialismus ist der Mensch als Maschine, der Homunkulus. Die materialistische Mechanik wird auf den Menschen wie die Natur angewendet, spätestens genau hier aber sind wir an der Überforderung des Systems angelangt. So fruchtbar ein kybernetisches Modell zur Erklärung mancher Erscheinungen auch sein mag, so darf man doch niemals übersehen, daß es sich bei ihm eben nur um ein Modell und nicht um die volle Wirklichkeit handelt. Der zeitgenössische Materialismus übersieht diesen entscheidenden Unterschied nur zu gerne und tut trotzdem verwundert, daß angesichts der Unzulänglichkeit dieses »empirischen«, in Wahrheit aber gemischt transzendent-immanenten, Systems unsere gegenwärtige Technologiefeindlichkeit entstanden ist. Der wesentliche Beitrag am Zustandekommen eines Modells liegt in der über die reine Physis hinausgehenden Gedankenarbeit, reichen die bisherigen hypothetischen Annahmen nicht aus, so muß man sich eben erneut Gedanken machen und weitere Vorstellungsmodelle entwickeln. Nichts verpflichtet uns zur Annahme rein deterministischer Vorstellungen, in den Bereichen unseres praktischen Handelns und Wollens spricht sogar alles dagegen. Zur Beantwortung von Sinn- und Orientierungsfragen reichen sie genausowenig aus. Also ist es nur legitim und tut der nicht überzogenen modernen Physik keinerlei Abbruch, zur besseren Erklärung offener Probleme weitere und eben rein transzendente Hypothesen und Modelle zu entwickeln, beruhen doch auch »empirische« Vorstellungen auf transzendentalen Grundlagen.

Die Metaphysik spiegelt nicht unsere physischen Grundstrukturen wieder, von denen wir uns ohne sie überhaupt keine Vorstellungen machen könnten. In Wirklichkeit beruhen alle unsere Aussagen über die physische Welt auf über diese hinausgehenden und damit definitionsgemäß metaphysischen Prädispositionen. Die Metaphysik bestimmt, was Physik ist. In der Physik spiegelt sich die Metaphysik! Die Formen unseres Bewußtseins bestimmen die Arten des für uns Seienden. Würde unser Bewußtsein vom physischen Sein determiniert sein, so könnte ein und dasselbe physikalische Sein nicht Unterschiede im Bewußtsein hervorrufen. In der Geschichte kommt die Entwicklung des menschlichen Geistes zum Ausdruck, nur in ihr sind das Auf-und-ab und das Hin-und-her logisch erst vorstellbar, und nicht im deterministischen Mechanismus einer geradlinigen physikalischen Abfolge. Nur wo die Freiheit existiert, sind geschichtliche Auseinandersetzungen und wissenschaftliche Forschung erst möglich. Die Unterschiede in der Physik Aristoteles', Newtons und Heisenbergs liegen nicht darin, daß sie eine jeweils andere immanente Welt vorgefunden hätten, sondern in den Unterschieden der Ansichten über das, was sie sahen, und damit im Fortschritt des menschlichen Geistes. Die metaphysische Reflexion ist es, der wir die Ordnung in den physischen Erscheinungen zu verdanken haben. Ohne

sie lebten wir im völligen Chaos und könnten uns in der Immanenz nicht einmal annäherungsweise zurechtfinden.
Wenn wir also ohne Metaphysik nichts Vernünftiges über die physische Welt auszusagen vermögen, können wir wohl metaphysisch nicht von der Physik abhängig sein. Die neue kopernikanische Wende bedeutet nichts anderes, als uns von der Fiktion einer Abhängigkeit der Psyche von der Physis zu trennen. Die vielbeschworene Abhängigkeit unseres Bewußtseins von einem funktionierenden Gehirn läßt sich spielend umkehren in die nicht minder bezweifelbare Feststellung, daß ein voll funktionsfähiges Gehirn auch eines intakten Bewußtseins bedarf. Dieser tautologische Streit erinnert an die Frage, wer zuerst da sei, die Henne oder das Ei. Unter den Bedingungen von Zeit und Raum ist die Psyche wohl an das Gehirn gebunden, was jedoch nichts über den Zustand der Psyche jenseits ihrer zeitlichen und räumlichen Gebundenheit aussagt. Genaugenommen kann auch niemand mit physikalischen Mitteln feststellen, weshalb – außer bei den künstlich hergestellten Experimentierbedingungen einer willkürlichen äußeren Reizung – spontan die elektrochemischen Nervenerregungen auftreten. Alle physiologischen Erklärungsversuche hiefür sind unzureichend und besitzen höchstens den Charakter einer tautologischen Feststellung im nachhinein. Der Streit zwischen Spiritualismus und Materialismus ließe sich endlos fortsetzen, wobei die Spiritualisten sogar den Argumentationsvorteil besäßen, daß eben jede pseudoempirische Erklärung noch einen metaphysischen Rest offen läßt, wogegen der Idealismus beiden Ansichten in ihren jeweils legitimen Bereichen Gerechtigkeit widerfahren läßt.
Der rein spirituelle Ansatz übersieht hier wie in anderen Angelegenheiten immanenter Natur, daß wir eben als physische Wesen an Zeit und Raum gebunden sind, auch wenn Zeit und Raum letzten Endes metaphysische Denkkategorien sind. Da aber diese Denkkategorien metaphysisch real sind, müssen es auch ihre Folgen, nämlich die immanenten Erscheinungen, sein. Der materialistische Ansatz wiederum übersieht seine eigenen axiomatischen metaphysischen Voraussetzungen und damit seine eigene metaphysische Bedingtheit. Die physische Welt existiert, eben weil sie metaphysisch gesetzt ist. Und dies ist der springende Punkt! Die Immanenz ist nicht irreal, wie der Spiritualismus behauptet, und sie ist nicht die einzige Quelle all unse-

rer Weisheit, wie der Materialismus behauptet. Sie ist mit all ihren Folgen wirklich, weil sie auf der Setzung der transzendent wirklichen Kategorien von Zeit und Raum beruht. Die Transzendenz hat somit auch immanente Folgen.

Diese ontologische Ableitung der Physik aus der Metaphysik läßt sich hinsichtlich des numinosen »Restes« auch noch theologisch abrunden. Noch metaphysisch ist, daß wir alle denselben transzendentalen Denkkategorien unterliegen und somit eine einheitliche immanente Erscheinungswelt vor Augen haben. Für dasjenige, was uns identische metaphysische Kategorien und in der Folge davon die Physik schuf, hat sich der Begriff »Gott« eingebürgert. So wie wir die physische Welt und uns selbst als physische Erscheinung nicht aus eigener Kraft erschufen, so wohnen uns auch die metaphysischen Denkkategorien ohne unser eigenes Dazutun inne, wir können sie uns nur mehr oder weniger klar bewußtmachen. Aber auch ohne den Willensakt der Bewußtmachung leben und handeln wir in und nach ihnen. Gott schuf also das metaphysische menschliche Bewußtsein und die Welt der physischen Dinge.

Eben weil die immanente Welt transzendent gesetzt ist, hat sie auch ihren Wert und eigene Bedeutung. Das Bedingte hängt somit stets vom Bedingenden ab und nie umgekehrt. Durch die metaphysische Setzung von Zeit und Raum bleibt auch weiterhin die Abhängigkeit der Immanenz von der Transzendenz, sodaß laufend Eingriffe der Transzendenz in die Immanenz möglich sind. Dies geschieht einerseits durch unsere aus der Transzendenz kommenden Willenshandlungen und anderseits durch uns »wundernde«, »mysteriöse« oder geheimnisvolle und unbegreifliche Vorkommnisse. Mögen uns auch einige Mysterien heute in ihren physischen Begleitumständen erklärbar geworden sein, vollständig zu enträtseln sind sie uns nicht, wie z. B. das letzte Ziel der Geschichte. Und warum einzelne Halluzinationen und Visionen auftreten, weshalb bei dem Einen und nicht bei dem Anderen, wieso etwas geschichtswirksam wird oder nicht, wohin der Zufall das Glück fallen läßt, und was uns schon morgen zustoßen wird, bleibt immanent allzeit offen.

Mit der Setzung der transzendental wirklichen Kategorien von Zeit und Raum samt den immanenten Folgen der Transzendenz sinkt der Materialismus vollends zu Boden. Gerade weil die Immanenz auf

transzendentalen Voraussetzungen beruht, bedingt es die Notwendigkeit einer neuen kopernikanischen Wende, auch im anerkannten und wissenschaftlich »legalen« menschlichen Bewußtsein und Selbstverständnis die Physis wieder auf ihre metaphysische Basis zu stellen. Die Wendung, die Feuerbach bei Hegel vornahm, muß bei Feuerbach selbst wiederum vollzogen werden. Der materialistische Versuch der Selbstvergottung des Menschen kann als kläglich gescheitert angesehen werden. Immer schon gab es Menschen, die die Vergeblichkeit der materialistischen Hybris durchschaut und abgelehnt haben, doch ist es den Generationen, die gelernt haben, »empirisch« zu denken, vorbehalten, auch die praktische Undurchführbarkeit der Schaffung des »neuen Menschen« mitzuerleben. Das heute weitverbreitete Sinnlosigkeitsgefühl, die Ökologiekrise sowie die Massenvernichtungswaffen zeigen uns erneut in noch viel existentiellerem Ausmaß, was uns Nationalsozialismus, Bolschewismus und Französische Revolution schon hätte lehren können: die Ausweglosigkeit des Elends einer nicht mehr sich an die Transzendenz gebunden fühlenden Menschheit. Wer sich selbst absolut setzt und in materialistischer Anmaßung nicht mehr höheren, über seine eigene Kreatürlichkeit hinausgehenden ethischen Werten dient, schneidet selbst die Verbindung zur überzeitlichen Sinngebung des Lebens durch, bedroht schon das Leben an sich, findet mangels Transzendenz keinen Sinn für die Immanenz und verläuft sich in ideologischen Aporien.
Mit unseren über die Dingwelt hinausgehenden und ihr erst Strukturen verleihenden, per definitionem metaphysischen Denkkategorien entsteht uns erst die Physis und wir als endliche Wesen mit ihr. Da wir die Denkkategorien schon fertig in uns vorfinden und nicht willkürlich verändern können, hängen sie nicht von uns ab, sondern wir von ihnen. Logik, Zeit, Raum und höchste Ideen sind uns metaphysisch bereits vorgegeben und stecken damit den Rahmen für unser immanentes Leben und Handeln ab. Schon die Selbstgewißheit des Denkens, durch das wir sind, das »cogito, ergo sum – ich zweifle, also bin ich«, ist metaphysischer Natur. Wie können bei all diesen transzendenten Voraussetzungen unseres Seins und Handelns Feuerbach und nach ihm alle Materialisten die vermessene Behauptung aufstellen, das immanente Sein hätte transzendentale Vorstellungen oder der Mensch überhaupt Gott erfunden? Ist doch Denken selbst schon

ein metaphysischer Akt, und ist selbst die empirische Wissenschaft bei aller Gerichtetheit auf Physisches nicht wirklich an sich physisch und damit definitionsmäßig metaphysisch geordnet.

Alles in uns verweist uns auf die Transzendenz, ohne sie ist uns nichts möglich. Zeit und Raum und mit ihnen Materie, Denken und Wollen sind entweder direkt metaphysisch oder gehen auf metaphysische Voraussetzungen zurück. Der teleologische »Trieb« des Menschen nach Sinn und abgeschlossenem Weltbild wohnt jedermann inne und verschont auch keinen Materialisten, ist doch jeglicher Materialismus selbst nur eine Form von Teleologie und damit von Metaphysik. Was soll man aber von der metaphysischen Feststellung halten, daß es keine Metaphysik gäbe? Nur wer in einer neurotischen Gedankenverwirrung im Widerstreit mit Gott liegt, ist zu solchen Aporien fähig. Eine atheistische Haltung ist also kein Anzeichen besonderer Bildung, sondern bestenfalls Indiz für einen durch Scheuklappen beengten Blickwinkel. Der atheistische Intellektuelle stellt somit den Prototyp des ungebildeten Menschen dar. Ein Denken, das nicht zur Bewußtmachung der transzendenten Natur des Denkens überhaupt führt, kann im philosophischen Sinne nur als unreif charakterisiert werden, ein bewußter Atheismus bildet psychologisch ein neurotisches Symptom.

Jede Wissenschaft ist nur dank unserer metaphysischen Denkkategorien möglich und daher metaphysischen Ursprungs. Allein in den Objekten, auf die sich unsere Bemühungen richten, unterscheiden sich die Wissenschaften. Auch die Naturwissenschaft ist transzendentaler Herkunft, nur richtet sie ihr Augenmerk auf die Welt der immanenten Erscheinungen, die sie zu ordnen sucht und »Natur« nennt. In den sogenannnten »Geistes- und Sozialwissenschaften« liegt die transzendente Wurzel dieser Fächer vielleicht noch näher, auch wenn sie sich verstärkt um statistische oder sonstwie aus empirischen Vorkommnissen gewonnene Zugänge ihrer Untersuchungen bemühen, wie dies ja heute beispielsweise in der Philologie oder Geschichte vielfach der Fall ist. Mathematische wie empirische Methoden sind ja selbst wieder transzendentaler Natur und richten sich höchstens auf die, durch die gleichfalls transzendentale Kategorien von Zeit und Raum gekennzeichnete, immanente Erscheinungswelt.

Wohl bei den meisten Materialisten geht der metaphysische Entschluß, keine Metaphysik anerkennen zu wollen, der letzten Endes zur noetischen Neurose führt, auf ein traumatisches persönliches Erlebnis zurück, das irrtümlich mit Metaphysik assoziiert wurde. Als Beispiel möge vielleicht eine zu strenge Klosterschule dienen, in der durch harte disziplinäre Schritte im Namen Gottes den Zöglingen ein negativ besetztes Bild Gottes erwuchs. Manche unerfreuliche weltliche Begleiterscheinungen religiös-kirchlichen Lebens spielen im Zusammenhang mit den Verlockungen des Materialismus, ein diesseitiges Paradies errichten zu können, eine große Rolle bei der Verdrängung der Metaphysik. Der Irrtum liegt nun darin, das Immanente im Namen der Transzendenz mit der Transzendenz selbst verwechselt zu haben. Dieser Irrtum muß im Zuge einer wirklichen Aufklärung und Heilung der noetischen Neurose ausgeräumt werden, denn es liegt im eigendynamischen Mechanismus einer neurotischen Verdrängung, daß mit der Verdrängung der verdrängte Inhalt ja nicht verschwindet, sondern nur in verschobener Gestalt immer wieder hervorbricht. So erzählen alle Materialisten ihre eigenen verqueren säkularen Heilsgeschichten, mit denen sie die von ihnen gehaßten religiösen ausschalten möchten.

Das Drama des zeitgenössischen Materialismus und der auf ihm beruhenden Ideologien ist die Tragödie des vergeblichen Selbsterlösungsversuchs von nur mehr an sich selbst denkenden Menschen. Vergeblich müssen die materialistischen Selbsterlösungsversuche in Form der Ideologien schon deshalb sein, weil sie auf der Ebene der Immanenz unternommen werden, diese aber von transzendenten Kategorien bedingt werden, und das Bedingte auf der Ebene des Bedingten nicht aus den Bedingungen selbst zu lösen ist. Ziel und Erlösung findet der Mensch nicht in der Dimension des Bedingten, der Immanenz, sondern in der des Bedingenden, der Transzendenz. Dazu muß er über die Sphäre der bedingten Immanenz hinausschreiten und sich an die bedingende Transzendez halten. Nicht in der bedingten immanenten Materie, sondern in den bedingenden transzendentalen Ideen kann er Orientierung finden.

In unserer bedingten Stofflichkeit treffen wir den bedingenden und selbst unbedingten Sinn und Telos nicht an, vielmehr müssen wir selbst transzendieren und uns selber in den Dienst einer unbedingten Kraft stellen. Das anthropomorphe »Mensch ist Gott« Feuerbachs und das »Ich bin Gott« Nietzsches gehen genau in die verkehrte Richtung. Wenden wir uns an das Bedingende der Transzendz, so werden wir uns selbst nicht nur als unsererseits bedingt, sondern auch als bloßen Zweck erkennen. Wir werden dienend unsere ethischen Pflichten erfüllen und uns niemals selbst verabsolutieren, denn wir setzen uns nicht selbst, sondern werden gesetzt. Die Einheitlichkeit der Welt wird erkenntnistheoretisch auf transzendentalem Grund durch unsere Denkkategorien gewährleistet, und im moralischen Wollen vollzieht sich der Schritt zu Sinn und Telos.

Eine neue kopernikanische Wende ist notwendig, um die Menschheit aus den Aporien des Materialismus zu führen und von der noetischen Neurose zu heilen. Der Weg geht den Pfad der pflichtbewußten Verantwortung entlang und setzt sich die Harmonie des Zeitlichen mit dem Überzeitlichen zum Ziel. Wir werden alle menschlichen Lebensbereiche vom Materialismus zu reinigen und mit Idealismus zu erfüllen haben. Die Selbstsucht im Kleinen wie der Anthropozentrismus im Großen sind die Zwischenziele, die es zu beseitigen gilt. An ihre Stelle tritt der Altruismus und der Pflichtgehorsam. In weiterer Folge gilt es, die brüchige Herrschaft der materialistischen Ideologien einzureißen und an der Errichtung der civitas Dei auch im immanenten Bereich mitzuwirken. Die Ethik wohnt uns wie die Denkkategorien unmittelbar inne und ist uns unbedingt metaphysisch gesetzt. Folgen wir ihren Geboten, so gehen wir den prizipiell richtigen Weg, wenngleich wir als beschränkte Wesen von einzelnen Fehlern wohl nie ganz verschont bleiben werden. Es ist allein das redliche Streben, das transzendental zählt und uns immanent die Chance gibt, uns dem Ideal zu nähern. Sein Preis liegt nicht in der bedingten Umsetzung in der Immanenz, sondern in der unbedingten transzendentalen Gültigkeit.

Weil das Bedingte den Bedingungen des unbedingt Bedingenden folgt, hat nicht nur die Immanenz transzendenten Wert, sondern ist auch das Einzelschicksal von allgemeinem Interesse. Handelt der immanent durch die Gesetze der Transzendenz bedingte Mensch ethisch und denkkategorial richtig, so erfüllt er im Kleinen das Große. Transzendental vorgegeben sind uns die Ethik und die Denkkategorien, irren können wir nur, wenn wir die Erscheinungswelt der Immanenz als das eigentlich Gemeinte mißverstehen und an die Stelle der wirklich gemeinten Transzendenz setzen. Der ptolemäische Fehler des Terrazentrismus findet seine heutige Entsprechung in den materialistischen Ideologien und im anthropozentrischen Subjektivismus. Kopernikus korrigiert den ptolemäischen Irrtum durch sein heliozentrisches System, sowie es einer neuen kopernikanischen Wende zukommen muß, uns von den materialistischen Reduktionismen durch ganzheitlichen Idealismus zu befreien. Innerhalb der zeitlichen und räumlichen Konditionen können wir das empirisch Gesehene in der Immanenz transzendental richtig einordnen, wenn wir den Denkkategorien folgen, und in der Immanenz transzendental richtig handeln, wenn wir die Sittengebote befolgen. Die Durchdringung der Immanenz mit Transzendenz aus freiem Wollen und Erkennen ist nun einmal die Aufgabe unseres immanenten Lebens, ist Idealismus.

Kapitel 13

Die Teilnahme des Einzelnen am Überzeitlichen

Aus der idealistischen Lebensaufgabe, die Immanenz nach der Transzendenz zu gestalten, geht einerseits der instrumentelle Charakter der Immanenz und andererseits der, wenn auch transzendental bedingte, Eigenwert der Physis hervor. Nicht um des immanenten Erfolges, sondern der transzendentalen Gültigkeit von Ethik und Denkkategorien willen unternehmen wir unsere idealistischen Anstrengungen. Je mehr uns diese Anpassung gelingt, desto stärker helfen wir mit, die civitas Dei auch auf der immanenten Welt zu errichten. Daß uns dies wenigstens annähernd möglich ist, gewährleisten die metaphysische Setzung unserer Denkkategorien und unser ethisches Bewußtseins. Daß uns die Erreichung des Endziels der Errichtung der civitas Dei schon in der Immanenz aus eigener Kraft allein, so wie die immanente Erreichung jeden transzendenten Ideals, nicht möglich ist, liegt an der in Zeit und Raum begrenzten Bedingtheit alles Immanenten. Doch was an uns und in unseren Mitteln liegt, soll und kann um der Harmonie zwischen Immanenz und Transzendenz willen getan werden. Der Trieb nach Übereinstimmung von physischer und metaphysischer Dimension unseres Lebens drängt uns stets von neuem unmittelbar zum Idealismus. Ob nun die civitas Dei, das heißt die völlige Anpassung der Immanenz an die Transzendenz, im physischen Bereich verwirklicht wird, fällt nicht in den menschlichen Kompetenzbereich, wir können sie nur im Rahmen unserer bedingten Mitteln vorbereiten helfen. Das Ziel unseres Lebens liegt denn auch nicht in der Immanenz, sondern richtet sich stets auf die Transzendenz. In der Immanenz drücken wir nur aus, was wir transzendental eigentlich meinen.

Schon allein die Verstorbenen leben im Andenken der Lebenden weiter und sind insofern noch immer existent. Alle lebenden Generationen bauen auf den Leistungen der verstorbenen auf, sowie auch die heutige den Grundstein für die zukünftigen legt. Wer heute lebt und morgen tot ist, ist nicht wirklich vergessen, sondern hat Anteil

am Leben derer, die noch kommen werden. Die Lebenden, Toten und Ungeborenen bilden somit eine ideelle Gemeinschaft, aus der nichts verlorengeht und in der nichts umsonst war. Diese ideelle Gemeinschaft geht weiter als das Bewußtsein derer, die zufällig momentan leben. Am Lebenden selbst liegt es, inwieweit und welchen Anteil er in der Gemeinschaft des Überzeitlichen nimmt, verloren geht er nie, selbst wenn sich vielleicht einmal niemand mehr an ihn erinnern kann. Ob Held oder Schurke, ob Genie oder Einfaltspinsel – jeder hat in seinem Bereich Leben gestaltet, als positives oder negatives Vorbild gedient und somit neues Leben vorbereitet, das selbst wieder Glied einer Kette wurde, das weit über das Bewußtsein des Einzelnen hinausreicht. So nimmt der eine bewußt und der andere unbewußt teil am Überzeitlichen – ob man es will oder nicht, schon das immanente Leben ist auf das transzendente ausgerichtet.
Also sollten Idealisten bewußt wollen, was auch ohne diese Haltung eintritt: nämlich etwas schaffen, was das eigene Leben überdauert. Der Unterschied zwischen bewußtem idealistischem Wollen und bloßem sich-treiben-Lassen liegt in der höheren gestalterischen Qualität des bewußt Gewollten. Auch wer eine kreative oder mystische Intuition in sich erwecken will, muß bewußt etwas wollen – und zwar sich vom Ballast des Überflüssigen reinigen. Durch Gleichgültigkeit kommen jedenfalls weder künstlerische Einfälle oder meditative Erlebnisse noch epochale Forschungsergebnisse oder idealistische Begeisterung zustande. Ein idealistisches Wollen kann sich auf Großes wie Kleines richten, denn der Idealist hat erfahren, daß auch im Kleinsten das Größte stecken kann. So beginnen wir in unserer tagtäglichen wertschöpferischen Arbeit über unser unmittelbares Ego hinauszuwachsen. In unseren Kindern und Kindeskindern zeugen wir etwas, was unser immanentes Leben überdauern wird. Wir können Gebäude errichten, die noch stehen, wenn unsere Leiber schon längst unter der Erde liegen. Und in unseren geistigen Werken und Institutionen schaffen wir die Rahmen, in denen wir noch in Generationen fortleben können.
Der materialistischen Wegwerfgesellschaft stellen wir bewußt idealistische Dauerhaftigkeit entgegen. Der Idealismus will keine abgetriebenen Wegwerfkinder, er will Gebäude errichten, die nicht bereits heute die Slums von morgen sind, er schafft mehr als nur den Gag des

Reizes der Neuheit und denkt weiter als bloß von einer Legislaturperiode zur nächsten. Der Kurzatmigkeit und Kurzsichtigkeit unserer brüchigen materialistischen Gegenwart begegnet der Idealist mit dem langen Atem und dem weiten Blick des ewigen Wollens. Er hält die Tradition hoch, nicht weil sie alt ist, sondern weil in ihr die Idee des Überzeitlichen mitschwingt. Aus demselben Grund denkt er weiter als bis zu seiner Pensionierung oder wie unsere Parteipolitiker bis zur nächsten Wahl. Den Idealisten umweht der Hauch der Ewigkeit, für die vergebliche Hektik der am Momentanen Hängenden hat er nur ein Lächeln übrig.

Der Sinn der idealistischen Bemühungen kann nicht bloß in der Fortsetzung des Kreislaufes des in der Immanenz stets Gleichbleibenden liegen, sondern muß sich auf qualitativ noch Höheres richten. So träge und nebensächlich alles Immanente auch sein mag, Ziel der idealistischen Anstrengungen im physischen Bereich ist es, selbst hier noch eine immanente Höherentwicklung zu erreichen. Die gleichmäßige Wiederkehr von immer denselben mechanischen Abläufen sucht der Idealismus schon in der Immanenz durch das qualitativ Bessere zu ersetzen, ist doch die Physis das Betätigungsfeld unserer metaphysischen Absichten. Nicht das um jeden Preis Neuere und nicht die Sucht nach künstlichen Rekorden im qualitativ Gleichbleibenden bringt den ethischen Gewinn, sondern das Bessere und die Vervollkommnung. Wir müssen den Weg der ethischen Höherentwicklung gehen, die sich dank unserer Gebundenheit an die physische Sphäre dann auch in der Immanenz niederschlägt.

Unmittelbar sind uns Denkkategorien und ethisches Bewußtsein metaphysisch gegeben. Da wir nur durch Willenshandlungen in die Immanenz eingreifen und sie überhaupt erkennen können, kommt nicht nur der Praxis der Vorrang vor der Theorie zu, sondern auch den ethischen Bemühungen vor den Denkkategorien. Die transzendental gesetzten Denkkategorien lassen uns zwar eine einheitliche immanente Erscheinungswelt entstehen, worauf es im Handeln und in der Praxis aber ankommt, ist die Ethik. Ohne sie wären auch unsere Denkkategorien, wie z.B. die Logik, steril und ohne praktischen Nutzen. Nie darf man die Ethik aus den Augen verlieren, wenn man im praktischen Handeln die Denkkategorien umsetzt. Sie gibt uns die Richtung an, in die wir mit den Mitteln der Logik in Zeit und

Raum die physische Welt schöpferisch gestalten. Dasselbe gilt natürlich auch für die Politik, auch hier genießt das Wollen Vorrang vor den »Sachzwängen« und die Praxis vor der Theorie. Eine idealistische Politik wird ohne einen idealistischen philosophischen Hintergrund nie auskommen können, und stets wird das praktische Element den Ausschlag vor dem theoretischen geben. Vergleichsweise spielt der politische Wille die Rolle der Ethik und die politische Theorie die der Denkkategorien.

Von allem, was wir über die Natur wissen, geht hervor, daß sie evolutionären und nicht revolutionären Gesichtspunkten folgt, man beachte nur den langen Weg der selektiven Anpassung und den enorm hohen Anteil an letalen Quoten bei Mutationen. Eine revolutionäre Ideologie im Namen der Naturwissenschaften birgt bereits die contradictio in se in ihrer Lehre. Also wird der Idealismus sich der Evolution und nicht der Revolution anschließen; nur solange der Materialismus den Ton angibt, wird er sich radikal, das heißt von der Wurzel her, gegen jede Form materialistischer Ideologien wenden müssen. Wenn man die beiden geistesgeschichtlichen Hauptrichtungen - transzendentaler Idealismus und reduktionistischer Materialismus – in Analogie zur Natur setzen will, so kommt der transzendentalen Wahrheit die Stelle der Natur zu, die entscheidet, was sich im Kampf ums Dasein bewährt. Der Idealismus ist in Ablehnung des ideologischen Reduktionismus anpassungsfähig und bewährt sich unter dem Selektionsdruck, der Materialismus hingegen kann der vollen Wirklichkeit nicht standhalten, ihm kommt die Rolle der Mutationen zu, die sich nicht bewähren und letal enden.

Gerade der ideologische Reduktionismus verhindert, daß der Materialismus die ganze Wirklichkeit erfassen kann, und stellt sich so als nicht leistungsfähig heraus. In der Natur halten solche unpassende Formentwicklungen der natürlichen Auslese nicht stand. Hätte der Materialismus heute nicht einen Großteil der Menschheit verseucht, könnte man seine Ausmerzung und Wegselektierung ruhig einer höheren Weisheit anvertrauen. Da aber die materialistische Seuche auch die noch nicht Angesteckten zu infizieren und mit in den letalen Ausgang zu reißen droht, wird kein noch Gesunder die Hände getrost in den Schoß legen und auf eine Nichtweiterverbreitung der Infektion vertrauen können, sondern vielmehr schon aus Selbsterhaltungstrieb

die Seuche zu bekämpfen suchen. Ein Idealist wird also die natürliche Selektion von sich aus unterstützen, die ja an den ideologischen Aporien überall erkennbar ist, und erst nach der Ausmerzung der materialistischen Seuche auf eine evolutionäre Weiterentwicklung bauen.
Die extreme Antagonisten der menschlichen Geistesgeschichte sind der reine Spiritualismus und der Materialismus. Nie konnte sich einer von ihnen vollständig durchsetzen und wird es auch nicht können, weil sie beide reduktionistisch arbeiten und damit nicht die volle, dem Menschen erkennbare Weisheit erfassen. Der radikale Spiritualismus will die Immanenz leugnen, und der Materialismus die Transzendenz – beides gehört jedoch zusammen. Der Idealismus steht dem Spiritualismus deshalb näher, ohne sich auf seine Übertreibungen einzlassen, weil erst aus der Metaphysik die Physis erklärbar wird und nicht umgekehrt aus der Physis die Metaphysik. Dem Materialismus steht er insoweit ferner, ohne freilich die Bedeutung der Immanenz als unser praktisches Betätigungsfeld zu verkennen, weil die generelle Abhängigkeit der Physis von der Metaphysik und somit die Wurzel jeden Verständnisses und Handelns, ja des Seins überhaupt, vom Materialismus ideologisch völlig negiert werden. Der Idealismus verbindet Immanenz und Transzendenz, wodurch ihm auch so etwas wie eine überhöhende Schiedsrichterfunktion zukommt.
Jede in der Immanenz platzgreifende Höherentwicklung muß also in erster Linie auf einem idealistischen Wollen und dann in zweiter Linie auf einem Tatsachenverständnis aufbauen. Der Fehler der gegenwärtigen, im Zeichen des Materialismus stehenden Erziehung liegt in der Einseitigkeit der bloßen Tatsachenvermittlung und im weitgehenden Fehlen, oft peinlichen Vermeiden und bisweilen absichtlichen Unterdrücken der ethischen Ausrichtung, die doch jeder Didaktik innewohnen müßte. Dadurch wird trotz vermehrten Paukens sogenannter »objektiver Tatsachen« regelmäßig das Erziehungsergebnis selbst in den bloßen »Lernfächern« immer geringer, hängt doch die Immanenz völlig von ihrem transzendenten Verständnis ab. Schneidet man die Immanenz von Transzendenz ab oder unterdrückt man letztere sogar noch, fehlt dem rein physischen Stoff jeglicher Sinngehalt und dem Schüler die motivierende Orientierung. Der ideologische Reduktionismus rächt sich auch in der Pädagogik,

selbst wenn man sämtliche sonstigen materiellen Rahmenbedingungen noch so optimiert. Natürlich umfaßt jede Erziehung im Tatsachenwissen einen gewissen Ausschnitt aus den Errungenschaften vorangegangener Generationen und präsentiert sich somit als zutiefst transzendentales, überzeitliches Anliegen. Vollständig wird sie freilich nur sein können, wenn sie beides, Immanenz wie Ethik, umfaßt, und sie vermag auch im rein Immanenten nur dann ein Maximum zu bringen, wenn mit der Transzendenz auch die metaphysische Ausrichtung der Immanenz geliefert wird.

Der eigentliche idealistische Grund dafür, Erziehung überhaupt angehen zu wollen, liegt einerseits in der ethischen Veranwortung für die heranwachsenden Generationen und andererseits im nicht minder transzendentalen überzeitlichen Zweck, die ideelle Brücke von der Vergangenheit über die Gegenwart in die Zukunft schlagen zu wollen. Auch im durch die Erziehung Tradierten steckt ein Stück Überleben des Zeitlichen. Der überzeitliche Aspekt der Pädagogik umfaßt dabei sowohl das sittliche Wollen von Gegenwart und Vergangenheit als auch die ganze Palette des bis dato Erforschten. So werden die Erzogenen selbst wieder Träger und Weitervermittler des Erbteils ihrer Vorfahren, das sie zusammen mit dem von ihnen Gewollten und Entdeckten gleichfalls an die nächsten Generationen weiterreichen. Letztenendes geht in allen Wahrheiten und Irrtümern auch hier nichts verloren, keine Generation fängt wieder in der Steinzeit von Neuem an.

Freilich sollte man sich keinen Illusionen darüber hingeben, daß selbst unter besten Voraussetzungen das »Goldene Zeitalter« in Bälde bevorstünde. Jede Generation muß ihre eigenen Erfahrungen sammeln und vieles wiederholen, was ihre Voreltern schon vor ihnen taten und erlebten. Denn auch die beste Erziehung ist nur ein schwacher Ersatz für das selbst Erlebte und sollte vor allem das eigene Erleben fördern, aber nicht bloß die Erzählung von dem sein, was andere früher einmal feststellten. Was die erziehende und die Tradition weitergebende Generation am Erfolgreichsten unternehmen kann, besteht in einer von allen wirklichen Gefahren entschärften, aber doch wirklichkeitsnahen Erlebnissituation, die die zu Erziehenden mitvollziehen können. Nur wenn diese erzieherische »Versuchsanordnung« tatsächlich lebensnah ausfällt, ist sie pädagogisch erfolgreich,

und die Gewähr für ein überzeitliches Weiterleben lebenskräftiger Traditionen geleistet.
Motiviert durch metaphysische Verantwortung und überzeitliches Streben gilt es heute, idealistische Bewußtseinserziehung besonders zu forcieren – am Faktenwissen fehlt es gegenwärtig ohnedies nicht. Eine unverbildete Jugend will immer noch einer höheren Aufgabe dienen, in die Pflicht genommen werden, Aufgaben und Pflichten erfüllen und sich selbst aufopferungsbereit einer Sache hingeben. Genau das aber wollen die angeblich von einem – von welchem übrigens? – Humanismus geleiteten materialistischen Pädagogen verhindern. Doch ihr theoretisierender, verbaler und toter ideologischer Ersatz kann den praktischen idealistischen Willen der Jugend wahrhaftig nicht substituieren. Also geben wir endlich einmal der Pflicht, dem Dienst, der Aufopferung und der Hingabe nicht nur spielerischen, sondern auch in den Gedanken ernsthaften Raum! Bei aller pädagogischen Vorsicht und jeglichem didaktischen Wohlwollen gibt es genügend tagtägliche Anwendungsgebiete, in denen die idealistische Gesinnung eines »sich immer in der Pflicht und im Dienst Wissens« praktisch verinnerlicht werden kann.
Man komme nun ja nicht mit einer den Idealismus deshalb verwerfenden Begründung, weil man den Idealismus auch heimtückisch ausnützen könne. Natürlich mag wie alles andere auch der Idealismus fehlgeleitet werden, die Drohung des Mißbrauchs aber schwebt über allem, was beschränkte Wesen mit beschränkten Mitteln, was eben Menschen immer anstreben. Wir werden jedoch unsere im Transzendenten fußenden Bestrebungen nicht deshalb aufgeben können, weil sie auch in die Irre zu gehen vermögen, denn schließlich kann alles fehlgeleitet werden. Uns unser Streben rauben zu wollen, hieße uns das Menschseins überhaupt zu verweigern – sind wir Menschen nach allem, was wir wissen, doch die einzigen Lebewesen, die selbst bewußten Wollens fähig sind. Vom Mißbrauch einer Sache kann man jedoch nicht auf die Sinnhaftigkeit ihres Gebrauches schließen! Von den Ausnahmen kann man nicht zu den Regeln gelangen! Erst wenn die Sinnfälligkeit des Regelfalles feststeht, lassen sich Vorsorgen gegen Mißbräuche in Ausnahmefällen treffen. Das Risiko des Mißbrauches idealistischer Haltungen berechtigt nicht, gleich den ganzen Idealismus zu verwerfen. Im Übrigen ist die lebendige Erfah-

rung mit Pflicht und Dienst die beste Vorsorge gegen ihre mißbräuchliche Verwendung und Ausnutzung. Wer sich seines Idealismus sicher ist, kann nämlich nicht für unethische Ziele gewonnen werden. Die beste Vorkehrung gegen den Mißbrauch des Idealismus ist der konsequente Idealismus selbst.

Wenn wir den überzeitlichen Aspekt unseres zeitlichen Daseins beachten wollen, handeln wir im Geist einer ideellen Gemeinschaft, die lange vor unserem sterblichen Leben begann und noch weit über unseren physischen Tod hinausreicht. Da nun die Ideen nicht im metaphysisch luftleeren Raum allein für sich und völlig isoliert herumstehen, sondern in eine Ideehierarchie eingebaut sind, deren oberste Spitze wir mit dem Begriff »Gott« definieren, sind unsere ideellen Bemühungen für die ideelle Gemeinschaft der Toten, Lebenden und Ungeborenen fest in diesen Ideenaufbau eingefügt. Auch die Immanenz ist durch die transzendenten Denkkategorien und unseren Pflichtgehorsam nicht lose, sondern streng an die Transzendenz und damit letztenendes an Gott gebunden. In beiden Seiten unserer Existenz, in der immanenten wie in der transzendenten, leben wir also in der Nähe Gottes und in einem festen ideellen Plan. Unsere Freiheit besteht darin, uns unseren Platz in der Ordnung der Ideen bis zu einem gewissen Grad selbst aussuchen zu können. Je weiter wir uns in zeitlichen Alltäglichkeiten verlieren, umso weniger haben wir Anteil am überzeitlichen Leben der ideellen Gemeinschaft von Toten, Lebenden und Ungeborenen. Desto stärker ist unsere Teilhabe an diesem überzeitlichen Leben, je mehr wir an wirklich Überzeitlichem unserer Mitwelt zu sagen haben und je tiefer wir in dieser Gemeinschaft leben und uns in ihr transzendental verwurzelt fühlen.

Aus dieser Sicht ist die Gleichgültigkeit gegenüber dem Überzeitlichen noch schwerwiegender als der Hader mit Gott, denn auch in der Blasphemie triumphiert Gott, eben weil Er in der versuchten Herabsetzung doch anerkannt wird. Wer materialistischen Vorstellungen huldigt, leistet wenigstens einen Beitrag zur Ideengeschichte und steht somit über dem, der als reiner Egoist nur im Alltag aufgeht und nicht einmal durch Kinder an sein physisches Fortleben denkt. Doch immerhin als negatives Beispiel war nicht einmal seine Existenz völlig umsonst, sowie auch aus jedem Irrtum bleibender Nutzen gestiftet werden kann. Nichts geht verloren, was durch metaphysische Setzung physische Gestalt in Zeit und Raum genommen hat, auch aus dem Negativsten kann gelernt werden. Noch die schrecklichsten Missetaten können als ideeller Kontrast zum transzendental Richtigen dienen, als solches sind wohl auch die uns oft unbegreiflichen und erschütternden Ereignisse der »großen« wie der »kleinen« Geschichte zu interpretieren. Je furchtbarer die Geschehnisse, desto lehrreicher für eine gottferne Menschheit. Je schwerer uns ein Verlust trifft, umso höher ist die Chance, auf das zu kommen, worauf es eigentlich ankommt, sodaß auch ein vermeintlicher Verlust zur Bereicherung beiträgt.

Hinter jedem immanenten Gegenstand kann das eigentlich Gemeinte, die Idee und letztenendes Gott geortet werden. Wer idealistisch sensibilisiert ist, vermag den Atem des Ewigen in der Geschichte, der Kunst und im eigenen Leben zu spüren. Wer wirklich eine Berufung in sich trägt, den umweht der Hauch der Ewigkeit, und er wird in aller Regel auch die Kraft aufbringen, das zu vollbringen, wozu er aufgerufen wurde. Wer seiner Berufung folgt, lebt im unsterblichen Reich der Ideen und ist unsterblich, deshalb heißen die Mitglieder der Academie francaise auch die »Unsterblichen«. Im wahrsten Sinne edel ist, wer den transzendentalen Aufruf in sich wahrnimmt und seinen Auftrag erfüllt; ihm kommt wirklicher geistiger Adel zu. Ist – wenn auch auf niedriger Stufe – schon der Irrtum nicht umsonst, so gilt dies erst recht für das Edle und bleibend Gültige.

Jedermann hat auf dem Platz, auf dem er eben momentan steht, das Beste zu tun, dies gilt für die alltägliche Arbeit, für die Erziehung der Kinder und für das, was er geistig schafft. Keine Situation kann zu niedrig sein, um nicht am Ewigen teilzuhaben. Wer Großes will, fange gleich im Kleinen und bei sich selbst einmal an. Unsere Mitmenschen im Alltag sind die erste Bewährungsprobe für unser idealistisches Wollen, beginnen wir bei unseren Kindern oder – wer keine hat – bei unserer beruflichen Arbeit sowie bei unseren Freunden und Bekannten. Jedermann ist irgendwo von Nutzen und wird gebraucht, niemand lebt völlig umsonst. Immer und überall werden wir zu einem idealistischen Engagement herausgefordert, und nur wer sich völlig verstockt im Sumpf des Materialismus verliert, kann so tun, als höre er die Stimme der Ewigkeit nicht. Wir leben in der steten Herausforderung des Sollens, und im Aufruf der Ethik verneh-

men wir, wie in der unmittelbaren Selbstgewißheit der Denkkategorien, die Unsterblichkeit der Transzendenz. An ihr nimmt bereits immanent teil, wer für etwas lebt, das über ihn selbst hinausreicht. Die liebende Mutter im »Kleinen« wie der das Überleben seines Volkes sichernde Staatsmann im »Großen« sind die besten Beispiele für eine lebendige idealistische Haltung.
Den Maßstab für unser eigenes Überleben im Zeitlichen finden wir in den von uns geschaffenen Strukturen und Werten, die über das bloß Momentane hinaus angelegt werden. Dazu darf alles, was mit Verantwortung besetzt ist, als transzendental ins Überzeitliche hineinreichend angesehen werden. Nach den Gesichtspunkten des Überzeitlichen sind sowohl unsere eigenen Taten als auch sämtliche von Menschen geschaffene Kulturgüter transzendental zu bewerten, nicht zuletzt Staat und Gesellschaft. Im überzeitlichen Aspekt vereinigen sich transzendentale Ethik und das persönliche Streben nach Unsterblichkeit oder ewiger Geborgenheit. Das eigentlich Gemeinte ist immer transzendental, sei es, daß es durch sittlich motiviertes Handeln hervorgerufen wird, oder sei es, daß es durch den Wunsch nach dem Überleben gewachsen ist. Da das um seiner selbst willen ethisch Getane nicht die Person des moralisch Handelnden, sondern etwas über ihn Hinausgehendes zum Ziel hat, das Streben nach Unsterblichkeit aber noch am Strebenden selbst haftet, ist transzendental die Ethik dem Unsterblichkeitsstreben vorrangig. Doch in der Idee des überzeitlich Gültigen vereinigen sich beide metaphysisch, sodaß auch ein egozentrischer Unsterblichkeitswunsch transzendental gerechtfertigt erscheint, wenn er sich mit dem Ethischen verbindet. Denn was immer gilt, ist auch sittlich richtig.
So hat Anteil am Überzeitlichen, wer für eine über ihn hinausgehende Idee lebt. Die volle Unsterblichkeit kommt aber der transzendentalen Dimension des Menschen zu, sie kommt aus der Ewigkeit und geht wieder in sie ein.

Kapitel 14

Familie, Volk, Staat, Gesellschaft und Kultur

Alles, was für eine transzendentale Idee lebt, ist in der Ordnung der Ideenhierarchien geborgen und hat Anteil an der Unsterblichkeit Gottes. Biologisch gesehen ist die Familie die elementarste Zelle der ideellen Gemeinschaft, die die Lebenden mit den Toten mit den noch Ungeborenen verbindet. Jedes Lebewesen ist schon deshalb ideell wertvoll, weil es ein Glied in der Kette dieser ideellen Gemeinschaft darstellt. In jeder – menschlichen wie nichtmenschlichen – immanenten Erscheinung kommt ein Stück Transzendenz zum Vorschein, das geachtet zu werden verdient. Die metaphysischen Kategorien von Zeit und Raum definieren alles immanent Seiende als transzendentalen Ursprungs und somit als etwas »Heiliges«, weil ihm das Heil des ewig Gültigen mitgegeben ist und stets in ihm mitschwingt. Wer nun das Individuum achtet, wird schon gar nicht umhin können, die größere Gemeinschaft zu ehren, aus der es kommt, der es angehört und die es fortsetzen wird.

Bedauerlicherweise gibt es immer wieder Menschen, die ohne Familie aufwachsen müssen, denen die Geborgenheit der biologischen Gemeinschaft abgeht und die somit nicht die Wurzeln dort schlagen können, wo sie im »Normalfall« treiben. Der Mangel einer solchen Entwicklung wird generell von niemandem bestritten, und die Suche nach einem möglichst gleichwertigen Ersatz ist selbst wiederum nichts anderes als eben der Ausdruck dieses Mangelbewußtseins. Eine idealistisch gesinnte Gemeinschaft wird aus Gründen des ideellen Weiterlebens, der praktischen Notwendigkeit für die biologische Entwicklung und schließlich nicht zuletzt auch des unmittelbar innewohnenden Sittenbewußtseins alles immanent Mögliche tun, um die Familie zu schützen und zu erhalten. Wem diese Feststellung zu »altväterisch« erscheinen mag, dem sei gesagt, daß es wohl nichts »Altväterischerisches« gibt als die Ewigkeit selbst, die aber sehr wohl in der „modernen“ materialistischen Angst vor dem eigenen physischen Tod als das Gegenteil des Ende des Seins anklingt.

Es hängt mit der zunächst gegebenen Subjektivität jeglicher Erfahrung zusammen, daß man eigene Erlebnisse allzu leicht überbewertet, dies gilt insbesonders auch für solche, die mit negativen Gefühlswerten im Zeitpunkt ihrer Entstehung verbunden waren. Hat nun jemand selbst überwiegend unlustbetonte Erfahrungen mit seiner eigenen Familie gemacht, so ist die Gefahr nur naheliegend, daß er seine persönlichen Erlebnisse unzulässigerweise als Regelfall generalisiert und nicht als Ausnahme begreift. Daß sich heute die Situationen in den Familien vielfach zunehmend verschlechtern, und dadurch das Ansehen der »Institution« Familie gesunken ist, geht auf den Wertverlust und die Unsicherheit in ethischen Fragen zurück, die geradezu ein Zeitmerkmal der Gegenwart sind und natürlich auch vor den Familien und ihren Mitgliedern nicht halt machen. Umso wichtiger ist es aber eben jetzt, im Zuge der idealistischen Klärung der Wertproblematik auch der Familie wieder Sicherheit zu verschaffen.

Die Bedingungen von Zeit und Raum erzwingen im menschlichen Zusammenleben Organisation und Verrechtlichung, biologisch organisieren sich die menschlichen Gemeinschaften in Völkern und rechtlich in Staaten. Auch für Völker und Staaten gilt, daß sie ideelle Gemeinschaften sind, die die Lebenden mit den Verstorbenen und den noch Ungeborenen verbinden. Ihnen kommt der selbe Eigenwert zu, der auch für die ideellen Gemeinschaften niedrigeren Organisationsgrades zu beachten ist. Alle diese Gemeinschaften sind von den Lebenden mit der Verantwortung zu erfüllen, die die jetzige Generation für die zukünftigen hat und die die vergangenen für die gegenwärtige hatten. Alles individuelle wie gesellschaftliche Leben wird von einer Verantwortung getragen, aus der niemand ausbricht, ohne Schaden anzurichten. Wohl kann man aus dem Verband eines Volkes oder Staates ausscheiden, doch erfolgt dies immer im Zusammenhang mit dem Eintritt in eine neue Organisations- und damit Verantwortungsform.

Wir sind also in ein enges Gewebe von Pflichten hineingeboren, durch das wir mit unseren Mitmenschen und unserer Umwelt kommunizieren. In unseren Pflichten drückt sich der Zusammenhang der Immanenz mit der Transzendenz aus. Je klarer uns diese Situation bewußt ist, und je mehr wir ihr entsprechen, desto sicherer sind wir in der menschlichen Gemeinschaft immanent geborgen und umso intensiver nehmen wir am überzeitlichen Leben der ideellen Gemeinschaft transzendental teil. Dies gilt auch besonders für unsere Teilhabe am Leben des Staates, dem bislang komplexesten Kunstwerk des Menschen. In ihm kombinieren sich alle Fähigkeiten und alle Schaffenskraft der durch die Zeiten bis heute lebenden Menschen, und in ihm finden die zukünftigen Generationen die Grundlagen für den weiteren Aufbau und den Fortgang des Lebens.

Natürlich kann – und wurde schon vielfach – der idealistische Einsatz für Volk und Staat mißbraucht werden, doch können, sollen und dürfen diese Mißbräuche des Idealismus den Idealismus selbst nicht infrage stellen. Denn erstens kann er gar nicht »abgeschafft« werden, da er konstituierender Bestandteil unseres Lebens ist, und zweitens ist nie etwas davor sicher, von irgendjemand irgendwann für irgendeinen falschen Zweck fehlverwendet zu werden. Der beste Schutz gegen den Mißbrauch des Idealismus ist ein waches idealistisches Bewußtsein selbst. Aber auch abgesehen von der Möglichkeit eines absichtlichen Mißbrauches bleibt bei allen Organisationsformen die Gefahr, daß sie allmählich unabhängig vom eigentlich Gemeinten ein Eigenleben entwickeln. Auch gegen diese Fehlentwicklung ist das klare idealistische Bewußtsein, das sich unbeirrbar auf das Überzeitliche und die ethische Verantwortung richtet, die beste Vorbeugung.

Im Nationalstaat fallen idealerweise biologische und rechtliche Organisation voll zusammen, doch handelt es sich streng genommen dabei um einen idealisierten Ausnahmefall. Die Anhänger nationalstaatlichen Denkens übersehen nur zu leicht, daß selbst in den klassischen Nationalstaaten einerseits nie wirklich sämtliche Angehörigen eines Volkes lebten, und andererseits innerhalb seiner Grenzen stets auch Fremde wohnten. Volk und Staat überschneiden sich in aller Regel, sowie es immer schon Staaten gab und gibt, die mehrere Völker umfassen, oder aber ein Volk in verschiedenen Staaten leben kann. Freilich wird immer die Grundsehnsucht der Menschen erhalten bleiben, möglichst die staatliche Gemeinschaft auf alle Angehörigen derselben Abstammung, Geschichte, Sprache und Kultur auszudehnen, geht doch die ideelle Gemeinschaft der Toten, Lebenden und Ungeborenen über die Künstlichkeit momentaner Grenzen und Institutionen hinaus.

Erweist sich der Staat hinsichtlich des momentanen zeitlichen Aspek-

tes dem Volk überlegen, so obsiegt das Volk im Überzeitlichen über den Staat, denn Völker leben länger als Staaten. Völker überleben ihre Aufteilung in verschiedene Staaten, sie überstehen den Wechsel der Staatsformen und sie können ihre Identität selbst bei Verlust ihrer eigenstaatlichen Souveränität und unter den Bedingungen der Fremdherrschaft bewahren. Voraussetzung bleibt allerdings, daß sich ihre Angehörigen ihrer ideellen Gemeinschaft bewußt bleiben; verlieren sie ihr Gemeinsamkeitsgefühl, gehen sie als Volk unter und bleiben nur mehr in historischer Erinnerung. Verliert eine ideelle Gemeinschaft das Bewußtsein ihrer selbst, stirbt sie, wodurch ihre aktive Rolle in der Gestaltung der Immanenz aufhört. Ganz umsonst haben ausgestorbene Völker freilich auch nicht gelebt, dienten sie doch noch heute lebenden als Vorläufer, Nachbarn, Partner und Konkurrenten und halfen so, die weiterlebenden mitzuformen. In dieser Form und als geschichtliche Lehrbeispiele können sie uns heute noch etwas sagen, wenngleich ihr Beitrag zum Lebendigen nur mehr höchst bescheiden ausfällt.
Das transzendentale Bewußtsein einer lebendigen ideellen Gemeinschaft ist somit der einzige Garant für das überzeitliche Leben eines Volkes und für die Möglichkeit des Einzelnen, in ihm an der Überzeitlichkeit teilzuhaben. Indem sich der Einzelne seiner Zugehörigkeit zu der auch ihn umfassenden Gemeinschaft bewußt ist, entwikkelt er in seinem Nationalbewußtsein sein Pflichtgefühl für sein Volk und seinen Staat. Durch beide wird nicht nur sein immanentes Leben geordnet, sondern auch sein transzendentales Überleben gesichert. Die Transzendenz liefert uns die Übersicht über die immanente Erscheinungswelt, sie zeigt uns den Weg der Verantwortung, sie ermöglicht uns unser überzeitliches Leben, sie ordnet das Zusammenwirken der immanenten Kräfte und sie verbindet die Lebenden mit den Verstorbenen und mit den noch Ungeborenen. Ohne Transzendenz gibt es nichts.
Die Formen des Zusammenlebens der Menschen gehen innerhalb wie außerhalb des Staates über diesen hinaus. In den verschiedensten gesellschaftlichen Gruppierungen findet autonomes Leben statt, so wie es auch Beziehungen zwischen den Staaten gibt. Alle Teile des gesellschaftlichen Lebens können idealistisch durchdrungen werden und sollen es auch um der Einheit der Immanenz und Transzendenz

willen. Überall, wo ein Mensch mit einem anderen oder einer Sache zu tun hat, öffnet sich das Feld idealistischen Handelns; keine Beziehung ist zu klein, um nicht doch Idealismus umzusetzen. Die Vielfalt der immanenten Erscheinungen und Ereignisse ermöglicht uns, eine unerschöpfliche Aufgabe ethischen Wollens zu bewerkstelligen. In der Immanenz haben wir eine Sisyphosarbeit vor uns, nur die Transzendenz gibt uns Sicherheit und die klare Richtung des Sittengebotes.
Der alle Länder umfassende Universalstaat ist an sich zwar denkbar, aber bekanntlich bis heute noch nicht aufgetreten. An seiner Stelle existieren die völkerrechtlichen Verbindungen zwischen den Staaten, die die Beziehungen zwischen ihnen und ihren Angehörigen regeln. Der Vorteil eines Universalstaates läge in dem durch den höheren Organisationsgrad zu erwartenden größeren Frieden, sein Nachteil in der Verlagerung der durch die hohe Organisationsdichte zu befürchtenden Auseinandersetzungen auf ein Bürgerkriegsniveau. Wirklicher Friede wäre also auch durch einen Universalstaat kaum zu erwarten, solange die Menschheit sich in ihrer Mentalität nicht zu mehr Ethik hin bessert, was gerade in einem materialistischen Zeitalter nicht zu erwarten ist. Natürlich erhebt sich dann auch die Frage nach der Organisierbarkeit solcher Monstergebilde, beobachten wir doch bei den historischen Großreichen, daß sie auseinanderbrechen, weil sie unüberschaubar und unregierbar werden.
Auch ein Universalstaat könnte alle jene Probleme nicht lösen, die schon heute den Einzelstaaten nicht in den Griff gelangen wollen. Kleinere Einheiten sind in manchen Beziehungen größeren hinsichtlich ihrer Überschaubarkeit, Organisationsfähigkeit und Menschennähe überlegen. Wenn schon heute national-staatlich organisierte Einzelstaaten mit Problemen des Separatismus und Regionalismus zu kämpfen haben, sollten wir uns das eigentliche Heil nicht von gigantomanischen Konstruktionen erwarten, zumal wenn es ihren Propagandisten nur um vordergründige materialistische Motive geht. Praktischer und wesentlich wichtiger als universalstaatliche Utopien wäre eine idealistische Durchdringung des Völkerrechtes. Dies hätte bei jenem Minimum an Ethik zu beginnen, ohne das auch keine zwischenmenschliche Beziehung auskommen kann, beim »Was Du nicht willst, das Dir man tut, das füg' auch keinem anderen zu«. Mangels höherer rechtsverbindlicher Autorität sind Staaten in ihrem imma-

nenten Verkehr miteinander gezwungen, sich ausschließlich an ihren eigenen Interessen zu orientieren. Dies hat aber nicht nur eine egoistische, sondern auch eine positive Seite, da man nicht die Beachtung der eigenen Interessen fordern kann, ohne auch fremde zu berücksichtigen. Niemand kann ungestraft ausschließlich sich selbst zum höchsten Wert stilisieren und mit der ganzen Welt gleichzeitig Krieg führen. Ein Gleichgewicht der Kräfte und Interessen vermag also durchaus ein geordnetes Miteinander der Staaten zu gewährleisten.
Wirkliche Staatsmänner haben auch immer die berechtigten Interessen der anderen Staaten mit in ihr Kalkül einbezogen. Der Streit der Menschen untereinander wird auch unter diesen Voraussetzungen und bei bestem Willen aller Beteiligten nie völlig ausbleiben, gerade weil Menschen eben Menschen und damit beschränkte Wesen sind. Doch waren stets die gut beraten, die im Spiel der Mächte auch die momentan Unterlegenen nicht in die völlige Verzweiflung getrieben haben. Ein maßloser Friedensschluß war immer noch die sichere Ursache für den nächsten Revanchekrieg. Das gemeinsame Bewußtsein vom Überzeitlichen der Völker und Staaten und der darauf gerichtete politische Wille vermag Streitigkeiten zu entschärfen und Gegner zu vereinen. Ein geschickter Verhandler wird stets verstehen, seinem Widerpart die Möglichkeit zu einem ehrenvollen Rückzug offen zu lassen. Und die Ehre ist kein leerer Wahn, sondern ein Teil des überzeitlichen Selbstbewußtseins der Menschen. Wer die Transzendenz insgesamt zu achten weiß, wird es auch verstehen, diesen Ausdruck von ihr nicht nur bei sich selbst, sondern auch bei Anderen zu achten.
In der Kultur findet die Gestaltung der Immanenz durch den transzendenten Willen der Menschen statt, geht darin über die bloße Immanenz hinaus und formt das für eine bestimmte Gemeinschaft charakteristische Spektrum transzendenter Haltungen selbst aus. Kultur »geschieht« also auf verschiedenen Ebenen und ereignet sich innerhalb von und über Völker und Staaten hinaus. Sie ist stets auch Spiegel des Wollens, Handelns und Denkens der an ihrem Ausdruck Beteiligten und war immer der unbestechlichste Zeitzeuge. In Übersetzung heißt Kultur »Pflege« und umfaßt die Gesamtheit der Eingriffe in die immanente Umwelt durch das geistige Leben, die Gesittung und die schöpferischen Kräfte, in der die daran Teilnehmenden das

ihnen Erstrebenswerte und Gemeinsame sichtbar machen. Dazu gehören auch die Ausbildung, Überlieferung und Weiterentwicklung der schon existierenden Kulturgüter und das Weiterreichen der kulturellen Erfahrungen an die jeweils nachfolgende Generation. Wie schon in Familie, Staat und Volk, so nimmt der Einzelne auch an der Kultur seines Kulturkreises teil und lebt in ihr, solange sie besteht, ja solange man sich an die Kultur überhaupt noch erinnern kann und wie sie auch in anderen Kulturen nachwirkt und mitschwingt. Somit gilt von der Kultur, was auch schon von Familie, Staat und Volk zu sagen war. »Kultur« ist der Begriff für das geistige Leben und seine Schöpfungen.

Kultur ist also zu achten, weil in ihrer Überzeitlichkeit die Ewigkeit der Transzendenz anklingt. Da Kultur aber an den Menschen gebunden ist und kein Eigenleben unabhängig von ihm führt, teilt sie das Schicksal der Menschheit. Wie sich die Formen des menschlichen Zusammenlebens ändern können, so unterliegen auch Kulturen Wandlungen. Und wie es keinen Universalstaat gibt, sondern nur völkerrechtliche Beziehungen zwischen Staaten, so wurde noch immer keine Weltkultur entwickelt, vielmehr nähern sich teilweise die Kulturkreise nur an. Staaten, Völker und Kulturen können auch wie Einzelmenschen sterben, die ideelle Substanz lebt aber hier wie dort immer weiter, solange es noch menschliches Bewußtsein gibt. Der Grund für den Tod von Kulturen ist derselbe wie beim Tod von Staaten und Völkern: der Verlust des Bewußtseins der ideellen Gemeinschaft von Vergangenheit, Gegenwart und Zukunft und überhaupt der Verlust der Transzendenz. Wer den transzendentalen Sinn seines immanenten Lebens aufgibt, stirbt. Zwar ist ein solches Leben auch nicht umsonst gewesen, da es immer noch als negatives Beispiel eine, allerdings äußerst geringe Aufgabe zu erfüllen vermag: Nur mehr indirekt, aber immerhin, gestaltet sie Wirklichkeit mit.

Transzendenzfeindlichkeit bewirkt Kulturverlust und bedroht das Leben der Kulturen insgesamt. Jede Kultur ist ja selbst transzendent, wie alle Kulturleistungen sind auch Staaten und Völker ohne Transzendenz undenkbar. Wer international wie patriotisch oder national gesinnt ist, muß Idealist sein. Der wahre Gegensatz ist nicht das Internationale zum Nationalen, sondern der Idealismus zum Materialismus. Ein konsequenter Materialist atomisiert die Welt und sich

selbst und ist weder zu einer weltbürgerlichen noch zu einer patriotischen Haltung fähig, da beides ja eine Wertvorstellung zum Vorbild nimmt, Wertvorstellungen aber definitionsgemäß im deterministischen Materialismus keinen Platz finden. Ein atomisierter »Internationalismus« deterministisch festgelegter Hampelmänner läßt keine autonome Stellungnahme der am Faden des Materialismus geführten und angeblich durchgängig bestimmten Beteiligten zu. Genausowenig ist ein materialistischer Patriotismus zu begründen, nicht einmal der primitivste Egoismus kommt ohne letztendigliche Ablehnung des Determinismus zurecht. Auch die ausschließliche Fixierung auf sich selbst bedingt nämlich die Möglichkeit und den Willen zur eigengewollten Selbstfixierung. Reine Ideologie ist es und trägt den Widerspruch in sich selbst, im Namen eines Materialismus eine nationale oder internationale Haltung zu fordern.
Nur ein Idealist kann eine patriotische, nationale und internatione Gesinnung in sich tragen. Allein auf die idealistische Grundhaltung kommt es an; wer sie besitzt, wird sich von allen Übertreibungen fernhalten, keinen Reduktionismus begehen und sich seine Pflichten getreu nach den Grundsätzen einer überzeitlilchen Ethik suchen. Nicht ein Entweder-oder, sondern ein Sowohl-als-auch entspricht einer grundsätzlichen idealistischen Haltung, was je nach Sachlage einmal eine Handlung aus nationalen und ein anderes Mal eine aus internationalen Motiven zur Folge haben kann. In die Lage, wirklich »internationalistisch« zu handeln, wird aber nur jemand kommen, der selbst mit weitreichenden Aufgaben befaßt ist, ohne daß er deshalb die berechtigten Interessen seines eigenen Staates oder Volkes, für die er ja immer spricht, aus den Augen verlieren darf. Im alltäglichen Leben unserer Pflichten stehen wir freilich nur selten vor solchen Entscheidungen, vielmehr öffnen Familie, Arbeit und Bekanntenkreis meist einen viel näheren Pflichtenkomplex, in dem wir gebraucht werden und ein sinnerfülltes Leben führen können. Im Großen wie im Kleinen gilt es jedoch immer gleichermaßen, die rechte Balance in den Pflichtbeziehungen zu halten. Hier wie dort besteht die eigentliche Schwierigkeit genau im Finden dieses Gleichgewichtes, was allerdings die positive Folge hat, daß uns nie langweilig werden wird und wir bis ans Ende unserer Tage Sinn erfüllen können.
Wo immer wir auch stehen werden, wollen wir bewußt das mensch-

liche Zusammenleben idealistisch gestalten. In allen Positionen, die wir im Leben einnehmen, können wir Sinn erleben und vermitteln. Unserem Einsatz für das Überzeitliche und die Pflicht sind nirgends immanente Grenzen gesetzt; wer einmal dafür sensibilisiert ist, findet in allen Erscheinungen den Anruf der ewigen Transzendenz. So wollen wir uns selbst als Werkzeug der Überzeitlichen verstehen, je mehr wir dies tun, umso intensiver nehmen wir dann am Überzeitlichen Anteil und sind selbst Teil von ihm.

Kapitel 15

Die Verfassungsfrage

Am Höchsten und Vollständigsten entwickelt ist von allen menschlichen Organisationsformen der Staat, daher gebührt seinem inneren Aufbau eine besondere Beachtung. Wenigstens im Prinzip gelten die Möglichkeiten seiner Formen auch für den organisatorischen Aufbau der anderen Gesellschaftsstrukturen. Gerade unter ideologischen Vorzeichen haben sich an die Formen der Staatsverfassungen die heißesten Emotionen gebunden, die nach streng materialistischen Gesichtspunkten eigentlich völlig überflüssig wären. So gilt es denn bei der Entwirrung der höchsten Organisationsform menschlichen Zusammenlebens, äußerst vorurteilsfrei und emotionslos ans Werk zu gehen.

Bevor wir berechtigterweise die Frage stellen dürfen, welche Staatsform denn nun wirklich die »beste« sei, müssen wir uns nochmals ins Gedächtnis rufen, daß der Schlüssel zum menschlichen Zusammenleben in den ethischen Pflichten und im Willen zum Überzeitlichen – also in der Transzendenz – liegt. Auch das Feld unserer Pflichten und Handlungsmöglichkeiten wird uns nur durch die transzendentalen Denkformen erschlossen. Somit steht als erstes fest, daß wohl nur etwas als passend organisiert bezeichnet werden kann, das es einem ermöglicht, metaphysisch motiviert zu handeln. Welche Organisationsform vermag dies nun aber am meisten?

Als Richtschnur zur Beantwortung dieser Frage kann festgehalten werden, daß das Immanente nur der Schatten des Transzendenten und auch das über ein Menschenleben hinausgehende Überzeitliche nur ein Teil des immanent unerreichbar Ewigen sind. Unser Wille bei der Gestaltung unserer Lebensformen muß sich also auf überzeitlich und möglichst ewig Gültiges richten. Die aus diesem Willen gewonnenen Strukturen tragen somit Spuren überzeitlichen Wollens und motivieren sich aus dem Transzendentalen. Daher steht als zweites fest, daß nur Organisationsformen als geeignet angesehen werden können, die aus transzentaler Absicht errichtet wurden und sich aus der Transzendenz legitimieren.

Was kann uns nun hindern, metaphysisch zu handeln? Genaugenommen nichts, sofern wir nur überhaupt in der Lage sind, zu handeln. Dies bedeutet freilich, daß wir unter allen organisatorischen Bedingungen transzendental handeln können, und uns in letzter Konsequenz niemand unseren Idealismus zu verwehren vermag, solange wir als Menschen bloß handlungsfähig sind. Da alle Organisationsformen nicht Handeln verhindern, sondern optimieren wollen, können wir wohl unter allen bisher bekannten Verfassungsformen unsere idealistische Pflicht erfüllen. Zweifellos liegen Idealisten aber gerade die Arbeitsmöglichkeiten metaphysischen Tuns und Wollens besonders am Herzen, sodaß wir nicht blind dafür sein können, daß es Umstände gibt, die den Idealismus fördern oder behindern. Die Frage nach der Eignung von Verfassungen läßt sich also aus der reinen Möglichkeit zu idealistischem Handeln nicht restlos beantworten, denn imgrunde genommen können wir es immer.
Die Entscheidung hängt also von der zweiten Feststellung ab, nämlich aus welchem Geist sich Verfassungen legitimieren. Je deutlicher eine Verfassung auf metaphysische Absichten gegründet wird, umso geeigneter ist sie, metaphysische Handlungen zu fördern. Je materialistischer hingegen die Verfassungsabsicht ist, umso eher kann sie Transzendenz behindern und umso unmoralischer ist sie. Es kommt daher auf den Geist an, aus dem eine Verfassung geboren wurde und mit dem sie erfüllt ist, die bloße Form ist Nebensache und kann pragmatisch gewählt werden. Die »beste« Staatsverfassung ist die, welche am reinsten vom Odem der Transzendenz beseelt ist.
Um es aristotelisch auszudrücken, heißt dies, daß von der Energie die formbildende Kraft ausgeht, welche die an sich passive und widerstandslos bildsame Materie gestaltet. Der Unsinn des Materialismus besteht eben gerade darin, von der Materie über die Form auf den Geist zu schließen, anstatt umgekehrt zu erkennen, daß die geistige Energie die Form bildet, die nun selbst die Materie bestimmt. Deshalb der hitzige Streit der Materialisten untereinander um bloße Formen, geht ihnen doch der Geist des eigentlich Gemeinten ab. Wer die geistige Energie leugnet oder sie zum Sklaven der Materie machen will, muß sich zwangsläufig als letzten Halt an das Formale klammern, das zum letzten für ihn Erkennbaren geworden ist. Darum rennen sich die Materialismen tot, worüber jemand, je nach Tempe-

rament, nur lachen oder weinen kann, der einmal begriffen hat, daß alles für uns Wesentliche aus transzendentalem Geist stammt, seien es die Denkkategorien von Zeit und Raum, sei es die Logik oder sei es die ethische Bestimmung unseren Handelns. Allein sie wohnen uns unmittelbar inne und sind uns unbedingt metaphysisch gesetzt, alles andere folgt aus ihnen, auch unsere Organisationsformen.
Was, wie die uns unmittelbar und unbedingt gesetzten ethischen Anliegen, dem Anspruch überzeitlicher Gültigkeit genügt, hat Anrecht auf Aufnahme in immanente menschliche Gemeinschaftsordnungen. Unser auf die Transzendenz gerichteter Wille bestimmt allein, was verfassungsmäßig richtig ist, wobei nie Transzendentales verlorengehen darf. Auch formale Fixierungen sind, soweit wie immanent nur immer möglich, auszuschalten, wenn sie eine Einschränkung an Transzendenz bewirken. Nicht deshalb ist Transzendenz zu schützen, weil man sie je wirklich unterdrücken könnte, sondern um ein unwillkürliches Abgleiten in den Materialismus zu verhindern. Die Verfassungsformen sind so anzulegen, daß ein Maximum ein freier Entfaltung von Metaphysik möglich wird. Keine Form mit legitimen Anliegen soll eine andere mit einen ebensolchen behindern. Formale Reduktionismen dürfen transzendental Gemeintes nicht einschränken. Der Idealismus wird die Formen pragmatisch so gestalten wollen, daß sich der transzendentale Geist frei und unabgelenkt zu entwickeln vermag.
Erst ein durch die verschiedensten Materialismen verbildeter Zeitgeist macht den verstärkten Zugang von Psychologie, Philosophie und Theologie zur Transzendenz notwendig, doch selbst heute erwächst der lebendigste und unverfälschteste metaphysische Geist aus der unmittelbaren Anschauung des praktischen alltäglichen Lebens. Schon vom zartesten Kindesalter an sehen wir uns einer mächtigen Erwachsenenwelt gegenüber, die wir zum Vorbild nehmen, um deren Achtung und Liebe wir uns bemühen und von der wir bestreben, selbst geachtet und geliebt zu werden. Dieses Wechselspiel aus Geben und Nehmen von Achtung und Liebe führt uns zu unserer Einordnung in die Welt und zu unserem Selbstbewußtsein. Wir lernen als soziale Wesen unsere Pflichten und Rechte sowie die Möglichkeiten unserer Freiheit und unserer Verantwortung kennen. Wir erfahren so unseren Stellenwert in der Welt, die Achtung der Anderen und die

Achtung vor uns selbst. Dabei entwickeln wir ganz natürlich die idealistischen Tugenden der Ein- und Unterordnung, der Überwindung der Selbstsucht, der Selbstbeherrschung und der Selbstüberwindung. Wir sind uns dabei immer gewiß, daß es Höheres als uns selbst gibt, in dessen Dienst wir uns stellen, weil wir die Gültigkeit seiner achtungsgebieteten Ansprüche erfahren haben. Unsere Hingabe ist jedoch nur dann sinnvoll und vollständig, wenn wir sie im Bewußtsein des letzten Grundes der Transzendenz und nicht bloß um eines immanenten Zweckes willen vollbringen. Ohne die idealistischen Tugenden auch in einem transzendenten Telos oder Sinn wurzeln zu lassen, hieße für jeden Mißbrauch unseres nun nicht mehr wirklich transzendental motivierten Wollens und Handelns offen zu stehen.
Die Belohnung oder Bestrafung im praktischen alltäglichen Erziehungsprozeß zur Transzendenz besteht weniger im Gewähren oder Verweigern bloß materieller Wohltaten und auch nicht so sehr in der wohlwollenden Beachtung oder körperlichen Züchtigung, sondern mehr in der Anerkennung und Bestärkung von uns als ernstzunehmende und richtig handelnde Menschen. Gerade hierin unterscheiden wir uns vom Tier, je mehr wir uns durch geistige Anerkennung und nicht durch physische Wohltaten erziehen zu lassen bereit sind, umso selbständiger und mündiger sind wir geworden. Sobald wir die Pflichten um der in ihnen steckenden transzendentalen Werte willen tun, und uns keine materiellen Verlockungen oder Drohungen mehr beirren können, haben wir das Stadium innerer Souveränität, voller Mündigkeit und verantwortungsbewußter Freiheit erreicht. Nun sind wir auch davor sicher, uns weder selbst in einem »blindwütigen« – da den tieferen Sinn nicht erkennenden – Idealismus zu verrennen, noch in unseren idealistischen Tugenden für nichttranszendentale Zwecke mißbrauchen zu lassen.
»Blindwütig« oder besser unvollständig ist ein Idealismus dann, wenn ihm entweder »oben« das eigentlich Gemeinte der idealistischen Tugenden fehlt, oder im Falle der Einsicht der transzendentalen Bestimmung der Welt »unten« die praktische Umsetzung durch idealistisches Handeln abgeht. Das erste führt zu den bekannten Exzessen ideologischer Regimes, das zweite zur Heuchelei. Nur ein konsequenter – weil vollständiger – Idealismus verdient diesen Namen wirklich. Daß gerade materialistische Ideologien im alltäglichen poli-

tischen Kampf von ihren Mitgliedern idealistische Tugenden fordern und in diesem einzigen Falle auch Idealismus gerne anerkennen, zeigt nur wieder einmal mehr die Widersprüche in sich der Ideologien, kann uns aber von einem konsequent durchgehaltenen Idealismus nicht abhalten, sondern in ihm nur bestärken.

Die Regeln, Gebote, Verbote, Gesetze und Verordnungen unserer Sozialeinrichtungen müssen schon deshalb voll idealistisch durchdrungen sein, weil kein wirklich mündiger, freier und verantwortungsbewußter Angehöriger einer Gesellschaftsgruppe, weil kein Idealist in substanziellen Fragen wirklich zu antiidealistischem Verhalten oder Verbrechen gezwungen werden kann. Schon in der Kindererziehung erreicht man durch übertriebene Züchtigungen bei starken Charakteren höchstens das Gegenteil des von einer schlechten Pädagogik Gewollten, der Gezüchtigte lacht höchstens über seine Schmerzen und verachtet den ihn Mißhandelnden. Nicht anders verhält es sich bei den dank ihres Reduktionismus zwangsläufig Unrecht tuenden materialistischen Ideologien – wo sie zur Herrschaft gelangten, trafen sie immer auch auf Idealisten, die sich nicht brechen ließen und dadurch die Herrschaft der Ideologen erschütterten.

Ein wohlorganisierter Staat wird also schon aus Selbsterhaltungsgründen gehalten sein, seine transzendentale Orientierung und Legitimierung konsequent durchzuziehen. Versäumt oder negiert er dies, gefährdet er sich selbst, da der Idealismus doch allenthalben hervorbricht und sich nicht unterdrücken läßt. Wie die Mechanik der Ideologiebildung selbst im Generalisierungs- und Mythenbildungsprozeß sowie bei der revolutionären Praxis zur Genüge zeigt, ist die teleologische Zielsetzung der Menschen auch vom rabiatesten Materialismus nicht klein und tot zu kriegen, weshalb keine Organisation um eine metaphysische Sinngebung herumkommt. Schon aus diesem bloß »pragmatischen«, aber noch viel mehr aus dem Grunde letzter Wahrheit und absoluter Gültigkeit kann sich kein Gebilde ohne transzendentale Verankerung und Legitimierung halten. Daß der Materialismus seine zunehmend zuende gehende Herrschaft bis dato immer noch einigermaßen halten kann, soll uns – ohne die tiefsten Absichten der Metaphysik an sich zu kennen – eine Lehre für die geistige und ideelle Öde der Gegenwart und für die Notwendigkeit des Idealismus sein.

Die Bedeutung der transzendentalen Legitimierung steht also fest und mit ihr die Forderung, möglichst viel an metaphysischen Möglichkeiten zur Entfaltung gelangen zu lassen. Stimmt der Geist, so kann man an die Gestaltung der Formen tatsächlich pragmatisch herangehen. Zu diesem Zweck empfiehlt es sich immer, leidenschaftslos die traditionellen Erscheinungsformen zu untersuchen und aufgrund dieser Untersuchungsergebnisse die Schlußfolgerungen für die Zukunft zu ziehen: Seit Platon und Aristoteles teilt man die reinen oder »idealen« Staatsformen in die Monarchie und in die Republik ein, letztere wird geteilt in Aristokratie und Demokratie. Doch war es schon den damaligen Denkern klar, daß es keine reinen, idealtypischen Staats- und Regierungsformen gibt, ja daß sie nicht einmal wünschenswert seien, da sie in ihren Einseitigkeiten regelmäßig entarten müssen. Jede habe ihre Vorzüge, und wenn alle Vorzüge haben, müsse jeder auch Vorzüge der anderen abgehen und daher Nachteile zukommen.

Beginnt man bei der Untersuchung der Vorzüge und Nachteile mit der Monarchie, so besticht sie durch den klaren, zentralen, in sich einheitlichen, leicht abschätzbaren und personifizierbaren Willen und die Raschheit der Entschlüsse. Die Untertanen können sich leicht mit ihrem Herrscher und nicht mit komplizierten Abstraktionen identifizieren. Der Monarch herrscht absolut, wodurch sich sein Wille mit dem Gemeinwohl trifft, was ihm nützt, ist für die Gemeinschaft gleich gut. Ist er ein tüchtiger Mann, kommt auch die Gemeinschaft voran. Doch schon bei der Nachfolge tauchen erste Schwächen auf: Zwar gründen tüchtige Herrscher ihr Reich, wem sollen sie es aber übergeben? Vererben sie es ihren leiblichen Nachkommen, so besteht bei noch so gründlicher Prinzenerziehung immer die Gefahr, daß ein minder Würdiger nachfolgt. Soll wie in einer Wahlmonarchie der zukünftige Herrscher gewählt werden, so muß der Beliebteste auch nicht immer der Tüchtigste sein, zumal der Neuerkorene oft noch seinen Wahlmännern Dankbarkeit und damit Bevorzugungen schulden wird. Auch kann kein noch so wohlmeinender Alleinherrscher wirklich »alleine« herrschen, der Wille von oben nach unten und die Informationen von unten nach oben werden zwangsläufig durch seine persönliche Umgebung gefiltert. Dadurch wird auch ein formal absoluter Monarch informell beschränkt. Warum ihn dann aber nicht gleich offiziell einschränken? Und wenn er von seiner Cameriglia tatsächlich abhängig ist, warum wird sie nicht gleich mit der wirklichen Herrschaft betraut?

Wenn nun ein minder wohlwollender und fähiger Monokrat von den Schmeicheleien und den eigensüchtigen Avancen des Antichambres noch weiter vom rechten Weg abgelenkt wird, stellt sich endgültig die Frage, ob die Nachteile dieses Regierungssystems nicht seine Vorzüge überwiegen. Dazu kommt noch, daß wegen der delikaten Stellung des Erziehers und des Zöglings zueinander in der Prinzenerziehung nicht immer die besten Eigenschaften eines Thronfolgers zur Förderung gelangen. Auch besteht die Umgebung eines Herrschers oft nicht aus den charakterlich besten und innerlich wie äußerlich souveränsten Persönlichkeiten. Alle diese Nachteile führen dazu, daß die reine Monarchie, die absolute Herrschaft eines Einzelnen, auf längere Frist immer zu einer Despotie, Tyrannis oder Willkürherrschaft entarten muß. Obendrein besitzt sie den Nachteil, daß nicht nur die nicht immer Besten die wirkliche Zwischenherrschaft ausüben, sondern auch die breite Masse der Beherrschten keinen Anteil und keine Mitsprache an der Regierung hat.

Die Aristokratie hat demgegenüber den enormen Vorteil, daß die wirklich charakterlich und fachlich Besten herrschen. In dieser Staatsform kombinieren sich die Spitzenbegabungen einer Gemeinschaft zum Gemeinwohl. Niemand muß mehr antichambrieren, um einem Gedanken zum Durchbruch zu verhelfen, alles kann und soll klar ausgesprochen werden. Kein Mensch ist mehr von den Launen eines Einzelnen alleine abhängig. Aber auch hier stellt sich mit der Nachfolgefrage für die Mitglieder der Aristokratie der erste Schatten ein. Kommt der Nachwuchs durch Erbschaft in den Senat, sind alle jungen Aristokraten kleine Monarchen mit all den Problemen, die schon in der eigentlichen Monarchie auftreten, wenngleich die Größenordnung Fehlentwicklungen nicht so gravierend erscheinen läßt, und sich Entgleisungen gegenseitig bis zu einem gewissen Grad ausbalancieren mögen. Ob nun die Senatsmitglieder ernannt, gewählt oder durch Erbschaft nachrücken, es bleibt die Tatsache der wechselseitigen Eifersüchteleien, der Cliquenbildung und der langsamen, oft nicht sachgemäßen Entscheidungsfindung.

Der Zwang, doch rasch zu entscheiden, und die Tatsache der Partei-

enbildung überall dort, wo gleichrangige Menschen zu einer Gemeinschaftsleistung aufgerufen sind, führt zu einer Verdichtung des Herrschaftsapparates, zur Oligarchie oder zur Herrschaft der Wenigen. Spielt bei der Entscheidungsfindung die Finanzkraft der Entscheidungsträger, ihre eigenen materiellen Interessen oder schlicht die Tatsache eine Rolle, daß sie aus finanziellen Erwägungen in die Oligarchie aufgenommen wurden und entscheiden, so nennt man diese Entartungsform der Aristokratie eine Plutokratie oder Geldherrschaft. Auch rein aristokratische Herrschafts- und Regierungsformen entarten und haben noch dazu den Vorzug einer guten reinen Monarchie nicht, rasch zu den einheitlichen Entschlüssen zu kommen. Wie bei der Monarchie fehlt auch der Aristokratie die Beteiligung derer, um die es ja im Wesentlichen geht, des Volkes.
Diese ist bekanntlich bei der Demokratie oder Volksherrschaft voll gegeben. Ihr immenser Vorteil liegt in der gänzlichen Identität von Herrschaft und Beherrschtheit. Regiert sich das Volk selbst, hängt es nicht vom mehr oder weniger guten Willen anderer ab, es ist selbst souverän und bestimmt sich selbst. Aus dem freien Willen der Bürger setzt sich der politische Wille der Gemeinschaft zusammen, niemand kann mehr Interesse haben, die Freiheit der Meinung und des Handelns zu unterdrücken, sind doch beide konstitutive Bestandteile des Regierungssystems selbst. Auch die Nachfolgeprobleme der Monarchien und Aristokratien kennt die Demokratie nicht. Allerdings kann sie nicht der Vorteil der Monarchie besitzen, den der raschen und einheitlichen Entscheidungen, ist doch jeweils zu allen Fragen vorerst die Meinung des Volkes einzuholen. Dies kann nun entweder durch Volksentscheid oder Plebiszit erfolgen, oder man vertraut den Entscheidungsfindungsprozeß einem Kreis von Volksvertretern an, die für solche Aufgaben vom Volk berufen werden.
Die enorm hohe Anzahl von unbedingt notwendigen Regierungsentscheidungen macht es nun unmöglich, jede einzelne Frage dem Volk selbst zur Entscheidung vorzulegen, an seiner statt trifft die Mehrzahl von Entschlüssen die Volksvertretung. Da die Erfahrung zeigt, daß das Volk mit der Häufigkeit der Plebiszite sein Interesse an ihnen verliert und sich nur mehr Minderheiten des Volkes an den Volksentscheidungen beteiligen, verlagert sich die eigentliche Entscheidungsgewalt immer mehr auf die Repräsentanten des Volkes, zumal

in der heute immer komplizierter werdenden Welt nicht nur die Komplexität, sondern auch das bloße Quantum an zu Entscheidendem ungeheuer steigen. Die Volksvertreter rutschen dadurch immer mehr in die Rolle von Aristokraten, die für mehr oder weniger lange Zeit berufen werden. Der Umstand einer zeitlichen Begrenzung ihrer Funktionsperioden und einer möglichen Abberufung durch Neuwahl von anderen Volksvertretern ändert nichts an der quasi-aristokratischen Rolle der Repräsentanten, die nun natürlich auch alle Schwächen und Entartungsmöglichkeiten dieser Staats- und Regierungsform in sich tragen.

Spätestens hier erweist sich, daß selbst die Demokratie als reiner Idealtypus nirgends existieren kann. Wie bei Monarchie und Aristokratie gelangen zwangsläufig andere, nicht systemimmanente Elemente in sie hinein, beginnend mit den Volksvertretern als neuer »Aristokraten«-Schicht. Da nun die Volksrepräsentanten in gewisser Weise immer von ihrer Wählerschaft abhängig bleiben, kommt ihnen die innere Souveränität der eigentlichen Aristokraten nicht zu. Trotz ihrer Abhängigkeit haben sie aber einen durch ihre Tätigkeit bedingten zwangsläufigen Informationsvorsprung, sodaß sie jederzeit ihre Wählerschaft für ihre Wiederwahl manipulieren können und sie sogar angesichts der vom Volk in überwiegender Mehrheit gar nicht gewollten und aus Gründen der Informationsüberforderung nicht von ihm bewältigbaren Häufigkeit der Entscheidungen manipulieren müssen. Damit sind die Repräsentanten nolens volens endgültig in die Oligarchenrolle geschlüpft. Auch innerhalb der Entscheidungsgremien der Volksvertretungen folgt die Entscheidungsfindung völlig dem bekannten Oligarchiemuster.

Da die »demokratischen« Oligarchen meist nicht auf Lebenszeit ernannt oder gewählt werden, bleiben sie trotz ihrer Manipulationsmöglichkeiten und -notwendigkeiten doch immer noch vom Wahlvolks abhängig. Bedingt durch die Notwendigkeit, die Fülle von Informationen und Entscheidungen einer diese Komplexität nicht verarbeiten könnenden und wollenden Wählerschaft doch irgendwie nahebringen zu müssen, entstehen die furchtbaren Vereinfachungen und vielfach auch ideologischen Reduktionismen, die den Stil der öffentlichen politischen Auseinandersetzungen in den westlichen »Demokratien« prägen und im Grund unabsichtlich wieder zu einer zu-

nehmenden Politikmüdigkeit führen, die die Macht der oligarchischen Volksvertreter ständig stärkt und gleichzeitig das Volk der wirklichen Entscheidung noch weiter entrückt.
Auch die Forderung nach dem »imperativen Mandat«, nach der Vorabstimmung des Volkes zu einzelnen Fragen, deren Ergebnisse für die Repräsentanten verbindlich sind, löst das Problem der Volksferne der Repräsentantenentscheidungen nicht, denn dann könnte man das Volk gleich immer direkt entscheiden lassen, was eben auf technische wie mentalitätsmäßige Grenzen stößt. Läßt man keine Wiederwahl der Volksvertreter zu, so entgeht man zwar manchen Manipulationen, stärkt hingegen die nicht gewünschte Oligarchietendenz. Das Wiederwahlverbot behindert zwar die Manipulation für die Wiederwahl, nicht aber die für die Erstwahl, dasselbe gilt, wenn man überhaupt die Volksvertreter auf Lebenszeit wählte – immer bleibt die faktische Oligarchie. Ein Wiederwahlverbot für auf begrenzte Dauer Gewählte würde obendrein mit Sicherheit eine charakterliche und fachliche Fehlselektion mit sich bringen. Um den oligarchischen Charakter der repräsentativen Demokratie kommt man nicht herum. Bleibt man bei der Wiederwahlmöglichkeit, um wenigstens etwas die oligarchische Herrschaft einzuschränken, die bei lebenslänglichen Volksvertretern noch deutlicher zum Ausdruck käme, so akzeptiert man freilich damit den manipulatorischen Charakter der Wahlkämpfe, die in aller Regel nur den emotionell am besten ansprechbaren Themen gewidmet sind. Dafür wird keine Verleumdung des Gegeners und kein Unterhaltungsgag gescheut, kurz, die repräsentative Demokratie legitimiert ihre Repräsentanten durch die Ochlokratie oder Pöbelherrschaft.
So ließe sich die westliche oder repräsentative Demokratie als ochlokratisch legitimierte Oligarchie definieren. Daß man dies emotionslos zur Kenntnis nehmen kann, dazu mag auch die Feststellung beitragen, daß doch sämtliche andere Staats- und Regierungsformen eben auch nie rein und idealtypisch vorkommen. Daß Republiken auch auf aristokratischer und somit oligarischer Grundlage und nicht nur auf demokratischer und daher gemischt oligarchisch-ochlokratischer existieren können, erhellt sich aus dem Republikbegriff. Aber auch Monarchien können in Wirklichkeit »aristokratisch« oder »demokratisch« sein, siehe z.B. fürs erste das alte Heilige Römische

Reich Deutscher Nation oder das frühere Königreich Polen, in beiden Reichen wurden die Monarchen gewählt, sodaß man geradezu von »republikanischen Monarchien« sprechen könnte. Venedig verstand sich beispielsweise als Republik, wurde aber wie viele andere aristokratische Republiken im Prinzip nicht anders regiert als das Königreich Polen, also wie eine »Monarchie«. Die heutigen westeuropäischen »Monarchien« hingegen wieder bezeichnen sich als »demokratisch«, wo doch Demokratien eigentlich Republiken sein müßten. So verstehen sich gegenwärtig das Vereinigte Königreich oder die Niederlande im Grunde genommen als »monarchische Republiken«. Nicht nur in der Staatstheorie, sondern auch in der staatlichen Praxis vermischen und verwischen sich die reinen Idealtypen, sodaß es keinen Sinn hat, sich auf einen theoretischen Idealtyp festzulegen, den es doch in Wirklichkeit nie gab, gibt und geben wird, zumal wir doch dem wissenschaftlichen Anspruch folgen wollen, daß sich eine Theorie nur aus der Praxis ableiten dürfe.

Ist so z.B. das »Mutterland der Demokratie«, das Vereinigte Königreich, als monarchische Republik aufgrund seines repräsentativ-demokratischen Aufbaues als ochlokratische legitimierte Oligarchie zu charakterisieren, so haben die »Volksvolksherrschaften« oder »Volksdemokratien« am wenigsten mit der Selbstherrschaft des Volkes zu tun. Denn in ihnen herrscht als Quasi-Aristokratie die »Vorhut der Arbeiterklasse«, in ihr wieder die engere Schicht der Nomenklatura und in ihr der rein oligarchische Kreis der ZK-Sekretäre und Politbüromitglieder. Obwohl im ideologischen Anspruch die Marxisten-Leninisten zwar behaupten, für das Volk zu sprechen und deshalb das Volk gleich zum Quadrat nehmen, ist durch die leninistische Setzung der Herrschaft der Vorhut – genaugenommen der Partei – der Arbeiterklasse, die ihrerseits laut Marx nach der Revolution ja mit dem Volks identisch wäre, wenigstens die quasiaristokratische Herrschaftslegitimierung offen zugestanden. Man regiert zwar im Namen des Volkes – wie anderwärtig auch – , doch läßt man es noch weniger als anderswo selbst herrschen oder wenigstens mitbestimmen.

Dieser kleine Ausflug in die weite Welt der staatsrechtlichen Theorie und Praxis ließe sich noch beliebig fortsetzen, beispielsweise beim demokratischen Entscheidungsprozeß in der Frage, was wohl die

Mitbestimmung der Minderheit wert sei, wenn sie bei Problemen, die auch sie betreffen, überstimmt wird. Der Wechsel der öffentlichen Meinung, der die politische Willensbildung nach sich zieht, wirft weiters die Frage nach der inneren Stabilität eines Gebildes auf, das vom Hin und Her der sich in der Mach ablösenden Parteien herumgeworfen wird – ein Problem nicht nur der Demokratie, sondern auch eines der aristokratischen Mehrheitsfindungen. In unserem Exkurs können Schwierigkeiten gestreift werden, die sich aus dem zur Verselbständigung neigenden Parteienstreit für das gemeinschaftliche Identitätsbewußtsein des Volkes, aber auch der wirklich herrschenden Kreise ergeben. Wie wirken sich die ständigen Appelle an Neid, Mißgunst und Emotionen bei Wahlkämpfen auf Absender und Adressaten aus? Dabei haben wir uns noch gar nicht auf die ideologischen Spektulationen eines Hobbes oder Locke eingelassen, ob nun der Mensch eigentlich von Natur aus böse oder gut sei. Die Exkursion wollen wir nun abbrechen, denn sie sollte ja nur das weite Feld verfassungsrechtlicher Möglichkeiten leidenschaftslos vorführen.

Viel mehr als auf die Formen kommt es auf das an, was sie eigentlich meinen und ausdrücken. Was dem Demokraten die Demokratie, dem Aristokraten die Aristokratie und dem Monarchisten die Monarchie so wertvoll, lieb, teuer und achtenswert macht, sind doch nur an der Oberfläche die Formen und im Wesentlichen aber der Geist, der hinter den Formen gemeint ist. Überzeugte Anhänger der einen oder anderen Staats- oder Regierungsform sind der Vorteile der von ihnen vertretenen Anschauungen zuliebe sogar bereit, auch ihre Nachteile in Kauf zu nehmen. Ein Idealist freilich kann in allen Positives wie Negatives sehen und daher von der höheren Warte der die immanenten, oft gegensätzlichen Formen überbrückenden Transzendenz danach trachten, möglichst aus allen Formen die Vorzüge zu gewinnen und die Negativa auszuschießen. Er wird den Fehler der Ideologen vermeiden, eine immanente Erscheinungsform zu generalisieren und alle anderen zu relativieren, um so über den immanenten Dingen zu stehen und das eigentlich transzendental Gemeinte aus den immanenten Formen herauszufiltern und zu kombinieren.

Warum sollten sich denn nicht die Vorteile der Monarchie, der Aristokratie und der Demokratie vereinigen und ihre jeweiligen Nachteile umgehen lassen? Das Positive aller Staats- und Regierungsformen zusammengenommen müßte eigentlich das Negative von ihnen ausschließen, denn der Vorteil der einen ist der Nachteil der anderen und umgekehrt der Nachteil der einen der Vorteil der anderen. Genau auf diesem Weg kamen schon die antiken Philosophen und Staatstheoretiker zum »regimen mixtum«, zur gemischten Staatsform, und in der Neuzeit bahnbrechend Montesquieu zur Gewaltenteilung und zur konstitutionellen »Monarchie«. Gerade letzterer fand seine Überlegungen nicht nur durch theoretische Spektulation, sondern auch aus dem Vorbild der Praxis. Ohne in einen falschen Romantizismus für das Mittelalter zu verfallen, herrschte doch vom Untergang des Weströmischen Reiches bis zum Aufkommen des Absolutismus durch mehr als tausend Jahre eine gemischte Staatsform in Europa vor, wenn man von Byzanz und muslimisch-rechtlichen Exklaven absieht. Auch die meisten frühgeschichtlichen Stammesorganisationen lassen sich auf eine ähnliche Konstruktion zurückführen, wie auch der Absolutismus nie wirklich alle europäischen Staaten erfaßte und sie schon bald in die konstitutionelle Monarchie entließ. Das Regimen mixtum kann also auf eine sehr lange Tradition zurückblicken und hat auf abendländische Verhältnisse bezogen in geschichtlicher Zeit sicherlich die längste. Jedenfalls herrschte es länger als Absolutismus und Demokratie zusammen vor.

Montesquieu orientierte sich am englischen Vorbild seiner Zeit und sah drei Gewalten, die sich gegenseitig kontrollierten und ergänzten: An der Spitze das Königtum, dem die exekutive Gewalt anheimfiele, die Aristokratie mit Sitz im Oberhaus und das Volk, das im Unterhaus vertreten wäre. Beiden Häusern des Parlaments käme die Gesetzgebung zu, an der der König mit einem Vetorecht teilnähme. Die richterliche Gewalt als dritte Staatsgewalt wäre nur an die durch die Willensübereinstimmung von Monarchen, Aristokratie und Volksvertreter zustande gekommenen Gesetze gebunden und von der exekutiven Gewalt des Königs getrennt. Da das Oberhaus auch als oberster Gerichtshof fungierte, käme der Aristokratie nicht zuletzt aus diesem Grunde eine Pufferfunktion zwischen Königtum und Volkswillen zu. Ohne jetzt im einzelnen nachzuprüfen, ob diese englischen Verhältnisse wirklich so waren, wie Montesquieu sie auffaßte, bildete seine Staatstheorie doch bis in dieses Jahrhundert das Vorbild für die konstitutionellen Monarchien. Mit der Entmachtung des

Oberhauses 1911 im Vereinigten Königreich im speziellen sowie im restlichen Europa im Zuge der Ereignisse um den ersten Weltkrieg im allgemeinen brachen die konstitutionellen Monarchien insgesamt zusammen, und der Schwerpunkt verlagerte sich auch in den noch verbliebenen nominellen Monarchien endgültig zugunsten des Unterhauses beziehungsweise der Volksvertretungen.

Wenigstens in der Theorie verblieb von Montesquieu die Idee der Gewaltenteilung, die nun auch auf die Republiken übertragen wurde. Noch am »Klassischsten« ist sie in den Vereinigten Staaten verwirklicht, wo sich Präsident und Kongreß mit deutlich getrennten Kompetenzen gegenüberstehen, und die zeitweilige Übermacht des Präsidenten nur durch Vollmachten des Kongresses zustandekam und inzwischen weitgehend zurückgenommen wurde. Seit Gründung der Vereinigten Staaten existieren nun zwei Typen von modernen Republiken, präsidiale und parlamentarische. Nicht, daß es in den präsidialen keine Parlamente gäbe, oder in den parlamentarischen keine Präsidenten, der Unterschied liegt darin, ob der Präsident tatsächlich selbständig eine Staatsgewalt repräsentiert oder nicht. In Präsidentialrepubliken kommt dem Präsidenten die vorwiegend exekutive Rolle des ursprünglich konstitutionellen Monarchen zu, während die Volksvertretung ihr Schwergewicht in der Gesetzgebung und in der Kontrolle der Exekutive findet. Bei den parlamentarischen Republiken liegt alle Macht bei der Volksvertretung selbst, auch Präsident und Regierung sind im eigentlichen Sinne nur Bevollmächtigte des Parlaments. Bei beiden republikanischen Typen behielt die richterliche Gewalt weitgehend die Funktion, die sie auch in den konstitutionellen Monarchien inne hatte.

Inwieweit stimmen nun Gewaltenteilung und Demokratie innerlich überein, wenn man bei beiden das eigentlich Gemeinte im Auge behält? Der Sinn der – konstitutionell-monarchischen wie republikanischen – Gewaltenteilung liegt in der Verhinderung von Willkür, ganz gleichgültig, von welcher Seite sie auch kommen mag. Das wechselseitige aufeinander-angewiesen-Sein der idealtypisch getrennten Staatsgewalten Exekutive, Legislative und Jurisdiktion garantiert ein hohes Ausmaß an staatsbürgerlicher Freiheit durch breite Konsensfindung und verhindert die Übermacht einer einzelnen Macht im Staate, sodaß Entartungserscheinungen weitgehend gebannt werden.

Die Demokratie will die Selbstherrschaft der Beherrschten; will man sie so, daß auch sie möglichst nicht entartet, muß in sie auch die Gewaltenteilung eingeführt werden. Demokratische Gewaltenteilung bedeutet also, daß sich die Demokratie selbst beschränkt und damit quasi-monokratische und quasi-aristokratische Elemente und Institutionen aufnimmt. Die Entscheidung muß daher zwischen radikaldemokratischen Entartungserscheinungen und freiheitlicher Gewaltenteilung fallen. Aus der Gewaltenteilung entspringt aber die Rechtsstaatlichkeit und mit ihr auch die Sicherheit eines Rechtes, das manchmal sogar im Gegensatz zur öffentlichen Meinung und zum augenblicklichen Gutdünken der Mehrheit überhaupt stehen kann.

Dem radikaldemokratischen Ideal entsprechen wohl am ehesten eine plebiszitäre Demokratie und eine weitgehende Beseitigung der Schranken zwischen den einzelnen Staatsgewalten. Der Preis dafür ist die Abhängigkeit auch der Justiz von den jeweiligen Mehrheitsverhältnissen – eine Parteijustiz, die völlige Unterwerfung der Minderheit unter die willkürliche Meinung der Mehrheit, der Verlust der individuellen bürgerlichen Freiheit zugunsten der Abstimmungsergebnisse eines über alles abstimmenden Kollektivs, die gänzliche Beherrschung des Einzelnen durch die Gemeinschaft und die ungebremste Herrschaft der jeweiligen Mehrheit. Zeichnet sich eine Änderung des Mehrheitswillens ab, so steht die jetzt noch herrschende Mehrheit vor der Alternative, in gut demokratischer Manier den Herrschaftsverlust hinzunehmen, sich den gegensätzlichen Anschauungen total zu unterwerfen und damit innerlich den Meinungsumschwung voll mitzumachen sowie vielleicht auf »bessere« Zeiten zu hoffen. Oder aber sie nützt ihre noch vorhandene Übermacht, um den Meinungsumschwung zugunsten der noch in der Minderheit Befindlichen zu verhindern, was nur durch List oder gewaltsam, immer aber unter Opferung der demokratischen Gesinnung zu bewerkstelligen ist.

Ändert man die eigene Meinung oder kommt eine neue Mehrheit ans Ruder, so bedeutet dies einen völlig neuen Kurs, der bei einigen Vorgangswiederholungen zu einer totalen Destabilisierung und Unsicherheit führen muß. Nützt man die eigene Mehrheit hingegen, um durch List oder Gewalt den Umschwung zu verhindern, so beraubt man sich der Glaubwürdigkeit der eigenen Legitimation und stellt die Sinnhaftigkeit demokratischer Mehrheitsentscheidungen selbst in

Frage. Eine naive Radikaldemokratie führt somit immer zur Zerrüttung des Staatswesens durch das Hin-und-Her der Pendelschläge der öffentlichen Meinung, die politisch durch nichts aufgefangen werden und voll durchschlagen, oder aber gleich zur Diktatur der Einen über die Anderen. Da auf Dauer das Notwendige immer getan werden muß, es ist nämlich Stabilität und Sicherheit aufrechtzuerhalten oder wiederherzustellen, so endet jeder radikaldemokratische Zickzackkurs selbst nach einer gewissen Zerrüttungsphase wieder in einer vollen Gewaltherrschaft.

Eine wirklich konsequente Radikaldemokratie ist selbst nie wirklich demokratisch im Sinne der eigentlich gemeinten Selbstbestimmung in Autonomie. Wenn alle über alles abstimmen und entscheiden können, hat weder der Einzelne noch die Minderheit irgend ein Recht, außer dafür oder dagegen zu stimmen – in die persönliche Sphäre wird auf jeden Fall hineinregiert. Entweder gleich oder nach dem destabilisierenden Hin-und-Her gleitet jede entartete Demokratie schließlich in eine undemokratische Diktatur ab – die altrömische Republik in den Caesarismus, das französische Jakobinertum in den Bonapartismus. Wem es in der Demokratie um die eigentlich gemeinte selbstverantwortliche Freiheit ernst ist, darf nicht an ihrer immer radikaleren Ausformung arbeiten. Jede Übertreibung führt zum Verlust des Eigentlichen und kommt durch den gleichen Generalisierungsmechanismus zustande, der schon die Ideologien prägt. Übertreibung und Generalisierung übersehen den transzendenten Kern der Sache und glauben, an der Oberfläche der Erscheinungen ihren Geist zwingen zu können. Die Transzendenz bestimmt aber die Immanenz, und wer nur die Immanenz anerkennt, wird nie zum Eigentlichen stoßen oder es gar meistern.

Die größte Gefahr für die Demokratie liegt in ihrer Ideologisierung; durch die ideologische Gefahr können sich im Übrigen auch alle anderen Staats- und Regierungsformen in Frage stellen. Die Demokratie hat es gar nicht nötig, ihren eigenen Standpunkt übertreibend zu generalisieren und alle anderen zu relativieren, wenn sie das transzendental Gemeinte im Auge behält: Freiheit und Selbstverantwortung. Das Wesen der Freiheit kann nur wirklich verstanden werden, wenn man die Verankerung von Freiheit und Verantwortung in der Transzendenz begreift; wer dies nicht vermag, tut immer nur so »als ob«. Ohne metaphysische Wurzel der Freiheit läßt sich auch mit einer freiheitlichen Staatsform nichts Richtiges anfangen. Selbst materialistische Ideologen sehen sich nach Freiheit, ohne sie jedoch voll zu erfassen, weil sie die Transzendenz verdrängen. Deshalb kompensieren sie ihr metaphysisches Defizit mit dem Wunsch nach möglichst durchgängiger Demokratisierung, durch die sie aber genau die Freiheit ersticken, um die es im Grunde geht. Die durch die materialistische Wegreduzierung der Transzendenz verursachte Armut des ideologischen Denkens tötet letztenendes jede politische Freiheit und auch alle wirklich demokratischen Elemente, selbst wenn die Ideologie noch so oft rhetorisch die Freiheit und die Demokratie in den Mund nimmt. So beruht die Radikaldemokratie auf einer Form jakobinischer Ideologie und führt über die Ochlokratie unweigerlich zur Tyrannis.

Kaum geringer, sondern nur in eine andere Richtung gehend ist die Entartung der Demokratie, wenn man die Entscheidungsebene von der populistischen und weitgehend plebiszitären auf die rein parlamentarische Basis anhebt. Denn hier fallen im »Parlamentsabsolutismus« Exekutive und Legislative zusammen, dazu kommt meist noch eine gewisse Vorliebe für eine Laiengerichtsbarkeit, die auch schon das radikaldemokratische Denken prägt und bisweilen bis zur Installierung von »Volksgerichtshöfen« geht. In der bloß parlamentarischen Demokratie beschränkt sich der Populismus auf die Wahlkämpfe, sonst herrscht die reine Oligarchie der Parlamentsfraktionen, da dem Parlament kein anderer gleichwertiger demokratischer Repräsentant gegenübersteht. Die Ochlokratie ist allein auf die Wahlentscheidungen beschränkt, wodurch die Oligarchie relativ stabiler herrschen kann, als dies bei stark radikaldemokratischen Republiken der Fall ist. Ein gewisser Zerrüttungseffekt wird hier durch die Abwechslung in der Herrschaft der verschiedenen oligarchischen Volksvertretungsfraktionen entstehen. Da ein Gemeinwesen aber auf Dauer Stabilität und Sicherheit benötigt, um sich kontinuierlich weiter zu entwickeln, liegt auch hier die Antwort auf die durch die Kämpfe der Parlamentsfraktionen hervorgerufene Destabilisierung in der Errichtung eines autoritären Regimes. Dieser Prozeß tritt umso früher ein, je unterschiedlicher das programmatische Denken der oligarchischen Parteien ist.

Sowohl die Radikaldemokratie als auch die rein parlamentarische Demokratie führen zur Tyrannis, der Unterschied liegt lediglich in der unterschieldlichen Gewichtung von ochlokratischen und oligarchischen Elementen in der der despotischen Endstufe vorgeschalteten Zwischenphase. Präsentiert sich die Radikaldemokratie als ochlokratische Vorherrschaft auf dem Übergang zur Despotie, so handelt es sich beim radikalen Parlamentarismus um eine typische durch Ochlokratie legitimierte Oligarchie auf einem meist etwas längerem Weg zur nächsten Gewaltherrschaft. Wer also die Demokratie erhalten will, muß die destabilisierenden Nachteile des bloßen Parlamentarismus und der Radikaldemokratie durch die Vorteile der anderen demokratischen Einrichtungen ausgleichen. Dazu gehört einmal, ein stabiles und institutionelles Gleichgewicht zwischen Volksvertretung und direkten Volksabstimmungen zu schaffen, was bedeutet, sowohl vom reinen System des Plebiszits als auch von dem des Parlamentsabsolutismus Abstand zu nehmen. Plebiszite und Repräsentanten müssen sich also gegenseitig »in Schach« halten und kontrollieren können. Obendrein ist es im Sinne der Gewaltenteilung unbedingt nötig, auch auf demokratischer Grundlage Exekutive und Legislative auseinanderzurücken, und damit dem republikanischen Präsidenten oder Regierungschef eine vom Parlament möglichst unabhängige und verfassungsmäßig selbständige sowie starke Stellung zu verleihen. Zuletzt soll die richterliche Gewalt von jedem Populismus möglichst ferngehalten, nur dem Gesetz verpflichtet und im Interpretationsfreiraum zwischen Gesetz und individueller Anwendung ethisch-transzendental motiviert sein, was die Einschränkung eines populistischen Laienrichtertums und eine idealistische Ausrichtung der Berufsrichterschaft bedeutet.

Die Gewaltenteilung oder das regimen mixtum der konstitutionellen Monarchie ist also auch auf die Demokratie voll anzuwenden. Ein aus dem Volk kommendes und vorwiegend mit der ausübenden Macht ausgestattetes Staatsoberhaupt stünde einem aus dem Volk kommenden und überwiegend mit legislativen und kontrollierenden Aufgaben betrauten Parlament gegenüber. Nur durch den übereinstimmenden Willen beider institutioneller Staatsgewalten sollte Politik gestaltet werden. Blockieren sich beide, sollte es in bestimmten dringlichen Fällen beiden Seiten gestattet sein, die letzte Entscheidung des Volkes selbst anzurufen, das aus sich heraus ebenfalls initiativ werden dürfte. Durch solch ein System könnten sich Vorzüge und Nachteile einseitiger Demokratiemodelle gegenseitig ausgleichen. Die allseitige institutionelle Unabhängigkeit der Jurisdiktion ist in ihrer Bedeutung für die Freiheit des Einzelnen und die Rechtssicherheit überhaupt schon betont worden.

Drehen wir einmal die Fragestellung um und untersuchen wir, was im Gegensatz zu etatistischen Überlegungen denn Freiheit für das Individuum bedeutet. Der Einzelne ist doch dann am meisten frei, wenn er aus sich heraus in seinem tagtäglichem Leben selbstverantwortlich handeln kann. Je größer der institutionelle Freiraum für freie Verantwortung im praktischen Leben ist, umso freier ist der Mensch als Staatsbürger. Je geringer dieser Freiheitsraum wird, desto geringere praktische Entwicklungsmöglichkeiten kann es für einen freien Bürger geben, wobei es vollkommen gleichgültig ist, ob der Freiraum zugunsten einer radikaldemokratischen Demokratisierungswut oder eines noch so wohlgemeinten parlamentarisch-oligarchischen Wohlfahrtsdenkens eingeengt wird. Aus der Sicht der sich nur praktisch und individuell verwirklichenden Freiheit ist es ein höchst schwacher Ersatz, anstelle eigener Taten an der Mitbestimmung über sich selbst und sein eigenes Leben mitwirken zu dürfen. Weder die Beteiligung an einer Mehrheitsentscheidung über sich selbst im Sinne der Radikaldemokratie, noch gar die alle paar Jahre fällige Mitabstimmung über die Zusammensetzung einer ansonsten allmächtigen Oligarchie im Sinne des Parlamentsabsolutismus kann eine selbst gehandhabte Freiheit ersetzen. Das regimen mixtum bedarf also noch einer Ergänzung, nämlich einer dezentralen Gesinnung: Nur das darf von der gesellschaftlich organisierten Gemeinschaft in Angriff genommen werden, was der Einzelne alleine nicht mehr bewältigen kann. Die Fürsorge des Staates hat denen zu helfen, die sich nicht mehr selbst helfen können, muß im übrigen Hilfe zur Selbsthilfe gewähren und darf die Freiheit des Bürgers nicht erdrükken, solange er selbst für sich sorgen kann.

Ein dezentrales regimen mixtum ist also auf demokratischer Grundlage durchaus zu verwirklichen und in verschiedenen Ansätzen mancherorts auch existent. Der echten Demokratie tut es dabei keinerlei Abbruch, sondern garantiert sogar ihr Überleben, daß sie nicht radi-

kaldemokratisch organisiert und in der Mischform dem unmittelbaren Mehrheitswillen der Bürger bisweilen entzogen ist. Ihre gewaltenteilerische und rechtsstaatliche Selbstbeschränkung gibt ihr erst den Adel und der Freiheit den Spielraum. Auf die Freiheit als dem transzendental eigentlich Gemeinten der Demokratie kommt es dem Idealismus allein an: Der demokratische Staat ist so zu organisieren, daß ein Maximum an Selbstverantwortung möglich wird.
Einigt man sich darauf, daß dem Staatsoberhaupt die vorwiegend ausübende Gewalt zukommt und er eine verfassungsrechtlich starke Stellung einzunehmen hat, so bedarf er dazu einiger zusätzlicher Möglichkeiten. Dazu gehören ein Gesetzeinbringungsrecht, einVetorecht gegenüber Parlamentsbeschlüssen, das Recht zur Parlamentsauflösung und beim Staatsnotstand das Ausnahmerecht. Ist nur seine Stellung wirklich unabhängig, ist es eher gleichgültig, ob er von der Volksvertretung oder vom Volk selbst gewählt wird. Auch die Dauer seiner Funktionsperiode ist eher nebensächlich, nur sollte er wohl wiederwählbar sein. Sogar eine lebenslange Wahl wäre vorstellbar, solange seine Herrschaft eben nicht absolut ist, und er stets auf den Konsens mit dem Parlament und dem Volk angewiesen ist. An dieser Stelle geht die Republik in die Wahlmonarchie – allerdings in konstitutionellem Sinne – über, ohne daß deshalb das demokratische Prinzip durchbrochen wäre.
Herrscht kein Parlamentsabsolutismus, spielt auch der Wahlmodus und die Dauer der Legislaturperioden der Volksvertretung keine Hauptrolle. Wahrscheinlich wird sich eine Mischung aus Mehrheits- und Verhältniswahlrecht am besten bewähren. Wichtiger ist wohl, ob ein Parlament nur aus einer Kammer mit auf beschränkte Funktionsperionen Gewählten bestehen soll, oder ob nicht eine weitere Kammer mit wirklich unabhängigen und somit nicht mehr abwählbaren, das heißt lebenslänglichen, Mitgliedern vorteilhaft wäre. In einem solchen Senat würde man der Hitze vieler Wahlkämpfe die Spitze nehmen, einen Puffer zwischen Staatsoberhaupt und gewählten Volksvertretern legen und im guten Sinn das aristokratische Element miteinschließen. Da lebenslang tätige Senatoren ja auch aus dem Volk kommen und den Kreis der bewährtesten und einflußreichsten Persönlichkeiten desselben umfassen, würde auch ihre Existenz dem demokratischen Prinzip nicht widersprechen. Um ausglei-

chend wirken zu können, müßte der Senat mit der Abgeordnetenkammer gleichberechtigt sein oder wenigstens Veto- und Initiativrecht besitzen, sodaß zu einem Parlamentsbeschluß die Zustimmung beider Kammern nötig sein würde. Selbst wenn die Senatoren vom demokratischen Staatsoberhaupt alleine ernannt werden, bleiben sie eine demokratische Institution.

Gerade die doch recht einseitige Auswahl der gewählten Repräsentanten im heutigen Parlamentarismus läßt eine Korrektur durch einen Senat aus lebenslänglichen und somit unabhängigen Mitgliedern sehr wünschenswert erscheinen. In den oligarchischen Kreisen der modernen Parteien dienen sich von klein auf Persönlichkeitstypen hoch, die nicht immer die beste Auswahl an Charakteren garantieren. Wer sich der »Ochsentour« der normalen Funktionärslaufbahn unterwirft, um persönlich Karriere zu machen, repräsentiert selbst den Typus des abhängigen und manipulierbaren Berufpolitikers, dessen Existenz mit dem Verlust seiner politischen Funktionen ruiniert wäre. Aus Selbsterhaltungsgründen wird der Apparatschik zum »Radfahrer«, der nach unten tritt und nach oben den Rücken krumm macht. Da für ihn aus Gründen eines Restes an Glaubwürdigkeit ein Parteiwechsel nicht in Frage kommen kann, ist der berufsmäßige Parteipolitiker auf Gedeih und Verderb an das Wohl und Wehe seiner Organisation gebunden. Ein Umstieg in einen »Zivilberuf« ist meist deshalb unmöglich, weil der Parteifunktionär ja schon früh mit dem Erklettern der politischen Karriereleiter begonnen und keinen wirklichen Broterwerb erlernt hat, wodurch die Abhängigkeit des Parteibürokraten von seiner eigenen Partei nahezu absolut wird. Da nun sämtliche etablierten Parteiorganisationen sich großteils auf ein so gewachsenes und unselbständiges Kader stützen, erhält der Parteienstreit schon aus den Karrieregründen der nach oben drängenden Berufsfunktionäre seine unappetitliche Eigendynamik. Wem es nun gelingt, endlich in den Kreis der wirklich Herrschenden vorzustoßen, ist zwar ein bewährter »Parteisoldat«, Demagoge und Intrigant, hat jedoch nie gelernt, selbständig kreativ zu sein, und wird auch aus sich heraus nie schöpferische Lösungen und Perspektiven aufzeigen können.

Die Folge der innerorganisatorischen Eigendynamik der politischen Parteien besteht nun darin, daß sich wirklich selbständige, selbstbewußte und kreative Persönlichkeiten in ihnen kaum halten und auch selten bereit sind, ihre Kräfte im Getriebe der Intrigen, Eifersüchteleien und Querelen der Parteienwirtschaft selbst nur versuchsweise zerreiben zu lassen. Unabhängige Charaktere meiden daher erfahrungsgemäß den Parteienstreit und widmen sich anderen Aufgaben, was freilich die Politik endgültig in die Mittelmäßigkeit verdammt. Dazu kommt noch, daß Parteipolitik sehr zeit- und arbeitsintensiv ist, wodurch wirtschaftlich selbständige Existenzen vor die Entscheidung gestellt werden, entweder ihr Unternehmen andern zu überantworten oder zugrunde gehen zu lassen, wenn sie sich trotz allem für die Politik interessieren. Oder sie meiden eben die Politik, auch wenn sie die Notwendigkeit politischen Engagements einsehen.

Diese unschöpferische und statische Mittelmäßigkeit unserer heutigen Parteipolitik ist bereits zum Gemeingut des allgemeinen Politikverständnisses geworden und trägt nicht gerade wenig zur Politikmüdigkeit weitester Bevölkerungskreise bei, die sich nun ins Privatleben zurückziehen und damit aber die Situation nur noch mehr verschlimmern. Die Politik ist die schwierigste aller Künste und darf auf kein Talent verzichten, kombinieren sich in ihr doch alle Fähigkeiten und Errungenschaften sämtlicher Berufe. Jenes politische System wird alle anderen überdauern und allen anderen überlegen sein, das sämtliche Begabungen für sich zu mobilisieren weiß und keine schöpferische Kraft vernachlässigt. Ein Senat, in den weitgehend unabhängig vom Parteienstreit die Einflußreichsten, Erfahrensten und Ausgezeichnetsten auf Lebenszeit berufen werden, korrigiert die Einseitigkeiten und Nachteile der üblichen Parteienwirtschaft, auch wenn die gegenwärtig herrschenden Parteioligarchien wohl nur ungern einen Teil ihrer Machtmöglichkeiten aus der Hand zu geben bereit sein werden. Da sie aber mit ihrem Latein heute offensichtlich am Ende sind, wird ihnen auf Dauer wohl nichts anderes übrig bleiben.

Die ochlokratisch gewählten Oligarchen werden sich also nicht so ohne weiteres von einem Teil ihrer Macht zugunsten eines »Oberhauses« trennen wollen und dies – dreimal darf geraten werden – natürlich mit dem Tabubegriff der »Demokratie« begründen. Dabei übersehen sie aber zumindest, daß sie selbst in ihrer Herrschaft genauso viel und genauso wenig demokratisch sind, wie ein nicht minder aus dem Volk rekrutierter Senat – und das gleichfalls aus ihm stammende Staatssoberhaupt. Der Parlamentsabsolutismus und die Parteienherrschaft widersprechen nicht nur der Gewaltenteilung, sondern sind auch in keinerlei Weise »demokratisch«. Denn auch die Demokratie braucht die wechselseitige Kontrolle ihrer Institutionen – wer die Demokratie allein für sich gepachtet zu haben behauptet, kann selbst nie Demokrat sein. In der »Demokratie« genannten ochlokratischen Oligarchie ist es ein beliebtes Spielchen, den Gegner mit dem »antidemokratischen« Totschlagsargument schachmatt setzen zu wollen, doch täuscht dies nicht über die Schwäche der eigenen pseudodemokratischen Tiraden hinweg und schadet dem, was Demokratie wirklich meint, der selbstverantwortlichen Freiheit, am allermeisten.

Die Demokratie kommt also in der Form der Rechtsstaatlichkeit und der Gewaltenteilung am reinsten zur Geltung, wobei dem Staatsoberhaupt ein Parlament gegenübersteht, das am besten aus zwei Kammern bestehen sollte, eines aus gewählten Repräsentanten und eines aus lebenslänglichen Senatoren. Die Freiheit kann in solchen Verfassungsinstitutionen von keiner Gewalt abgewürgt werden, lediglich im Fall des Staatsnotstandes erhält das Staatsoberhaupt zeitlich beschränkt und später rücknehmbar diktatorische Vollmachten. Im Staatsoberhaupt schwingen die guten Eigenschaften der Monarchie und im Senat die der Aristokratie mit, eine Entartung irgendeiner Staatsform ist durch die Mischung der Komponenten unmöglich gemacht. Gewaltenteilung und Rechtsstaatlichkeit verhindern somit Tyrannis und Oligarchie genauso wie Ochlokratie und garantieren ein reibungsloses Funktionieren des regimen mixtum. Eine auf Gewaltenteilung und Rechtsstaatlichkeit gestützte gemischte Staats- und Regierungsform gewährleistet auf Dauer den Erhalt dessen, worauf es der Demokratie transzendental eigentlich ankommt, der Freiheit und der Verantwortung.

Will man das, was in der Erbmonarchie positiv zur Geltung kommt, nämlich den zum Symbol gewordenen überzeitlichen Faktor der Dynastie, anerkennen, so kann dies solange unbeschadet geschehen, als der Dynast nicht absolut herrscht und durch Gewaltenteilung, Rechtsstaatlichkeit und regimen mixtum an den Konsens mit den übrigen gesellschaftlichen Herrschaftsträgern gebunden ist. Unsere Monarchisten sind insofern zu beruhigen, als das erbmonarchische regimen mixtum die eigentliche Form der abendländischen Monarchie darstellt, wogegen die Demokraten daran erinnert werden können, daß es die Monarchien waren, die die Rechtsstaatlichkeit ins Leben riefen. Für den Idealisten ist nicht so sehr die Frage wichtig, Monarchie oder Republik, sondern das, was eigentlich in der einen oder anderen Staatsform ausgedrückt werden soll. Beide sind berechtigt und haben ihre gewachsene politische Kultur und Tradition. So unsinnig es wäre, heute in den amerikanischen Freistaaten Monarchien einführen zu wollen, so überflüssig ist es, in den noch verbliebenen Monarchien mit aller Gewalt den Republikanismus zu verbreiten. Freiheitliche Verantwortung verträgt sich mit beiden, gehen doch die Staatsformen nur zu häufig ineinander über, wichtig allein ist die Aufrechterhaltung des gemischtförmigen Prinzips. Denn nur das regiment mixtum fördert das, worauf es dem Idealismus ankommt, Freiheit und Verantwortung.

Bei der eher pragmatischen Darstellung der Staats- und Regierungsformen haben wir die einzelnen Typen und ihre Kombinationen transzendental nur nach dem Gesichtspunkt ihres Beitrages zur verantwortlichen Freiheit bewertet und einstweilen die wichtigste Frage überhaupt vernachlässigt, aus welchem Geist sich Verfassungen selber legitimieren. Was nützen noch so freiheitliche Einrichtungen, wenn sie sich nicht idealistisch, sondern materialistisch motivieren? Eine Freiheit, die in die falsche Richtung geht, bringt nichts Gutes. Die Freiheit existiert nicht um ihrer selbst willen, sondern gewinnt ihren Wert erst durch den Geist höherer Verantwortung. Die Freiheit von etwas, beispielsweise von der Despotie, hat nur dann einen Sinn, wenn sie auch für etwas genützt wird, eben für ein konkretes höheres Anliegen. Rechte und Pflichten gehören zusammen und sind getrennt nicht zu begründen. Das Recht auf Freiheit im Staate kann nur sinnvoller Weise jemand für sich reklamieren, der auch die Pflichten der Verantwortung für seine Handlungen zu übernehmen bereit ist. Gewährt nun eine Verfassung scheinbar Rechte und Freiheiten, die selbst auf einer materialistischen Vorstellungsbasis beruht, so ist das so großartig Gewährte immer verkrüppelt und in letzter Konsequenz nicht das Papier wert, auf dem die Rechte und Freiheiten stehen. Die Freiheit einer materialistisch legitimierten Verfassung erweist sich folgerichtig immer nur als leere rhetorische Floskel, denn der Geist der legitimierenden Herleitung ist allemal stärker als das aus ihm Abgeleitete. Eine aus dem Materialismus geborene Verfassung wie z. B. die sowjetische kann aus Gründen ihres eigenen Selbstverständnisses nichts Rechtes mit so etwas wie Freiheit und Verantwortung anfangen, trotz aller deklarierten Rechte bleibt der Mensch der Sklave, der er zufolge des ideologischen Determinismus im Materialismus immer gewesen ist. Philosophische Annahmen haben nun einmal eben recht konkrete Folgen.

Wer also gerne frei sein will, achte sehr darauf, aus welchem Geist sich die Verfassung des Staates herleitet, in dem er lebt. Vorgängig und wichtiger als die rein formalen Freiheitsmöglichkeiten, die eine Staatsverfassung zu gewähren verspricht, ist der Geist der Verfassung oder die »Reichsidee«. Erst wenn ein Staat sich auf eine idealistische Grundlage stellt, ist er überhaupt in der Lage, Freiheit zu gewähren. Tut er dies, so kommt es allerdings nicht mehr auf die Paragraphen des Grundrechts- und Freiheitskatalogs an, mit dem moderne Verfassungen gerne prahlend beginnen, denn er kann dann gar nicht mehr anders, als freiheitlich zu sein. Allein die lebendige transzendentale Legitimation des Staates und seiner Einrichtungen ermöglicht einen sinnvollen und richtigen Gebrauch der bürgerlichen Freiheiten und garantiert die verantwortungsvolle Freiheit des einzelnen Bürgers in der sozialen Gemeinschaft. Alles andere ist Geschwätz.

Sieht sich nun der Staat selber in eine höhere Verantwortung genommen, so kann er auf keines seiner Talente verzichten, und das Beste ist ihm gerade gut genug, um die transzendentalen Ziele zu erreichen. Die bloße »Wohlfahrt« und das nebulose »Glück« seine Bürger ist es nicht, was die volle transzendentale Ausrichtung der menschlichen Gemeinschaftseinrichtungen ausmacht, sondern es geht um die Mitwirkung an der schon irdischen Errichtung der »civitas Dei«, der sich der transzendental legitimierte Staat verschreibt. Das Überzeitliche und das Ethische sind dabei die Richtung, in die der Staat seine sämtlichen Anstrengungen zu leiten hat. Was an überzeitlicher Tradition in seiner Substanz wertvoll ist, ist von ihm aufzugreifen und weiterzugeben, und in seinen Taten hat er Überzeitliches und Ethisches zu bezwecken. Das Bemühen um einen möglichst großen Wohlstand für eine möglichst hohe Anzahl von Bürgern ist alleine zu wenig und nicht einmal so wichtig, überzeitlich und ethisch sind vielmehr die

Aufgaben, die es den künftigen Generationen ermöglichen sollen, in freier Verantwortung als selbständige Menschen und in geordneten Verhältnissen auf dem aufzubauen und das fortzusetzen, was wir ihnen hinterlassen haben. So wie wir es wenigstens vorgezogen hätten, in gute Verhältnissen hineingeboren zu werden und auf dem aufzubauen, was uns unsere Vorväter hinterließen, so haben wir die Pflicht, dasselbe unseren Nachkommen zu ermöglichen. Nicht unser gegenwärtiges »Glück« zu erstreben, ist überzeitlich, ethisch und transzendental richtig – und das womöglich noch auf Kosten der noch Ungeborenen! –, sondern bloß das, was wir an Gutem unseren Nachkommen vermitteln. In der überzeitlichen Gemeinschaft des Staates aus Vorfahren, Lebenden und Nachkommen zählt transzendental nur, was wir an Übernommenem und Selbstentwickelten in die Zukunft weiterreichen.
Sehen wir im Staat die ideelle Gemeinschaft der bereits Verstorbenen, ohne deren substantielles Erbe wir nicht leben können, der gegenwärtig Lebenden, die die Verantwortung für die Zukunft tragen, und der noch Ungeborenen, die dieselben Ansprüche haben, wie alle vor ihnen am Leben gewesenen, dann gehen wir als Staatsbürger in die richtige Richtung und wirken schon auf Erden mit, die civitas Dei vorzubereiten, von der wir nur wissen, daß sie ethisch gerechtfertigt und ewig sein wird. Nicht um das momentane materielle Wohlleben der heute lebenden Generation hat es dem Staat zu gehen, sondern um die Sicherung der Zukunft für alle, die noch folgen werden. Dazu gilt es, kulturelle Werte zu erhalten und weiter zu entwickeln, sich der transzendentalen Verantwortung auch für das Immanente bewußt zu bleiben und nichts zu ruinieren, was die noch Ungeborenen vielleicht einmal gebrauchen könnten. Es bedarf der Ehrfurcht vor dem Vergangenen wie vor dem Zukünftigen und der Überwindung der Selbstsucht der gegenwärtigen Generation. Dabei hat der Staat die verdammte Pflicht und Schuldigkeit, mit gutem Beispiel voranzugehen, anstatt die Ressourcen der Welt sinnlos zu verheizen, um eine gegenwärtige nimmersatte Anspruchsgesellschaft zu füttern, die er selbst mit hervorgebracht hat.
Gerade im Versagen gegenüber der Zukunft können wir heute die Hauptschwächen insbesondere der westlichen Staaten beobachten. Überzogenen Schuldenmacherei auf Kosten der folgenden Genera-

tionen und ökologische Belastungen, die die Welt in Zukunft vielleicht unbewohnbar zu machen drohen, sind die untrügerischen Anzeichen einer nur mehr kurzatmig an sich denkenden Generation. Und ausgerechnet vom Staat, der nolens volens den Tanz ums goldene Kalb mitmacht, erwarten sich die nicht einmal Schlechtesten die Rettung für die Zukunft! Nein, nur aus uns selbst heraus ist Heilung zu erwarten, wenn wir bloß der transzendentalen Ausrichtung des Idealismus treu bleiben! Gerade der demokratische Staat folgt seinen Bürgern; von ihm ist aus ihm selber heraus keine Richtungsänderung zu erwarten und schon gar kein Appell an den für die Meisten schmerzvollen Verzicht auf die materielle Selbstsucht. Der Materialismus ist die höchste Stufe der Selbstsucht, die uns nun allmählich zu verschlingen beginnt. Trennen sich die Staatsbürger vom Materialismus, wird auch der demokratische Staat brav und lammfromm mitmachen, eine eigene Initiative ist von ihm freilich nicht zu erwarten und schon gar kein effektives Voranschreiten. Deshalb sind in erster Linie die Demokraten aufgerufen, sich des Idealismus anzunehmen, wenn nicht entweder die Welt oder wenigstens die Demokratie vor die Hunde gehen soll. Das Notwendige wird aber immer getan werden müssen, versäumt es die Demokratie, so hat sie in der modernen Geschichte versagt, und andere werden in nicht mehr demokratischen Formen das Nötige zu veranlassen haben, wenn die Zukunft gerettet werden soll.
Genau hier sind wir am kritischen Punkt des modernen Demokratieverständnisses angelangt, denn seit Rousseau hat sich die Demokratie mehr oder weniger offen auf den Materialismus berufen und Tocquevilles demokratisches »Gottesgnadentum« verworfen. Daß die Demokratie wie alle anderen Staatsformen und ihre Mischungen nicht unbedingt materialistisch legitimiert sein muß, zeigt die Staatstheorie und -praxis seit ihren Anfängen in der Antike. Der den Staat legitimierenden Geist ist mehr als nur eine theoretische Phrase, denn er greift zutiefst ins praktische Leben ein und formt die Gesellschaft und die Lebensbedingungen des Einzelnen in einer Art und Weise, die selbst die Theoretiker des einen oder anderen Staatsgedankens verblüfft. Seit sich die Demokratie das Jakobinertum zum Vorbild nahm und mit ihm den radikalen Materialismus, versackt mit dem scheinbar endgültigen Sieg der »Demokratie« die westliche Mensch-

heit im Sumpf des selbstsüchtigen Konsumdenkens. Der Osten hat sich einer anderen materialistischen Variante verschrieben und bietet seinen Untertanen statt der Scheinblüte eines momentanen Wohlfahrtsstaates ein Staatssklaventum mit zugehöriger Termitenmentalität. Geht es den östlichen Oligarchen unter »volksdemokratischem« Alibi einerseits um ihren eigenen Machterhalt und andererseits um den Sieg ihres Histomat und Diamat, so steht in den stark ochlokratisch geprägten westlichen »Demokratien« das momentane Wohlleben im Vordergrund. Gemeinsam ist beiden der Mangel an Ehrfurcht vor der Vergangenheit und auch für eine ethische Gestaltung der Zukunft, die Blindheit für die Überzeitlichkeit der ideellen Gemeinschaften von Völkern und Staaten und die blasphemische Selbstüberschätzung des Menschen in einem homunkulistischen Weltbild.
Die Selbstsucht richtet sich in letzter Konsequenz gegen den selbstsüchtigen Menschen selber, die Annehmlichkeiten des »kleinen« alltäglichen und die Ansprüche des »großen« ideologischen Materialismus ruinieren die Grundlagen auch des materiellen menschlichen Lebens. Die Konsequenz des Geistigen greift eben tief ins Immanente ein, die Metaphysik bestimmt die Physik. Jede Gesellschaftsordnung unter materialistischen Vorzeichen wendet sich gegen die spezifisch menschliche Dimension der Transzendenz und damit gegen den Menschen selbst. Ein materialistisch legitimierter Staat denaturalisiert den Menschen und führt letztenendes seinen eigenen Untergang herbei. Dabei ist es völlig gleichglültig, ob sich der Materialismus ein demokratisches, oligarchisches oder autokratisches Mäntelchen umhängt, die vernichtende Wirkung bleibt überall dieselbe.
Wichtiger als die Frage nach formaler Demokratie ist die Frage nach dem legitimierenden Selbstverständnis des Staates. Überwindung der Selbstsucht und des alltäglichen wie ideologischen Materialismus ist nicht nur die sinnerfüllende Lebensaufgabe jedes Einzelnen, sondern auch der Lebensinhalt des Staates. Verfehlt er sie, dann hat er versagt und wird unweigerlich zugrunde gehen müssen. Erst wenn die Demokratie sich transzendental herleitet, ist sie wirklich gerechtfertigt und kann die selbstverantwortliche Freiheit der Staatsbürger garantieren. Die Demokratie setzt die Mündigkeit der Bürger voraus, die allein darin besteht, über den persönlichen Egoismus und das eigene momentane Wohlleben hinauszusehen. Appellieren die demo-

kratischen Institutionen hingegen genau an den Egoismus, die Selbstsucht und den kleinen wie den großen Materialismus seiner Bürger, sprechen sie der Mündigkeit wie auch der Demokratie selbst das Todesurteil aus. Eine selbstsüchtige Demokratie enthält die contradictio in se.

Die Demokratie ist dann die höchste Staatsform, wenn ihre Bürger wirklich mündig sind, und der Staat seine Angehörigen auch wie mündige Bürger behandelt und behandeln kann. Erhebt man nur den demokratischen Anspruch, ohne aber im Positiven wie Negativen die Freiheiten und die Bürden der Mündigkeit praktisch anzuerkennen, verwirft man im selben Atemzug auch schon wieder die Möglichkeit der Demokratie. Das Maß der Mündigkeit ist allein die überwindung der Selbstsucht und der Wille zum Überzeitlichen und Ethischen. Mündig ist nur, wer sich seiner transzendentalen Bestimmung voll bewußt ist, eine materialistische Mündigkeit hingegen ist undenkbar und widersinnig. Das transzendental Gemeinte der Demokratie, die Freiheit und die Verantwortung, hat eben nur in einem transzendentalen System Platz und unmöglich in einem materialistischen. Wer Freiheit und Demokratie wählt, muß sich zwangsläufig vom Materialismus verabschieden. Wer aber ein selbstsüchtiges Wohlleben der mit der Freiheit untrennbar verbundenen Verantwortung vorzieht, ist zur Demokratie unfähig und darf sich über Fremdbestimmung nicht beklagen. Wenn nun die Staatsbürger von ihren freigewählten Repräsentanten immer noch mehr materielle Wohltaten verlangen, und diese den selbstsüchtigen Ansprüchen jener nur allzugerne willfahren, arbeiten beide fleißig zusammen, das demokratische Prinzip zu vernichten. Ehrliche Demokraten müssen daher an einer transzendentalen Legitimation arbeiten und sich selbst von den Bequemlichkeiten materialistischer Selbstsucht trennen. Im übrigen spricht nichts gegen eine Anknüpfung an Tocqueville.

Die Erfülltheit mit transzendentalem Sinn entscheidet also über die Güte einer Staatsform. Je ethischer, überzeitlicher und methaphysischer die Ziele sind, die sich ein Staat und seine Staatsbürger stellen, desto gerechtfertiger sind der Staat und seine Institutionen. Erst nachdem die idealistischen Aufgaben feststehen, ist es sinnvoll, sich über die Qualität von Organisationsmuster zu unterhalten. Ist der Staat transzendental legitimiert, kann in einem regimen mixtum, im

Rechtsstaat und in der Gewaltenteilung das in der Demokratie eigentlich Gemeinte voll zur Geltung kommen, Freiheiten und Verantwortung. Die Mitbestimmung an den gemeinsamen Zielen hat dann Sinn, wenn man sich einig ist, Metaphysisches erreichen zu wollen. Mitbestimmung an selbstsüchtigen Zielen bedeutet nur, sich bewußt am eigenen Untergang zu beteiligen. Wer also nach Mitbestimmung ruft, darf dies allein dann, wenn es ihm um die Verwirklichung von Transzendenz in der Immanenz geht. Sie ist dann durchaus gerechtfertigt zu verweigern, wird sie nur um der Förderung des Materialismus willen erhoben. Die Herleitung aus der Metaphysik und die Absichten in Richtung auf Transzendenz sind somit die alleinigen Kriterien zur Beurteilung allen gesellschaftlichen Lebens aus idealistischer Sicht.

Die transzendentale Legitimierung des Staates und seiner Institutionen war vom Altertum her bis vor etwa zweihundert Jahren nie ernsthaft in Frage gestanden. Ob Monarchie oder Republik, ob regimen mixtum oder auch Monokratie oder Aristokratie – alle Stände, der Herrscher und jegliche weltliche wie kirchliche Ordnung leiteten sich vom obersten transzendentalen Prinzip her, von Gott. Selbst im monarchischen Absolutismus war der Herrscher nicht im heutigen materialistischen Sinne wirklich unumschränkt im Vollbesitz seiner Macht, in Theorie wie in Selbstverständnis stand über dem Monarchen die transzendentale Macht Gottes, aus der sich alles und damit auch seine Macht ableitete. Daß dies keine rhetorische Floskel zum Ruhighalten der Untertanen war, geht aus dem tieferen Sinn jeder Legitimation selbst hervor. Denn die Rechtfertigung der eigenen Stellung läßt sich nur dann aufrecht erhalten, wenn sie selbst auf einer Ordnung beruht, die die eigene Position mit einschließt. Je höher eine gesellschaftliche Stellung ist, umso leichter stürzt sie, falls sie ihre eigene Legitimation nicht ernst nimmt und untergraben läßt. Erst unseren materialistischen Zeiten ist es vorbehalten, sämtliche Staatsformen auf antitranszendentalen Grundlagen errichten zu wollen, die Monokratie im Nationalsozialismus, die Oligarchie im Sowjetsystem und die Demokratie im Jakobinertum. Entsprechend kurzatmig an geschichtlichen Zeitmaßstäben gemessen sind denn auch diese Produkte des Materialismus, und entsprechend furchtbar sind ihre Auswirkungen im Einzelnen wie insgesamt im immanenten Bereich.

Ohne dem monarchischen Absolutismus eine Lanze brechen zu wollen, hatte er wenigstens den transzendentalen Vorteil des Gottesgnadentums für sich in Anspruch genommen und sich damit in eine höhere Verantwortung gestellt. Auch die despotischsten Monarchen fühlten sich Gott verantwortlich, wurden im Abendland wie Priester gesalbt, hatten priesterliche Funktionen inne, galten als »summus episcopus« wie die protestantischen Könige, waren Imame ihre Untertanen im Islam, empfanden sich als göttliche Reinkarnationen im hinduistisch-buddhistischen Kulturkreis, waren als »Söhne des Himmels« die Oberpriester Chinas oder sie galten in Japan als göttlicher Abkunft. Mag der eine oder andere Dynastiegründer noch als Abenteurer begonnen haben, so war sein Programm doch in der Regel auch transzendental motiviert, und mit der Dauer der Dynastie empfanden sich die Dynasten als Täger der überzeitlichen Idee ihres Reiches. Daß es auch einzelne agnostische Monarchen gegeben hat, spricht nicht gegen die transzendentale Richtigkeit des Gottesgnadentums, denn wenigstens im monarchischen Anspruch des ungläubigen Herrschers selbst kommt die metaphysische Rechtfertigung des Prinzips zur Anerkennung.
So erweist sich beispielsweise die Legitimation des konfuzianischen Kaisers von China der der marxistischen Machthaber von heute qualitativ unvergleichbar überlegen. Dasselbe gilt für die »demokratischen Monarchien« von der Art des Vereinigten Königreichs gegenüber Staaten, deren einzige Rechtfertigung der selbstsüchtige Wille seiner republikanischen Bewohner oder eine dezidiert materialistische Staatsdoktrin ist. Transzendentale Überlegenheit bedeutet aber nicht, daß nicht auch transzendental legitimierte Staatsformen vorübergehend materialistischen Legitimationen weichen könnten. Nur auf Dauer gesehen setzt sich das überzeitliche Prinzip durch, zwischenzeitlich kann uns schon einmal der Materialismus vor Augen führen, was er zu leisten imstande ist! Ein transzendentales Staatsverständnis wird jedoch bloß dann unterliegen, wenn seine Anhänger nicht mehr entschieden genug für ihre eigenen Prinzipien eintreten und damit imgrunde bereits ihre metaphysische Gesinnung verleugnen. Unterliegen die Verteidiger der Transzendenz, so ist es keine Tautologie, wenn man ihre Niederlage allein auf ihre Schwäche und nicht auf die Stärke ihrer Gegner zurückführt, denn unter gleichen

Stärkeverhältnissen obsiegen auch immanent die Anhänger der Transzendenz, da sie die volle Wahrheit und nicht den Reduktionismus der Ideologien im Hintergrund haben. Die immanente Dimension ist nur der Spiegel der in der Transzendenz ringenden geistigen Kräfte. Die volle Wahrheit ist der halben eines ideologischen Reduktionismus immer überlegen, im immanenten Sieg spiegelt sich nur das momentane Übergewicht der einen oder anderen geistigen Macht wieder. Auf Dauer kann kein Reduktionismus die volle idealistische Wahrheit beseitigen, dem Idealismus gehört stets die Zukunft, wie ihm auch die kulturelle Vergangenheit gehörte. Doch seines Sieges kann sich für immer auch der Idealismus nicht sicher sein, denn die Beschränktheit und die Selbstsucht der Menschheit ist allemal für das Hochkommen des Materialismus gut. Dem Idealismus gehört die immanente Welt, doch darf er nie in seinen Anstrengungen erlahmen.
Idealisten werden somit bei der Beurteilung der Staatsformen nicht an bloßen Formalismen hängen bleiben, sondern stets das Transzendentale hinter den Erscheinungen aufzusuchen und die eigentlichen Absichten zu ermitteln haben. Sie werden tolerant gegenüberstehen, was sich transzendental motiviert, und jegliche Form des Materialismus bekämpfen, auch wenn er sich hinter noch so wohltönenden Floskeln verbergen mag. Die Toleranz hat dort ihr Ende, wo Selbstsucht und Verleugnung der Transzendenz beginnen. Der Idealismus wird dabei sich selbst jeglichen Sektierertums enthalten und durchaus nicht blind dafür sein, daß auch in ursprünglich materialistischen Einrichtungen Idealismus aufkommen kann, wie es auch kein Geheimnis ist, daß sich sogar bei besten Absichten in transzendental Gewolltem materialistische Tendenzen breitmachen könnten. Idealismus ist stets etwa Praktisches und hat sich von Tag zu Tag aufs Neue zu bewähren. In Ablehnung sektiererischer Eiferei sind überall die offenen wie verborgenen idealistischen Ansätze aufzuzeigen und zu verstärken, und es ist immer wieder mit gutem Beispiel selbst voranzugehen.

Es wird wohl keine politische Richtung zurecht behaupten können, für sich alleine ewig transzendental Gültiges im Busen zu bergen. Es gibt zuviele Wege zu Gott, als daß nur ein einziger richtig wäre. Aufs Politische übertragen bedeutet dies, daß wohl keine einzige Partei die alleinseligmachende politische Weisheit für immer gepachtet haben wird. In allen transzendental legitimierten Kräften ist Metaphysik und damit Wahrheit, sogar in den Ideologien kommt trotz allem gewollten Materialismus im teleologischen Mechanismus der Generalisierung empirisch gewonnener Theorien Transzendenz zum Ausdruck. Niemand erfaßt die volle Wahrheit, und niemand irrt immer und überall. Die idealistische Aufgabe besteht nun darin, an jedem Ort die Metaphysik zu suchen und bewußt zu machen, denn in jeder Teilwahrheit steckt die volle Wahrheit. Läßt man die Teilwahrheit für sich alleine und betrachtet man sie isoliert von dem, was eigentlich an Fülle hinter ihr steht, bleibt sie Halbwahrheit und führt zum Irrtum. Sieht man im Kleinen das Große und in der Teilwahrheit ihren transzendentalen Sinn, so handelt man in Harmonie mit der vollen Wahrheit. Es wird demnach nicht nötig sein, eigene idealistische Parteien und Organisationen aufzubauen, solange man in den bestehenden noch wirklich transzendentales Wollen entdecken kann, das sich ausbauen und verbreitern läßt. Auch die mögliche Forderung nach einer wahrhaftig idealistischen Einheitspartei ist nicht nur praktisch unsinnig, wie die Fraktionsbildungen und »polykratischen« Erscheinungen in solchen Gebilden immer die Grenzen der Organisierbarkeit aufzeigen, sie ginge auch am eigentlichen idealistischen Anliegen vorbei, überall Idealismus zu potenzieren.

Tut jeder an seiner Stelle seine idealistische Pflicht, so kumuliert dies und führt zu einer wirklich idealistischen Gemeinschaft. Kein Ort ist zu gering und niemand zu schwach, als daß sich nicht ein Beitrag zur Umsetzung von transzendentalem Wollen in die Immanenz erzielen ließe. Auch im Staat geht es letztenendes um die Harmonie von Immanenz und Transzendenz. Jeder Einzelne wie die gesamte Gemeinschaft kann und soll an diesem heilbringenden Streben nach Harmonie teilnehmen. Die Gemeinschaftseinrichtungen haben lediglich die Aufgabe, dieses Harmoniestreben nach Kräften zu fördern. Unsere Kulturleistungen spiegeln dabei den Grad, wieweit es uns gelungen ist, die Immanenz mit der Transzendenz zu harmonisieren. Die Ästhetik unserer Kulturschöpfungen und das Funktionieren unserer Gemeinschaftseinrichtungen geben uns an, wie sehr oder auch wie wenig unsere idealistischen Bemühungen von Erfolg gekrönt sind. Die Immanenz ist nur das Spiegelbild der Transzendenz und besitzt

an sich keinen Eigenwert, was auch für unsere Staaten und ihre Einrichtungen gilt. Erst die idealistische Absicht adelt sie.
Macht ist an sich nichts Schlechtes, denn einerseits ist sie Ausdruck der kumulierter Anstrengungen menschlicher Gemeinschaften und andererseits erscheint sie notwendig zum äußeren und inneren Schutz dieser Gemeinschaften, sie ist also – richtig eingesetzt – etwas durchaus Positives. Nur ihr Mißbrauch ist verdammenswert; mißbraucht wird sie aber, wenn sie sich entweder auf eine falsche, nämlich reduktionistische und materialistische Legitimation stützt oder dauernd unbeschränkt von einer einzigen Instanz ausgeübt wird. Als erste Voraussetzung einer Verhinderung von Machtmißbrauch und eines sinnvollen Machtgebrauches dient somit eine transzendentale Legitimation der Macht und der Machtträger. Selbst in einem solchen Fall kann man nie sicher sein, daß es nicht gelegentlich auch zu Mißbräuchen kommt, aber der richtige Gebrauch ist wenigstens vom Prinzip her ermöglicht – eine materialistische Legitimation trägt ja von ihrer Wurzel her den systematischen Fehler in sich. Um nun auch bei der transzendentalen Machtlegitimation einen Mißbrauch zu verhindern, sorgt das regimen mixtum, die Gewaltenteilung, die Rechtsstaatlichkeit und eine Kombination von direkten und repräsentativen Entscheidungskompetenzen des Volkes als zweite Voraussetzung für den korrekten Gebrauch der Macht.
Zunächst aber entscheidet über die Güte einer Staats- und Regierungsform ihre Legitimation, erst dann spielen Organisationsfragen eine Rolle. So wird ein transzendental legitimiertes regimen mixtum einem bloß pragmatisch organisierten überlegen sein, desgleichen eine transzendentale Monarchie einer materialistischen Autokratie, eine metaphysisch legitimierte Aristokratie einer selbstsüchtigen Oligarchie und eine vom Geist des Gottesgnadentums erfüllte Demokratie einer nur egoistischen Ochlokratie. Nur scheinbar schwieriger wird die Beurteilungssituation, wenn es gilt, im Geist und in der Form unterschiedliche Systeme miteinander zu vergleichen. Auch hier gilt, daß zunächst die Legitimation und dann erst die Organisationsform maßgeblich sind, denn auch die beste Organisationform alleine kann die Qualität des transzendental hergeleiteten Selbstverständnisses einer Gesellschaftsform in keinerlei Weise ersetzen. Jede transzendental legitimierte Gesellschaftsordnung ist allen materiali-

stischen aus idealistischer Sicht dimensional überlegen und vorzuziehen, wobei es keine Rolle spielt, ob es sich bei der materialistischen Seite um sogenannte Demokratien oder sonst etwas handeln möge. Erst wenn die transzendentale Ableitung und Absicht feststeht, wird man sich für eine gemischte Staats- und Regierungsform entscheiden, wobei ihre republikanischen oder monarchischen Vorzeichen ruhig der gewachsenen politischen Kultur überlassen werden können.

Dem Idealismus geht es um ein ganzheitliches Menschen- und Weltbild, um die Einheit von Immanenz und Transzendenz und damit um die aus verantwortungsbewußter Freiheit erwachsende Gestaltung der vollen Wirklichkeit. Daher hat der Staat als Gemeinschaftseinrichtung seiner Bewohner den freien Willen zu fördern und zu schützen und die Gestaltung der Immanenz nach den transzendentalen Vorbildern möglich zu machen. Die ureigensten Aufgaben des Staates sind somit auch diejenigen, um welche es bei der idealistischen Ordnung der Gesellschaft in erster Linie geht: Sicherheit nach außen aufrechtzuerhalten, und das Zusammenleben im Inneren zu ordnen. Der Staat sollte daher in seinen klassischen Gebieten stark und effektiv sein, nach innen den Ordnungsrahmen abstecken und sich im Übrigen möglichst zurückhalten, um die freie Entwicklung des verantwortlichen Willens der Einzelnen nicht einzuschränken. Hilfe den Hilflosen und Hilfe zur Selbsthilfe sollten das Maximum dessen sein, worin sich der Staat ins tägliche Leben seiner Bürger caritativ einmischt. Absolut überflüssig und auch organisatorisch kaum oder meist schlecht zu bewältigen sind alle staatlichen Bemühungen, selbst als Überunternehmer und als zentrale Versicherungsanstalt für alles und jedes aufzutreten. Je mehr der Staat sich selbst aufbürdet, umso überforderter ist er und umso schlechter gelingt ihm selbst die Bewältigung seiner klassischen Aufgaben. Ein überlasteter Staat ist also auch ein schlechter Unternehmer und eine unzureichende Assekuranz, ganz zu schweigen davon, daß er auch in seinen ureigensten Aufgaben versagt. Die Überforderung des Staates richtet ihn auf Dauer nur zugrunde und untergräbt das Vertrauen in ihn.

Die nach Sicherheit strebenden Menschen finden die beste Sicherheit in sich selbst, wenn sie nach Harmonie mit der Transzendenz trachten. Je mehr man sich auf etwas außerhalb seiner selbst verlassen will, desto sicherer beraubt man sich nicht nur selber seinen eigenen Freiheitsmöglichkeiten und degradiert sich höchstpersönlich zum Sklaven einer Fremdbestimmung, sondern überzieht auch die wohlwollendsten Kapazitäten dessen, auf den man sich verläßt. Die staatlichen Wohfahrtseinrichtungen sind nicht dazu da, um die Bequemlichkeit der Staatsbürger bis hin zur Faulheit auszuweiten, sondern um wirklich Bedürftigen zu helfen. Verantwortliche Freiheit verlangt aber Fleiß und ehrliches eigenes Bemühen, wer dazu nicht bereit ist, hat selbst die Sklavenrolle gewählt und auf die Freiheit verzichtet. Freiheit und Verantwortung sind nur die zwei Seiten ein und derselben Medaille, so wie Recht und Pflicht oder Transzendenz und Immanenz. Wer die Verantwortung ausschlägt, hat auch auf seine Rechte verzichtet und macht sich selber zum Hampelmann des Materialismus.

Es liegt an uns selbst, inwieweit wir zur Freiheit mündig sind. Wählen wir die Freiheit und die Demokratie, so haben wir uns auch für die transzendentale Verantwortung und Pflicht entschieden. Unsere Freiheit reicht genausoweit, als wir zur Verantwortung bereit sind. Ein Mißbrauch der Freiheit, die darin besteht, nur von etwas und nicht für etwas frei sein zu wollen, hat nur kurzzeitig Erfolg und führt langfristig stets in die Unfreiheit. Mißbrauchen wir heute unsere Freiheit, so hinterlassen wir unweigerlich unseren Nachkommen die Sklaverei. Wollen wir die Freiheit stabilisieren, so müssen wir hauptsächlich an unsere Verantwortung und weniger an die entspannenden Annehmlichkeiten des laissez fair denken. So wie wir allfällige Fehler unserer Vorfahren auszubaden haben, die uns bestenfalls eine bittere Lehre sind, so müssen unsere Nachfahren für unsere Verfehlungen unschuldig büßen. Erweisen wir uns daher als Idealisten unserer Verantwortung allezeit und an jeder Stelle – auch im Staat – würdig!

Kapitel 16

Progressiv oder konservativ und das Links-Rechts-Schema

Neigt der Idealismus eher dazu, ein unbeschränktes Fortschreiten und Höherentwickeln der Menschheit anzunehmen, oder vermeint er, keine wirkliche Veränderung und im Grunde genommen ein Verharren des Menschengeschlechtes in der selben Position und Situation wahrnehmen zu können? Steht der Idealismus politisch »rechts« oder »links«? Was kann überhaupt der Idealismus mit diesen Kategorien anfangen und inwieweit treffen sie auf ihn selbst zu? Zur Beantwortung dieser Fragen werden wir die einseitigen Propagandabeurteilungen der jeweiligen Parteien emotional zu entschärfen haben und als deskriptive Definitionen für die einander entgegengesetzten Begriffe die großteils doch zutreffenden übereinstimmenden Aussagen beider Seiten über sich und den Widerpart annehmen.
Hinsichtlich der Polarität von »fortschreiten« und »bewahren« stimmen Progressive wie Konservative wohl überein, daß die Konservativen eher durch ein gewisses Maß der Skepsis und die Progressiven durch eine optimistischere Grundhaltung gekennzeichnet sind. Für die Progressiven liegt der Höhepunkt der menschlichen Entwicklung erst in der – oft auch noch recht vagen - Zukunft, die durch Fortschritt erreicht wird. Die Konservativen sind von dieser Meinung nicht so unbedingt überzeugt, sie legen mehr Wert auf Tradition und halten es für durchaus möglich, daß die zukünftige Entwicklung auch unglücklich verlaufen könnte. Sie erkennen der Geschichte durchwegs Eigenwert zu, wogegen sie für die Progressiven tendentiell eher den Ballast des Gestrigen bedeutet, die den Fortschritt hemmt. Eine schrankenlose Machbarkeit der menschlichen Geschichte liegt dem Konservativen fern, so wie sittliche Gebote für den Progressiven unter dem Primat des Fortschritts stehen.
Der Progressismus neigt heute zweifellos dem Weg eines gesetzmäßigen Fortschreitens zu und steht dem bloß Gewachsenen ablehnend bis gleichgültig gegenüber, dessen Wert höchstens darin besteht, Glied einer historischen Kette zu Höherem zu sein. Der Konservatis-

mus hingegen sieht im geschichtlich Gewordenen immer auch den Teil einer höheren, die Vergangenheit mit einschließenden Ordnung und achtet sie nicht zuletzt deshalb, weil seiner Ansicht nach die Zukunft nicht auf alle Fälle besser sein müsse. In der Religion sieht der Progressive eher etwas Hemmendes und Überkommens, die er maximal als Vorstufe zu einer höheren Entwicklung sowie zu größerer menschlicher Reife akzeptiert und bestenfalls in den Bereich des individuell-Gleichgültigen verweist. Der Konservative hingegen erkennt nicht nur die Rolle des Religiösen in der Vergangenheit positiv an, er sieht sie auch für alle Zukunft als richtungsweisend und mißt ihr in jeder Gesellschaft eine notwendige und zentrale Funktion zu. Für ihn ist sie mehr als nur ein Mittel, zufolge der jeder nach seiner beliebigen Fasson selig werden möge.
Der Progressismus neigt zu Utopien, der Konservatismus betont die faktische Macht der Realitäten. Allerdings wandelten sich die progressiven Utopien immer mehr vom Voluntativen zum Mechanistischen: Wollte Thomas Morus eine neue Gesellschaft willentlich errichten, so basieren die Utopien seit dem englischen Empirismus und dem französischen Positivismus auf quasideterministischen Grundlagen. Seit diesem Zeitpunkt verschrieb sich auch der Progressismus dem Materialismus, erst in unserer unmittelbaren Gegenwart nimmt er sich wieder Themata an, die bis dahin als rein konservativ galten und von ihm auch als solche verlacht wurden, wie beispielsweise des Umweltschutzes.
Spätestens hier läßt sich aber ein Phänomen beobachten, das bei der Begriffspolarität progressiv-konservativ immer wieder festzustellen ist, daß nämlich die Positionen im Lauf der Zeit die Seiten wechseln. So wirkte der Liberalismus im 19. Jahrhundert sprengend auf die bisherige konservative Ordnung, heute ist er – wenigstens was die Traditionsträger des Whig-Liberalismus und den wirtschaftlichen Neo-Liberalismus betrifft – auf die konservative Seite gewandert. Ganz ähnlich steht es in Europa mit den nationalen Bewegungen, die ursprünglich meist mit dem Liberalismus verbündet die konservativen Staaten sprengten und umformten, heute jedoch als konservativ angesehen werden.
Es fand aber auch ein Wechsel in die Gegenrichtung von konservativ zu progressiv statt. So war die betonte Verpflichtung des Einzelnen

der Gemeinschaft gegenüber ursprünglich eine konservative Position, gegen die im Namen individueller Freiheit ein liberaler Progressismus angestürmt ist. Heute aber vertreten die Progressiven den unbedingten Vorrang des Kollektivs vor dem Individuum, wogegen die Konservativen möglichst viel Freiraum für den Einzelnen und autonome Gruppen verlangen. Nicht einfacher wird das Bild der heutigen politischen Geistesentwicklung, wenn nun einige konservative Denker das Schlagwort von der »konservativen Revolution« aufbringen, galten doch bisher die Konservativen als evolutionär und strikt antirevolutionär, wogegen die Progressiven die Revolution vertraten. Wehren sich jetzt die Progressiven gegen einen radikalen konservativen Bruch mit einer evolutionären, progressiv bezeichneten Kontinuität?

Kann man bei näherer Betrachtung also schon mit dem Begriffspaar progressiv-konservativ wenig anfangen, so trifft dies erst recht für das Links-Rechts-Schema zu. In der konservativen Restaurationszeit des 19. Jahrhunderts saßen die oppositionellen Abgeordneten dem Parlamentspräsidium links und die Regierungsanhänger rechts gegenüber. Inzwischen herrschen heute weitgehend die seinerzeitigen Oppositionellen oder wurden mittlerweile selbst wieder von noch weiter »links« Stehenden erneut in die Opposition gedrängt, sodaß aus den früheren »Linken« allmählich »Rechte« geworden sind. Dies geht soweit, daß die seinerzeit am linken Extrem angesiedelten Kommunisten »orthodox« marxistisch-leninistischer Prägung an der Regierung im Osten oder in der Opposition im Westen als vergleichsweise »konservativ« und »rechts« angesehen werden. Trat die frühere »Linke« im Kampf gegen den konservativen Staat für die Demokratie ein, die von den Konservativen als »links« verketzert wurde, so sind es heute die »Rechten«, die die Demokratie – wenigstens in ihren klassisch repräsentativen Formen – gegen »linke« syndikalistische und räterepublikanische Vorstellungen verteidigen. Benützte die seinerzeitige »Linke« das plebiszitäre Instrumentarium gegen den »rechten Obrigkeitsstaat«, so stehen die mittlerweile selbst zur »rechten Obrigkeit« gewordenen früheren »Linken« dem Ausbau der direkten Demokratie zumindestens mit gemischten Gefühlen gegenüber. Die neue »Linke« ihrerseits beruft sich zwar auch auf die Demokratie, kultiviert jedoch mehr oder weniger offen und bewußt ein »elitäres« Denken, das ihr ansonsten als »rechts« höchst suspekt erscheint.

Nun könnte man links gleich mit progressiv und rechts gleich mit konservativ setzen, was sicherlich auch zurecht über weite Strecken zutreffen wird, aber eben nicht zur Gänze stimmen kann, wenn man beispielsweise den Nationalsozialismus betrachtet. Gilt er doch weithin als der Repräsentant des Rechtsradikalen schlechthin, trotzdem verstand er sich als ausgesprochen progressiv und antikonservativ, und nicht zufällig waren die Männer des 20. Juli 1944 Konservative. Erklärt man nun ersatzweise materialistisch gleich mit links und idealistisch gleich mit rechts, ist dies gleichfalls auch vielfach nicht richtig, gibt es doch »linke« Materialismen, wie den Marxismus, und »rechte«, wie den Nationalsozialismus. Oder man definiert »links« und »rechts« direkt von den philosophischen Ansatzpunkten Materialismus und Idealismus her, was aber mit den landläufigen Bezeichnungen nicht mehr übereinstimmt, denn dann wäre zum Beispiel der Nationalsozialismus keine »rechte«, sondern eine eindeutig »linke« Bewegung gewesen.

Man wird auch nicht viel klüger, wenn man die jeweils Regierenden als »Rechte« und die Oppositionellen als »Linke« bezeichnet. Denn sicherlich bringt es nichts, beispielsweise Christlichkonservative nur deshalb als »Linke« zu bezeichnen, wenn sie einmal in der Opposition sitzen, oder Sozialisten als »Rechte«, wenn sie an einer Regierung beteiligt sind oder sie gar alleine stellen. Nach dem Kriterium der momentanen Machtausübung die Einteilung in »konservativ« und »progressiv« vorzunehmen, bringt deshalb wenig, weil der Fortschritt am besten von der Regierungsbank und nicht vom der machtlosen Opposition forciert wird – mit einer »konservativen« Regierungsgesinnung läßt sich keine »progressive« Politik treiben, sowie eine »progressive« Opposition kaum Chancen auf Durchsetzung einer »fortschrittlichen« Politik gegenüber einer prinzipiell »konservativen« Regierung haben kann. Bliebe man bei dem Unding, daß eine Regierung immer »rechts« und »konservativ« sei, bedeutete dies die generelle Unmöglichkeit einer »linken« und »progressiven« Politik, denn im Augenblick der Machtausübung durch »Linke« und »Progressive« müßten diese ja aus innerer Notwendigkeit ihr frühe-

res Programm und ihre bisherige Gesinnung zu verraten gezwungen sein und immer nur »rechts« und »konservativ« handeln können.
Progressiv und konservativ sowie links und rechts entpuppen sich also als äußerst unscharfe Begriffe, mit denen sich höchst wenig anfangen läßt. Geistesgeschichtlich und politikwissenschaftlich brauchbarer und trennschärfer ist daher die Polarisierung in materialistisch und idealistisch – auch schon allein deshalb, weil man angesichts des Einfließens idealistischer Aspekte selbst in materialistische Ideologien, die dann freilich entstellt und verkrüppelt werden, gezwungen ist, wissenschaftlich zu differenzieren, anstatt dümmlich zu generalisieren. Für die wissenschaftliche Ergiebigkeit und die praktische Durchschaubarkeit bei der Untersuchung von Ideologien ist es bedeutsamer, anhand der Polarität Idealismus-Materialismus herauszufinden, wo die materialistischen Wurzeln der Ideologien liegen, und an welcher Stelle der Materialismus sein eigenes System aufgeben muß, als nach der simplifizierenden Einteilung progressiv-konservativ oder links-rechts bestenfalls halbwahre Kategorisierungen vorzunehmen.

Will man trotzdem aus mentaler Bequemlichkeit und gedanklicher Gewohnheit bei den alten Polaritäten bleiben und diese selbst auf den Idealismus übertragen, so umspannt der Idealismus Progressismus und Konservatismus sowie links und rechts. Er ist immer beides, ohne jedoch im Einzelnen jede einzelne Position der beiden antagonistischen Polaritäten mitzumachen. Er gleicht die Gegenpositionen aus, ohne allerdings immer genau in der Mitte zu stehen, vielmehr wird er in einem Falle eher dieser und in einem anderen mehr jener Seite zugehören. Der Idealismus ist also links und rechts sowie progressiv und koservativ zugleich, was jedoch wiederum nicht bedeutet, daß sich jeder Progressismus oder Konservatismus und alles, was sich links oder rechts nennt, unterschiedlos auf ihn berufen darf.
Zweifellos steht die Zeit nicht still, und die Geschichte schreitet immer fort. Ob die Entwicklung freilich zu immer Höherem führt, wie die Progressiven annehmen, steht erstens nicht fest und bleibt zweitens Geschmacksache, was man an Höherem wirklich für »höher« hält, ist jedoch zumindestens potentiell möglich. Was tatsächlich höher und erstrebenswert ist, und wie es erreicht wird, hängt

von der transzendentalen Beurteilung sowie von den metaphysisch motivierten menschlichen Anstrengungen ab und ereignet sich nicht aufgrund des mechanistischen Ablaufes bloß materieller Vorgänge. »Progressiv« ist also das idealistische Bekenntnis zur möglichen Höherentwicklung, »konservativ« hingegen sind die Ablehnung des Mechanismus und der Willens- und Beurteilungsaspekt. Und natürlich ist der Idealismus in Maßen sozial, ob er deshalb links oder rechts steht, hängt allein vom emotionellen Standpunkt des außenstehenden Betrachters ab und nicht von einem wirklich wissenschaftlichen Kriterium. Selbstverständlich ist er auch gemäßigt national und übersieht gleichzeitig nicht die gemeinsamen Anliegen der Menschheit und die Rechte aller Nationen, weshalb der Außenstehende vor derselben Frage wie vorhin steht. Daß es dem Idealismus in dem, was die Demokratie transzendental meint, nämlich um Freiheit und Verantwortung, geht, ist einer seiner konstitutiven Bestandteile, ob er deshalb links oder rechts oder auf progressiver oder konservativer Seite anzusiedeln sei, kann nur mehr ernstlich fragen, wer immer noch nicht begriffen hat, worüber nun die ganze Zeit nachgedacht wird.

Der Idealismus ist nicht von außen her in Kategorien einzuteilen, die ihm in der Sache fern stehen, sondern nur aus seinem Inneren heraus zu begreifen. Nicht er ist in so vage Schemata wie konservativ, progressiv, rechts oder links hineinzupressen, vielmehr beurteilt er menschliches Handeln, Wollen und Denken nach seinen eigenen scharfen Maßstäben. Er ist selbst erhaben über äußerliche Schematisierungsversuche impotenter Pseudowissenschaften und nimmt für sich selbst das herrische Recht in Anspruch, menschliche Entäußerungserscheinungen wissenschaftlich zu kritisieren, das heißt systematisch zu hinterfragen.

Kapitel 17

Kirche und Katechese

Nach Gustav Mensching ist Religion die erlebnishafte Begegnung des Menschen mit dem Numinosen und das antwortende Handeln des vom Numinosen bestimmten Menschen. In allen Religionen geht es um die Einheit des Endlichen und Profanen mit dem Ewigen und Heiligen. Im Mittelpunkt steht als das eigentlich Gemeinte der Religionen das Göttliche, definitionsgemäß ist aber in ihnen im Medium des Empfängers und in der Form der Antwort auch ein menschlicher Anteil enthalten. Die Transzendenz kulminiert in der allumfassenden Macht Gottes, sie ist das Bedingende aller Immanenz. Im Höhepunkt des Transzendenten ist als Urgrund alles Seins kein Irrtum möglich, erst die Beschränktheit des Bedingten ruft die Unzulänglichkeiten, Schwächen, Irrtümer und Fehler endlicher Wesen hervor. Nur wer immer und überall das eigentlich transzendental Gemeinte im Auge behält, kann in der Immanenz wenigstens prinzipielle Fehler zu vermeiden hoffen. Vollkommen und stets fehlerfrei wird aber ein endlicher Mensch eben wegen seiner Bedingtheit und Beschränktheit nie sein können, er wird sich stets aufs Neue um eine richtige Antwort auf die transzendentale Herausforderung bemühen müssen.

Das antwortende Handeln auf die primäre Berührung mit dem Numinosen bildet also den aktiven menschlichen Beitrag bei der Religionsbildung. Trägt schon die passive Begegnung mit dem Numinosen die Züge menschlichen Erlebens, so richtet sich das antwortende Handeln zwar an das eigentlich Gemeinte, nämlich an Gott, und hat seinen Auslöser in der Begegnung, doch reagiert in der Antwort jetzt der Mensch von sich aus und mit seinen Mitteln. Diese sind allerdings nunmal, durch die menschliche Natur bedingt, beschränkt und unvollkommen. Die Antwort erfolgt in der Form menschlichen Tuns sowie in der Form von Gemeinschaftsbildung und -bindung. Allein hier sind die Mängel und Schwächen auch im Religiösen möglich, wenn man von menschlichen Fehlern in der erlebnishaften Begegnung mit dem Numinosen einmal absieht. Als Handlungen und Einrichtungen endlicher Menschen unterliegen die Antworten auch den menschlichen Bedingungen und Lebensformen. Insofern Religionen Produkte menschlicher Reaktionen auf Begegnungen mit Gott sind, kommt ihnen auch ein endlicher Charakter zu. Sie meinen in endlicher Form Ewiges. So entwickeln sie sich wie alles andere Menschliche auch, durchlaufen Endliches charakterisierende Stadien wie das der Anfangsverbundenheit, der Dogmatisierung und Konfessionalisierung, der Organisation und der Reformation und können auch als selbständige Gebilde untergehen. Im Tod der einen oder anderen Religion stirbt freilich nicht der unsterbliche Gott, sondern nur die eine oder andere Ansicht über Ihn, wobei regelmäßig wesentliche Kerne des Untergegangenen in Neues mithineingetragen werden und fortleben.

Als menschliche Erzeugnisse sind Religionen und ihre Einrichtungen auch nicht frei von typischen Spannungen, die zum Beispiel aus dem Gegensatz von Neuschöpfung und Tradition, Form und Geist, Autorität und Freiheit, Mittelbarkeit und Unmittelbarkeit sowie Toleranz und Intoleranz entstehen können. Mit dem missionarischen Drang nach Verbreiterung drohen Verflachung und Profanisierung. Die Spannungen führen wieder zu einer Weiterentwicklung unserer beschränkten Ansichten über die unbeschränkte Macht des Numinosen. Vom menschlichen Standpunkt aus gehen alle unsere Bemühungen in zwei Richtungen, erstens in die der immanenten Natur und zweitens in die der die Immanenz bedingenden Transzendenz, als deren Gipfelbegriff Gott fungiert. Über die Beschränkungen unserer Bedingtheit können wir uns jedoch als immanente Wesen niemals hinwegsetzen – quae supra nos, nihil ad nos. Doch bleibt das Vertrauen in die Weisheit des göttlichen Plans und in die Liebe dessen, der alles bedingt und erschaffen hat, und dem wir uns vorbehaltlos hingeben dürfen.

Als menschliche Gemeinschaftseinrichtungen des antwortenden Handelns dienen die Kirchen dem zentralen Anliegen der Religion. Aber auch sie sind menschliche Institutionen und daher von Mängeln bedroht. Im Menschlichen liegen die Irrtümer und Schwächen, nicht jedoch in dem eigentlich religiös Gemeinten. Nicht an Gott liegt es, wenn Ihn manche Menschen nicht verstehen, sondern an den Menschen und ihren Einrichtungen alleine. Betrachten wir heute die großen »etablierten« christlichen Kirchen, so kranken sie nicht an einem Mangel an theologischen Inhalten, sondern an der verständlichen Weitergabe ihrer Lehren. In weiten Bereichen versagen gegenwärtig die Kirchen in der Katechese. Was besonders die abendländischen Menschen jetzt benötigen, ist die katechetische Vermittlung der religiösen Inhalte, und sind nicht irgendwelche neue Theologien. Die religiösen Lehren sind durchaus ausreichend, nur müßten sie so gebracht werden, daß sie auch »moderne« Menschen aus dem materialistischen Unheil herauszuführen vermögen.

So erfreulich Missionserfolge der Kirchen in neuen Regionen sind oder besser waren, bilden sie doch keinen Ersatz für die Millionen Abgefallener und den Verlust an wirksamen Einfluß in den alten »angestammten« Verbreitungsgebieten. Vom rein transzendentalen Standpunkt her wäre es wichtiger und verdienstvoller, statt Muslime, Hindus oder Buddhisten von ihren Religionen abspenstig zu machen, die verlorengegangenen Seelen im Abendland zurückzugewinnen. Zumal es die eigene Glaubwürdigkeit wohl nicht fördert, wenn man auswärts missioniert, einem aber daheim die eigenen Anhänger davonlaufen. Die Verantworung der Kirchen ist zu Hause wirkich nicht geringer als in Übersee, und man sollte zuerst die bisher bewohnten Häuser in Ordnung halten, bevor man sich in anderen einquartiert. Der Verantworung hier zu entfliehen, weil sie am Ort schwieriger erscheint, um sie dort zu übernehmen, weil sie anderweits leichter zu verwirklichen sein mag, ist sicherlich nicht der richtige Weg, den ernsthaft religiöse Motivation weist.

Dabei zeigen die erstaunlichen Erfolge ostasiatischer Religionen und das Sektenwesen im Westen, die »Wiedergeburt« des Islam und die enorme Überlebenskraft der Religionen unter bolschewistischer Herrschaft den großen und vielleicht auch neuen Bedarf an Religiösem und Transzendentem gerade in jenen Gebieten, in denen der Materialismus scheinbar triumphierte. Statt nun die Lücke zu erkennen und in sie hineinzutreten, die der Materialismus riß, macht sich nun im Protestantismus wie im Katholizismus der unverzeihliche Fehler breit, die materialistischen Ideologien nachahmen und dem Atheismus nachlaufen zu wollen. Der Ruf nach transzendentaler Erfüllung ist unüberhörbar, doch die Kirchen »machen« in immer profaner werdenden Äußerlichkeiten. An die Stelle der Verkündigung der Offenbarung Gottes tritt mehr und mehr eine reine »Entwicklungshilfe« und eine vom religiösen Sinn weitgehend abgehobene Caritas. Die Caritas alleine ist zu wenig, wichtiger ist die inhaltliche Aussage der Religionen, aus der dann Caritas entspringt. Der richtige Weg zu den Menschen führt über Gott, ohne Ihn fehlt der Hinwendung zu den Mitmenschen die letzte und sinngebende Weihe. Der Geist formt die Materie, daran sollten sich unsere heute so verflachten Kirchen wieder mehr erinnern. Die die Materie formende Kraft des Geistes hat auch die Caritas zu leiten, die eigentlich bei der ideellen Not des Nachbarn beginnt und sich nicht fernab bei der Errichtung einer landwirtschaftlichen Genossenschaft und dergleichen unbedingt ihr Ziel suchen muß. Wer jedoch glaubt, allein durch eine veräußerlichte Caritas die Seelen fangen zu können, fällt genau auf den Irrtum der materialistischen Ideologien herein, die da glauben, daß die Materie als Unterbau den Geist als Überbau bestimmte.

Natürlich soll nicht gegen die häufig aufrichtig transzendental geleiteten Mitarbeiter caritativer Hilfsorganisationen polemisiert werden, doch muß vor einer Selbstsäkularisierung gewarnt werden, die sich tendentiell in weiten kirchlichen Kreisen breitzumachen beginnt. War man früher vielleicht zu spirituell, so gibt man sich nun zusehr der Profanisierung hin. Die Caritas sollte Ausfluß christlicher Lehre und Liebe sein, ersetzt aber beide nicht. Aus der religiösen Gesinnung entspringt die Caritas, aber nicht aus der Caritas die religiöse Gesinnung, denn jene ist ja nur ein Teil von dieser. Wer von Gott ergriffen ist, hilft auch seinen Nächsten, aber nicht jeder Helfer findet mit seiner Tat schon alleine zu Gott, wenn er auch auf dem richtigen Weg zu ihm ist.

In der industrialisierten Welt leiden die Menschen nicht sosehr an materialler Not, die durch caritas bekämpft werden kann, sondern an geistiger, die nach transzendentaler Erfüllung trachtet. Gelingt es den Kirchen hier, das metaphysische Bedürfnis zu erkennen und zu befriedigen, so schaffen sie selbst die beste Grundlage, um dann dort wirklich caritativ helfen zu können. Eine religiös und idealistisch erfüllte industrialisierte Welt besitzt alleine die Voraussetzungen, um der nichtindustrialisierten wirksam helfen zu können. Dabei ist es nicht so sehr der Reichtum, sondern die Gesinnung, auf die es ankommt, und aufgrund der dann materielle Hilfe ausreichend mobilisiert werden kann. Wer also den Entwicklungsländern wirklich helfen will, muß vorerst das durch den Materialismus verursachte ideelle Vakuum in den industriell entwickelten Ländern wieder mit transzendentalem Sinn erfüllen. Mit dem dadurch beflügelten Idealismus findet die Caritas dann dort, wo sie schon heute tätig ist, auch in der Immanenz zum Ziel.

Gerade die Hilfsbereitschaft des besseren Teils der Jugend, ihre noch unspezifizische Einsatzfreude und ihr »blinder« Idealismus zeigen einerseits, daß sie wesentlich gesünder ist, als es eine vielfach durch den Materialismus schon verdorbene Erwachsenenwelt wahrhaben möchte, und bedeuten zugleich andererseits einen sublimen Hilferuf dieser Jugend nach transzendentaler Erfüllung an die erwachsene Generation, der jedoch großteils die Wertorientierung verlorengegangen ist. Theologie ist wesentlich mehr als caritas, sie ist die systematische Lehre des sich offenbarenden Gottes. An der Einsatzbereitschaft der Jugend müssen alle, die über Transzendenz etwas zu sagen haben, einhaken und nicht ihr in der Hoffnung nachlaufen, daß zum Schluß eine Jugend auf der Suche nach Sinn einem Alter ohne Orientierung die Richtung weisen könnte. Der Kampf gegen den Materialismus auf allen Ebenen wäre die ureigenste Aufgabe der Kirchen und ihrer Katechesen.

Der »Dialog mit dem Marxismus« und die »Paulusgespräche« haben noch kaum Materialisten bekehrt, dafür aber in einer falsch verstandenen Gesprächsbereitschaft viele Gläubige von Gott weggeführt, richtiggehend materialistische Pseudotheologien geboren und nur den Abfall von der Religion gefördert. Um den Feind zu bekämpfen, muß man ihn kennen, das ist richtig, doch sich seine Diktion, seine Themen und seine Argumentation selbst zueigen zu machen, ist grundfalsch. Die »innere Mission« ist heute wichtiger als im vorigen Jahrhundert, als sie aus der Taufe gehoben wurde. Sie muß jedoch versagen, wenn man durch Opportunismus den momentanen Zeitströmungen nachgibt und dabei das eigene Ziel und die dorthin führenden transzendenten Wege vergißt. Was sich unter dem Wertvakuum leidende Menschen erwarten, ist nicht ein Einlenken auf ihre eigene Mißgelauntheit, sondern kraftvolles Voranschreiten und glaubhaftes vorbildliches Bekennertum. Hätten sich die Christen im Römischen Reich in ihrer Martyriumszeit nicht als vorlebende Beken-

ner, sondern wie manche unserer »modernen« opportunistischen und schon selbst ungläubigen Theologen benommen, wäre das Christentum nie zur kulturbildenden Herrschaft gelangt und hätte bestenfalls als Sekte überlebt.
Statt sich anzupassen und zu arrangieren, ist doch der prinzipielle Gegensatz der Religionen zu den Ideologien herauszustreichen – hic Rhodus, hic salta! Was soll denn eine »Theologie ohne Gott« gegenüber Menschen, die eigentlich nach Gott suchen? Modernistische Liturgiereformen bringen keine neuen Gläubigen, die nur durch eine selbstbewußte Katechese überzeugt werden können, sondern verschrecken höchstens die bisherige Gemeinde. Warum sollen denn unbedingt die noch verbliebenen Anhänger umlernen, wenn mit den neuen Formalismen doch nicht an den Kern des Materialismus herangelangt wird? Die Kirchen sollten eigentlich wissen, daß mit der Form der Geist nicht gezwungen werden kann, sondern nur mit dem Geist die Form. Theologen, die sich nicht mehr getrauen, in der Öffentlichkeit ihre Amtstracht zu tragen, oder denen dies aus anpasserischen Gründen sogar verwehrt wird, werden auch sonst nicht mehr Farbe bekennen und überzeugen können. Kirchen haben selbst Vorbild zu sein und sich nicht mit jeder Modeströmung zu arrangieren. Ihre Aufgabe ist das Aufzeigen des Überzeitlichen auch in der Moderne, nicht aber das Hineintragen des gegenwärtig Zufälligen in Strukturen, die schon länger währen und ferner dauern können, als der Schnee der Mode noch ungeschmolzen überstehen wird.
Die Jugend wird nicht gewonnen, indem man den momentanen Jugendkult nachbetet, vielmehr erwartet sie selbstbewußte Vorbilder. Sowie die heutige Jugend-»Kultur« nicht der Ausdruck der Vitalität der Jugend selbst, sondern nur der der orientierungslosen Schwäche der Erwachsenengeneration im Besonderen ist, so bedeutet Opportunismus Mangel an der eigenen Zuversicht und selbstgewissen Aussagefähigkeit im Allgemeinen. Die Jugend wäre als erstes dankbar für jede echte Orientierung und für jeden wirklichen Idealismus, den man ihr bieten würde. Doch leider verzagen die eigentlich zum Vorbild aufgerufenen Alten teils, teils sind ihnen die Nöte und Bedürfnisse der Jugend schlicht und einfach gleichgültig, leben sie doch in der Mentalität des »Nach mir die Sintflut« dem kurzlebigen egoistischen Materialismus, und teils vermögen sie nur mehr Ideologien als Er-

satzreligionen anzubieten. In jedem Fall verspielen die heutigen Erwachsenen mit der Zukunft auch ihr eigenes überzeitliches Überleben – wenn man von ihrer Rolle als negative Beispiele einmal absieht. Auch die Kirchen sind am »besten« Wege, ihre eigene Zukunft zu verlieren – es sei denn, sie erinnerten sich ihrer eigenen transzendentalen Aufgabe wieder.

Der Überlebensweg des Opportunismus führt auf Dauer in den Untergang der menschlichen Gemeinschaftseinrichtung, die als antwortendes Handeln auf die erlebnishafte Begegnung des Menschen mit Gott gestiftet wurde. Wenden sich die Kirchen dem Opportunismus zu, so sind sie sich selber nur mehr zum Selbstzweck geworden und drücken damit aus, daß ihr Gotteserleben in ihnen selbst erstorben ist. Das Selbstbewußtsein einer ecclesia militans ist der Gradmesser der inneren Lebendigkeit vom Bewußtsein des metaphysischen Auftrages. Nur sollte sich der im guten Sinne militante Geist wirklich lebender Kirchen nicht gegeneinander richten, sondern gegen den heute doch ganz offenen, wie auch gegen den verschämten Atheismus. Der Feind ist nicht jemand, der eine etwas andere Gottesvorstellung als man selber hat, sondern die Diabolik eines neurotisierenden Materialismus.

Deshalb sollten gerade die Kirchen die Methode verachten, den Materialismus zu umschmeicheln, um vielleicht doch noch für sich ein Eck im sonst vom Materialismus beherrschten Raum zu ergattern. Das Heil liegt in der von allen Arrangements freien Verkündigung des von Gott offenbarten überzeitlichen Willens, aber nicht in der plötzlichen Entdeckung der materialistischen Version von Demokratie heute, so wie man früher das Bündnis von Thron und Altar predigte und im Katholizismus des Hochmittelalters sogar den Kaiser unter kirchliches Kuratel zu stellen versuchte. Ein Geist, der heute sein Glücklichsein über die Trennung von Kirche und Staat vorgibt und vielleicht auch tatsächlich annimmt, gestern sich aber noch mit der Errichtung einer Hierokratie beschäftigte, kann von sich wohl nicht ernsthaft annehmen, daß diese Wankelmütigkeit Ausdruck überzeitlichen numinosen Willens sei und als solcher von denkenden Menschen akzeptiert wird. Gestern das Bündnis mit Mussolini und heute das mit einem marxistischen Staatspräsidenten, gestern evangelische Feldgeistliche und heute am liebsten unterschiedsloser Pazifismus – dies alles mag vielleicht noch verständlich sein, doch verlangt es nach einer den Geist des Überzeitlichen atmenden und aus sich heraus kraftvollen Erklärung. Theologisch können auch scheinbare Gegensätze recht komplizierter Natur noch vertreten werden, doch müssen sie aufgeklärt werden, und eine verwirrte Gemeinde darf katechetisch nicht für dumm verkauft werden, indem man einmal dies und einandermal jenes als alleinseligmachende »ewige« Weisheit anzubieten sucht. Dazu freilich ist notwendig, daß der Katechet vorerst einmal selbst weiß, wo er überhaupt steht.

Auch die Kirchen haben von Idealismus erfüllt zu sein und diesen in der Katechese weiterzutragen. An der Trennung von Kirche und Staat ist sicherlich richtig, daß sich die Amtsträger der auf eine Begegnung mit Gott hin gestifteten Gemeinschaftsbildungen aus der Tagespolitik besser heraushalten und sich dafür darauf konzentrieren, das transzendental Gemeinte im Alltäglichen aufzuzeigen, anstatt die tagtägliche Immanenz selbst im Banalsten mitzugestalten. So ist es sicherlich nicht nötig und wahrscheinlich sogar ein Bärendienst an der hinter aller Immanenz stehenden Metaphysik, wollten kirchliche Amtsträger entscheiden, wo Straßen und Brücken zu bauen wären, ob der eine oder andere Budgetposten des Staatshaushaltes besser für diese oder jene Sache aufgewendet werden solle, welche Personalentscheidung auf mittlerer Ebene zu treffen sei, wie Vertragsinhalte zwischen Staaten zu lauten hätten, oder auch wie das Exerzierregelment in den Streitkräften zu gestalten wäre. Andererseits schadet die Trennung von Kirche und Staat dort, wo es um grundsätzliche ethische und ontologische Fragen geht, da der Staat auf sich alleine gestellt und expressiv verbis laizistisch, vom Gipfelbegriff der Transzendenz abgesondert, in diesen Problematiken ins Strudeln kommen muß.

Der Begriff der Trennung von Kirche und Staat geht auch insofern in die Irre, als doch alle gesellschaftlich relevanten Gruppen Einfluß auf den Staat haben – zu ihnen gehören immer auch noch die Kirchen, selbst wenn sie nicht mehr so maßgeblich sind, wie sie es früher einmal waren. Nur suggeriert der säkulare Trennungsbegriff eine Schiedsrichterrolle des Staates über alle gesellschaftlichen Kräfte, zu denen ja nun unbestritten auch religiöse Gemeinschaften gehören, eine Rolle, die der säkulare Staat aber aufgrund seiner Eigendefinition gar nicht einzunehmen vermag, wenn der Streit um höchste transzendentale Vorstellungen ausbricht. Da der laizistische Staat einer wirklich transzendentalen Legitimation entbehrt, fehlt es ihm an dem Geist, der es ihm ermöglichte, auch konsequent metaphysische Fragen zu lösen, die nun einmal früher oder später zwangsläufig an ihn herangetragen werden müssen. Die Hilfslösung des säkularisierten, besser noch materialistischen Staates, qualitative Fragen nach quantitativen Maßstäben zu entscheiden, hält nicht lange stand und zeigt die Notwendigkeit einer transzendentalen Legitimierung des Staates von Neuem.

Wird jedoch der Staat transzendental legitimiert, ist er auch metaphysisch mit den religiösen Institutionen über den transzendentalen Oberbegriff Gottes verbunden. Im transzendentalen Sinn ist also eine Trennung von Kirche und Staat unmöglich, solange das eigentlich Gemeinte in den Kirchen lebendig ist, und die Staaten auf irgendeiner Form des Gottesgnadentums aufbauen. Freilich bedeutet dies nicht, daß nun Kirche und Staat als identisch zusammenfallen müßten, vielmehr trennen sie nach wie vor ihre spezifischen Aufgabenstellungen. Haben die lebenden religiösen Gemeinschaftsbildungen den heilbringenden Kontakt mit Gott aufrecht zu erhalten, so haben die staatlichen Einrichtungen mit ihrer transzendentalen Legitimierung das Zusammenleben und den Schutz des Staatsangehörigen nach metaphysischen Gesichtspunkten zu organisieren. Das Verhältnis zwischen Staat und Kirche ist also aus transzendentaler Sicht nicht privatrechtlich wie im laizistisch-materialistischen Staat zu regeln, sondern staatskirchenrechtlich und kirchenrechtlich. In der wirklichen Hierokratie fielen Staat und Kirche zusammen, was jedoch den Nachteil einer »Verweltlichung« von oben mit sich bringt und im Übrigen dem klassischen idealistischen Denken fremd ist.

Staat und Kirche haben sich also wechselseitig in ihren Aufgaben zu unterstützen. Wenn die Kirche vom Staat verlangen darf, daß er sich seiner transzendentalen Wurzeln und Verantworungen bewußt zu sein hat, so hat der Staat von der Kirche das Recht, die idealistische Lebendigkeit des eigentlich religiös Gemeinten zu fordern. Genaugenommen versagen heute beide menschliche Gemeinschaftseinrichtungen in beidem, der Staat durch seine Verschreibung an den Materialismus, und die Kirche durch ihren Verlust an Lebendigkeit. Deshalb ist auch jeder umso mehr aufgerufen, von seinem Platz aus von beiden Rückbesinnung auf ihre Quellen zu verlangen. Der Staat ist zu wichtig, um ihn berufmäßigen Parteipolitikern alleine zu überlassen, und die Religion ist zu bedeutsam, als daß man sie völlig kirchlichen Amtsträgern überantworten könnte. Insbesondere das allgemeine Anliegen an die Kirchen verlangt nicht sosehr nach Änderungen im Kultus im Sinne einer Liturgiereform als nach Verlebendigung der Lehre. Erst wer verstanden hat, worum es in der Religion eigentlich geht, kann den Umgang mit Gott pflegen. Hat die Katechese zum Erfolg geführt, muß man sich um den nachfolgenden Kultus und die Liturgie keine Sorgen mehr machen.

Unter Vermeidung aller Verwaschungen und unter Betonung aller inneren Unterscheidungsmerkmale haben auch die Kirchen einen eindeutig idealistischen Standpunkt einzunehmen und gemeinsam gegen Atheismus und Materialismus zu kämpfen. Leider diskreditierten sich die Kirchen vielfach selbst durch ihren aus heutiger Sicht sinnlosen Kampf gegeneinander um theologische Spitzfindigkeiten. Sicherlich haben sie dadurch auch selber einen Säkularisierungsprozeß in Gang gebracht, der jetzt nicht nur sie, sondern die ganze Menschheit bedroht. Gewiß wäre die »Heilige Inquisition« besser beraten gewesen, den wirklichen Atheismus zu bekämpfen, der vergleichsweise damals kaum ins Gewicht fiel, anstatt »Ketzer« zu verfolgen, nur weil sie beispielsweise das Abendmahl in beiderlei Gestalt einnahmen. Umso wichtiger ist demnach heute die klare Rückbesinnung auf das, was das Christentum seinerzeit in einer der heutigen ähnlich unruhigen und unsicheren Zeit mit allen ihren ideellen Nöten groß gemacht hat. Nicht zufällig setzte sich in der Spätantike und im frühen Mittelalter das Christentum mit dem klaren idealistischen Programm des Augustinus durch. Aurelius Augustinus verband die Lehren des Neuen Testamentes vor allem mit dem neuplatonischen Idealismus und griff bewußt nicht auf Aristoteles zurück. Denn in einer materialistischen, existenzbedrohenden, sinnentleerten und sektiererischen Zeit hat der eindeutige und bis zum Spiritualismus gehende Idealismus augustinischer Prägung mehr zu sagen und eine bessere Alternative aufzuzeigen, als ein die Unterschiede zwischen Immanenz und Transzendenz eher verwischender aristotelischer »Realismus«.

Didaktisch, pädagogisch und katechetisch kommt das idealistische

Prinzip bei Platon und später bei Augustinus deutlicher zum Ausdruck als bei Aristoteles und später bei Thomas von Aquin sowie der spätmittelalterlichen Scholastik. Obendrein ist Augustinus noch allen christlichen Großkirchen gemeinsam. Im Römischen Katholizismus gilt er nach wie vor als der größte Kirchenvater vor Thomas, die östliche Orthodoxie ehrt ihn ebenso und hat den Thomismus nicht mitgemacht, und nicht zufällig griff der Augustinermönch Martin Luther wieder stark auf den vorscholastischen Augustinus zurück. Diese idealistische Entwicklungslinie von Platon bis zur Reformation läßt sich schließlich noch zum »Deutschen Idealismus« fortsetzen, von dessen maßgeblichsten Philosophen ein großer Teil ursprünglich evangelische Theologen waren. Erst 1200 Jahre nach Christus und nachdem das Christentum durch die ausgustinische Theologie während 800 Jahre gefestigt worden war, »taufte« Thomas den von den Arabern übernommenen Aristotelismus. Unsere Gegenwart ist aber wahrlich nicht so religiös und transzendental gefestigt, wie dies im Hochmittelalter der Fall war, als daß wir uns einen manche Konturen verwischenden und alles dominierenden Aristotelismus immer noch leisten könnten – zumal er nicht einmal religiös-konstitutiver Bestandteil der ganzen abendländischen Kultur ist.
Dem ganzen christlichen Abendland ist Christus und der neuplatonische Idealismus des Augustinus gemeinsam. Das spätere Auseinanderfallen in einen griechischen Osten und einen römischen Westen und die noch spätere Trennung der evangelischen Reformation vom in eine andere Richtung sich gegenreformierenden Römischen Katholizismus sind für uns heute nicht einmal so tragisch, wie vielfach angenommen wird, da sie auf die europäische Kultur in vielfältiger Weise befruchtend und sogar befreiend gewirkt haben. Orthodoxie und Protestantismus entwickelten ein Staatskirchentum, der Katholizismus versuchte im Hochmittelalter, eine päpstlich universelle Hierokratie über das kaiserliche Imperium zu errichten, sodaß verschiedene Entwicklungsrichtungen und das faktische Patt zwischen Kaiser und Papst den Freiraum für die Kräfte schufen, die einmal die Macht Europas über alle Kontinente ausdehnen sollte. Die augustinische Gemeinschaft ist jedoch das Letzte, das alle Abendländer miteinander verbindet, sie ist die Einheit im Idealismus.
Es ist nicht notwendig, alle christlichen Kirchen wieder zu vereini-

gen, denn es existieren nun einmal in Nuancen unterschiedlich entwickelte Gottesvorstellungen, die ja einen Reichtum und kein Manko bilden. Es gibt trotz aller Gegensätzlichkeiten in Detailfragen doch auch große Gemeinsamkeiten, die nun einmal im Evangelium selbst, aber auch in der augustinischen Theologie liegen. Es genügt vollkommen, sich dieser beiden Gemeinsamkeiten bewußt zu bleiben, um bei allem Trennenden auch das Einigende zu erkennen und die Religionskämpfe unseligen Angedenkens in Hinkunft zu vermeiden. Die Einheit kann nicht nur durch einen Reduktionismus oder durch eine künstliche Synthese herbeigeführt werden, sie liegt in der Vielfalt selbst – was im Übrigen auch für unsere Beziehungen zu den nichtchristlichen Religionen gelten sollte. Die christlichen Abendländer verbindet darüber hinaus eben noch das Evangelium und der augustinische Idealismus. Wer also das Einigende sucht, muß hier ansetzen.

Jede auch nichtchristliche Ethik und Ontologie kommt zum Begriff Gottes, was Er jedoch konkret und lebendig bedeutet, drückt das eigentlich Gemeinte der Religion aus. Bei allen Ähnlichkeiten der Religionen besitzt doch jede ihre eigene »Lebensmitte« und färbt daher Ethik und Seinslehre in charakteristischer Weise. Welcher Lehre man sich nun selbst anschließt, erscheint freilich nur auf den ersten Blick hin Geschmackssache zu sein, denn eine lebendige Transzendentalität prägt das individuelle wie gemeinschaftliche Leben so stark, daß ein Ausbrechen oder ein Konfessionswechsel für einen in seiner Kultur Gefestigten kaum möglich und auch bei aller Sympathie für andere Kulturen und Religionen gar nicht notwendig ist. Nur wer sich seiner Gesinnung nicht sicher ist, kann zu einem Proselyten gemacht werden – doch wer sich Gott wirklich hingibt, wird in einer anderen Gottesverehrung selbst nur das Gemeinsame und nicht den Gegensatz erkennen. Ein religiöser Fanatismus, der sich gegen eine andere Religion richtet, ist doch nichts anderes als eine andere Form von eigener Unsicherheit. In jeder Religion wird Gott geehrt, nicht bloß in der eigenen.

Um zu einer toleranten Haltung gegenüber anderen Religionen zu gelangen, muß man sich freilich seines eigenen Standortes wirklich bewußt geworden sein. Ein tatsächliches »Gipfelerlebnis« im Sinne eines eigenen Gotteserlebnisses haben freilich nur wenige erfahren, wenngleich es durch Gebet, Meditationstechniken oder auch im ästhetischen Erleben und anderen mehr erreichbar wird. Doch auch unter Ausklammerung aller mystischen Formen wird ein guter Katechet den Blick für Gott zu öffnen wissen. Niemand ist blind für seine an der menschlichen Kreatürlichkeit haftenden Unvollkommenheit, Bedingtheit, Schwäche, Ohnmacht, Endlichkeit, Ausgeliefertheit und Beschränktheit – die Gegenbegriffe zu diesen unheilvollen Befindlichkeiten gipfeln in Gott. Kosmologisch, ontologisch und teleologisch werden wir zum transzendenten Gott geführt, dessen tiefstes Wesen uns allerdings nur mystisch oder durch Offenbarung zugänglich wird. Die lebendige Weitergabe des mystisch erfahrenen oder geoffenbarten Wesen Gottes ist nun die Aufgabe der Katechese. Hat man endlich begriffen, worum es bei der Transzendenz eigentlich geht, wird man in allem Gott sehen können.

Nicht im Auswendiglernen und Rezitieren überlieferter Texte wird jemand, der Gott verloren hat, zu Ihm zurückgeführt, sondern zunächst wohl in der Bewußtmachung des Unterschieds zwischen Immanenz und Transzendenz und dann im Aufzeigen der Abhängigkeit der Immanenz von der Transzendenz. »Sitzt« dies, steht man auch schon vor dem Gipfelbegriff der Transzendenz. Als kulturelle Einrichtung, die die Katechese nun einmal ist, wird sie jetzt auch von der religiösen Tradition und dem liturgischen Umgang mit Gott zu erzählen haben – doch erst nachdem die vorgenannte Voraussetzung erfüllt ist, kann man mit dieser religiösen Tradition wirklich etwas anfangen. Der eine wird sie voll und der andere nur teilweise annehmen und verstehen, mancher wird sich selbst auf den letzten Weg zu Gott machen. Hat er ihn wirklich gefunden, wird er auch den gesellschaftlichen Rahmen religiöser Tradition nicht sprengen, solange diese lebt, denn dann wird er in ihr das anerkennen, was er selbst schon gesehen hat.

Um den Weg des Idealismus kommt keine Katechese herum, wenn sie lebendige Religiosität vermitteln will. In der dem Christentum gemeinsamen Theologie heißt der vereinende Idealismus nun einmal augustinische Theologie. Dies bedeutet keinesfalls eine Geringschätzung der Werke des Thomas von Aquin oder des Aristoteles, denn beide verachteten ja keineswegs die Transzendenz, und jede Metaphysik ist Gott gleich nahe und daher richtig. Aber jede Zeit muß ihre eigenen Antworten finden, ohne daß deshalb andere grundsätzlich falsch oder undenkbar wären. Wie in der Spätantike ist heute in einer Zeit der Wertunsicherheit und des Glaubensverlustes der Platonismus besser als der Aristotelismus geeignet, die Menschen zur Transzendenz zu führen. Schließlich und endlich hat ja auch die römisch-katholische Kirche Augustinus nicht zugunsten von Thomas aus ihrer Lehre gestrichen, sie bräuchte sich nur aus Gründen katechetischer Eindeutigkeit und Klarheit stärker ihrer augustinischen Wurzeln zu entsinnen. Für die beiden anderen Großkirchen stellt dies eine noch geringere Schwierigkeit dar, wenn man nur zur lebendigen Religiosität zurückfinden möchte. Und obendrein hätte man unbeabsichtigt den sonst so ersehnten Zweck erreicht, die getrennten christlichen Kirchen von ihren Quellen her einander weiterhin näher zu bringen.

Bei all der Kritik an unseren heutigen Kirchen sollte man jedoch keinesfalls ihre enormen historischen Leistungen übersehen. Nicht nur erhielten sie durch die Jahrhunderte den heilbringenden Kontakt zum Transzendenten aufrecht und prägten damit den europäischen und amerikanischen Kontinent kulturell, sondern sie machten sich auch um die politische und geistige Freiheit verdient, insofern sie der absoluten Gewalt der Staaten entgegentraten und diese in eine höhere Verantwortung nahmen. Sie »theologisierten« die Staatsgewalten und Regierungsformen, früher die Monachie, nun vielleicht noch die Demokratie. Nur sollten sie dabei die entscheidende Funktion des regimen mixtum beachten, das die Entgleisung jeder »guten« klassischen Staatsform verhindert, sobald ihre Verabsolutierung drohen sollte. Sowohl in der christlichen Monarchie als auch in der christlichen Demokratie hat das religiös Gemeinte Vorrang vor der Staats- und Gesellschaftsform – setzte man sie gleich, bedeutet dies Blasphemie. Denn die Transzendenz bestimmt die Immanenz und daher auch die Staatsordnung.

Selbst die Aufgabenteilung – nicht aber die Trennung – von Kirche und Staat bewirkt ein Mehr an Freiheit und bildet ein »transzendentales regimen mixtum«. Gott sei Dank, daß die päpstlichen Versuche einer Suprematie über die weltlichen Gewalten nicht voll umgesetzt und historisch verwirklicht werden konnten, sondern nur den Status der Theorie erreichten, denn wir haben ihr die europäische Freiheit zu verdanken, die aus einer päpstlichen Hierokratie genauso wenig erwachsen wäre, wie sie es aus dem orthodoxen Caesaropapismus tatsächlich nicht ist. Der Preis der Freiheit ist freilich die Verantwortung, der sich jeder zu stellen hat, und die auch die Kirchen idealistisch zu erfüllen haben. Endziel kann nicht die Errichtung einer theokratischen Priesterherrschaft sein, sondern ist allein die lebendige Durchdringung aller Lebensbereiche mit transzendentalem Sinn, zu der auch die Kirchen wieder ihren – vor allem katechetischen – Beitrag leisten müssen. Priester und Staatsmänner sowie jedermann haben ihre speziellen transzendentalen Aufgaben und Verantwortungen, die von jedem dort, wo er immer auch stehen möge, mit Idealismus erfüllt werden wollen.

Kapitel 18

Heil oder Angst und Optimismus oder Pessimismus

Zwei gefühlsmäßige Grundstimmungen durchziehen die gegenwärtige Epoche und widersprechen einander scheinbar antinomistisch, Pessimismus und Optimismus. Die Stimmungen wechseln einander ab, nach einer Zeit großer Zukunftshoffnungen scheint momentan angesichts ökonomischer Strukturkrisen und der Bedrohung durch ABC-Waffen und Umweltzerstörung die Angst wieder einmal zu obsiegen, was jedoch nicht zu bedeuten hat, daß nicht schon bald die Gefühlsstimmung erneut umschlagen und dann wieder zurückpendeln könnte. Schaltet man zum Zweck einer genaueren Untersuchung einmal die Geschäftemacherei mit der Angst und der Hoffnung sowie einandermal endokrine Faktoren aus, die bei einer nicht unbeträchtlichen Zahl von Menschen immer schon – wenn auch zu wenig beachtet – Depressionen oder Manien verursacht haben, so sind die realen Wurzeln zu Pessimismus und Optimismus zweifellos reaktiver Natur.

Rein immanent betrachtet veranlaßt der menschliche Fortschritt im Wirtschaftlichen, Technischen und Medizinischen sicherlich eine hoffnungsfrohe und optimistische Grundhaltung. Derselbe materielle Fortschritt ist jedoch zugleich schuld an der wirklich bedrohlich werdenden Überbevölkerung der Erde, der eigentlichen Ursache der Umweltverpestung, an der die ganze Menschheit und unseren Mutterplaneten mit Vernichtung bedrohenden Gefährdung durch die ABC-Waffen sowie an den ökonomischen Überforderungen und Unzulänglichkeiten. Wer hat nun recht, der materialistische Optimist oder der gleichfalls materialistische Pessimist? Das Problem ist offensichtlich auf rein immanenter Ebene nicht völlig zu klären.

Denn was bedeutet schon die immanente Selbstvernichtung der Menschheit und die mögliche Sprengung unseres Planeten angesichts des Alters der Menschheit im Vergleich zum Alter der Erde und in Anbetracht des Alters der Erde im Vergleich zum Alter der Universums insgesamt? Das Weltall ist älter als der Planet Erde und dieser wiederum älter als die Menschheit. Vernichtet sich die Menschheit selbst, ist sie eben als immanente species nicht mit ihren Lebensbedingungen fertig geworden. Die Erde wird sich wahrscheinlich auch nach dem Ausfall des Menschengeschlechts weiterhin um die Sonne drehen, sollte sie aber auch dazu nicht mehr in der Lage sein, so ist eben wieder einmal ein Gestirn erloschen – Schluß, basta! Das Universum selbst bleibt davon höchst ungerührt und wird den Vorfall maximal als ein schwaches Räuspern vernehmen. Vergehen Erde und Menschheit, so wird das Weltall nach dem transzendenten Plan des Ewigen auch weiterhin bestehen bleiben. Der Versuch »homo sapiens« wird eben gescheitert sein am Unvermögen und an der Hybris des Menschen selber – das ist alles, nemini pacetur, niemandem wird es leid tun!

Doch auch das Universum ist begrenzt: Nach allem, was wir heute wissen, entsteht es im »Urknall« und endet im »schwarzen Loch«. Was steht dahinter, und wer veranlaßt dieses Geschehen? Nach Einsteins spezieller Relativitästheorie sind auch Raum und Zeit nur relativ, so wie nach seiner allgemeinen Relativitätstheorie der Weltraum selbst geschlossen und endlich, wenngleich unbegrenzt ist. Bravo, jetzt wissen wir es auch seitens der Physik, daß Raum und Zeit nur transzendentale Kategorien sind, die Philosophie alleine war wahrscheinlich hierfür noch nicht ausreichend! Somit stellt sich selbst von der modernen Physik her die Frage nach dem das Endliche Bedingenden. Jetzt endlich wird auch für die neunmalklugen Materialisten einmal eine teleologische Frage »wissenschaftlich« gestattet sein dürfen!

Die Transzendenz geht weiter als die Immanenz, umschließt und bestimmt sie durchgängig. Erst durch unsere transzendentalen Denkkategorien entsteht uns die Immanenz, und durch die transzendentalen Sittengebote allein erwächst uns unser Handlungsspielraum. Am Gipfel der auch die Immanenz umfassenden Transzendenz thront Gott, wir brauchen Ihn, nicht aber Er uns. Vermeinen wir uns selbst Ihm gleich, zehren wir die Erde aus und vernichten wir uns selbst, sodaß es keine Menschen mehr geben wird, so wird Gott doch weiterhin regieren. Er offenbart sich uns, läßt uns durch die transzendentalen Denkkategorien die Sinnenwelt entstehen und zeigt uns durch die Ethik, wie wir in ihr unsere Pflicht erfüllen sollen, um in ihr zu bestehen. Stellen wir uns blind und taub für Ihn, ist es nur zu unserem und nicht zu Seinem Schaden. Unterwerfen wir uns nicht Seinem Willen und gehorchen Ihm nicht, so wird Gott Besseres zu tun haben, als über unsere durch Hybris selbst herbeigeführte Vernichtung lange zu trauern.

Wenn wir auch aufgrund des dimensionalen Unterschieds zwischen Gott und uns den vollständigen Plan der Transzendenz nicht erfassen können, so kann doch jederzeit hinter allem Immanenten das Transzendente gewittert werden. Wer einmal begriffen hat, was Transzendenz ist, wird sie überall auffinden. Insoferne wir auch transzendente Wesen sind und transzendent motiviert handeln und denken, haben wir auch Anteil an der umfassenden, über uns selbst hinausgehenden Transzendenz. Nichts anderes meinen die Gleichnisse, daß uns Gott aus Erde schuf, zu der wir wieder als immanente Wesen zerfallen, daß Er uns die Seele eingehaucht habe, und daß wir nach Seinem Ebenbild erschaffen wurden. Wie alles Immanente kommen wir aus der Transzendenz, werden als immanente Lebewesen immer von ihr begleitet und gehen wieder in sie ein.

Unsere Geborgenheit in der Transzendenz und in Gott erlaubt uns daher den höchsten Optimismus und gibt uns das größte Heil. Was soll uns angesichts dieser Gewißheit noch Immanentes anhaben können, außer uns als Hinweis zur Transzendenz zu dienen? Nur wer die Immanenz wichtiger als die Transzendenz nimmt, wer also das Bedingte dem Bedingenden vorzieht, dem wird der Optimismus vergehen. Wer sich hingegen stets um eine metaphysische Orientierung bemüht, besitzt alle Berechtigung zu Hoffnung und Optimismus. Nehmen wir daher die Immanenz nicht so furchtbar tragisch, auch die ärgste Bedrohung schwindet und läßt sich korrigieren, sobald man ihr die rechte transzendentale Richtung gibt!

Wendet man sich einer mehr immanenten Betrachtungsweise zu, indem man angesichts der Frage, ob ohnehin schon alles einmal dagewesen sei, eine analoge Identität der Geschichte als erwiesen feststellt und eine homologe verwirft, so ist es wohl Geschmackssache, darob froh oder betrübt zu sein. Doch schon die Möglichkeit, zu einer physischen Höherentwicklung und Verbesserung wenigstens potentiell und in Teilbereichen gelangen zu können, ermuntert zu vorsichtigem Optimismus. Auch unter analogen Verhältnissen kann es zu immanentem Fortschritt kommen, so wie er auch schon historisch früher in Teilbereichen eingetreten ist. Der Wunsch und die Möglichkeit, auch in der physischen Dimension Überzeitliches zu schaffen, zu bewahren und weiterzureichen, gibt der Immanenz ihren Wert und sollte uns vom reinen und nur zu leicht spintisierenden Spiritualismus bewahren. Um der Transzendenz willen werden wir uns unter Anspannung aller Kräfte um eine möglichst optimale Gestaltung der Immanenz bemühen. Doch unser letztes Heil werden wir in dieser Sphäre nicht zu suchen brauchen, es wird nur in der metaphysischen liegen. Nur wer als Materialist zu hohe Erwartungen in die Physis setzt, wird von ihr zwangsläufig enttäuscht werden müssen und in den Pessimismus abgleiten. Er wird in der Immanenz Dinge zu zwingen versuchen, die nur aus der Transzendenz zu lösen sind, und damit der Physis, seinen Mitmenschen und letztenendes auch sich selbst unzulässige Gewalt antun. Nehmen wir hingegen die Transzendenz wichtiger als die Immanenz, so erhalten wir uns nicht nur unseren Optimismus, sondern können sogar die Immanenz besser gestalten. Das erhebende Prinzip der Hoffnung gründet sich weniger auf die materielle Erreichbarkeit als auf das transzendentale Wollen. Soweit es notwendig ist, werden wir auch physisch erreichen, was metaphysisch nötig erscheint und ernsthaft angestrebt wird.

Der Idealismus wird also in letzter Konsequenz stets optimistisch sein. Wer sich getreulich um den transzendenten Weg der verantwortlichen Freiheit bemüht, wird sich durch nichts Immanentes zum Pessimismus verleiten lassen können. In der Transzendenz liegt ja der Gipfel optimistischer Hoffnungen. Diese Einsicht und Gewißheit verhilft interessanterweise auch zu einem immanent glücklichen Lebensgefühl, ist jedoch nicht Selbstzweck im Sinne einer »faulen Frömmigkeit«, die nur aus egoistischen Motiven gespeist wird. Denn wir sind konstitutiver Bestandteil der Metaphysik – wenn wir uns von ihr trennen, denaturalisieren wir nur uns selbst. Wir geben uns der Transzendenz hin, weil wir mit uns selbst eins sein wollen! Aus »platonischer« und altruistischer Liebe zur allesumfassenden Transzendenz bekennen wir uns zu ihr, und weil wir dies tun, sind wir einig mit Gott und daher glücklich.

Um der Transzendenz willen werden wir immanent das Richtige tun. Harmonisieren wir Physis und Metaphysik nicht, empfinden wir dies als Unheilssituation und reagieren mit Angst. Die Disharmonie zwischen Transzendenz und Immanenz können wir auch als »Entfremdung« bezeichnen, sie ist dann die Entfremdung des Immanenten von dem eigentlich transzendental Gemeinten. Was bedeutet dies nun konkret? Es bedeutet, daß der transzendente Weltenplan größer ist als unsere eigenen beschränkten Möglichkeiten und daß er uns als Teil eines größeren Ganzen mit umfaßt. Wir sind somit aufgerufen, sowohl unsere Mitmenschen als auch unsere Umwelt als genauso transzendent wertvoll zu erachten, wie uns selber. Die Grundlage unseres Handelns wird also von der sich gleichermaßen auf unsere soziale wie unsere ökologische Umwelt richtenden Verantwortung geprägt.

Wir werden unser Heil nur in einer heilen Umwelt erleben, die wir in Verantwortung zu achten haben. Der Mensch ist ökologisch eingeordnet in seine Umwelt, mit der er ein sowohl immanentes als auch transzendentes Ganzes bildet. Es ist ein Gipfelpunkt materialistischen Frevels, Tier- und Pflanzenwelt in die Kategorien »nützlich« und »schädlich« einzuteilen, als ob wir die absoluten Herren dieser Welt wären. Wir sind bestenfalls ihre relativen und haben für unser Tun der höheren Ordnung, der Transzendenz, Rechenschaft abzulegen. Zerstörten wir unsere ökologische Umwelt, spiegelt sich darin nur unser gestörtes Verhältnis zur transzendentalen Verantwortung wieder. Der Großteil der Tier- und Pflanzenwelt ist für uns nicht unmittelbar »nützlich«, vernichten wir ihn in materialistischem Eigennutz, gehen wir selbst daran zugrunde und müssen daran erkennen, daß er uns wenigstens mittelbar zum Nutzen gewesen wäre. So vernichtet der Materialist alles, was ihm nicht in seinen Egoismus paßt, oder bestenfalls ist es ihm gleichgültig, wodurch er aber auch schon die immanente Strafe für seine die Transzendenz verachtende Verantwortungslosigkeit nach sich zieht. Mit seiner ökologischen Mitwelt wird der Mensch leben oder ohne ihr untergehen, so wie er mit der Metaphysik Heil erfahren oder ohne ihr ins Unheil gelangen wird. Die ökologische Krise ist letztendlich eine durch den Materialismus hervorgerufene geistige und wird in voller Konsequenz nicht mit materiellen Mitteln zu lösen sein, es sein denn, sie sind transzendental überhöht. Allein aus der metaphysischen Verantwortung wird man die richtigen physischen Maßnahmen ergreifen können, um die Umwelt, besser eigentlich die Mitwelt, und damit uns selbst zu retten.

Denn der Geist formt die Materie, und in der Physik symbolisiert sich die Metaphysik.
Im sozialen Umfeld werden wir nicht herumlaufen dürfen, um immer nur von den anderen zu fordern, was wir selbst noch nicht geleistet haben. Was soll das stets fordernde Geschrei nach mehr Menschenrechten und Freiheit, ohne auch nur die Bereitschaft aufzubringen, selber Pflichten und Verantwortung übernehmen zu wollen? Weil wir Verantwortung verspüren, wollen wir auch die Freiheit, sie zu verwirklichen. Aus den Pflichten erwachsen die Rechte und nicht umgekehrt. Wer zuerst Freiheit verlangt, ohne noch zu wissen, mit welcher Verantwortung er sie erfüllen will, befindet sich genau am falschen, nämlich materialistischen Weg. Die Verantwortung ist kein Lückenbüßer für die von der Freiheit geschlagene Bresche, vielmehr legitimieren die Pflichten erst die Rechte. Eine Forderung ohne transzendentaler Sinnlegitimierung dessen, was gefordert wird, entspricht nur einer egoistischen Haltung. Als beschränkte Wesen sind wir von den Bedingungen der Transzendenz abhängig, wir haben daher zunächst den Appellen der Transzendenz zu folgen, erst dann wird uns auch der Freiraum zur Verfügung stehen, ihnen zu gehorchen. Daß ausgerechnet dem Determinismus huldigende Materialisten so gerne nach der Freiheit rufen, drückt nur ihre verdrängte Sehnsucht nach der Metaphysik aus. Statt der Determinanten steht im Idealismus die Verantwortung, der Unterschied besteht in der Freiwilligkeit des Gehorsams und im Ausmaß der Selbständigkeit. In der Achtung unserer sozialen wie ökologischen Umwelt ehren wir letztlich den transzendenten Plan Gottes.
Als Unheil und Entfremdung empfinden wir jede Situation, in der ein immanenter Zustand nicht mit dem transzendenten Sein-Sollen übereinstimmt, oder in der der transzendente Sinn nicht eruiert werden kann. Die Entfremdung wird dann aufgehoben, und ihre Aufhebung als heilvoll erlebt, wenn im immanenten Sein die Übereinstimmung mit dem transzendenten Sollen hergestellt ist, und im Physischen das Metaphysische sichtbar wird. Die angestrebte heilbringende Harmonie ist durch den Gehorsam den Sittengeboten gegenüber zu erreichen, wie sie im Willen zum überzeitlich Richtigen und in unserer Verantwortung aufleuchtet. Der kategorische Imperativ will überall befolgt werden, geben wir ihm nach, leben wir im Heil

und haben alle Veranlassung zum Optimismus. Da hinter allem Immanenten stets transzendentaler Sinn steht, kann aus jeder immanent noch so betrüblicher Situation metaphysisches Heil gewonnen werden. Was in sich transzendentalen Sinn trägt, wird niemals Grund zu wirklicher Verzweiflung bieten.

Kapitel 19

Der Geist der menschlichen Geschichte

Die Freiheit und das Denken teilen die Welt des Menschen in die immanente und die transzendente Dimension. An die Stelle der tierischen Instinkte sind beim Menschen weitgehend die Verantwortung und die Vernunft getreten. Die ursprüngliche Einheit geht durch die Trennung der Vernunft in die »reine« und in die »praktische« scheinbar verloren, wird aber durch die Wiederbewußtmachung der transzendentalen Wurzeln aller Vernunft und durch die Verantwortung wiederhergestellt. Bei der reinen Vernunft liegt die einheitsstiftende metaphysische Wurzel in der transzendentalen Herkunft der Axiome, der Denkkategorien von Zeit und Raum und der Logik; bei der praktischen Vernunft liegt sie im nicht minder transzendentalen Prinzip des Sollens. Gibt uns die Naturwissenschaft die instrumentelle Handhabe für den Umgang mit der Immanenz, so weist uns die Verantwortung das Ziel und den Sinn unseres Tuns und Seins.

Die Verantwortung geht in die Zukunft, orientiert sich intentional nach vorne und richtet sich auf ein über das gegenwärtig Vorhandene hinausreichende Ziel. Trennt man die reine Vernunft von der praktischen, so richtet sie sich entsprechend dem Kausalitätsprinzip nach hinten an die »Ursachen« und wendet sich an die Vergangenheit. Deshalb kann auch die »reine Vernunft« eines empirischen Determinismus niemals »fortschrittlich« sein, denn erst wenn sie sich als »praktische Vernunft« durch eine Absicht vollendet, schreitet sie in die Zukunft fort. Was nun gewollt und angestrebt wird und somit per definitionem noch nicht immanent vorhanden ist, muß zwangsläufig transzendent sein. Die reine Vernunft ist ohne praktischer Ausrichtung als bloßes Kunstgebilde nicht lebensfähig, verweigert man ihr die transzendentale Vollendung, indem man sich ihrer metaphysischen Herkunft nicht bewußt wird, kann sie niemals »vernünftig« sein – sie ist dann reduktionistisch, materialistisch und ideologisch. Ohne Transzendenz gibt es keinerlei Vernunft.

Erst in dem Augenblick, in dem sich die Freiheit ihrer transzendentalen Verantwortung und die Reflexion der metaphysischen Herkunft ihrer Axiome bewußt werden, vereinigen sich Immanenz und Transzendenz wieder. In diesem Augenblick beginnt die menschliche Geschichte – sie ist das Drama der transzendenten Ausrichtung der Immanenz. In allen menschlichen Handlungen gestalten wir nach mehr oder weniger bewußten metaphysischen Gesichtspunkten die physische Mitwelt. Die Vorstellung geschichtlichen Ablaufes mag sich auch auf Dinge und Ereignisse ausdehnen lassen, der wir keine menschliche Vernunft und Freiheit zumessen, wie zum Beispiel der zoologischen, botanischen oder geologischen Geschichte. Immer aber beruht Geschichte auf den menschlichen Denkkategorien von Zeit und Raum, außerhalb dieser anthropozentrischen Qualitätsschwellen kann auch mit noch so perfektionierten anthropomorphen Hilfsmitteln nie etwas abgeklärt werden. Der Ablauf in Raum und Zeit – also Geschichte – existiert nur für unser menschliches Bewußtsein, eben weil er nur durch unsere Denkkategorien zustande kommt. Somit ist Geschichte immer anthropozentrisch und erzählt allein von unseren Verhältnissen zu Geschehnissen und von unseren Vorstellungen über Zustände.

Stets trachten wir danach, den »Weltplan« zu erfassen, um in ihm unsere Rolle richtig zu spielen. Metaphysik und Physik widersprechen einander nicht, sondern ergänzen sich. Erst was unserer ganzen reinen wie praktischen Vernunft zuwiderläuft, berechtigt uns zum Schluß, dies als translogisch und transrational zu beurteilen. Übersieht man, daß auch die reine Vernunft der praktischen entspringt, und beide im Transzendenten fußen, kann es im Zuge eines Reduktionismus zugunsten der »reinen Vernunft« zu »alogischen« oder »irrationalen« Phänomenen kommen. Denn wer glaubt, alles nach den Kriterien der »reinen Vernunft« empiristisch erfassen zu können, wird auch bei vielen rein immanenten Ereignissen bald auf die Grenzen der positivistischen Methode stoßen, die trotzdem »wahr« sind, auch wenn sie mit dem empirischen Instrumentarium unaufklärbar sind. Der Sinn von Zuständen, Ereignissen und Dingen liegt nämlich nie in der Empirie, sondern stets in der Metaphysik.

Die reine und die praktische Vernunft gehören zusammen, denn alles, was uns in unserer Beschränktheit weiterhilft, ist unverzichtbar. Dasselbe gilt von der Deduktion wie von der Induktion, keine darf um der vollen Wahrheit willen einen Alleinherrschaftsanspruch anmelden. Richtet sich die praktische Vernunft final und teleologisch nach vorne, um in der Sittenlehre, Ontologie, Wissenschaftslehre und Theologie zu münden, so wendet sich die reine kausal nach hinten an die Ursachen des gegenwärig Wirkenden, um die Naturwissenschaften aus der Welt der empirischen Erscheinungen zu entwikkeln. Analyse und Synthese haben beide ihre Berechtigung, wie Physik und Metaphysik auch. Den überflüssigen Luxus einer Wegreduzierung kann sich keine Kultur auf Dauer leisten: Tendieren wir zum spiritualistischen Extrem, vernachlässigen wir die idealistische Gestaltung der Immanenz; neigen wir zum Materialismus, entziehen wir dem, was wir gestalten wollen, die geistige Orientierung und bedrohen auf Dauer selbst das materiell Seiende. Idealismus heißt eben transzendentale Durchdringung der Immanenz, und von nichts anderem handelt die Geschichte, denn sie berichtet von der transzendentalen Gestaltung der immanenten Welt durch den Menschen.

Um seine geschichtliche Aufgabe zu erfüllen, die Einheit von Transzendenz und Immanenz zu gewährleisten, bedarf der Mensch beider Arten der Vernunft. Offenbarungen und Meditationen können noch weiter gehen und uns noch zusätzlicheren Aufschluß darüber geben, als wozu wir teleologisch, ontologisch und kosmologisch hingeleitet werden und dessen transzendentalen Gipfelbegriff wir mit dem Synonym »Gott« belegen. Trotzdem wird für uns immer noch ein unaufklärbarer und unbezwingbarer numinoser »Rest« bestehen bleiben, so wie wir eben beschränkte Wesen bleiben und nie Götterstatus erreichen werden. Deshalb sind wir jedoch nicht verloren, denn wir können uns ruhig dem höheren Plan Gottes anvertrauen und die Rolle zuversichtlich spielen, die Er uns sinnvollerweise zugeteilt hat. Auch darüber, wie wir mit dem numinosen Rest fertig werden, ob durch Vertrauen oder vergebliche Auflehnung, berichtet die Geschichte des Menschen. Vertrauen wir dem transzendentalen Sinn vollständig, bauen wir unsere Kultur weiter auf; mißtrauen wir ihm oder leugnen wir ihn gar, richten wir uns selbst zugrunde.

Das Drama der menschlichen Geschichte geht darum, was der Mensch als Einzelner und als Art mit seiner Freiheit vernunftgemäß anzufangen versteht. Handelt er als immanentes Wesen im Rahmen eines transzendenten Systems und somit ganzheitlich? Oder reduktioniert er die eine Dimension zugunsten der anderen? Hält er die

»unio magica« aufrecht oder stellt er sie wieder her und lebt so im Heil? Oder lebt er in der »Entfremdung« vom metaphysischen Sinn und im Status des Unheils, wie dies angesichts der Trennung der Dimensionen immer drohen kann und im ideologischen Reduktionismus stets auftritt? Was tut er in dem einen und im anderen Geiste? Hegel hat schon recht, wenn er sagt, daß die Geschichte die Geschichte des Kampfes gegen die Entfremdung sei. Nur ist es ein unzulässiger Anthropomorphismus, auf Gott die Beschränkungen des Menschen zu übertragen. Es würde den umfassenden Begriff widersprechen, der in der Gottesidee enthalten ist, wollte man annehmen, daß ein sich entäußernder Gott sich selbst entfremdet sein könnte und daher gezwungen wäre, nach der Aufhebung seiner eigenen Entfremdung zu trachten. Feuerbach hat ungewollt insofern sogar Recht in der Feststellung, daß es der Mensch und nicht Gott ist, der um die Aufhebung seiner Entfremdung ringt. Nur entsteht die Entfremdung nicht, indem der Mensch sich die Transzendenz »schafft«, sondern indem er sie und ihr Wesen nicht erkennt. Um in den hegelianischen Denkschemata zu bleiben, bedeutet Geschichte den Kampf des Menschen um die Aufhebung seiner Entfremdung von der Transzendenz. Die »Aufhebung der Entfremdung« ist gegeben, wenn die Immanenz von der Transzendenz durchdrungen ist. Die Entfremdung wiederum beruht auf der »Entäußerung« der Transzendenz in Zeit und Raum, durch die die Immanenz entsteht, und wird akut, wenn der Sinn der Immanenz aus der herrschenden Transzendenz nicht erkannt wird.

So fruchtbar ein auf diese Weise korrigiertes hegelianisches Modell auch sein mag, um das Verhältnis von Metaphysik und Physik zu verdeutlichen, so darf doch sein Modellcharakter nie übersehen werden, was auch schon daraus hervorgeht, daß es Kulturen gab, gibt und wieder geben kann, in der die Trennung von transzendenter und immanenter Dimension im Sinne einer vernehmbaren Entfremdung nicht die Rolle spielt, wie sie es schon zu Hegels Zeiten tat und heute noch mehr als damals in den materialistischen Gesellschaften des Ostens und Westens zutage tritt. In den »primitiven« Kulturen besteht die »magische Einheit« von Sinn und Form, in den jungen, lebenskräftigen Kulturen steht sie als »Anfangsverbundenheit« nie in Zweifel, und selbst unter entfremdeten Verhältnissen ist sie für viele

Menschen noch durchaus gegeben. Erst wenn sich die Entfremdung im Materialismus steril verfestigt, beginnt der Anfang vom Ende einer Kultur, doch können sich Kulturen genauso erholen wie erkrankte Einzelpersonen. Überwindet man die materialistische Krankheit, so steht dem heilbringenden und schöpferischen Weiterwirken der Einheit aus Transzendenz und Immanenz für solange nichts mehr im Wege, bis wieder einmal ein neuer neurotisierender Materialismus auftreten sollte. Die Heilung tritt immer dann ein, wenn das Heil der »unio magica« vom Erkrankten aufgenommen wird – dazu ist es aber nie zu spät.

Die kulturellen Leistungen spiegeln die Schöpfungen des Menschen wieder, der sich um die Einheit von Physis und Metaphysik bemüht. Reduziert man die Kultur um ihren transzendentalen Geist, bleibt die bloße Zivilisation als die rein materielle Seite der Kultur übrig. Ein reduktionistisch nur auf die Erscheinungswelt gerichtetes Denken übersieht regelmäßig die Kraft, die mit der reinen Zivilisation auch die Kultur errichtet hat, das metaphysische Selbstverständnis der kulturschaffenden Gemeinschaft. Jede Kultur braucht selbst für ihre bloßen Zivilisationsleistungen das Erleben eines transzendentalen Auftrags der an ihr Wirkenden. Eine Zivilisation, die nur mehr Zivilisation und nicht darüber hinaus auch noch Kultur sein will, geht zugrunde, sobald der Rest der ursprünglichen metaphysischen Substanz verbraucht ist. Eine Zivilisation ohne Kultur gibt es nicht, was beide konstituiert, ist die Transzendenz.

Der Unterschied zwischen den Kulturen erklärt sich aus den unterschiedlichen Ansichten über Metaphysik und über die metaphyisch höchste Idee, über Gott. Sowie die Einheit der Religionen nur in ihrer Vielfalt liegen kann, so vereint die verschiedenen Kulturen das über alle Differenzen einheitlich transzendental Gemeinte. Nicht im Sieg einer Kultur über alle anderen und nicht in der künstlichen Synthese einer Einheitskultur, die aus allen anderen herausgefiltert werden sollte, liegt die Einheit, sondern eben gerade in ihrer Vielfalt. So wie die Menschen gleichzeitig gleich und unterschiedlich sind, so sind dies auch die Kulturen. Als Individuen unterscheiden sie sich voneinander, als Träger gemeinsamer Merkmale einer Art sind sie einander gleich. Und so wie man aus den Artspezifica der species homo sapiens keine künstlichen Menschen synthetisieren kann, so lassen sich auch keine Religionen und Kulturen künstlich nachfabrizieren. Worüber man übrigens nicht im Geringsten betrübt sein sollte, denn gerade in der Vielfalt liegt der Reichtum, und nichts wäre trauriger und armseliger als ein solches Produkt einer Gleichschaltung in Form eines »Reichseinheitsgemisches«.

Aus dem Erlebnis eines speziellen transzendentalen Auftrages entsteht jede einzelne Kultur und mit ihr auch ihre rein materiellen Artefakte, die jeweilige Zivilisation. Jede neue Kultur wird von einem solchen Geist inspiriert sein, sowie es auch alle bisherigen waren, und nicht minder unsere gegenwärtige christlich-europäisch-abendländische ist. Natürlich sind und bleiben wir abhängig vom Geist unseres metaphysischen Auftrages, und wie stark dieser einmal war, zeigt sich selbst noch in unserem Niedergang, denn immer noch zehren wir von der Substanz unserer Kultur. Versiegt diese Substanz, versiegt mit der Kultur auch die Zivilisation samt ihren angenehmen Seiten, auf die gerade die Materialisten am wenigsten verzichten mögen. Das Menetekel des allmählichen Zuendegehens unserer transzendental-kulturellen Substanz steht schon deutlich an der Wand und kann an den tatsächlichen und vermeintlichen Ängsten und am besten wieder an den Produkten der modernen Kunst klar abgelesen werden. Wer die positiven Seiten unserer Zivilisation retten will, wird nicht umhin kommen, ein lebendiges positives Verhältnis zu unserer Kultur zu gewinnen, die wiederum auf speziellen religiösen und idealistischen Ideen aufbaut.

Solange es Menschen gibt, haben sie Kulturen errichtet und werden es auch fernerhin tun, denn in ihnen spiegelt sich die schöpferische Kombination von Transzendenz und Immanenz. Wie alles, was immanent ist, stammen wir selbst aus der Transzendenz und werden solange leben, wie wir uns der Transzendentalität bewußt sind. Sollte den »Abendländern« dieses Bewußtsein abhanden kommen, so werden sie eben eine Episode in der Menschheitsgeschichte darstellen und den durch die Transzendenz weiter lebenden Kulturen als warnendes Beispiel dienen. Nur die speziell abendländischen transzendentalen Vorstellungen können verschwinden, und das nicht einmal völlig, denn Reste werden genauso erhalten bleiben wie das negative Exempel, nie wird aber die Transzendenz untergehen, denn sie ist die Schöpferin und Sinngeberin aller Immanenz. Andere Kulturen werden das übernehmen, was ihnen von uns brauchbar erscheint, schlimmstenfalls rottet sich die Menschheit selbst aus – die Ewigkeit Gottes bleibt dann immer noch bestehen. Wer in Feindschaft mit Ihm lebt, kann Ihn niemals besiegen, daher ist es wohl klüger, Seine Herrschaft anzuerkennen und schöpferisch die Möglichkeiten zu ergreifen, die Er uns anbietet.

Geht durch die Wegreduzierung der Metaphysik auch unsere Kultur samt ihrer zivilisatorischen Außenseite zugrunde, wird mit einem anderen Verständnis von Metaphysik auch eine neue Kultur entstehen. Solange es Menschen geben wird, wird es auch Metaphysik geben, denn sie ist die eine und eigentliche Seite unserer Existenz, deren andere und von ihr abhängige die Immanenz bildet. Wie die Auflehnung gegen Gott ist die Leugnung der Transzendenz letztenendes für den Menschen selbstvernichtend. In der transzendentalen Hierarchie steht Gott oben und der Mensch unten; wegen der dazwischenliegenden Qualitätsschwellen kann das Untere einmal das Obere nicht beseitigen, sondern höchtens durch die Negierung der umfassenderen und verbindenden Transzendenz sich selbst morden. Zahlt sich aber dieser Preis für den blasphemischen und neurotischen Ehrgeiz der Selbstvergottung des beschränkten Wesens namens Mensch aus?

Statt uns durch Ideologien selbst zu bedrohen, sollten wir durch Idealismus die immanente Welt so gestalten, daß wir in ihr überzeitlich leben und unsere transzendentalen Pflichten bestens erfüllen können. Niemand und nichts vermag uns daran zu hindern, die Transzendenz wieder zum selbstverständlichen Bestandteil unseres Lebens zu machen! Individuell wie gemeinschaftlich können wir die physische Sphäre mit Metaphysik durchdringen und allem Gewesenen, Seienden und Zukünftigen transzendentalen Sinn verleihen. Nirgends steht geschrieben, daß wir zur Entfremdung und zum Elend verurteilt sind, vielmehr tragen wir die frohe Botschaft in uns, in Harmonie mit dem Ewigen existieren zu können. Wir brauchen unserem eigentlichen Wesen nur treu zu bleiben und bloß nicht auf den »Schleier der Mâyâ« hereinzufallen. Wenn wir uns der höheren Verantwortung bewußt sind, dann sind wir tatsächlich die Herren der Welt und der Geschichte und erfüllen unsere gestalterische Rolle im transzendentalen Plan.

Was Henry Kissinger an der konservativen Facette der Kultur am

Beispiel Metternichs hervorragend aufgezeigt hat, gilt generell: Die unausgesprochene Selbstverständlichkeit des transzendental Gemeinten ist das Allerbeste! Kissinger erkennt völlig zu recht die Stärke des Konservatismus in seiner stillschweigenden Wirkung und seine Schwäche im bewußten und damit defensiven Wollen. Indem Metternich seine Ideen durch laute Maßnahmen zu retten genötigt war, sah er das von ihm eigentlich Gemeinte auf Dauer nicht gerettet und sogar geschwächt. Es ist das Verhängnis konservativer Politik, daß sie dann im Grunde schon verloren hat, wenn sie bewußt beginnt, während sie siegt, wenn einem die Konservativität dieser Politik gar nicht auffällt. Auf das idealistische Anliegen übertragen bedeutet dies, daß wir einer selbstredenden Durchdringung der Immanenz mit transzendentalem Sinn die Stange brechen. Keine idealistische »Restauration« und kein idealistischer »Konservatismus« zeigt uns heute den Ausweg aus der materialistischen Misere, sondern eine idealistische »Renaissance«. Weniger die Tradition von Philosophenschulen, sondern das glutvolle Selbsterleben inspiriert den wahren Idealismus. Natürlich ist die idealistische Tradition auch nicht umsonst, doch bietet sie keinen Ersatz für den persönlich Einsatz, denn das Leben ist stärker als jede Lehre. Der reinen Lehre haftet stets etwas Blutleeres an, erst ein idealistisches Leben kann sie vollenden.

Das frohe, selbstverständliche, selbstgewisse und unapologetische Tragen transzendentaler Verantwortung wirkt überzeugend und bewahrt vor Sektierertum, Selbstquälerei und Verkrampfung genauso wie vor Blindwütigkeit oder Heuchelei. Die »Gültigkeit« der Metaphysik ist über jede materialistische Scheinkritik erhaben und braucht nicht verteidigt zu werden. Idealismus bedeutet kühnen Angriff und Meisterung der Zukunft und bedarf keiner apologetischen Verteidigung und konservativen Defensive. Der transzendentale Idealismus ist selbstverständlich, er bewährt sich im Leben und kann auf jede retrograde akademistische Zerredung des eigentlich Gemeinten durch Leute verzichten, die nicht fühlen und begreifen wollen, worum es wirklich geht. Scheuen braucht er nichts und – obwohl er eigentlich darübersteht – schon gar keine wissenschaftliche Auseinandersetzung, liegen doch die Denkkategorien und die Logik in der Transzendenz und nicht in der Immanenz. Und überhaupt nicht fürchtet er sich vor dem Streit mit der Empirie und Naturwissenschaft, liegen doch ihre Axiome selber in der Transzendenz und nicht in der Materie.

Individuell wie kulturell wird die Transzendenz wieder selbstverständlicher Bestandteil jeder Seite unseres Lebens werden. In der Polarität zwischen Geist und Materie spielt sich jede Kultur ab, auch die unsere. Seit es kulturschaffende Menschen gibt, bemühen sie sich um die Harmonie von Physis und Metaphysik. Alles spricht dafür, daß uns diese Bemühungen gelingen werden, sobald wir nur ernsthaft danach trachten. Erreichen wir dies, woran angesichts der Ehrlichkeit des Wollens kein Zweifel bestehen kann, dann brauchen wir uns weder persönlich um die Sinnhaftigkeit unseres individuellen Lebens, noch über den Fortbestand und die Weiterentwicklung unserer Kultur Sorgen zu machen.

Kapitel 20

Die therapeutische Wirkung des Vorbildes

Was kann nun der Einzelne beitragen, um als Idealist die Immanenz mit Transzendenz glaubwürdig zu durchdringen und zu gestalten? Daß das existentielle Vakuum der noogenen Neurose Frankls und die gegenwärtige Kulturkrise sich auf den Verlust an Transzendentalität und auf die Überbewertung des Materiellen zurückführen lassen, ist nach all dem bisher Gesagten genauso klar wie die Notwendigkeit, dieses Vakuum mit Idealismus aufzufüllen und das Überbewertete wieder an seinen richtigen Ort zurückzustellen. Die Frage ist nur, was kann man als Einzelperson dafür tun und wie stellt man es richtig an? Aus der transzendentalen Verantwortung selbst kann sich ja niemand davonstehlen, wer persönlich sinnvoll leben und einen konstruktiven Beitrag für seine Kulturgemeinschaft leisten will. Nur kontemplativ zu wissen, daß alle Physis metaphysisch begründet ist, reicht sicherlich nicht aus; zur transzendentalen Gestaltung der Immanenz bedarf es mehr, nämlich des eindeutig bewußten Wollens und Handelns.

So wie jeder am Überschwappen des Materialismus auch persönlich Schuld tragen kann, wenn er sich ihm hingibt und nicht entschieden entgegentritt, so kann doch jeder gleichfalls seinen idealistischen Beitrag leisten, indem er transzendental motiviert handelt. Wer am glaubwürdigsten handelt, dem wird so wie immer die Mehrheit folgen. Glaubwürdig ist freilich nur, wer mit vollem persönlichen Engagement für seine Ideen eintritt und seine Anteilnahme auch vorlebt. Das eigene Bewußtsein hat sich nur selbst treu zu bleiben, um das eigene Sein zu bestimmen, dann ist es nicht nur glaubwürdig, sondern auch im höheren Sinn gerechtfertigt: Gilt doch allgemein, daß die Formen unseres Bewußtseins die Arten die uns faßbaren Seins bestimmen. Die Welt ist transzendental angelegt; unsere Aufgabe ist nur, dem »Plan« idealistisch zu folgen und den Sittengeboten zu gehorchen. Dieser unserer Bestimmung nachzukommen, wäre gar nicht so schwer, gäbe es die Selbstsucht nicht. Diese also gilt es, in ihrer niederen egoistischen und in ihrer höheren ideologischen Form zu überwinden, dann stimmen wir mit der Transzendenz überein. Diese beiderlei Formen des Materialismus sind am existentiellen Vakuum des Einzelnen wie am Kulturverfall im allgemeinen schuld; wer aber für über sich selbst hinausgehende und damit definitionsgemäß transzendentale Ideen lebt, bekämpft beide gleichzeitig. Indem der Einzelne selber als Idealist lebt, durchdringt er bereits die Immanenz mit transzendentalem Telos, erfüllt seine eigene Existenz wie auch die kulturelle Gemeinschaft mit Sinn und wirkt durch sein Vorleben insgesamt glaubwürdig.

Der Idealismus will immer vorgelebt werden, denn er ist mehr als nur eine Philosophie, »Weisheitslehre« oder »Liebe zur Wahrheit«, er ist Leben selbst. Ein Idealist ist nur dann glaubwürdig, wenn er seinen eigenen Idealismus auch allen vorleben und dadurch zum Vorbild werden kann. Das Maß für die Richtigkeit dessen, was man idealistisch will, ist seine Eignung zum Vorbild. Was nicht zum Vorbild taugt, vermag auch nicht idealistisch gültig zu sein. Und wie nur idealistisch Richtiges zum Vorbild werden kann, so ist auch nur Vorbildliches idealistisch richtig. Im Vorbild nimmt der kategorische Imperativ konkrete und meist auch personale Gestalt an: Wer oder was selbst Vorbild wird, handelt im Vorbildlichen stets so, daß die oberste Maxime seines Wollens jederzeit zugleich als Prinzip einer allgemeinen Gesetzgebung gelten könnte. Wer selber als idealistisches Beispiel vorangeht, weiß, wofür er handelt und lebt; er gibt sich selbst Sinn und hilft der Gemeinschaft. Nur was allgemein gültig und überzeitlich ist, dient auch als Vorbild.

Zukunft hat alleine, was allgemeingültig und überzeitlich ist, nur dann kann von »Fortschritt« gesprochen werden. Sich bewußt selbst zum Vorbild zu machen bedeutet, den richtigen Mittelweg zwischen kontraproduktiver Aufdringlichkeit und asozialer Gleichgültigkeit zu finden, und verhindert, sowohl über das Ziel hinauszuschießen, als auch in eine verkrampfte Verschrobenheit abzugleiten. Im Vorleben vereinigen sich idealistische Theorie und idealistische Praxis und nehmen in ihm personale und konkrete Gestalt an. Keine Eltern werden von ihren Kindern, kein Lehrer wird von seinen Schülern, kein Arzt wird von seinen Patienten, kein militärischer Vorgesetzter wird von seinen Untergebenen und kein Manager wird von seinen Mitarbeitern Einsatzfreude, Hingabe, Fleiß, Anteilnahme, Mitdenken, Liebe, Hoffnung und alle sonstigen Tugenden verlangen können, solange sie sie ihnen nicht selber als Vorbilder glaubhaft vorgelebt haben. Wie kein Bild ohne Vorbild entsteht, so wird kein Idealismus ohne eigenes Beispiel und Vorleben glaubhaft. Die Pflicht beginnt immer zuerst bei einem selbst, erst dann kann man sie von anderen einfordern.

Also möge sich jeder bei seinen Handlungen die Frage stellen: Ist das, was ich jetzt zu tun beabsichtige, geeignet, als Vorbild für andere zu dienen, und kann ich auch wollen, so wie ich handle, gleichfalls von anderen behandelt zu werden? Die Frage nach der Eignung zum Vorbild muß die Ausgangsüberlegung jedes praktischen Handelns sein. Nur wenn unser Tun wirklich vorbildlich ist, ist es allgemein gültig und sinnvoll und weist ins Überzeitliche. Was nicht als Vorbild dienen kann, widerspricht zunächst dem kategorischen Imperativ und in weiterer Folge der transzendenten Absicht der »Weltordnung«. Nicht-vorbildliches Verhalten ist sinnlos und führt ins persönliche Abseits und in weiterer Konsequenz zur Destabilisierung auch der Gemeinschaftseinrichtungen. Deshalb dürfen die Gemeinschaften von ihren Angehörigen auch vorbildliches Verhalten verlangen, müssen allerdings selbst mit gutem Beispiel vorangehen. Wir haben also voneinander stets Vorbildliches zu fordern, jeder muß bereit sein, selbst als Vorbild zu wirken, wie er es auch von seiner Umgebung fordern darf.

Die Probleme unserer Welt sind wahrhaftig groß genug, damit jedermann sich vorbildlich benehmen kann. Es gibt niemanden, der nicht an seinem Ort Vorbildfunktionen übernehmen könnte. Das soziale Umfeld jedes Menschen ist groß genug, um sich mal hier, mal dort als Beispiel zur Verfügung stellen zu können. Nicht das »Was bringt es mir?« sondern das »Was kann ich für die Anderen tun?« verleiht dem immanenten Leben seinen transzendenten Sinn. Wer nie über sich hinauszuwachsen versteht, wird immer isoliert und unglücklich leben und sich zuletzt überflüssig vorkommen müssen. Die Sinnlosigkeit des isolierten Egoisten deutet schon das existentielle Chaos an, dessen Ende für den Einzelnen in der noogenen Neurose und für unsere materialistische Welt insgesamt in den Bedrohungen des ökologischen und nuklearen Selbstmordes liegt. Diese Gefährdungen, denen sich eine selbstvergötzende Menschheit selber aussetzt, öffnen frei-

lich gerade heute für den Idealismus ein ungeheuer weites Betätigungsfeld. Jedermann kann in ihm durch sein Vorbild beitragen, aus dem selbstverschuldeten Schlamassel einen Ausweg aufzuzeigen.
Vorbild sein heißt dabei nicht, sich selbst in besserwisserischer Arroganz hoch über seine Mitwelt erhaben dünken zu können, sondern bedeutet Bürde und Arbeit. So lustig ist es nicht, gegen die vielfältigen Entgleisungen unseres materialistischen Zeitalters anzukämpfen. Idealistisches Vorbild zu sein, geht Hand in Hand mit einem Verzicht auf viele Bequemlichkeiten, den man sich ersparen könnte, ließe man sich gedanken- und bedenkenlos einfach mit der materialistischen Welle treiben. Als Idealist ist man allerdings vor all den bösen Überraschungen und Frustrationen gefeit, die einmal mit dem Nichteintreten der überspannten Erwartungen eines egoistischen Denkens einhergehen. Ein Idealist schreitet in seinem Wollen und Absichten über sich hinaus und wird sich durch immanente Ereignisse nicht von der Sinnhaftigkeit seines Tuns abbringen lassen, nur weil alle hedonistischen Genüsse früher oder später zu Ende gehen. Das Wissen um die Endlichkeit der Dingwelt veranlaßt den Idealisten auch zur Bescheidenheit in der Immanenz und bewirkt eine hohe Frustrationstoleranz. Kein Vorbildlicher steht überheblich über den Mitmenschen, vielmehr fühlt sich jeder eingebettet in die Gesamtverantwortung der Transzendenz.
Zu dieser idealistischen Bescheidenheit gehört auch, selbst als Vorbild wieder andere Vorbilder annehmen und die Verantwortung anderer achten zu können. Wer heute das Vorbild eines Mitmenschen annimmt, kann es bereits morgen selber vorleben und weiterentwikkeln, um es zukünftigen Vorbildträgern zu übertragen, die dann wieder ebenso verfahren. Wenn man wirklich an einen immanenten Fortschritt glaubt, weiß man auch von der Fort- und Höherentwicklung eines Vorbildes als überzeitlicher Idee. Auf diese Weise nimmt der Einzelne teil an der überzeitlichen Wirkung des Beispiels und erfährt für sein eigenes Leben Sinn, wie auch die Gemeinschaft durch seine kulturbildenden Schöpfungen profitiert, in denen und durch die der Einzelne wieder Anteil am zeitlosen Leben dieser ideellen Gemeinschaft hat. Niemand persönlich und keine Gemeinschaft kann ohne Vorbilder leben, sollten sie einmal aussterben, so sinken beide mit ins Grab der Vergessenheit. Im Vorleben leuchtet ein Aspekt der

transzendentalen Ewigkeit auf, an der teilnimmt, wer selbst Vorbildfunktion auf sich lädt und eine solche von anderen annimmt.
Idealistische Vorbilder dienen Ideen, stecken sich Ziele und setzen sich Aufgaben, die über die unmittelbar eigenen und rein egoistischen Interessen hinausgehen. Dafür ernten sie die gewisse Erfahrung eines sinnerfüllten Lebens. Doch nicht um den Lohn dieser »faulen Vernunft«, des geheuchelten Altruismus, der selbstbezogenen Frömmigkeit und der nur an sich denkenden scheinbaren »Uneigennützigkeit« geht es, denn sie sind höchstens ein – zugegeben – angenehmes Beiwerk, der physische Ausdruck des Einhaltens der metaphysisch-physischen Harmonie und das immanente Hinweisen darauf, auf dem richtigen Weg zu sein. Um ihrer selbst willen soll die Transzendenz immanent umgesetzt werden. Stimmt die Physis mit dem metaphysischen »Plan« überein, wird dies als Glücksgefühl auch immanent empfunden und als Sinnerfüllung erlebt. Die Ideen, Ziele und Aufgaben, denen sich idealistische Vorbilder widmen, sind auf etwas Höheres und Zukünftiges gerichtet, und von dort her erhalten sie ihren Sinn und ihre Legitimität.
Dem Idealismus ist alles in allem die Gestaltung der Zukunft wichtiger als das bloße Kramen in der Vergangenheit. Geschichtliche Vorbilder kommen zwar aus der Vergangenheit, meinen in sich jedoch das Überzeitliche, Eigentliche und Bleibende und wollen ein in die Zukunft gerichtetes Verhalten veranlassen, das das überzeitlich, eigentlich und bleibend Gemeinte auch hinkünftig sicherstellt. Die Aufgaben, Ziele und Ideen ziehen also den Menschen in die Zukunft und zu Höherem, er wird nicht fremdbestimmt und von »hinten« durch die Vergangenheit gedrängt oder gestoßen.
Der Idealismus ist ganzheitlich und allseitig, er übersieht nicht die Bedeutung des Gewesenen für Gegenwart und Zukunft. Aus der Vergangenheit filtert er vielmehr das stets Gültige heraus, um in ihm das Vorbild für das auch noch später Richtige zu erkennen und voranzustellen. Im Gegensatz zur »alleinseligmachenden« Methode des Materialismus, der retrograd und kausal nach hinten gerichteten Analyse, anerkennt er neben diesem Mittel aber auch noch die Synthese, die Finalität und die Teleologie. Im Vergangenen, Seienden und Zukünftigen kommt es ihm auf das transzendent immer Gültige an, keine Methode der Wahrheitsfindung und Gestaltungsmöglichkeit wird er

vernachlässigen und auf nichts der vollen Wirklichkeit Dienendes darf er je verzichten. Er wird daher auch nicht übersehen, daß die Vergangenheit tatsächlich eine prägende und vorwärts schiebende Wirkung besitzt, in ihr jedoch nicht den ausschließlichen und ein für alle Mal determinierenden Motor allen zukünftigen Geschehens sehen. Zu der Präformierung durch das Gewesene tritt für ihn doch auch noch die anziehende Kraft der für die Zukunft ins Auge gefaßten transzendentalen Ziele und Aufgaben hinzu. Es ist aber genau der reduktionistische Fehler eines ausschließlich kausal nach hinten an die angeblich alles bedingenden Ursachen gerichteten Denkens, den der Idealismus am materialistischen Monismus bekämpft. Nichts Vergangenes ist so stark, daß es die Zukunft zur Gänze prägen könnte, die Zielgerichtetheit des Wollens muß immer hinzutreten und kann bei entsprechender Intensität sogar die Prägungen der Vergangenheit umstoßen und korrigieren.

Kein Schub kann den Zug ersetzen und keine Historizität den gestalterischen Willen für die Zukunft! Die willentliche Zielsetzung vermag niemals durch die Kräfte der Vergangenheit substituiert werden, weder die ontogenetische noch die phylogenetische Geschichte ist immanent für immer festgeschrieben: Alles, was zwischen Geburt und Tod liegt, kann durch das Wollen geformt werden, nur die Grenzen des immanent Möglichen sind vorgegeben – die immanente Zukunft will stets in Harmonie nach den transzendentalen Ideen frei gestaltet werden. Gerade die metaphysische Bestimmung der Physis in Zeit und Raum ermöglicht uns ja diese Freiheit und verhindert, daß Physis und Metaphysik zu stark auseinanderklaffen; ein endgültiger Bruch wäre nur das Ende der von der Metaphysik getrennten Physis. Wir Menschen sind immer herausgefordert, die Zukunft zu gestalten, dies ist unsere eigentliche immanente Bestimmung, von ihr vermag uns keine Vergangenheit abzulenken oder fehlzuleiten. Deshalb sind die in der Zukunft liegenden idealistischen Ziele und Aufgaben bei aller Anerkennung der Bedeutung des Historischen wichtiger als alle Licht- und Schattenseiten der Vergangenheit. Die Geschichte liefert uns nur die Voraussetzungen des Heute, endgültig zu determinieren vermag sie uns nie. Die Zukunft ist mächtiger als die Vergangenheit, denn diese steht ein für alle Mal fest, während jene noch alle Möglichkeiten vor sich hat.

Es ist ein weiteres Paradoxon eines sich »progressiv« gebärdenden Materialismus, daß er durch die analytische Methode eines deterministischen Empirismus ungewollt und unbewußt retroversiver ist, als es je ein ausdrücklicher Konservatismus voluntativ und bewußt wäre, was nur wieder ein neuer Hinweis auf die innere Unstimmigkeit des materialistischen Philosophems ist. Der Idealismus wendet sich hingegen nach vorne, setzt sich Ziele und Aufgaben für die Zukunft und erweist sich somit als tatsächlich fortschrittlich, wenn auch nicht im Sinne einer materialistischen Ideologie. Nur wer keine Zukunft mehr hat, kann von der Vergangenheit bezwungen werden, doch schon im Aufbegehren gegen diese Zumutung liegt die Wurzel zur Überwindung dieser vermeintlichen Fremdbestimmung. Allein wer sich durch nichts anziehen lassen will, wird von seiner eigenen Vergangenheit geschoben, ein reguläres Ziel wird er jedoch nie erreichen. Nur für denjenigen, welcher kein Ziel anstrebt, besteht die Zukunft ausschließlich aus der Fortsetzung der Vergangenheit. Diejenigen jedoch, welche sich das bewußte Eingreifen in die Geschehnisse nach transzendentalen Motiven zur Aufgabe setzen, haben wirklich Zukunft und leben überzeitlich und in Harmonie mit dem Transzendenten.

Wem es um das seelische Heil von sich selbst und seinen Mitmenschen geht, wird also nicht umhin können, auch in die Psychologie den Idealismus zu integrieren. Ohne idealistische Zielsetzung kommt keine prophylaktische Psychohygiene und keine reaktive Psychotherapie aus, das gilt sowohl von ihrer eigenen Motivlage her, aber noch viel mehr von den heilenden Inhalten. Ein idealistisch motivierter, aber nicht idealistische Inhalte vermittelnder Arzt wäre selbst eine gespaltene Persönlichkeit. Wer als Idealist der Praxis helfen will, ohne zugleich als Idealist der Theorie den ihm Anvertrauten idealistische Inhalte mit auf den Weg zu geben, belügt entweder sich selbst oder aber seine Klienten. Da allemal aus der Praxis die Theorie hervorzugehen hat, muß man von jedem Arzt, Psychologen und Pädagogen auch eine theoretische idealistische Gesinnung fordern, wenn man zurecht eine praktische idealistische Haltung von diesen Personen erwarten darf.

Diese Konsequenz ist nicht zu umgehen, außer man erhebt die Heuchelei zur Maxime medizinischer, psychologischer und pädagogischer Absichten. Zur Durchsetzung dieser Forderung benötigt man keinesfalls Gesinnungsschnüffelei, vielmehr dürfte wohl der Hinweis auf die innere Abhängigkeit der Theorie von der Praxis mit all ihren Konsequenzen für denkende Menschen genügen. Im übrigen sind Standesethiken wohl mehr als bloß einklagbare Rechtsgüter, über die sich Haarspalter juridisch immer streiten können – sie sind wie jede Moral Teil des Lebens oder eben gar nichts. Wer mit Seelen berufsmäßig zu tun hat, muß sie eben ganz erfassen und kann sich keinen Reduktionismus leisten.

So ist es denn höchste Zeit, in die Psychologie, Psychohygiene und Psychotherapie nicht nur in die Motive des Wollens, sondern auch in die Inhalte der Lehren den Idealismus hineinzunehmen. Insbesondere in der bewußten Prophylaxe und in der Therapie von psychischen Schäden wird man von der Einseitigkeit eines bloß retrograden Kausaldenkens abrücken müssen, sei es aus Gründen der reinen therapeutischen Ökonomie, oder sei es erst recht wegen der grundsätzlichen Bedeutung der vollen Wahrheit eines nichtreduzierten Menschenbildes. Wer heute unter einer akuten Neurose leidet, kann sich eigentlich den Luxus einer jahrelangen Psychoanalyse und ihre selbstquälerischen Versuche zur Auffindung frühkindlicher Traumata nicht leisten, ihm muß rascher geholfen werden. Woche für Woche jahrelang psychoanalytische Sitzungen mitzumachen, bis vielleicht eine mögliche Ursache für eine Fehlanpassung gefunden ist, mag eventuell vom Honorarstandpunkt für den Psychoanalytiker interessant sein, bringt aber angesichts der Tatsache, daß heute aufgrund der Popularisierung der Psychologie nicht einmal mehr frei assoziiert werden kann, und vom Patienten höchstens die vom Therapeuten und seiner jeweiligen Lehre suggerierten Bilder produziert werden, so gut wie nie den Effekt, der den ganzen Aufwand lohnen würde. Gerade die Popularität der Psychoanalyse in weiten Kreisen hat die Wirksamkeit ihrer Methoden und damit ihren Erfolg selbst beeinträchtigt. Man wird also von einer nach rückwärts gerichteten Analyse zu einer nach vorwärts gerichteten Methode kommen müssen, um zu einem wirksamen und auch ökonomischen Ergebnis gelangen zu können – ganz abgesehen davon, daß die Psychoanalyse zufolge ihrer materialistischen Wurzeln die determinierende Wirkung der Her-

kunft eines Traumas überschätzt und die heilende des über sich hinausgehenden Wollens unterschätzt hat.
Natürlich ist auch die Anamnese von Bedeutung, doch aus der Krankheitsgeschichte allein erwächst bestenfalls nach jahrelanger Analyse die Lösung der Neurose von ihrer Ursache her – wenn man sie angesichts der heutigen Assoziationsschwierigkeiten und der Suggestionswirkungen von Popularpsychologien überhaupt noch findet. Da die Vergangenheit den Menschen jedoch nie völlig determiniert, und die Zukunft eigentlich mächtiger als das Gewesene ist, wird neben der Anamnese einer wirklich in die Zukunft gerichtete Therapie, die sich auch zur kraftvollen Wirkung des für die Zukunft Gewollten bekennt, die entscheidende Bedeutung für die Heilung der meisten Neurosen zukommen. Dasselbe gilt auch für die psychohygienische Prophylaxe von Fehlverhalten, ja noch mehr, gerade hier ist ein zukunftsgerichteter Idealismus noch wichtiger! Denn wer für etwas zu leben hat, wird mit nahezu allen Situationen fertig und braucht sich nicht wehleidig selbst zu quälen, um alle möglichen und unmöglichen Frustrationen für den einen oder anderen Fehler zu bemühen. Die Psychohygiene kann sich das ganze psychoanalytische Rundherum ersparen, denn die beste Psychohygiene ist der Idealismus selbst. Zu ihr bedarf es nur einer transzendentalen Orientierung im allgemeinen und idealistischer Vorbilder im besonderen. Ein psychohygienisch Gesunder wird selbst zum Beispiel für andere und erhält sich seine eigene psychische Gesundheit durch die Verantwortung, die er als Vorbild für andere trägt.
Zu den bekannten Schwierigkeiten in der analytischen Psychotherapie – ihrer geringen Ökonomie, den Assoziationsproblemen und den Autosuggestionen der Popularpsychologien – kommt noch der Umstand hinzu, daß nicht immer bloß wirklich eine Ursache an einem neurotischen Fehlverhalten Schuld trägt, wenn man sie überhaupt zu orten vermag, sondern meist sind es gleich mehrere. Dann aber beginnt schon der Streit der Schulen, jede hält die andere nur für eine Rationalisierungsform von sich selbst, und niemandem ist geholfen. Natürlich kann es auch heute noch echte Sexualneurosen geben, doch nur mehr die Freudianer halten alle Neurosen für libidinös bedingt. Sicherlich gibt es auch den Minderwertigkeitskomplex, doch auch er wird nicht an jedem Fehlverhalten schuld sein. Dem Patien-

ten ist am allerwenigsten mit dem Streit gedient, ob beispielsweise seine Stellung in der adlerianischen Geschwisterreihe oder in der freudianischen Ödipuskonstellation an seinen neurotischen Ängsten wirklich in letzter Konsequenz verantwortlich sei; ihn und eigentlich alle interessiert doch mehr, wie er von ihnen möglichst rasch befreit wird. Wenn sich also immer noch Freudianer, Adlerianer, Jungianer et cetera rechthaberisch um das letzte Wort streiten, setzt dies einerseits den Wert der analytischen Methode überhaupt in Zweifel und rechtfertigt andererseits erst recht die Forderung an die Therapie und die Prophylaxe, sich um zukunftsorientierte und idealistische Ansätze zu bemühen.

Mehr als einen Schritt in diese richtige Richtung geht Viktor E. Frankl mit seiner Logotherapie. Völlig zurecht betont er die Wichtigkeit einer ökonomischen und finalen Ausrichtung der Psychotherapie und hat sich eigentlich den Nobelpreis dafür verdient, als er die transzendentale Orientierung wieder in die Tiefenpsychologie integrierte, was doch durch Jahrzehnte geradezu als »unwissenschaftliches« Sakrileg gegolten hat und für unverbesserliche Materialisten immer noch gilt. Von seinen Methoden der »paradoxen Intention« und der »Dereflexion« ist besonders die letztere für den Idealismus hervorhebenswert: Nicht in der selbstquälerischen Selbstbeobachtung kommt der Mensch von dem los, das ihn belastet. Ontologisch bedeutet dies, daß der Weg des Menschen zu sich selbst über die Welt außerhalb von sich führt; sich selbst findet der Mensch nicht anders als im Anderen. »Der Mensch ist nicht da, um sich selbst zu beobachten und sich selbst zu bespiegeln; sondern er ist da, um sich auszuliefern, sich preiszugeben, erkennend und liebend sich hinzugeben.« Oder: »Es ist nicht Augabe des Geistes, sich selbst zu beobachten und sich selbst zu bespiegeln. Zum Wesen des Menschen gehört das Hingeordnet- und Ausgerichtetsein, sei es auf etwas, sei es auf jemand, sei es auf ein Werk oder auf einem Menschen, auf eine Idee oder auf eine Person! Und nur in dem Maß, in dem wir solcherart intentional sind, sind wir existentiell; nur in dem Maß, in dem der Mensch geistig bei etwas oder bei jemanden ist, bei geistigem, aber auch bei ungeistigem anderen Sein – nur im Maß solchen Beiseins ist der Mensch bei sich.«

Der analytischen Hyperreflexion selbst ist es zu verdanken, wenn wir aus unserem Ego nicht herauskommen – und im Falle der Neurose nicht aus der neurotischen Fixierung. Aus der Phobie gelangt man nicht, indem das Denken fortwährend um die Angst kreist, sondern indem man sich durch Selbstpreisgabe und Hingabe an eine solchen Einsatzes würdige Sache ausliefert. Die analytische Reflexion läßt uns nie aus dem Gefängnis der Vergangenheit entkommen und will es auch noch in die Zukunft ausdehnen, während wir doch nur zu uns selbst über das außerhalb von uns Seiende kommen. Die Lösung eines Problems liegt nie in der Vergangenheit, sondern immer nur in der Zukunft. Auch unsere psychischen Nöte sind nur durch eine intentionale, finale und teleologische Ausrichtung aufzuheben.

In unseren idealistischen Aufgaben liegt unsere Zukunft und nicht in unseren vergangenen Erlebnissen, mögen letztere uns noch oder auch nicht mehr bewußt sein. Gerade in der Möglichkeit, die Zukunft bewußt und gewollt zu gestalten, liegt unser, uns als Menschen auszeichnendes »humanes« Charakteristikum; will man es uns rauben, dehumanisiert man uns. Was soll uns noch ein – obendrein unpraktisches und unökonomisches – psychoanalytisches Menschenbild, in dem genau das fehlt, was den Menschen zum Menschen macht? Wären wir wirklich nichts anderes als ein von seinen Trieben determinierter und immanent in sich geschlossener Regelkreis, würden wir tatsächlich nur von hinten durch unsere Triebe und ihre Verarbeitung geschoben, als ein Wesen, dessen Zukunft nur in der Fortsetzung der Vergangenheit bestünde – dann freilich wäre auch der Gang zum Psychoanlytiker überflüssig, denn er könnte uns auch durch eine noch so gute Analyse nicht helfen, weil wir doch durchgängig bestimmt sein würden.

Da jedoch der Mensch einen Willen zum Sinn hat und teleologisch ausgerichtet ist, ja sich sogar über seine eigene Vergangenheit hinwegzusetzen vermag, ist auch psychologisch das, was vor uns liegt, wichtiger als das, was wir bereits mitmachten und erlebten. Folgerichtig bildet auch bei Frankl die mit der Dereflexion einhergehende intentionale Orientierung des Menschen den zentralen Kern seiner Aussagen. Der Idealismus ist also psychologisch nichts »Suspektes«, sondern nur die selbstverständliche Konsequenz eines logotherapeutischen Ansatzes. Auch bei Frankl spielt die Rolle, die jemand einnimmt, der für etwas zu leben hat, die Hauptfrage. Wer also lebt, lebt für andere und für über ihn Hinausgehendes, er wird zum Vorbild, zum Beispiel und zur Orientierungshilfe für andere. Vor allem aber findet er durch seine idealistische Haltung selbst einen noetischen Halt. Wer sich selbst zum Vorbild macht, weiß eben, wofür er lebt, und wird von keinen existenziellen Ängsten gequält. Ein idealistisches Vorbild weiß, wofür es existiert, und führt ein sinnerfülltes und sinnvolles Leben.

Wer die Haltung eines idealistischen Vorbildes einnimmt, wird von keiner noogenen Neurose heimgesucht werden. Was kann es einem schon ausmachen, von seinem Vater wenig geliebt oder von seinen Geschwistern nicht ernst genommen worden zu sein, wenn einem eine wirklich sinnvolle und würdige Aufgabe zuwächst? Auch ein noch so erfolgreiches Aufklären von frustrierenden Kindheitserlebnissen kann doch niemals ein wirklich idealistisches Ziel ersetzen. Wozu noch in der Vergangenheit herumstochern, wenn man durch eine vollwertige idealistische Zielsetzung auch und noch besser sowie kürzer und ökonomischer über mögliche Traumata hinwegkommt? Selbst wenn die Analyse erfolgreich war, käme nach all den Jahren immer noch die Zukunftsbewältigung hinzu – warum also nicht gleich zielorientiert ansetzen?

Die Befreiung von einer unangenehmen Vergangenheit kann nur in der Zukunft erfolgen und nie in das Gewesene zurückverlagert werden, also laßt uns gleich die nötigen Schritte in die Zukunft tun, um eine schmerzhafte Wiederholung zu vermeiden. Verstehen wird man das Vergangene auch genausogut, wenn man die Zukunft meistert. Hat man in der Zukunft das überzeitlich Bleibende, Wahre und Gute gefunden, so kann man es sogar in seiner Negierung in einer traumatischen Vergangenheit orten. Mit der Aufarbeitung der Vergangenheit alleine ist die Zukunft selbst noch nicht gewonnen. Da wir an dem Geschehenen ohnedies nichts ändern, sonders es bestenfalls verstehen können, spielt sich unser eigentliches Leben jedenfalls immer dann, wenn wir spontan empfinden und denken, für die Zukunft ab. Auch die Zukunft der Psychologie liegt nicht in den vergangenen Traumata, sondern in den idealistischen Zielen des noch Kommenden.

Unser ganzes Leben lang sorgen wir uns um die Zukunft, nur ihr gilt

unser ganzes Streben. Auch die Schatten der Vergangenheit haben nur wegen ihrer möglichen Bedeutung für unsere Zukunft ihr Gewicht, wir kümmern uns um sie, nicht weil wir am bereits Geschehenen etwas zu ändern vermöchten, sondern weil wir das Kommende beeinflussen wollen, für das das Gewesene die Voraussetzung war. Aber selbst noch so gute Voraussetzungen können das zukünftige Wollen nicht ersetzen, der Telos triumphiert immer über die Historie. Je klarer man etwas will, desto eher kann man sich auch selber die Voraussetzungen schaffen, sein Ziel zu erreichen. Je deutlicher einem seine Ziele vor Augen stehen, desto geringer wird die Bedeutung des Gewesenen, auch wenn es dem nun ins Auge Gefaßten entgegenstand. Wer sein Ziel in der bloßen Aufklärung der Vergangenheit sucht, wird niemals Zukunft erringen – die Aufgabenstellung für die Zukunft ist unverzichtbar. Der Mensch ist intentional und teleologisch ausgerichtet, und nur aus Sorge um seine Zukunft erforscht er seine Vergangenheit. Was in dieser wie in jener gleichbleibt, ist das Transzendente, das finden wird aber in Zukunft sicherlich nicht weniger als in der Vergangenheit. Da unsere Aufgaben nicht im Gewesenen, sondern im Kommenden liegen, werden wir um ein finales Menschenbild nie herumkommen und psychologische Methoden anzuwenden haben, die sich am Telos orientieren.
Eine noch so gute Anamnese kann die Therapie nicht ersetzen, und schon gar nicht kann eine analytische Anamnese von sich aus behaupten, bereits die ganze Therapie zu sein. Den Mut zum Teleologischen muß auch eine angeblich »wertfreie« Psychologie aufbringen, ansonsten ist sie unvollständig. Zur Anamnese hat eine wirkliche Therapie zu kommen, um den Sinn des Menschenseins in der Verantworung aufzuzeigen. Dies hat mit Autoritativem nichts zu tun, denn der Inhalt der zu übernehmenden Verwantworung kann existentiell niemanden wirklich von außen oktroiert werden. Nur daß Verantwortung und Pflicht übernommen werden muß, darauf wird man auf Dauer zu bestehen haben, einfach weil beides zum ganzen Menschschein gehört. Ein heiler Mensch kann allein ein ganzer Mensch sein!
Wie die verschiedenen psychologischen Schulen und Vergangenheit und Zukunft ineinander übergehen, mag folgendes Beispiel zeigen: Wer unter starken Inferioritätsgefühlen leidet, wird auch oft zu sexu-

ellen Verklemmtheiten neigen, aus beidem ergibt sich ein Zweifel am Sinn seines Lebens. Aus der Vergangenheit kommen also Nöte, die die Zukunft zu beeinträchtigen vermögen. Um diese Krankheitsgeschichte zu erfassen, genügt auch eine kurzt Anamnese, sodaß man sich eine langwierige weitere Analyse ersparen kann, wenn für den Patienten eine das Vergangene überstrahlende Zukunftsaufgabe gefunden wird. Findet er eine solche, arbeitet er für sie, geht er in ihr auf und gilt ihr seine ganze Hinneigung, so erlangt er in ihr die Anerkennung, die er zur Überwindung und »Kompensation« seines Inferioritätsgefühls braucht, und wird auch wieder liebesfähig. Wer wirklich seine Aufgabe gefunden hat, benötigt dazu nicht einmal die äußere Anerkennung; die Liebe, die er in seine Intentionen steckt, strahlt auf ihn zurück und erfüllt ihn. Das Problem ist also aus der Zukunft her gelöst, was viel kürzer dauert, und auch für den Patienten weit weniger selbstquälerisch ist, als jede Woche durch Jahre hindurch pedantisch in der eigenen Vergangenheit zu kramen – obendrein löst es auch das Problem der Zukunftsgestaltung in einem mit, etwas, das auch bei endlich erfolgreicher Analyse dann erst anzugehen wäre.
Von der Psychologie ist also zu verlangen, ein vollständiges Menschenbild samt einer teleologischen Ausrichtung zur Grundlage des eigenen prophylaktischen wie therapeutischen Handelns zu nehmen. Dies ist sicherlich bei der Logotherapie Frankls der Fall, aber auch bei anderen Schulen lassen sich dazu Ansätze antreffen. Schon Adler wandte sich vom »Es« dem »Ich« zu, wenngleich er noch dem Materialismus verhaftet blieb. Ähnliches gilt von Bernes Transaktionsanalye, dessen Streben nach Entemotionalisierung zwischenmenschlicher Spannungen besonders wertvoll erscheint. Carl R. Rodgers Gesprächstherapie bringt in seine Prinzipien der Empathie, Akzeptanz und Kongruenz Wesentliches zum Ausdruck, auch wenn die Richtung seiner Technik eher nach rückwärts gerichtet ist, und sich seine Lehre noch immer nicht zur Anerkennung der Transzendenz durchringen will. Jedenfalls sind das freudianische Diadochentum und der Behaviorismus heute schon im Wesentlichen überwunden. Die volle Verbindung von Psychologie und Idealismus und die Entideologisierung der Psychologie weg vom Materialismus machen bereits unübersehbare, wenngleich noch von den materialistischen Vertretern der »alten Schule« heftig umstrittene Fortschritte.

In der Zukunft geht es nicht um den Fortschritt an sich, er ist sich nicht Selbstzweck, sondern bildet nur für in Raum und Zeit Stehende den Bereich, für den bewußt gehandelt werden kann. In allem, was in Raum und Zeit steht, kommt es nicht auf das Immanente um seiner selbst willen, sondern auf das Transzendente an. Im Transzendenten vereinigt sich die Substanz des Gewesenen, Seienden und Werdenden. Um der metaphysischen Substanz willen agieren wir – und wir können als endliche Wesen zwangsläufig an Raum und Zeit gebunden nur zukünftig agieren und bewußt wollend die Zukunft gestalten. Der Transzendenz zuliebe gestalten wir die Physis nach metaphysischen Kriterien und geben damit unserem immanenten Leben transzendenten Sinn. Überall kann transzendental motiviert und richtig gehandelt werden, wo überhaupt nur etwas zu tun ist. Selbst Taten aus ideologischen oder rein egoistischen Motiven tragen in sich den Kern – eines wenn auch irregeleiteten – metaphysischen Wollens: Jeder Handelnde widerspricht in seiner Tätigkeit dem materialistischen Determinismus – wer sich noch nicht zum vollen Idealismus durchgerungen hat, agiert eben nur noch nicht sinnvollendet. Der metaphysische Sinn kann also in jeder Handlung und jedem Seinszustand aufgegriffen werden; vollendeter Sinn ergibt sich aus bewußt transzendentaler Motivation, die aber in jede Tat hineingelegt werden will.

Idealismus heißt, die Immanenz transzendental zu gestalten, nicht um des physischen Vorteils eines vermeintlichen Lustgewinns wegen, sondern aus Erkenntnis der generellen Unterworfenheit der Physis unter die Metaphysik. Die Harmonie zwischen Immanenz und Transzendenz wird um der Transzendenz und nicht um der Immanenz wegen angestrebt. Deshalb erhebt sich auch das idealistische Vorbild nicht um seiner selbst und seiner geschmeichelten Eigenliebe auf seinen Podest, sondern weil im Vorbildlichen das Immerwährende der Transzendenz zum Ausdruck kommt. Das zurecht idealistisch genannte Vorbild nimmt seine Haltung ein, weil in ihr das metaphysisch sein Sollende zum Vorschein gebracht wird, nicht aber aus dem Exhibitionismus des »Sehet her, wie brav ich bin«. Er stellt sich nicht aus eigenem Lustgewinn zur Schau, sondern macht sich zum Diener einer transzendenten Idee. Auch nicht aus Gewinnsucht prostituiert er sich, seine Erfüllung findet er in der Überzeugung, selbstlos zur Harmonie zwischen Sein und Sein-Sollendem beigetragen zu haben.

Das Feld der Sinnverwirklichung ist so breit, wie es Handlungsmöglichkeiten für Menschen überhaupt gibt. Jede Geste und jede Lebenssituation kann sinnvoll und vorbildlich gemeistert werden. Jede Rolle, die man im Leben spielt, kann so dargestellt werden, daß sie »stoisch« hervorragend, vorbildlich und sinnvoll zum nachahmenswerten Beispiel wird. Der Sinn der eigenen Haltung wird dann vor einem selbst und der Mitwelt kräftig und glaubhaft, wenn man den Mut besitzt, ihn selbst vorzuleben und vorzugestalten. Wo der Mut zum beispielgebenden Vorleben fehlt, kann auch kein Sinn erlebt werden. An der eigenen Haltung vor den Mitmenschen und an der Haltung anderer vor einem erkennt man, wie ernst es mit dem Gemeinten und dem Idealismus ist. Für jede Lebenssituation kann man selbst Vorbilder annehmen, die einem Beispiel geben, so wie man auch selbst alle Immanenz transzendental zu adeln vermag.

Um vorbildlich Sinn zu verwirklichen, kann man alleine und in Gruppen handeln. Jede Gemeinschaft und jeder Mitmensch eigent sich als Prüfstein für den eigenen Mut, wenn man vor sie hintritt und sich vornimmt, sie so zu behandeln, wie man sie eigentlich transzendental behandeln sollte. Jede Gemeinschaft ist geeignet, um in ihr die Pflichten vorbildlich zu erfüllen, jede kann durch uns mit Idealismus ergriffen werden. Überall wo sich Materialismus breitgemacht hat, sei es in staatlichen, kirchlichen, autonomen oder auch privaten Kreisen, kann Idealismus durch Vorbilder wieder zurückgebracht werden – es kommt nur auf den Mut der einzelnen Idealisten zum Vorbild an.

Selbst in den schlimmsten Situationen, in Leid, Krankheit und Tod, läßt sich idealistischer Sinn vorbildlich verwirklichen, ja genaugenommen gerade hier! Denn solange das immanente Leben gemächlich dahinfließt, läßt sich ein vielleicht nur geheuchelter Idealismus unschwer predigen, erst wenn man wirklich vor existentiellen Schwellen steht, tritt die volle Wahrheit zutage, nämlich wie ernst man es wirklich mit der Transzendenz meint. Leben bedeutet neben der actio immer auch passio, das Ertragen ist genauso wichtig wie das Handeln. Der moderne Materialismus ist auch hier mit uns unehrlich umgesprungen, indem er alle im Zusammenhang mit Leid und Tod stehenden Fragen mit einer Tendenz zum Ausweichen, Vorsichherschieben, Vertrösten und Beschönigen zu umgehen sucht. Doch bei aller »wissenschaftlichen« Rationalität steht er vor Leiden und Sterben und vor Not und Tod hilflos da, nimmt die Notwendigkeit des Leidens und seine Wertmöglichkeit aus dem »Felde« und vertraut auf den Mythos, der rationalistische Götze werde es schon irgendwann einmal schaffen, auch noch den Tod zu überlisten.

Zum vollen Menschsein gehört allerdings, selbst Leiden und Sterben anzunehmen. Auch in ihnen steckt Sinn, nämlich transzendentaler Sinn: Der Tod ist der Preis, der dafür bezahlt wird, um von der Welt in Zeit und Raum völlig zur transzendentalen Sphäre durchzustoßen. Die Metaphysik scheint schon in aller Physik unübersehbar durch, zu ihr in reiner Gestalt, zur Metaphysik »an sich«, gelangen wir aber nur, wenn wir unsere Bedingtheit in Zeit und Raum und damit unser physisches Leben verlieren. Da wir als immanente Wesen in der physischen Dimension unsere transzendentalen Aufgaben wahrzunehmen haben, hängen wir an unserem immanenten Leben und suchen es zu erhalten. Wenn entweder unsere Aufgabe so groß ist, daß wir selbst den Tod für sie in Kauf nehmen, oder unsere Kräfte versiegen und die Frist unserer Bewährungsmöglichkeiten abgelaufen ist, dann brauchen wir darüber nicht traurig zu sein, denn wir leben metaphysisch überzeitlich weiter.

Schon Shakespeare sagt, daß jeder Gott einen Tod schulde – die Frage ist nur, ob wir die Spanne Lebens bis zu unserem physischen Ende sinnvoll erfüllt haben, und ob nicht auch dem Sterben noch ein Sinn abgewonnen werden kann. Leben wir innerhalb unserer Frist in Harmonie mit der Transzendenz, so ist unser Leben sinnvoll, und wir leben im überzeitlichen Sinn weiter. Doch selbst im Sterben läßt sich Sinn verwirklichen, entweder indem man für jemanden oder für etwas stirbt, oder »wie« man stirbt. Freude und Leid gehören zum Leben wie Geburt und Tod – worauf es ankommt, ist, was man daraus macht. Auch in ihrem Sterben und angesichts ihres Todes vermögen Menschen eine Haltung einzunehmen, die anderen zum Vorbild wird und die den Mitmenschen etwas sagen kann. Opfert man sein Leben für eine Idee oder zeigt man sein Vertrauen in die Transzendenz an seinem Sterbebett, immer scheint metaphysischer Sinn hin-

durch. Die Weiterlebenden können aus dem »Wie« des angenommenen Todes selbst sehr viel lernen, auch der Tod ist nicht umsonst. Und wer als trauernder Hinterbliebener um einen geliebten Verstorbenen weint, findet seinen Halt in der Gesinnung, daß die eigene Trauer besser ist, als daß man sie dem Toten zugemutet hätte, wenn man selbst gestorben wäre. Ein tapferer Tod oder der Mut zur Übernahme des Trauerschmerzes, den man im Falle des eigenen Todes dem nun Beweinten zugemutet hätte, atmen beide den Geist vorbildichen Idealismus und sind nie vergeblich, sondern sinnvoll.
Im Aufsichnehmen und Ertragen von Leid, Krankheit und Tod kann eine vorbildiche Sinnhaftigkeit vorgelebt werden. Auch im Akzeptieren von Schmerz kommt es darauf an, wie man ihn erduldet. Die Tatsache, daß es zu ihm kommen muß, hängt von der Beschaffenheit unserer immanenten Kreatürlichkeit ab. Was wir allein beeinflussen können, ist neben der medizinischen Beseitigung der »unnötigen« Schmerzen die Art und Weise, wie wir den »notwendigen« und nicht beseitigbaren auf uns nehmen. Geben wir anderen durch unser Beispiel Mut oder verunsichern sie durch eigene Wehleidigkeit? Wir sind eben deshalb leidensfähig erschaffen worden, um aus dem Leid zu lernen, sowie wir sterblich sind, damit wir auch aus unserer Endlichkeit höheren Gewinn ziehen können. Im Wie des Leidens und Sterbens liegt die Antwort auf das Warum dieses Leidens und Sterbens. Wer sich im eigenen Leid so verhält, daß er seinen Mitmenschen den Schmerz des Mitleidens erspart oder verringert, hat seinem Schmerz Sinn verliehen und verwirklicht vorbildich Transzendenz. Wer sein Kreuz auf sich nimmt, trägt es für andere. Es zählt nur, was und wie man für die anderen wirkt, und nicht, was man nur für sich selber zu ergattern meint.
Lebt man für Andere und Höheres, lebt man sinnvoll für sich selbst und existiert über Zeiten und Räume hinaus. Die Achtung vor sich selbst und die Bewahrung der eigenen gesunden Persönlichkeit im Geistigen und Körperlichen dient nur zur Erhaltung der Möglichkeit, höheren Ideen zu dienen und für die Mitmenschen da zu sein. Die überzeitliche Transzendenz schafft für den, der sie erkennt, begreift und fühlt, den über das physische Leben hinausgehenden Sinn, der in der Immanenz alleine nie liegen kann. Wie wir selber als Vorbilder weiterleben, so leben auch die bereits verstorbenen Vorbil-

der in uns weiter. Durch das Beispiel von uns und unseren Vorgängern werden die zukünftig Geborenen bereichert, um selbst wieder zu Vorbildern zu werden, die mit den Vorbildern der vergangenen Generationen als ideelle Einheit fortdauern. Nichts Transzendentes war, ist und wird je vergeblich sein.

Nicht der Triebentfaltung, sondern der Sinnentfaltung leben wir – was in uns »animalisch« ist, dient bloß dem Zweck, eine immanente Lebensgrundlage für die Sinnentwicklung zu bilden. Den Daseinszweck erfahren wir stets, wenn wir in ethischer Verantwortung überzeitlich Richtiges zu verwirklichen trachten. Sobald wir uns sittlich motiviert um etwas bemühen, das überzeitliche Gültigkeit haben soll, werden wir glaubhaft vor uns selbst wie vor den Mitmenschen und schlüpfen in die Rolle des Vorbildes. Aus der »Kettenreaktion« der Vorbilder allein vermag die immanenten Gemeinschaft in Form der menschlichen Sozietät allmählich eine höhere Stufe zu erreichen. Ob dies gelingt, und auf welchem Absatz der Stufenleiter der Entwicklung wir auch immer zu stehen kommen, hängt von der tagtäglichen Erfüllung der »kleinen« Pflichten aus freier Verantwortung genauso ab, wie von der Pflichterüllung im »öffentlichen Leben«. Der Lohn und Ruhm bleibt, sei es im Fleiß des Volkes, in seinen Gemeinschaftseinrichtungen, in den herausragenden Taten Einzelner oder auch in der Bewältigung der Berufs- und Familienaufgaben, in der Tat für den Nächsten und im Opfer für die Gemeinschaft. Der Ruhm der vorbildichen Tat und der Lohn für die Einhaltung des Sittengebotes drücken dabei in der physischen Dimension nur aus, daß der metaphysisch richtige Weg begangen wurde.

Angesichts der materialistischen Bedrohung und Misere ist die seelsorgerische Aufgabe heute bedeutender, als sie es je seit dem Zusammenbruch der klassischen Antike war. Zum Kreis der ehedem allein berufenen und beamteten Seelsorger sind heute insbesondere Publizisten, Pädagogen, Psychologen und Ärzte gestoßen. Genaugenommen ist jedoch niemand von der Pflicht zur »Seelsorge« ausgenommen, der wirklich Transzendentales zu vertreten hat. Wir leben gegenwärtig in der Verantwortung einer allgemeinen Priesterschaft, der sich niemand entziehen kann. Wichtiger als das rein berufliche Herkommen ist der unmißverständliche und unzweideutige idealistische Standpunkt, umfaßt doch die Transzendenz ausnahmlos sämtliche

immanente Erscheinungsbereiche - unabhängig davon, welche Profession gerade welches Detail der Erscheinungswelt untersuchen und bearbeiten mag. Gerade in unserer Zeit materialistischer Ideologien und Ersatzreligionen ist es von überragender Bedeutung, sich immer wieder ins Bewußtsein zu rufen, daß nichts abseits der Metaphysik steht. Jedermann vermag seinen Beitrag zur transzendentalen Druchdringung der materieller Welt zu leisten. Die »evangelische« Unmittelbarkeit zu Gott fordert jeden Einzelnen heraus, wie sie ihn gleichzeitig befreit und in Verantwortung nimmt.
Die Spannung zwischen Sein und Sollen ergreift jeden. Der Mensch ist nicht da, um einfach statisch zu sein, sondern um dynamisch zu werden und in die Zukunft zu wachsen. Alle sind aufgerufen, die Harmonie des Zeitlichen mit dem Ewigen und Bleibenden zu fördern. Aus der existentiellen Verantwortung im Werden und Gestalten kann sich niemand davonstehlen. Das in Raum und Zeit Endliche will nach der transzendentalen Idee des Unendlichen geformt werden, und jedem ist die Möglichkeit seines Beitrages hiezu im Rahmen seiner persönlichen Bedingungen gegeben. Niemanden kann verwehrt werden, für das eigentlich Gemeinte Zeugnis abzuleben, und jedermann ist in der Lage, in seinem Lebens- und Tätigkeitsbereich seinen Mitmenschen als Vorbild ein Beispiel zu geben.
Die physische Welt spiegelt nur unser metaphysisches Wollen. Im Kleinen wie im Großen gehören wir diesen beiden Dimensionen des Menschseins an und dürfen ob es Reichtums an den aus Metaphysik und Physik stammenden Vorstellung froh sein. Übernehmen wir als ganzheitliche Menschen Verantwortung und verhalten uns vorbildlich, so ist uns der Lohn eines sinnvollen und überzeitlichen Lebens in Harmonie mit dem Unendlichen gewiß, aus dem wir kommen und in das wir eingehen. Die unheilvolle Entfremdung der Immanenz von der Transzendenz heben wir durch unser ethisch motiviertes Verhalten wieder auf. Der Weg der Verantworung und der Pflicht führt zum Heil und heilt uns in allen Lebenslagen. Im Pflichtgebot vernehmen wir den ewigen Willen der Transzendenz, in dem alle endlichen Willen und die Immanenz insgesamt umschlossen sind. Durch die Pflichterfüllung und die selbstlose Hingabe an über unsere Endlichkeit Hinausgehendes harmonieren wir mit dem Willen des Ewigen und sind in Ewigkeit geborgen.

Anhang

Glossar

A

Akzidenz, auch Akzidens – (lat. accidens »zufällig«) das Zufällige, Unwesentliche; das Veränderliche an einem Gegenstand, ist nur äußerlich und vorübergehend. Gegensatz: Substanz (s. d.).
Davon: akzidentiell – zufällig, zusätzlich, nebensächlich.

Altruismus – (lat.) die innere Geneigtheit und Bereitschaft, andere zu fördern. Gegensatz: Egoismus (s. d.).

Analyse – (griech. »Auflösung«) die Auflösung, Zerlegung, Zergliederung eines Ganzen in seine Bestimmungen und Bestandteile. Gegensatz: Synthese (s. d.).

Anamnese – (griech. »Erinnerung«) die Vorgeschichte einer Erkrankung, Krankengeschichte.

Anarchie – (griech.) die Herrschaftlosigkeit, Gesetzlosigkeit, Regierungslosigkeit, Unordnung.
Davon: Anarchismus – die politisch-staatsrechtliche Theorie und Lehre, die nach Anarchie erstrebt, d.h. die Rechtsordnung beseitigen will.
Davon: anarchistisch – herrschaftsfeindlich, regellos, antigesetzlich.

Anthropologie – (griech.) die Lehre vom Menschen, zerfällt im engeren Sinn in die naturwissenschaftliche A. (auch Humanbiologie genannt, besteht aus Humangenetik, menschlicher Stammesgeschichte, Populationsgenetik und Rassenkunde) und im weiteren Sinn in die philosophische (als Lehre vom Wesen des Menschen in seiner ganzen leiblichen, seelischen und geistigen Vollwirklichkeit) bzw. theologische A. (enthält die Summe der Aussagen über den Menschen, seine Fähigkeiten und Bedürfnisse hinsichtlich seiner Beziehungen zu Gott).
Davon: anthropologisch – der (meist naturwissenschaftlichen oder philosophisch-theologischen) Lehre vom Menschen entsprechend.

Anthropomorphismus – (griech.) die Übertragung von menschlichen Eigenschaften und Begriffen auf Nichtmenschliches. Die Neigung zum A. ist begründet in der Unerkennbarkeit des eigentlichen Wesens der nichtmenschlichen Dinge an sich und in ihrer Vergleichung mit den menschlichen.

Davon: anthropomorph – vom Menschen her gesehen, aus dem Menschlichen übertragen (im Sinne von: imgrunde unzulässig).

Anthropozentrismus – (griech.-lat.) die Auffassung der Dinge, die den Menschen zum Mittelpunkt der Welt macht.

Davon: anthropozentrisch – den Menschen als Mittelpunkt und/oder Zweck der Welt betrachtend.

Antithese – (griech. »Entgegensetzung«) der Satz, der zu einem anderen, der These (s. d.), in Gegensatz steht. Teil des Systems der Dialektik (s. d.).

Davon: antithetisch – gegensätzlich, entgegengesetzt.

Apologie – (griech.) Rede oder Schrift zugunsten eines Angeklagten oder Beschuldigten, Verteidigung.

Davon: apologetisch – verteidigend.

Davon: Apologetik – insbesondere die theologische Verteidigung des Christentums.

Archetypus – (griech.-lat.) Urbild, Urform, Muster, höchster Ausdruck des Typus, als solcher mit der Idee (s. d.) verwandt. In der Psychologie C.G. Jungs immer wiederkehrende Urvorstellung.

Davon: achetypisch – urbildlich.

Aristokratie – (griech. »Herrschaft der Besten«) die Staatsform, bei der ein bevorzugter Stand Träger und Ausüber der Herrschaft ist, aber auch dieser Stand selbst. Nach der antiken Staatsphilosophie die im Gegensatz zur Demokratie (s. d.) stehende republikanische (s. d.) Staatsform.

Davon: aristokratisch – bevorzugt, vornehm, adelig.

Aschenasim, auch *Askenasim* oder *Aschkenasim* – das mittel- und osteuropäische Judentum. Gegensatz: Sephardim (s. d.), das spanisch-orientalische Judentum.

Atheismus – (griech.-lat. »Gottlosigkeit«) die Verneinung des Urprinzips aller Dinge, die Leugnung der höchsten Idee (s. d.), die Negierung Gottes (s. d.).

Davon: atheistisch – gottlos, die höchste Idee leugnend. Unbedingt a. sind letztlich nur der materialistische (s. d.) Monismus (s. d.) und der eine Vielzahl von Urformen annehmende und unüberhöhte Pluralismus.

Aufhebung – in der hegelianischen und dann auch marxistischen Philosophie die dialektische (s. d.) Beseitigung einer aus einem Gegensatz herrührenden Entfremdung (s. d.) zugunsten einer abschließenden Synthese (s. d.).

Ausnahmerecht – das Recht zur Ausrufung des Ausnahmezustandes und dann das darauf fußende Recht selbst, dem Kriegs- und Sonderrecht nicht unähnlich. Wird im Fall des Rechts- und Staatsnotstandes verhängt.

Autismus (griech.-lat.) krankhafte (Selbst-)Isolierung, psychische Isolationskrankheit.

Davon: autistisch – abgekapselt, isoliert, ohne Zusammenhang.

Autokratie – (griech. »Selbstherrschaft«) Alleinherrschaft eines Einzelnen, soviel wie Absolutismus oder Monokratie (s. d.). Gegensatz: Republik (s. d.).

Davon: autokratisch – selbstherrlich, absolutistisch, diktatorisch.

Axiom – (griech. »Voraussetzung«) oberster, als richtig vorausgesetzer Grundsatz, der selbst nicht mehr beweisbar und unbestreitbar ist.

Davon: axiomatisch – denknotwendig vorausgesetzt.

B

Behaviorismus – (engl.) die streng auf das empirisch beobachtbare Verhalten sich beschränkende Psychologie, reine Verhaltenspsychologie.

Davon: behavioristisch – streng verhaltenspsychologisch.

Bias – (engl.) der systematische statistische Fehler, der die ganze stochastische Berechnung verzerrt.

Blasphemie – (griech.) die Gotteslästerung.

Davon: blasphemisch – gotteslästerlich.

Bolschewismus – ursprünglich die radikale Mehrheit Lenins in der russischen Sozialdemokratie (s. d.), dann kommunistisch im Sinne Lenins.

Davon: bolschewistisch – sowjetisch-kommunistisch.

C

Caesarismus, auch *Cäsarismus* – an Caius Julius Caesar sich anlehnendes politisches System, das unter der theoretischen Beibehaltung des Prinzips der Volkssouveränität und unter Aufrechterhaltung republikanischer (s. d.) oder konstitutionell-monarchischer Formen auf einer unbeschränkten, meist auf das Heer gestützten Machtvollkommenheit des Herrschers beruht. Neuzeitliche Formen des C. bildeten der Bonapartismus von Napoleon I und Napoleon III. Verbindet oft Revolution (s. d.) und Reaktion.

Caesaropapismus, auch *Cäsaropapismus* – (lat.) die Zusammenfassung der weltlichen und kirchlichen Macht in der Hand eines weltlichen Machtinhabers, sodaß der weltliche Herrscher zugleich auch geistliches Oberhaupt ist (z. B. im byzantinischen und im zaristisch-russischen Reich).

Cameriglia, auch *Kammeril(l)ia* – (ital.) Herrschaft der im Vorzimmer großer Herren Stehenden, indirekte Herrschaft der Höflinge.

chthonisch – (griech.) der Erde, der Unterwelt angehörig, erdverbunden, mit den Tiefen der Erde verwurzelt, in düsterer Tiefe irdisch.

D

Deduktion – (lat.) Herleitung, Ableitung, in der Logik (s. d.) das vom Allgemeinen zum Besonderen fortschreitende Verfahren im Gegensatz zur Induktion (s. d.).

Demokratie – (griech. »Volksherrschaft«) bedeutet die Herrschaft des Volkes durch sich selbst, ist eine Staatstheorie wie eine politische Parteirichtung (heute allgemein als verbindlich anerkannt). In der antiken Staatsphilosophie bildet sie gemeinsam mit der Aristokratie (s. d.) eine der beiden Untergruppen der im Gegensatz zur Monarchie (s. d.) stehenden Republik (s. d.).

Davon: demokratisch – volkssouverän, der vom Volk ausgehenden Staatsgewalt verpflichtet.

Demokratisierung – (lat.-dt.) Ausbreitung des demokratischen (s. d.) Gedankens auf möglichst viele menschlichen Gemeinschaftsbereiche.

Deskomposition – (lat.) die Auflösung, Zersetzung, Herstellung einer Disharmonie.

Determination – (lat. »Bestimmung«) Festlegung, in der Logik (s. d.) Hinzufügung weiterer Merkmale zu einem Begriff, wodurch dessen Inhalt zwar reicher, sein Umfang jedoch kleiner wird. Aber auch soviel wie:

Determinierung – (lat.-dt.) Bestimmung, Entscheidung, Festlegung, keine Zulassung von Freiheit. Daraus:

Determinismus – (lat. »Bestimmtheitslehre«) die Ansicht, daß Alles notwendige Folge einer bestimmten Ursache und der menschliche Wille kausal bestimmt sei. Gegensatz: Indeterminismus, Voluntarismus (s. d.).

Davon: deterministisch – die menschliche Willensfreiheit ableugnend.

Dialektik – (griech.) zunächst die Kunst, durch Rede und Gegenrede die Wahrheit zu ermitteln; dann die angewandte Logik überhaupt und schließlich die Methode des Denkens, den Widerspruch als tragendes Moment in den Gedankenfortgang aufzunehmen. Zu einer besonderen Methode wurde die D. insbesondere von G. W. F. Hegel entwickelt und dann von K. Marx im Historischen Materialismus (s. d.) übernommen.

Davon: dialektisch – aus Widersprüchen aufbauend, auch spitzfindig; insbesondere aber auch philosophisch im hegelianischen oder marxistischen Sinn.

Dogma – (griech. »Lehrsatz«) Grundsatz eines philosophischen Systems, Verordnung; im theologischen Sprachgebrauch die begriffliche Ausprägung des religiösen Glaubens, vor allem soweit sie innerhalb einer kirchlichen Gemeinschaft Geltung genießt oder beansprucht. In der römisch-katholischen Kirche ein Glaubenssatz aufgrund von Offenbarung und kirchlichem Lehramt.

Davon: dogmatisch – einem Dogma entsprechend, einem sakrosankten Lehrsatz zufolge, kirchlich in Glaubenssachen verordnet.

Davon: Dogmatisierung – die Erhebung zum Lehrsatz.

E

Egoismus – (lat.) Selbstsucht, Ichsucht; die Gesinnung, die sich nur durch Rücksicht auf das eigene Wohl leiten läßt. Gegensatz: Altruismus (s. d.).
Davon: egoistisch – selbstsüchtig.

Emanzipation – (lat.) die Entlassung aus der väterlichen Gewalt nach römischem Recht, die Mündigwerdung, die Befreiung aus einem Abhängigkeitsverhältnis.
Davon: emanzipieren – mündig machen, befreien.

Empirie – (griech.) die Erfahrung, insbesondere diejenige, welche aus der Beobachtung hervorgeht.
Davon: empirisch – aus Erfahrung stammend, durch Beobachtung gewonnen.

Empirismus – (griech.-lat. »Erfahrungslehre«) in der Erkenntnistheorie (s. d.) die Auffassung, daß alle Vorstellungen und Begriffe aus der beobachtbaren Erfahrung, der Empirie (s. d.) , stammen; die Ansicht, daß alle Erkenntnisse nur empirisch (s. d.) sind. Der E. bestreitet, daß es vorempirische, die Empirie erst ermöglichende Ideen, Begriffe oder Sätze gibt.
Davon: empiristisch – dem Empirismus entsprechend, allein der Erfahrungswissenschaft verpflichtet, nur das Beobachtbare anerkennend.

Entäußerung – dialektischer (s. d.) Begriff und Vorgang, aufgrund dessen sich die These (s. d.) in der Antithese (s. d.) mit sich selbst in Gegensatz setzt, um erkennbar und prägnant zu werden. In der antithetischen E. steht die These (s. d.) im Gegensatz zu sich selbst, sodaß die Antithese von sich aus zur Aufhebung (s. d.) der Entfremdung (s. d.) in der Synthese (s. d.) drängt. Stammt von G. W. F. Hegel und wurde in materialistischem (s. d.) Sinn von K. Marx übernommen.

Entfremdung – dialektischer (s. d.) Begriff und Zustand, demzufolge die Antithese (s. d.) durch die Entäußerung (s. d.) der These (s. d.) sich ihres eigentlichen Wesens und Ursprungs nicht mehr bewußt ist und die so erreichte E. durch ihre Aufhebung (s. d.) in der Synthese (s. d.) zu überwinden trachtet. Von G.W.F. Hegel idealistisch (s. d.) und dann von K. Marx materialistisch (s. d.) entwickelt.

Enttabuisierung – die Beseitigung eines Tabus (s. d.), Aufhebung eines sittlichen Verbotes oder Gebotes, auch Aufklärung eines Aberglaubens. Ist meist mit der Errichtung neuer, eigener Tabus verbunden.

Erkenntnistheorie – auch Erkenntnislehre oder Noetik genannter Zweig der Philosophie (s. d.), der den Ursprung, die Möglichkeiten, die Hilfsmittel und die Grenzen des Wissens untersucht; die Wissenschaft von den Bedingungen des Wissens selbst, mit dem Begriff der Wissenschaftslehre J. G. Fichtes verwandt.

Davon: erkenntnistheoretisch – den Bedingungen der Erkenntnistheorie entsprechend; dem Ursprung, den Möglichkeiten, den Hilfsmitteln und den Grenzen wissenschaftlichen Erkennens gemäß.

Eschatologie – (griech.) die Lehre von den »letzten Dingen«, in der christlichen Theologie (s. d.) die Vorstellungen vom Tod, der Auferstehung, dem Jüngsten Gericht, der Wiederkunft Christi und dem Tausendjährigen Reich.

Davon: eschatologisch – die letzten Dinge betreffend.

etatistisch – (aus franz. »etat«, Staat) den Staat und insbesondere seine Verwaltung betreffend, bezüglich der Staatsverwaltung.

Ethik – (griech.) Sittenlehre, Moralphilosophie; der Zweig der Philosophie (s. d.), der sich mit dem Menschen als handelndem Wesen beschäftigt (praktische Philosophie) und Grundsätze der Lebensführung aufstellt. Umfaßt die Wissenschaft von den sittlichen Werten, Handlungen und Gesinnungen.

Davon: ethisch – sittlich, moralisch.

ethnisch – (griech. »ethnos«, Volk) das Volkstum betreffend, völkisch, national, volksbezogen.

Evolution – (lat.) die Entwicklung, insbesondere die biologische Entwicklung der Arten aus ihren stammesgeschichtlichen Vorfahren, aber auch allgemein die ungebrochene Weiterentwicklung im Gegensatz zur Revolution (s. d.).

Davon: evolutionär – sich natürlich (s. d.) entwickelnd.

F

Falsifikation, auch *Falsifizierung* – (lat.) die wissenschaftliche Verwerfung einer Theorie (s. d.) als falsch; auch die Methode der wissenschaftlichen Wahrheitsprüfung, aufgrund dessen sich nur etwas wissenschaftlich verifizieren (s. d.) läßt, solange es nicht zu falsifizieren ist.

Davon: falsifizieren – wissenschaftlich als falsch verwerfen, wissenschaftlich widerlegen.

Faschismus – (ital. »fascio«, das »Rutenbündel« der altrömischen Liktoren) die von B. Mussolini ins Leben gerufene politische Bewegung auf autoritärer, nationaler, klerikaler (s. d.) und sozialistischer (s. d.) Basis; war der erste nichtkommunistische Versuch, den totalen (s. Totalitarismus) Staat als Einparteiensystem aufzurichten, und wurde vielfach zum Vorbild. Dann auch die Staatstheorie und politische Philosophie Italiens unter B. Mussolini. Gegensätze: Demokratie (s. d.) und Kommunismus (s. d.).

Davon: faschistisch – den Geist des Faschismus atmend; auch soviel wie nationalistisch-autoritär, heute vielfach als reines Schimpfwort gebraucht.

Fatalismus – (lat. »fatum«, Verhängnis, Schicksal) Schicksalsglaube; die Lehre, nach der das Schicksal vorherbestimmt und der Wille ohnmächtig sei. Den Kern bildet die Ansicht, daß das Geschick des Menschen durch unvoraussehbare und unabwendbare Notwendigkeiten von vornherein bestimmt sei.

Davon: fatalistisch – schicksalsergeben, sein Geschick auf sich nehmend.

feudal – (lat. »feudum«, das Lehen) das Lehenswesen betreffend, vulgär auch im Sinne von prächtig oder ausbeuterisch gebraucht.

Davon: Feudalismus – das Lehenwesen, Feudalsystem; Vorherrschaft des (adeligen) Grundbesitzers, Bevorzugung der Geburts- und Grundbesitzaristokratie.

final – (lat. »finis«, Ende) den Schluß bildend, ans Ende denkend, zielorientiert.

Davon: Finalität – die Zweckbestimmung, auch die Lehre von den End- oder Zweckursachen.

Formsubstanz – (lat.) in der aristotelischen Philosophie das letzte und absolut Feststehende, das der platonischen Idee (s. d.) nicht unähnliche Prinzip der Dingwelt, das aber nicht wie die platonische Idee quasi über, sondern vollkommen in der Dingwelt steht.

G

ganzheitlich – allumfassend; was quantitativ alle Teile umfaßt und qualitativ ein Ganzes bildet, das als solches in seinen Bestandteilen noch nicht enthalten war. Nach dem Grundsatz: Das Ganze ist mehr als die Summe seiner Teile.

Generalisierung – (lat.) die Verallgemeinerung, das in beschränktem Umfang Richtige als allgemein gültig Hinstellen.
Davon: generalisieren – verallgemeinern, unzulässig in seiner Bedeutung ausdehnen.

Genocid – (lat.) der Völkermord, die Verfolgung zum Zweck der Ausrottung einer Population aufgrund der bloßen Tatsache der nationalen Herkunft.

gnostisch – (griech. »gnosis«, Erkenntnis) eine tiefere Einsicht in Religionswahrheiten bezweckend, Mysterien erkennend, auf die Aufklärung und in die Eindringung von Geheimnissen bedacht.

Gott – die alles umfassende und höchste Idee, dann der einheitlich vorgestellte Gegenstand der Religiosität (s. d.). Hinsichtlich der Idee (s. d.) wird man nach I. Kant zur Gottesvorstellung zwar durch die Erfahrung angetrieben, doch greift die Idee Gottes über alle Erfahrung hinaus und kann deshalb auch nicht auf empirischem Wege bewiesen oder widerlegt werden. In den historischen Religionen (s. d.) formen sich im menschlichen Verständnis eigene Gottespersönlichkeiten mit (nach G. Mensching) spezifischen »Lebensmitten«. Zur Beschreibung Gottes dienen die Prädikate Unendlichkeit, Allwissenheit, Überzeitlichkeit, Allmacht usw.

Gottesgnadentum – das Prinzip, daß alles Irdische und Weltliche aus göttlicher Gnade entstammt und daher auch sämtliche Herrschaft aus göttlicher Legitimation (s. d.) abgeleitet werden muß. Dann auch der Herrschaftsanspruch aus der (besonderen) Gnade Gottes. Wurde insbesondere von den Bischöfen und dann von den weltlichen Monarchen des christlichen Europas verwendet. Auch die Demokratie auf die Basis des G. zu stellen, ist unternommen worden, doch beruft sie sich heute mehr auf einen numinos (s. d.) nicht überhöhten Volkswillen.

H

Hedonismus – (griech. »Genußlehre«) die Lehre, nach der das höchste Gut und mithin der Endzweck des Handelns die Lust und der Genuß sind. Sucht seine theoretische Rechtfertigung im Materialismus (s. d.). Gegensatz: Altruismus (s. d.).
Davon: hedonistisch – auf Genuß erpicht, der Lust zugekehrt.

Hegemonie – (griech.) die Vormacht, Vorherrschaft, Führerschaft (insbesondere eines Staates über andere).

Hierokratie – (griech. »Herrschaft der Heiligen«) Priesterherrschaft; im engeren Sinn eine Herrschaftsform, in der Priester kraft ihres geistlichen Amtes auch weltliche Herrschaftsfunktionen ausüben und im Extremfall einen Staat regieren. Vergl. Theokratie.

Historischer Materialismus, im Politjargon des Sowjetkommunismus *»Histomat«* abgekürzt – auf K. Marx zurückgehende einseitige Zurückführung aller geschichtlichen Vorgänge auf wirtschaftliche Ursachen und Klassengegensätze bzw. -kämpfe. Entwickelte sich auf der Grundlage der ins Negative und Pessimistische gezogenen klassischen Nationalökonomie, der junghegelianischen Umkehrung der idealistischen (s. d.) Dialektik G. W. F. Hegels in den Materialismus (s. d.) sowie der Überschätzung der ökonomischen Einflüsse auf die Geschichte und wurde in der Folge durch den Ausbau der Dialektik (s. d.) um den Dialektischen Materialismus (sowjetische Abkürzug »Diamat«) erweitert. H. und Diamat bilden die beiden Komponenten des marxistischen Kommunismus (s. d.).

Homunculus, auch *Homunkulus* – (lat. »Menschlein«) auf künstlichem Wege hergestellter Mensch, Kunstmensch, Pseudomensch.

hugenottisch – (franz. »Huguenots«, Eidgenossen) kalvinistisch-protestantisch in französischer Prägung. Die Hugenotten wurden von Ludwig XIV. vertrieben und emigrierten hauptsächlich nach Preußen und in die Niederlande.

I

Ideal – (griech.-lat.) das der Idee (s. d.) entsprechende Hochziel, das vollkommene Musterbild, die vollendete Verkörperung, auch das erstrebenswerte Vorbild.

Idealismus – (griech.-lat.) die Anschauung, die der Idee (s. d.) eine höhere Bedeutung zumißt als ihrer materiellen Verkörperung. Zerfällt in den praktischen I., der das eigene Verhalten nach Idealen (s. d.) ausrichtet, und in der philosophischen (auch theoretischen, erkenntnistheoretischen) I., der davon ausgeht, daß dem erkennenden und handelnden Subjekt unmittelbar nicht die realen Gegenstände oder materiellen Dinge an sich vor Augen und in Händen gegeben sind, sondern daß sich hievon nur Vorstellungen gewinnen lassen. Gegensatz: Materialismus (s. d.).

Davon: idealistisch – an Hochzielen orientiert, dem Geistigen verpflichtet, das Primat der Idee (s. d.) betonend.

Idee – (griech. »Gestalt«) Bild, Vorstellung. Ursprünglilch bei Platon das in den einzelnen Dingen verkörperte, vor ihnen vorhandene Urbild. Die im Begriff erfaßte I. (z.B. des Menschen) ist nach ihm das wahrhaft Wirkliche, während das sinnlich wahrnehmbare Einzelding (z.B. das menschliche Individuum) die I. nur physisch verkörpert und ein Scheindasein führt. I. Kant versteht unter I. Begriffe, zu deren Bildung man zwar durch die Erfahrung angeregt wird, die aber über alle Erfahrungen hinausgreifen und deshalb durch sie niemals empirisch bewiesen werden können (z. B. Gott, Unsterblichkeit etc.). Nach G. W. F. Hegel ist I. das im Weltprozeß nach und nach stückweise zur Erscheinung kommende Wirkliche. Gegensatz: Materie, auch Realität (s. d.).

Davon: ideell – geistig, der Idee entsprechend, in der Vorstellung existierend.

Ideologie – (griech. »Ideenlehre«) die Lehre von den Ideen. Zunächst alle Ideenlehren, dann aber vor allem die materialistischen Weltanschauungen, die auf der Verabsolutierung einer einzelnen empirisch (s. d.) gewonnenen Theorie (s. d.) beruhen, zu deren Gunsten alle anderen Gesichtspunkte relativiert (s. d.) werden und die sich zu Pseudomythen entwickeln (z.B. Marxismus oder Nationalsozialismus). Aber auch der Materialismus (s. d.) als theoretisches System.

Davon: ideologisch – wörtlich »ideenbezogen«, dann eine Weltanschauung betreffend, die auf einer materialistischen Ideologie beruht; auch die materialistische Weltsicht als solche, dem Begriff »materialistisch« (s. d.) nicht unähnlich.

Immanenz – (lat.) das Innewohnen, die Anhaftung; das, was man in Händen hält. Gegensatz: Transzendenz (s. d.).

Davon: immanent – innewohnend, in Händen haltend, aufs Physische (s. Physy) konzentriert.

Induktion – (lat. »Hinleitung«) in der Logik (s. d.) der Schluß vom Besonderen auf das Allgemeine; in der Methodenlehre das Verfahren, von empirischen (s. d.) Sätzen zu allgemeingültigen Aussagen zu gelangen. Wird besonders in den Erfahrungswissenschaften geübt und führt nur zu wahrscheinlichen Ergebnissen, da das, was in so und so vielen Fällen zutraf, deswegen nicht immer zutreffen muß. Gegensatz: Deduktion (s. d.).

intentional – (lat.) bezweckend, absichtlich, gezielt, hingerichtet. Gegensatz: retrograd (s. d.).

Intuition – (lat. »Anschauung«) das unmittelbare Erfassen eines geistlichen Inhalts, das mit der Lebhaftigkeit einer sinnlichen Wahrnehmung vor das geistige Auge auftritt; die unmittelbar gewisse Erkenntnis von Wesenszusammenhängen. Alle künstlerische und manche wissenschaftliche Schöpfungen beruhen auf I., durch die das Werk wie ein bereits fertiges innerlich angeschaut wird. Gegensatz: Reflexion (s. d.).

Davon: intuitiv – durch unmittelbare Einsicht, unmittelbar anschaulich.

J

jakobinisch – (franz. »Jacobins«, Jakobiner, die radikalen Revolutionäre der Französischen Revolution, so genannt nach ihrem Versammlungssaal im ehemaligen Jakobinerkloster in Paris) radikal revolutionär, extrem gleichmacherisch, hoch national-demokratisch, einen politischen Atheismus (s. d.) verfolgend.

K

Kasuistik – (lat. aus den »casus conscientiae«, den Fällen des Gewissens) bei den mittelalterlichen Ethikern Teil der praktischen Sittenlehre, soll in Fällen der Pflichtenkollision einen Ausweg finden, kam durch Spitzfindigkeiten in Verruf. Dehnte sich später auch auf die Vielfalt von Rechtfällen und -entscheidungen aus.

Davon: kasuistisch – spitzfindig, überzogen, von weit hergeholt, scheinheilig, konstruiert.

Katechese – (griech.) ursprünglich mündlicher Unterricht, besonders durch Frage und Antwort; dann die Unterweisung in religiösen Grundüberzeugungen, religiöse Erziehung.
Davon: Katechetik – die Theorie des religiösen Unterrichts.
Davon: katechetisch – die religiöse Unterweisung betreffend.

kategorisch – (griech.) im Gegensatz zu hypothetisch (bedingungsweise) unbedingt, bestimmt.
Davon: Kategorischer Imperativ – (nach I. Kant, wörtlich »unbedingter Befehl«) Vorschrift, die die sittliche Vernunft (s. d.) durch das Gewissen erteilt: »Handle so, daß die Maxime deines Willens jederzeit zugleich als Prinzip einer allgemeinen Gesetzgebung gelten könnte.«

Kausalität – (von lat. »causa«, Ursache) ursächliches Verhältnis; philosophischer (s. d.) Fachausdruck für das zwischen Ursache und Wirkung bestehende Verhältnis. Als Prinzip besagt K., daß jede Wirkung eine Ursache hat, und umgekehrt jeder Ursache eine Wirkung folgt. Die Vorstellung, die man vom menschlichen Wirken in der Natur (s. d.) gewinnt, wird anthropomorph (s. d.) auf Dinge übertragen, denen man die Fähigkeit und Kraft zuschreibt, auf andere einzuwirken. Eine genauere Überlegung zeigt aber, daß man unmittelbar nur die Aufeinanderfolge der Vorgänge beobachten kann, alles Weitere ist Zutat des Denkens, d. h. daß Kraft und Wirken sich der sinnlichen Wahrnehmung entziehen. Die Vorstellung von der K. entwickelt sich demnach im Denken des beobachtenden Subjekts infolge der Wahrnehmung wiederholter Aufeinanderfolgen. Gegensatz: Teleologie (s. d.).
Davon: kausal – ursächlich, auf die Ursachen zurückgehend, von den Ursachen her gesteuert.

klerikal – (griech.) den Klerus betreffend, auf die institutionalisierte Geistlichkeit bezogen, von kirchenlichen Interessen bestimmt.

Kommunismus – (lat. »communis«, gemeinsam) die Lehre, nach der das Gemeinschaftseigentum dem Naturzustand entspräche und wiederhergestellt werden müsse, da durch das angeblich spätere Privateigentum (insbesondere an Produktionsmitteln) die ungerechte Unterdrückung des Menschen zustande komme. Wurde vor allem durch K. Marx theoretisch entwickelt und von W. I. U. Lenin zuerst im großen Stil in die Praxis überzuführen versucht.

Heute ist der K. die revolutionäre Form des marxistischen Sozialismus (s. d.) und ist um die totale Erfassung des Menschen in seinem System bemüht (s. Totalitarismus). Herrschende Ideologie (s. d.) in der Sowjetunion (s. Sowjet) und in den anderen Ländern des »real existierenden Sozialismus« mit verschiedenen theoretischen Abweichungen und Weiterentwicklungen.

Davon: kommunistisch – soviel wie revolutionär-sozialistisch.

kosmologisch – (griech.) die Lehre vom Aufbau des Weltalls und seiner Einordnung in Raum und Zeit betreffend; nach Anfang, Ende und Wesen der Welt fragend. Der kosmologische Gottesbeweis z. B. schließt von der Bedingtheit aller Erscheinungen auf einen letzten, unbedingten Grund.

kybernetisch – (griech.) ursprünglich den Teil der technischen Wissenschaften betreffend, der sich mit den bei Kontroll-, Regel- und Steuerungsgeräten auftretenden Gesetzmäßigkeiten befaßt; dann hinsichtlich des Versuches, ähnliche Beziehungen auch in Organismen aufzudecken; in geschlossenen mechanischen Systemen denkend; Regelkreise annehmend.

L

laizistisch – (griech.-lat.) die politische Macht dem Laienstand (den Nicht-Klerikern) vorbehaltend, den Einfluß des Klerus im öffentlichen Leben ablehnend, die Trennung von Kirche und Staat zuungunsten der Geistlichkeit betreibend, auch soviel wie anti-klerikal (s. klerikal).

legitim – (lat.) gesetzmäßig, rechtmäßig, dem Rechtsempfinden entsprechend, gerechtfertigt, zu recht; dem natürlichen, dann dem gesetzten Recht folgend.

Davon: Legitimation – der Besitz eines Rechtes.

Davon: legitimieren – gesetzmäßig machen, mit Recht versehen.

Davon: Legitimierung – die Beglaubigung, der rechtliche Ausweis.

Davon: Legitimität – die Rechtmäßigkeit (z.B. einer Regierung), die Gesetzmäßigkeit.

liberal – (lat. »freigebig, großzügig«) freisinnig, freizügig, nach Freiheit strebend, freiheitlich; im Ökonomischen dem Kapitalistischen verwandt.

Davon: Liberalismus – die freiheitliche Gesellschafts-, Staats- und

Wirtschaftsauffassung. Strebt nach möglichster Beschränkung obrigkeitlicher Bevormundung und einem Maximum an Eigeninitiative und Entfaltung des Individuums. Als politische Richtung der Demokratie (s. d.) und als Wirtschaftssystem dem Kapitalismus bzw. der Marktwirtschaft nahe. Bedarf als (geistiges, wirtschaftliches und/oder gesellschaftliches) System korrekterweise der idealistischen (s d.) Überhöhung durch den ethischen (s. d.) Willen.

Davon: liberalisieren – frei machen, ähnlich wie emanzipieren (s. d.).

Davon: Liberalisierung – das Streben nach mehr freisinniger und freizügiger Gestaltung des öffentlichen Lebens, die Erweiterung des Freiheitsraumes, die Ausdehnung des freiheitlichen Gedankens, die liberale Umformung.

Libido – (lat. »geschlechtliche Begierde«) in der Psychoanalyse (s. d.) die vitale, auch sexuell eingefärbte Lebenskraft.

Davon: libidinös – den Geschlechtstrieb betreffend, geschlechtlich, die Sexualität im Sinne S. Freuds betonend und bejahend.

Liquidierung, auch *Liquidation* – (lat. »Verflüssigung«) die Flüssigmachung von Barmitteln, die Auflösung eines Unternehmens, die Kostenaufstellung und ihre Begleichung; im sowjetischen (s. d.) Jargon die physische (s. d.) Vernichtung des Klassenfeindes oder unliebsamer Funktionäre, der politische Mord auf höheren Befehl.

Liturgie – (griech. »Dienst am Volk«) die beim öffentlichen Gottesdienst zu befolgende Ordnung, das geordnete gottesdienstliche Handeln der christlichen Kirchen, der formale öffentliche Gottesdienst.

Davon: Liturgik – der mit den Grundsätzen des christlichen Ritus beschäftigte Teil der Theologie (s. d.).

Davon: liturgisch – den öffentlichen Gottesdienst betreffend, bezüglich der gottesdienstlichen Form.

Logik – (griech. »logos«, Rede, Wort, Lehre, Sinn, Vernunft) die Lehre von den Denkformen und allgemeinen Denkgesetzen, die Wissenschaft von den formalgesetzlichen Beziehungen zwischen den Denkinhalten. Die L. untersucht, unter welchen Bedingungen dem Denken ein Wahrheitscharakter zukommt. Das durch Beobachtung oder Anschauung Erkannte liefert den Inhalt oder Stoff dessen, was durch Denken zu Wissen geformt wird, indem die in den Anschauungen und Beobachtungen enthaltenen und mit ihnen verbundenen Merkmale einzeln herausgehoben und zu Begriffen zusammengefaßt werden. Als Elementarlehre befaßt sich die L. mit den Grundgebilden des Begriffs, Urteils und Schlusses und als Methodenlehre mit ihrer Zusammensetzung durch Einteilung, Definition, Beweis, Synthese (s. d.), Analyse (s. d.), Induktion (s. d.) und Deduktion (s. d.). Als Teil der Erkenntnistheorie (s. d.) geht sie vom Verhältnis des Denkens zum Sein aus, stellt allgemeine Grundsätze des richtigen Denkens auf und lehrt als formale Wissenschaft die Vermeidung von Widersprüchen mit sich selbst, untersucht das Wesen der Denktätigkeit selbst und befähigt praktisch, Formfehler in Gedankenentwicklungen aufzufinden und zu vermeiden.

Davon: logisch – den formalen Denkformen entsprechend, bezüglich der Denkgesetze, gedanklich richtig, formal konsequent, vernünftig (s. Vernunft).

Logistik – (griech.) ursprünglich die Rechenkunst; heute entweder das militärische Versorgungs- und Nachschubwesen oder die mathematische und symbolische (s. d.) Logik (s. d), wie sie insbesondere vom Neopositivismus (s. d.) entwickelt wurde. Gerade die Mathematisierungen unterstreichen aber den metaphysischen (s. d.) Charakter allen Wissens über die Empirie (s. d.).

Davon: logistisch – im philosophischen Sinne: mathematisierend logisch, in symbolhafter Sprache die Logik betreffend.

Logotherapie – (griech.) die psychotherapeutische (s. d.) Schule V. E. Frankls, dann auch seine Methodik. Versteht sich als Lehre und Heilverfahren zur Beseitigung noogener (s. d.) Neurosen (s. d.) und zur Wiederfindung verlorenen noetischen (s. d.) Lebenssinns. Geht von der Ansicht aus, daß jeder Mensch einen Willen zu seinem Lebenssinn besitzt, der verloren gehen, gestört sein und wieder erarbeitet werden kann. Vergl. unio magica.

Davon: logotherapeutisch – der Logotherapie entsprechend den Lebenssinn suchend, heilend oder zu ihm führend.

M

magisch – (griech.) undurchschaubares Geschehen oder Tun betreffend, durch geheimnisvolle Mittel übernatürliche Wirkungen hervorrufend, zauberisch.

Mandala – (sanskrit.) im Hinduismus und Buddhismus verwendete symbolhafte Darstellungen, Bilder, Zeichnungen, Malereien und Zeichen. Spielen in der Psychologie (s. d) C. G. Jungs eine große Rolle und kommen nach ihm auch in anderen Kulturen archetypisch (s. d.) vor.

Materialismus – (lat.) die auf das Stoffliche ausgerichtete Anschauung, zerfällt in einen praktischen (niedrigen) und einen theoretischen M.. Dieser verkörpert als philosophische (s. d) Richtung jene Anschauung, nach der die »Materie« als angenommene Trägerin der äußeren Erscheinungswelt für den letzten Grund allen Geschehens und Seins anzusehen sei. Der M. sieht nur im Stofflichen die alleinige Wirklichkeit und führt sämtliche nichtstofflichen Erscheinungen auf Materielles zurück, übersieht jedoch, daß die Materie selbst nie direkt beobachtbar ist und sich bloß als ideelle (s. d.) Vorstellung gewinnen läßt, d. h. daß das Bewußtein bestimmt, was als materielles Sein definiert wird. Gegensätze: Idealismus (s. d.) und Spiritualismus (s. d.).
Davon: materialistisch – aufs Materielle bezogen, das Stoffliche als letzte Wahrheit annehmend.

Mâyâ – (sanskrit. »Zauberblendwerk«) in der indischen Philosophie und Religion das Blendwerk, das viele Erscheinungen vorspiegelt, wo in Wirklichkeit nur das eine Brahma (die Weltseele, eine letzte Ganzheit, das Absolute) existiert; die Erscheinungswelt; die äußerliche Seite der inneren Wirklichkeit.

mechanistisch – (lat.) maschinenmäßig, alles mechanisch erklärend, aufs Maschinelle bezüglich, alle Vorgänge aus blind wirkenden Ursachen ableitend. Gegensatz: teleologisch (s. d.), intentional (s. d.), final (s. d.), voluntativ (s. d.). Unzulässige mechanistische Verallgemeinerungen beruhen auf einem deterministischen (s. d.) Weltbild.

Medidation – (lat.) das Nachdenken, die Betrachtung, das Sichkonzentrieren, die geistige Versenkung. S. Mystik.

Metaphysik – (griech. »über die Physik hinaus«) nach Aristoteles die Bezeichnung für den Teil der Philosophie, der sich mit den ersten

Prinzipien des Seins befaßt; beschäftigt sich als Gegenstand mit den letzten Gründen der Dinge. Letztlich ist auch der Materialismus (s. d.) eine (wenn auch unbewußte und unvollkommene) Form von M., da die M. bestimmt, was Physik (s. d) ist.
Davon: metaphysisch – was das Sein als solches behandelt, die »erste Philosophie« betreffend, über die Physik (s. d.) oder die Physis (s. d) hinausgehend, auch soviel wie transzendent(al) (s. d.).

Milieu – (franz.) eigentlich die Mitte, das Mittel; dann der Tätigkeitskreis, das Umfeld, die Umwelt.

Modell – (ital.) Musterbild, Vorbild, auch Abbild, Muster, Paradigma. Alles höhere und systematische Denken vollzieht sich in Modellen.

Monarchie, auch Monokratie – (griech. »Alleinherrschaft«) Staats- und Regierungsform, bei der ursprünglich ein einzelner Herrscher (der Souverän) die gesamte Machtvollkommenheit besitzt, dann aber auch nur an der Staatsspitze steht. Der Monarch kommt entweder durch Erbfolge (Erb-M.), durch Wahl (Wahl-M.) oder aus eigener Kraft (Autokratie, s. d.) zur Herrschaft. Die M. ist entweder unbeschränkt (absolut) oder durch Stände (ständische M.), Verfassung (konstitutionelle M.) bzw. Parlament (s. d., parlamentarische M.) beschränkt. Gegensatz: Republik (s. d.).
Davon: monarchisch, auch monokratisch – alleinherrschend, auf der Monarchie beruhend.
Davon: monarchistisch – der Monarchie anhängend.

Monismus – (griech.-lat. »Einheitslehre«) jede philosophische Auffassungsweise, die alle Erscheinungen im Gegensatz zum Dualismus und Pluralismus aus einem einzigen letzten Grund abzuleiten können glaubt. Typische Monismen sind der Materialismus (s. d.) und der Spiritualismus (s. d.). Die Identitätsphilosophie betrachtet Materielles und Geistiges als zwei Seiten desselben undifferenzierbaren Urwesens. Der Idealismus (s. d.) hat entweder Nähe zum Spiritualismus (s. d.) oder zur Identitätsphilosophie.
Davon: monistisch – alles aus einem vermeintlich gesicherten Urgrund herleitend und auf ihn zurückführend.

Monokratie – s. Monarchie

Moral – (lat. »mores«, Sitten) Sittenlehre, Ethik (s. d.), auch die einzelne Sittenlehre.

Davon: moralisch – sittlich, ethisch (s. d.), der Sittenlehre entsprechend.

Mysterium – (griech. »Geheimnis«) Geheimkult der alten Griechen und Römer, dann das Geheimnis überhaupt.

Mystik – (griech. »myein«, die Augen schließen, sich versenken) eine Grundform des religiösen Lebens, die durch Versenkung die Trennung zwischen menschlichem Subjekt und dem Göttlichen im Erlebnis der Vereinigung und der geistigen Schau (unio mystica, s.d.) aufzuheben sucht; im theologischen (s. d.) Sprachgebrauch das aller lebendigen Religion (s. d.) wesentliche Moment der vom Geheimnisvollen begleiteten Berührung des Menschen mit Gott (s. d.), die andächtige Versenkung in das rational unfaßbare Wesen Gottes (s. d.). Gilt meist als die höchste Stufe der Frömmigkeit.

Davon: mystisch – geheimnisvoll, dunkel, verborgen, rational nicht faßbar, der Mystik ergeben, durch Versenkung.

Mythos – (griech. »Erzählung«) ursprünglich die Göttergeschichte, dann Heldensage, aber auch allgemein Überlieferung aus vorgeschichtlicher Zeit, schließlich alle nicht mehr oder noch nicht aus Vernunftsgründen allein ableitbaren Mensch-, Welt- und Gottesgeschichten. Behandelt meist Ursprung, Entwicklung und Ende des Seins, kann sich auch durch ideologische (s. d.) Apologien (s. d.) auf materialistischer (s. d.) Anschauungsgrundlage bilden.

Davon: mythisch – zum Mythos gehörig, rational nicht begründet, sagenhaft, aus der Vorzeit stammend.

Mythologie – (griech.) die Wissenschaft von den Mythen; Bericht und Darstellung des Mythos (s. d.); Inbegriff aller Überlieferungen über die Gottheiten; die Lehre der Götter-, Welt- und Menschengeschichte.

Davon: mythologisch – zur Mythologie gehörig, Mythen systematisierend, wissenschaftlich Göttergeschichten behandelnd.

N

Natur – (lat. »nasci«, geboren werden, entstehen) ursprünglich das innere Wesen eines Dings, aus dem sich seine Eigenschaften ableiten; Inbegriff alles von selbst Werdenden; dann die dem Ding innewohnenden (immanenten, s.d.) Eigenschaften. Nach I. Kant umfaßt der Naturbegriff das Dasein der Dinge, sofern es nach allgemeinen Gesetzen bestimmt ist (unter Ausschluß aller transzendentalen – s. d. – Objekte). Die neuzeitliche Naturwissenschaft bezeichnet als N. die materielle Außenwelt, ein so verstandener Naturbegriff fällt weitgehend mit dem materialistischen (s. d.) Modell (s. d) zusammen und mündet durch Hereinnahme des Menschen in den Naturbegriff in den Determinismus (s. d.). Doch kann die »Natur« nicht direkt empirisch beobachtet werden (s. Empirie), der Naturbegriff ist also ein ideelles (s. d.) menschliches Kunstprodukt und hängt von den metaphysischen (s. d.) Vorstellungen ab.

Davon: natürlich – zunächst das innere Wesen betreffend, dann zur empirischen (s. d.), materiellen (s. d.), physischen (s. d.) und sinnlich beobachtenden Sphäre gehörig.

Neopositivismus – (lat.) Erneuerung des Positivismus (s. d.) unter Verwendung von mathematischen und logischen Begriffen und Sprachschöpfungen vor allem durch L. Wittgenstein und R. Carnap. In Wirklichkeit betont die Entwicklung eines mathematisierenden Begriffssystems die ideelle (s. d.) Voraussetzung des Verständnisses allen Seins und erkennt die Metaphysikabhängigkeit der Physik (s. d) an.

neuplatonisch – der letzten Form der antik-griechischen Philosophie, dem Neuplatonismus (Hauptvertreter Plotinos, Kaiser Julian Apostata u.a.), entsprechend. Ursprünglich »heidnisch« und antichristlich, beeinflußte der Neuplatonismus Aurelius Augustinus und die auf ihm fußende christliche Theologie (s. d.) außerordentlich.

Neurose – (griech.) psychische Fehlhaltung, die aus einer seelischen Fehlentwicklung erwächst, auf ein Trauma (s. d.) zurückgeht und zu psychischen wie physischen Störungen führt. Ist als echte Krankheit anzusehen, sobald sie Selbst- oder Fremdgefährdung hervorruft. Sie ist erworben und genetisch nicht vererbbar.

Davon: neurotisch – an einer Neurose leidend.

noetisch – eigentlich zur Erkenntnislehre gehörend, soviel wie erkenntnistheoretisch (s. d.); aber auch allgemeiner die generelle eigene geistige Herkunft betreffend, hinsichtlich der geistigen Voraussetzungen.

Nomenklatura – (lat. »nomenclatura«, Liste, auch Namensverzeichnis) die von M. S. Voslensky so bezeichnete herrschende Klasse der

Sowjetunion (s. d.), entspricht der obersten sowjetischen (s. d.) Bürokratie bzw. der leninistischen »Vorhut der Arbeiterklasse« (s. d), den ranghöheren Mitgliedern der Kommunistischen (s. d.) Partei der Sowjetunion.

noogen – (griech.) aus dem Sinn herrührend, auf den Sinn zurückzuführen, aus dem geistigen Bereich kommend. Bei V. E. Frankl handelt es sich bei der »noogenen« Neurose (s. d.) um eine, die durch die Frustrierung und Enttäuschung des jeden Menschen eigenen Willens zu seinem Lebenssinn hervorgerufen wird. (s. Logotherapie).

numinos – (lat. »numen«, das göttliche Wesen oder auch Walten) auf das Göttliche bezüglich, göttlich, hinsichtlich des göttlichen Waltens.

Davon: das Numinose – das Göttliche, das vorpersönliche Wesen Gottes (s. d.).

O

Ochlokratie – (griech. »Pöbelherrschaft«) Entartungserscheinung der Demokratie (s. d.), Herrschaft der aufgeputschten Massen, Regierung des Mob, Regiment der Straße oder der bloßen Zahl.

Davon: ochlokratisch – der Pöbelherrschaft entsprechend, entartet demokratisch (s. d.), vom Mob oder der aufgewiegelten Menge regiert.

Oligarchie – (griech. »Herrschaft Weniger«) Entartungsform der Aristokratie (s. d.), Cliquenherrschaft, Regierung eines Klüngels, Regiment der Wenigen.

Davon: oligarchisch – von nur einigen beherrscht, von einer Clique oder einem Klüngel regiert.

Ontogenese – (griech. »Einzelentwicklung«) die Entwicklungsgeschichte des individuellen Lebewesens im Gegensatz zur Phylogenese (s. d.).

Davon: ontogenetisch – bezüglich der Einzelentwicklung, die Individualgeschichte betreffend, hinsichtlich der individuellen Lebensgeschichte.

Ontologie – (griech. »Seinslehre«) die Lehre vom Sein bzw. dem Seienden. Umfaßt als Teil der Metaphysik (s. d.), was mit dem Sein bzw. dem Seienden als solchem zu tun hat.

Davon: ontologisch – den Seinscharakter betreffend, bezüglich des eigentlichen Wesens des Seins bzw. des Seienden. Der o. Gottesbeweis z. B. sucht das Dasein Gottes aus dem Begriff desselben zu erweisen.

P

Parasit – (griech. »Mitesser«) Schmarotzer; Tiere oder Pflanzen, die auf, in oder von anderen Lebenwesen leben; im übertragenen Sinn auch jemand, der für seinen Unterhalt zu allen Diensten und Schmeicheleien bereit ist.

Davon: parasitär – schmarotzend, ausbeutend.

Parlament – (mittellat. »parlamentum«, Volksvertretung) in England ursprünglich die Reichsversammlung der Barone, Prälaten und königlichen Bannerherren; in Frankreich zunächst aus dem königlichen Hoftag hervorgehender Pairshof aus hohem Adel, Geistlichkeit, Hofbeamten und rechtskundigen Räten; wurde zum ständigen höchsten Gerichtshof, dem auch das politische Recht der Registrierung der königlichen Gesetze zur Sanktionierung (s. d) oblag. Heute die (meist gewählte) Volksvertretung, die insbesondere als Organ die Gesetzgebung ausübt und vielfach die Regierung kontrolliert oder sogar aus ihren Reihen wählt.

Davon: parlamentarisch – die Volksvertretung betreffend und ihrem Stil entsprechend.

Davon: Parlamentarismus – die Regierungsweise, bei der der Schwerpunkt der Staatsgewalt beim Parlament liegt.

Parlamentsabsolutismus – (lat.) entartete Form des Parlamentarismus (s. d), bei der es zu keiner Gewaltenteilung kommt und in der die im Parlament tagenden Repräsentanten des Volkes insgesamt eine unumschränkte politische Macht ausüben.

patrizisch – (lat.) ursprünglich im alten Rom alles, was die im Alleinbesitz der politischen Rechte befindlichen Bürger betraf; dann im Gegensatz zur Plebs den Geburtsadel angehend, der im Senat tagte; schließlich die zum Eintritt in den Stadtrat berechtigten Geschlechter betreffend. Soviel wie stadtadelig, großbürgerlich.

Davon: Patriziertum – der Stadtadel, die Großbürgerschaft.

Pazifismus – (neulat.) die absolute Kriegsgegnerschaft, die organisierte Bewegung für den unbedingten Frieden.

Davon: pazifistisch – den Krieg prinzipiell ablehnend, grundsätzlich friedlich.

philosemitisch – (neulat.) judenfreundlich im Gegensatz zu antisemitisch.

Philosophie – (griech. »Weisheitsliebe«) im engeren Sinn die Beschäftigung mit dem Wissen an sich, das Nachdenken über das Denken, die Wissenschaft (s. d.) von der Wissenschaft. Zerfällt in Erkenntnistheorie (s. d.), Ethik (s. d.), Metaphysik (s. d.), zu denen noch vielfach Ästhetik, Religionsphilosophie und auch Politik (s. d.) sowie Soziologie (s. d.) gezählt werden. Die genaue Abgrenzung dessen, was nun eigentlich P. sein solle, läßt sich schwer allgemeinverbindlich festhalten und ist umstritten.

Davon: philosophisch – die Philosophie betreffend, der Weisheitsliebe verpflichtet, sich mit dem Denken schlechthin beschäftigend.

Phylogenese – (griech.) die Stammesgeschichte von biologischen Arten im Gegensatz zur Ontogenese (s. d.), die Lehre von der Stammesgeschichte der Lebewesen.

Davon: phylogenetisch – die Stammesgeschichte betreffend, stammesgeschichtlich, bezüglich der Gemeinschaftsentwicklung in der Biologie.

Physik – (griech.) ursprünglich ganz allgemein die Lehre von der Natur (s. d.); heute die Wissenschaft vom Verhalten (Eigenschaften, Kräfte, Bewegungsformen usw.) der unbelebten Natur; vielfach auch soviel wie die Physis (s. d.) selbst. Gilt gerne als die Königswissenschaft der Naturwissenschaften, da sie jedoch von den metaphysischen (s. d.) Vorstellungen über die Physis (s. d.) abhängt, ist auch die P. letztlich von transzendentalen (s. d.) Überlegungen und erkenntnistheoretischen (s. d.) Voraussetzungen und Axiomen (s. d.) bestimmt. Mit dem Wechsel der metaphysischen (s. d.) Ansichten wechseln auch die Modelle (s. d.) der P.; so leben wir heute nach der aristotelischen und der newtonschen Physik wissenschaftlich bereits in der dritten Physik, der Quantenphysik. Die materialistischen (s. d.) Ideologien (s. d.) gehen hingegen immer noch von der durch A. Einstein und W. Heisenberg überholten mechanistischen (s. d.) P. I. Newtons aus und sind damit auch naturwissenschaftlich unhaltbar geworden.

Davon: physikalisch – die Physik betreffend, hinsichtlich der Wissenschaft von der unbelebten Natur, auch soviel wie bezüglich der Physis (s. d.) oder der Natur (s. d.) überhaupt.

Physiologie – (griech.) die Wissenschaft von den regelmäßigen Vorgängen in lebendigen Wesen, die Lehre von den normalen Lebensvorgängen, wörtlich etwa »Naturlehre«, auch soviel wie Naturgeschichte. Die medizinische P. bedient sich hauptsächlich deterministischer (s. d.) und mechanistischer (s. d.) Modelle (s. d.) und beschäftigt sich mit der Tätigkeit von Organen.

Davon: physiologisch – die Lebensvorgänge betreffend, die regelmäßigen Wechselwirkungen des Organischen behandelnd.

Physis – (griech.) ursprünglich die Natur (s. d.), dann im Übertragenen auch die Beschaffenheit oder die Eigenschaft von etwas, im engeren Sinn der Gegenstand der Physik (s. d.), die Gegenstandswelt, die Welt der äußeren Erscheinungen, manchmal auch im Sinne von Physik gebraucht. Da das eigentliche Wesen der P. und ihre Zusammenhänge nicht direkt empirisch (s. d.) beobachtbar sind, hängen die menschlichen Vorstellungen von der P. von den metaphysischen (s. d.) Vorstellungen und Modellen (s. d.) ab.

Davon: physisch – in der Natur (s. d.) begründet, natürlich, körperlich, äußerlich.

Plutokratie – (griech. »Herrschaft der Reichen«) Entartungserscheinung der Aristokratie (s. d.) und Spezialform der Oligarchie (s. d.), Geldherrschaft, Herrschaft des Großkapitals, Regiment der reichen »Pfeffersäcke«.

Davon: plutokratisch – durch Reichtum herrschend, wegen des Geldes regierend.

Politik – (griech. »polis«, der Stadtstaat) die Lehre vom Staat, die Wissenschaft von den Staatszwecken und den besten Mitteln ihrer Verwendung, die Staatskunst, das auf den Staat gerichtete Handeln, das methodische und zielbewußte Handeln zur Erreichung bestimmter innerstaatlicher und auch auf andere Staaten gerichteter Zwecke, aber auch das staatliche Handeln selbst. Zu unterscheiden ist zwischen Innen-P. und Außen-P..

Davon: politisch – auf die Politik bezüglich, hinsichtlich des Staats-und Gemeinschaftslebens, die Staatslehre und ihre Anwendung betreffend, staatsklug, in Rücksicht auf die Staatskunst, staatlich handelnd.

Populismus – (lat. »populus«, das Volk) in der Politik (s. d.) die Ausnützung der Volksmeinung (meist für eigensüchtige Zwecke): eine populäre (s. d.) Politik treiben, das Staats- und Gemeinschaftsleben nach der kurzfristigen Beliebtheit ausrichten; die Vorschiebung der Volksmeinung, die Ausnützung von beliebten oder beliebt machenden Umständen, eine nur auf volkstümliche Maßnahmen setzende Politik, die politische (s. d.) Ausnützung der Wohlmeinung des Volkes. Der Ochlokratie (s. d.) nicht unähnlich, wird gerne demagogisch benützt, um einen Caesarismus (s. d.) zu errichten. Verfallserscheinung der Demokratie (s. d.), die durch den P. zerrüttet wird. Vielfach der Notanker schwankender Regime.

Dazu: populär – volkstümlich, allgemeinverständlich.

Davon: populistisch – einen Populismus betreibend, Volkstümlichkeit vorschützend, Eigensucht ausnützend, das Volk vorschiebend. Typisch p. ist die Abhaltung von Volksabstimmungen scheindemokratischer Regime zur Sanktionierung (s. d.) eigentlich autokratischer (s. d.) Maßnahmen.

Positivismus – (neulat.) auf die französische Aufklärungsphilosophie zurückgehende und dann vor allem durch A. Comte entwickelte philosophische (s. d.) Richtung, die alle Metaphysik (s. d.) ablehnt und als Ausgangspunkt möglicher Erkenntnisse allein die Wahrnehmung, die Erfahrung und die durch sie gegebenen Tatsachen anerkennt. Wurde durch L. Wittgenstein und R. Carnap auf eine neue, mathematisierende und eine logistische (s. d) Kunstsprache verwendende Grundlage gestellt (s. Neopositivismus). Stellt eine Radikalform des Empirismus (s. d.) dar und mündet im Materialismus (s. d.). Die Schwäche des P. besteht darin, daß die Ablehnung der Metaphysik (s. d.) selbst metaphysisch ist, die bloße Wahrnehmung ohne erklärende Interpretation nur chaotische Ergebnisse zutage fördert, und die Kriterien der Tatsachenschöpfung von den ihnen zugrunde liegenden vor-empirischen (s. d.) axiomatischen (s. d.) Voraussetzungen abhängig bleiben und somit meta-physisch (s. d.) sind. Gegensätze: Idealismus (s. d.), Spiritualismus (s. d.), Transzendenz (s. d.).

Davon: positivistisch – nur das als empirisch (s. d.) positiv Beweisbare als Tatsache anerkennend, extrem empiristisch (s. d.), radikal antimetaphysisch, nur das Materielle gelten lassend, einem materialistischen (s. d.) Monismus (s. d.) anhängend.

Prädestination – (lat.) Vorherbestimmung, Schicksalszuteilung. Davon: Prädestinationslehre – die Lehre vom ewigen Ratschluß Gottes über das Heil oder die Verdammnis des Menschen. Bei A. Augustinus und in der Reformation vertreten, erlangte in der reformierten Kirche (Kalvinismus) hervorragende Geltung. Aber auch im Kismet des Islam von besonderer Bedeutung. Beeinflußte nach M. Weber über den Protestantismus indirekt auch den Kapitalismus (und damit in seiner Negation sogar den Marxismus).

pragmatisch – (griech.) auf die Ordnung bezogen, sachlich, geschäftserfahren; dann auch im Sinne von funktionell, auf den reibungslosen Ablauf bedacht, ohne auf letzte Fragen einzugehen, zu hohen Aufwand ersparend, an einer praktikablen Lösung interessiert, ökonomisch, ohne Verschleiß, ohne zu hinterfragen.

Praxis – (griech. »Tat«) die Handlung, die Verrichtung, die Anwendung. Gegensatz: Theorie (s. d.). Erst aus der P. kann eine Theorie abgeleitet werden und aus der Tat die Erkenntnis.

Davon: praktisch – tatsächlich, der wirklichen Handlung nach, unabstrahiert, aus der Anwendung heraus, aufgrund des tatsächlichen Geschehens, unkompliziert, nicht theoretisch (s. d.), ohne zu theoretisieren.

Profanisierung – (lat. »pro fano«, vor dem Tempelbezirk gelegen) Entweihung, Entheiligung, Säkularisierung (s. d.).

Dazu: profan – weltlich, unheilig, gemein.

Proletariat – (lat.) der Stand der Proletarier (wörtlich »der Kinderreichen«); die Gesamtheit oder Klasse derjenigen, die im alten Rom nicht einmal in der Zensuseinteilung den Minimalsatz an Vermögen besaßen und dem Staat nur durch ihre Nachkommenschaft (»proles«, Kinder) nützten; heute die besitzlose und sich meist durch Lohnarbeit erhaltende Bevölkerung; in marxistischer Terminologie die zunehmend verelendenden, zahlenmäßig anwachsenden und im Kapitalismus ohne Besitz an den Produktionsmitteln lohnabhängigen Industriearbeiter; nach K. Marx die revolutionäre Klasse, die nach dem Zusammenbruch des Kapitalismus den kommunistischen (s. d.) Endzustand der menschlichen Geschichte erreichen wird. Tatsache ist jedoch vielmehr, daß die reine Arbeiterschaft in den Industrieländern immer mehr zurückgeht und zunehmend selbst zum Besitzbürgertum wird. Wo es im Zeichen des

Marxismus bisher auch zu Revolutionen (s. d.) kam, war dies sogar stets in den weniger industrialisierten Gesellschaften mit einem relativ kleinen P. der Fall. Der wirkliche Träger marxistischer Revolutionen ist stets die sich aus den Halbgebildeten (»Intellektuellen«) rekrutierende »Vorhut der Arbeiterklasse« (s. d.) von Berufsrevolutionären, aus der sich nach Säuberungen und dem Heranwachsen einer neuen bürokratischen Schicht die neue herrschende Klasse der oberen Ränge der kommunistischen Parteien (»Nomenklatura«, s.d.) herausbildet.

Davon: proletarisch – verarmt, lohnabhängig, ausgebeutet; aber auch im Sinne des Marxismus wirkend, kommunistische (s. d.) Interessen vertretend.

Psyche – (griech. »Hauch, Atem«) die Seele, der Geist; wird von dem auf seine empirische (s. d.) und positivistische (s. d.) Naturwissenschaftlichkeit bedachten Teil der Psychologie (s. d.) möglichst begrifflich umgangen und mit dem bewußten Verhalten (vergl. Behaviorismus) und Erleben, seinen Ursachen und unmittelbaren Auswirkungen umschrieben.

Davon: psychisch – seelisch, geistig, sich bewußt (und auch unbewußt) erlebend und verhaltend; vielfach auch im Sinn von psychologisch (s. d.) gebraucht.

Psychoanalyse – (griech. »Seelenzergliederung«) die von S. Freud entwickelte Schule der Psychotherapie (s. d.). Geht davon aus, daß das menschliche »Ich« durch seine Triebe (dem »Es«) und seine Erziehung und andere Umwelteinflüsse (s. Milieu), dem »Über-Ich«, geleitet wird. Das Gegeneinander von »Es« und »Über-Ich« führt zur Verdrängung psychischer (s. d.) Inhalte ins Un(ter)bewußte, die dann verschoben wieder ins Bewußtsein zurückkehren, bzw. zur Ausbildung psychischer (s. d.) Abwehrmechanismen. Erfährt der Mensch durch ein Trauma (s. d.) eine psychische Störung, oder ist der Widerstreit zwischen der von der Libido (s. d.) geleiteten Triebstruktur und den Umweltanforderungen zu heftig, so kommt es zur Ausbildung einer Neurose (s. d.). Die Heilung erfolgt durch die Zurückverfolgung des seelischen Konfliktes bis an seine Ausgangsursache (bildet die P. im engeren Sinne). Der theoretische Ansatz der P. ist in seiner Generalisierung (s. d.) sicherlich überzogen, das therapeutische Verfahren ziemlich umständlich und unökonomisch.

Davon: psychoanalytisch – psychotherapeutisch im Sinne S.Freuds, aber auch fälschlich verallgemeinert für »psychologisch« (s. d.) oder »psychotherapeutisch« (s. d.) gebraucht.

Psychohygiene – (griech. »Seelengesundheitslehre«) die Lehre von der vorbeugenden Gesunderhaltung des Psychischen (s. d.). Heute Teil der Psychologie (s. d.), unterscheidet sich von der Psychotherapie (s. d.) durch den prophylaktischen, gesundheitserhaltenden Aspekt.

Davon: psychohygienisch – die seelische Gesundheit erhaltend, dem psychischen (s. d.) Gleichgewicht verschrieben, für das seelische Wohlbefinden sorgend.

Psychologie – (griech. »Seelenlehre«) die Wissenschaft (s. d.) von der Seele und ihren Erscheinungen; die Wissenschaft vom bewußten Erleben und Verhalten, ihren Ursachen und unmittelbaren Auswirkungen; die Lehre von den psychischen (s. d.) Zuständen und Vorgängen. Zerfällt als empirische (s. d.) Wissenschaft in verschiedene Zweige und befaßt sich im Gegensatz zur Psychiatrie (»Seelenheilkunde«) mit dem »normalen«, gesunden Seelenleben und psychischen Erleben sowie Verhalten.

Davon: psychologisch – das normale Seelenleben betreffend, seelisch, die Psychologie angehend, hinsichtlich des bewußten Erlebens und Verhaltens und ihrer Ursachen sowie unmittelbarer Auswirkungen.

Psychotherapie – (griech. »Seelenheilung«) der Teil der Psychiatrie (»Seelenheilkunde«), der durch seelische Mittel und Beeinflussungen zu heilen sucht (z. B. durch therapeutische Sitzungen). Wendet sich hauptsächlich therapeutisch gegen Neurosen (s. d.) und verwendet die Methoden der unterschiedlichsten Schulen (die bekanntesten sind die von S. Freud, A. Adler, C. G. Jung, V. E. Frankl u. a.).

Davon: psychotherapeutisch – Neurosen behandelnd, durch seelische Einwirkung auf Kranke heilend, Gegensätze: neurochirurgisch, pharmakologisch.

Puritanismus – (lat. »purus«, rein) kalvinistisches Protestantentum mit strengen Moral- und Kultregeln englischer und nordamerikanischer Prägung, dann überhaupt Sittenstrenge.

Davon: puritanisch – streng kalvinistisch, sittenstreng; aber auch engherzig, Gefühle unterdrückend, engstirnig.

R

radikal – (lat. »radix«, Wurzel) wurzelhaft, gründlich, von Grund auf, rücksichtslos.

Davon: Radikalismus – die Richtung derjenigen, die in Wissenschaft (s. d.), Kunst, Religion (s. d.) und Politik (s. d.) das Geltende von Grund auf umgestalten wollen; die meist soziale (s. d.) oder politische (s. d.) Haltung, die ihr Ziel kompromißlos verfolgt.

Rationalisierung – (lat. »ratio«, Vernunft) eigentlich die Gestaltung aufgrund des reinen Vernunftprinzips; in der Psychologie (s. d.) der Abwehrmechanismus, der pseudorationale Gründe vorschiebt und scheinbar vernünftig das Wirkliche verschleiert; in Technik und Wirtschaft alle Bemühungen, einen bestimmten Zweck mit einem Mindestmaß an Aufwand zu erreichen.

Davon: rationalisieren – ursprünglich vernunftsmäßig gestalten; pseudovernünftig der Wahrheit ausweichen und sie verdrehen (psychologisch); kräftesparend und ökonomisch an die effektive Problemlösung herangehen (technisch und wirtschaftlich).

Rationalismus – (lat.) die Denkweise, die nur die Vernunft gelten läßt; die Auffassung, wonach allein anzuerkennen ist, was wir begreifen. Dem R. gilt die Mathematik als Urbild wahrer Wissenschaft, während die Erfahrung (s. Empirie) nur als Notbehelf akzeptiert wird. In der Aufklärung auch die theologische (s. d.) Richtung, die die Glaubenswahrheiten aus der Vernunft zu erweisen suchte, die Offenbarung ablehnte und eine logische (s. d.) Rechtfertigung der kirchlichen Lehren verlangte. Schließlich überhaupt die Auffassung, daß die Welt an sich begreifbar und alles in ihr zureichend begründbar ist oder sein müsse.

Davon: rationalistisch – nur auf die Vernunft setzend, an die Allmacht der Vernunft glaubend, alles vernünftig zu erklären suchend.

Davon: rationell – vernünftig, zweckmäßig, kostensparend.

Raum – die äußere Form der sinnlich erfaßbaren Wirklichkeit, ist gekennzeichnet durch das Ausgedehntsein von Gegenständlichem und das Auseinandersein von Gegenständen in drei Dimensionen. Die moderne Quantenphysik arbeitet mit der Vorstellung einer vierten zeitlichen Dimension. Weder der dreidimensionale Raum noch das vierdimensionale Raum-Zeit-Kontinuum sind ein Stoff oder unmittelbar sinnlich wahrnehmbar. Die enorm schwierige Frage nach dem Wesen des Raumes beantwortet Aristoteles, in dem er ihn als »Kategorie« für eine der allgemeinsten, allen Dingen eigentümlichen Grundbestimmungen (neben Zeit, s. d., Substanz, s. d., Quantität, Qualität, Relation und vier weiteren, weniger aufrechtzuerhaltenden) erklärt. Für I. Kant ist der R. eine Anschauungsform des wahrnehmenden Subjekts und daher nicht »an sich«, sondern nur für die Erscheinungswelt wirklich. Nach A. Einstein sind R. und Zeit (s. d.) relative Begriffe und der Weltraum geschlossen und endlich, aber unbegrenzt. Aus idealistischer (s. d.) Sicht bilden R. und Zeit die Bedingungen der Immanenz (s. d.) und bewirken, daß sich transzendentale (s. d.) Ideen (s. d.) immanent (s. d.) konkretisieren.

Davon: räumlich – ausgedehnt, den Bedingungen der Immanenz (s. d.) unterworfen, empirisch (s. d.) Beobachtbares darstellend.

Realismus – (neulat.) die Denkweise, die sich an die Wirklichkeit hält; der die gegenständliche Wirklichkeit zum Grund, Maßstab und Inhalt alles Seins machende Standpunkt. Der erkenntnistheoretische (s. d.) R. lehrt im Gegensatz zum Idealismus (s. d.) die Unabhängigkeit des äußeren Seins von Bewußtsein und Vorstellung. Für den Idealismus ist die reale (s. d.) Welt der immanenten (s. d.) Gegenstände die Darstellung eines geistigen Inhalts (Idee, s.d.) und durch Plan und Zweck (s. Teleologie) vorausgesetzt.

Realität – (lat.) Wirklichkeit, Wesenheit, Dinglichkeit.

Davon: real – wirklich; dem, was tatsächlich ist, entprechend.

Reduktion – (lat.) Zurückführung, Herabsetzung, Einschränkung, Verminderung, Vereinfachung, Verkleinerung.

Davon: reduzieren, auch reduktionieren – vereinfachen, mindern, einschränken.

Davon: Reduktionierung – Verkleinerung, Herabsetzung, Degradierung, Minderung, Einschränkung, Beschränkung, Vereinfachung, Simplifizierung (s. d.).

Reduktionismus – (neulat.) die (bisweilen auch unbeabsichtigte) Methode, Probleme durch Weglassung wesentlicher Teile zu vereinfachen. Hat Verzerrungen (s. Bias) zur Folge und liefert verfälschende Modelle (s. d.). Beruht beim Materialismus (s. d.) auf der Negierung der metaphysischen (s. d.) Komponente der vollen

Wirklichkeit und auf der Unkenntnis der transzendentalen (s. d.) erkenntnistheoretischen (s. d.) Voraussetzungen (s. Axiom) in der Behandlung empirischer (s. d.) Vorkommnisse und Gegenstände.

Davon: reduktionistisch – Wesentliches weglassend oder nicht erkennend, unzulässig vereinfachend, oft auch im materialistischen (s. d.) Sinn die ethischen (s. d.) und erkenntnistheoretischen (s. d.) Gesichtspunkte der Transzendenz (s. d.) leugnend. Gegensatz: ganzheitlich (s. d).

Reflexion – (lat. »Zurückwerfung«) im philosophischen Sprachgebrauch das nach innen, auf die eigene geistige Tätigkeit gerichtete Denken; dann das zergliedernde Denken überhaupt. Gegensatz: Intuition (s. d.).

regimen mixtum – (lat. »gemischte Staatsform«) seit der Antike die Mischung der drei reinen oder idealen (s. d.) Staats- oder Regierungsformen Demokratie (s. d.), Aristokratie (s. d.) und Monarchie (s. d.). Erscheint vielfach deshalb erstrebenswert, weil durch die Mischung die negativen Entartungen der einzelnen Idealtypen vermieden und die positiven Seiten von allen erhalten werden sollen. Auch deshalb nicht unrealistisch, da kein Staatsideal wirklich rein vorkommt, sondern in Wahrheit jede Verfassung ohnedies in der einen oder anderen Form gemischte Züge aufweist. Im r. m. liegt weiters der Grundgedanke der Gewaltenteilung begründet.

relativ – (lat.) bezogen auf, verhältnismäßig, im Gegensatz zu absolut bedingt, was sich auf etwas anderes bezieht, nur verhältnisweise.

Davon: Relativierung – die Inbeziehungsetzung zu etwas Anderem, die Herabsetzung zugunsten eines anderen Gesichtspunktes, das Geltenlassen bloß unter Berücksichtigung eines anderen Vorranges. Bei der Ideologiebildung (s. Ideologie) bedingt die Generalisierung (s. d.) einer empirischen (s. d.) Theorie (s. d.) die R. aller anderen möglichen Betrachtungsweisen.

Davon: relativieren – relativ machen, im Rang mindern, entwerten, herabstufen.

Religion – (lat.) nach G. Mensching die erlebnishafte Begegnung des Menschen mit dem Numinosen und das antwortende Handeln des vom Numinosen (s. d.) bestimmten Menschen, die lebendige Beziehung des Menschen zur höchsten und allumfassenden Wirklichkeit, das bewußte Verhältnis und tätige Verhalten des Menschen zur ihm übergeordneten Macht. Zerfällt also in zwei Teile: erstens in das menschliche Begegnungserlebnis mit Gott, und dann zweitens in das antwortende menschliche Verhalten. Historisch kommt R. in verschiedenen Formen, Strukturtypen, Lebensmitten und in typischen Stadien (Anfangsverbundenheit, Konfessionalisierung, Dogmatisierung, Organisation, Reformation und auch Untergang) vor und unterliegt typischen Spannungen (Neuschöpfung und Tradition, Form und Geist, Autorität und Freiheit, Mittelbarkeit und Unmittelbarkeit, Toleranz – s. d. – und Intoleranz), die sämtliche in der Schwierigkeit des endlichen Menschen begründet liegen, die numinose (s. d.) Unendlichkeit völlig zu erfassen.

Davon: religiös – sich auf die Begegnung mit dem Numinosen und die menschliche Antwort darauf beziehend, vielfach auch im Sinne von numinos, doch auch fromm.

Religiosität – (lat.) das bewußt religiöse (s. d.) Verhalten, die Frömmigkeit.

Republik – (lat. »res publica«, die öffentliche Angelegenheit) Freistaat, Mehrherrschaft. Die Staats- und Regierungsform ohne monarchische (s. d.) Spitze, in der die Herrschaft entwender beim ganzen Volk (Demokratie, s. d.) oder bei einem bevorrechteten Stand (Aristokratie, s. d.) liegt. Überbegriff zu Demokratie und Aristokratie im Gegensatz zur Monarchie (s. d.).

Davon: republikanisch – nicht monarchisch, entweder demokratisch (s. d.) oder aristokratisch (s. d.), politisch (s. d.) mehrheitsrechtlich.

retrograd – (lat.) rückgängig, rückläufig, nach rückwärts gewandt. Gegensatz: progressiv, final (s. d.), teleologisch (s. d) intentional (s. d.). Die empirische (s. d.) Erkenntnismethodik richtet sich stets auf bereits Vorhandenes, ist also zwangsläufig r. und damit nicht in der Lage, zukünftige Ereignisse vollständig wissenschaftlich vorherzubestimmen. Allerdings erscheint bei der r. Betrachtungsweise jedes vorhandene Ergebnis durch ein noch weiter vorgängiges determiniert (s. Determinismus und Kausalität). Die Überschätzung des R.-kausalen (s. d.) beruht auf der deterministischen Unterschätzung des Voluntativen (s. d.).

Revolution – (lat. »Umwälzung, Umdrehung«) – jede gewaltsame

Umstürzung in der physischen (s. d.) und sozialen (s. d.) Welt. Gegensatz: Evolution (s. d.). R. bezweckt die grundsätzliche Neugestaltung von Staats- und Gesellschaftsordnungen und ist trotz vielfachen Hintergrunds materialistischer (s. d.) Ideologien (s. d.) Ausdruck höchsten Voluntarismus (s. d.), kann aber auch aus anderen ideellen (s. d.) Motiven und sogar von oben her betrieben werden. Palastrevolutionen bezwecken ohne grundsätzlicher Änderung der Regierungsform den gewaltsamen Sturz des sich im Palastinneren befindlichen Staatsherrschers, wogegen Staatsstreiche (Putsche) rasch in Szene gesetzte R. darstellen. Geht meist mit der Änderung der Eigentumsverhältnisse einher.
Davon: revolutionär – staats- und gesellschaftsumwälzend, aufrührerisch, entgegen der evolutionären (s. d.) Entwicklung.

Ritus – (lat.) Brauch, Feiergebrauch, die Festsetzung des Verlaufs kultischer Handlungen, insbesondere im Christentum gottesdienstliche Gebräuche.
Davon: rituell – den Ritus betreffend.

S

Säkularisierung, auch *Säkularisation* – (lat. »saeculum«, eigentlich das Jahrhundert, im kanonischen römisch-katholischen Kirchenrecht die Welt und das bürgerliches Leben im Gegensatz zur Kirche) Verweltlichung, auch die Einziehung kirchlicher Güter durch den Staat, dann überhaupt die Verwandlung einer geistlichen Sache in eine weltliche; auch die Verweltlichung des öffentlichen und privaten, manchmal sogar des kirchlichen Lebens selbst.
Davon: säkular – weltlich.
Davon: säkularisiert – verweltlicht.

Sanktionierung – (lat. »sanctio«, Heiligung, Weihe, feierliche Bestätigung) die Genehmigung eines Beschlusses, Gesetzes oder Vertrages durch eine übergeordnete Instanz; die Erteilung der Gesetzeskraft, die heilige Absegnung, die religiöse (s. d.) Bekräftigung, auch kirchliche Bestätigung.

Scholastik (lat. »schola«, Schule) – die Lehre der Theologen und Philosophen des Mittelalters, die die als göttlich geoffenbarte, über jede eigentliche Kritik erhabene Kirchenlehre zu systematisieren und zu beweisen suchte; dann vor allem die auf Aristoteles und

Thomas von Aquino zurückgehende Theologie (s. d.), wie sie auch heute noch in der römisch-katholischen Kirche meist maßgeblich ist.

Davon: scholastisch – mittelalterlich theologisch, aristotelisch im christlichen Sinn, auch thomistisch (nach Thomas von Aquino).

Sephardim, auch *spaniolisches Judentum* – das südwesteuropäische und orientalische Judentum. Gegensatz: Aschenasim (s. d.).

Simplifizierung, auch *Simplifikation* – (lat. »simplex«, einfach, schlicht) die Vereinfachung, die Bewirkung von Einfältigkeit. Entsteht bei den Ideologien (s. d.) durch Generalisierung (s. d.) und Verabsolutierung (s. d.) einer beliebigen empirischen (s. d.) Theorie (s. d.) einerseits und der Relativierung (s. d.) aller sonstigen Gesichtspunkte andererseits.

Davon: simplifizieren – vereinfachen, unzulässig vereinheitlichen, auch soviel wie gedanklich gleichschalten. Gegensatz: ganzheitlich (s. d.) betrachten.

Skepsis – (griech.) der Zweifel, die Zweifelsucht, die kritische Untersuchung.

Davon: skeptisch – zweifelnd, zweifelsüchtig, kritisch.

Davon. Skeptizismus – die Neigung, alles in Zweifel zu ziehen; die Bestreitung der Letztgültigkeit erkenntnistheoretischer (s. d.), allgemein philosophischer (s. d.), moralischer (s. d.) oder theologischer (s. d.) Thesen (s. d.).

Sowjet – (russ. »Rat«) die auf Versammlungen revolutionärer Arbeiter, Soldaten und Bauern gewählten marxistischer Räte, die als innenpolitisches Instrument des kommunistischen (s. d.) Klassenkampfes die gesetzgebende und ausführende, z. T. auch die richterliche Gewalt ausübten und ausüben. Heute die gewählten kommunistischen Funktionäre im »real existierenden Sozialismus (s. d.)« der kommunistischen Staaten; entsprechen in den oberen Rängen der Nomenklatura (s. d.) und der herrschenden Klasse insbesondere in der Sowjetunion (s. d.).

Davon: sowjetisch – dem Rätesystem entsprechend, den russischen Kommunismus betreffend, marxistisch-leninistisch.

Sowjetunion – die Union der sozialistischen (s. d.) Sowjetrepubliken, das kommunistische (s. d.) russische Reich (besteht aus dem eigentlichen Rußland, der Ukraine u. a. sowjetischen – s. d. – Teilstaaten, die sogar z. T. einen eigenen Sitz in den Vereinigten Nationen innehaben).

sozial – (lat.) gesellig, gesellschaftlich, auf die Gesellschaft bezogen, der Gesellschaft dienend, die allgemein gesellschaftlichen Zustände betreffend; aber auch den Interessen der wirtschaftlich Schwächeren dienend, auf die Arbeiterschaft bezogen.

Sozialdarwinismus – (neulat.) die Übertragung der biologischen Evolutionslehre Ch. Darwins auf den Menschen und seine Gesellschaft, auch Biologismus genannt. Will die natürliche Auslese des als höherwertig und gesünder Angesehenen durch gesellschaftliche Maßnahmen fördern (z. B. Eugenik) und hat den Nationalsozialismus stark beeinflußt. In seiner Verallgemeinerung und Verabsolutierung (s. d.) bei gleichzeitiger Relativierung (s. d.) aller anderen gesellschaftlichen und ethischen (s. d.) Aspekte wird der S. selbst zur materialistischen (s. d.) Ideologie (s. d.).

Davon: sozialdarwinistisch – den Menschen alleine aus dem Blickwinkel der Evolutionstheorie sehend, biologistisch.

Sozialdemokratie – (lat.-griech.) die politische Richtung, die mit demokratischen (s. d.), evolutionären (s. d.) und reformatorischen Mitteln die Verwirklichung des Sozialismus (s. d.) bestrebt. Ursprünglich eher F. Lassalle anhängend wurde die S. rein marxistisch, später durch E. Bernstein in antirevolutionäre Richtung revidiert, sodaß sich die radikaleren (s. d.) Marxisten (z. B. W. I. U. Lenin oder K. Kautsky) von ihr trennten und sich meist in den kommunistischen (s. d.) Parteien organisierten. Heute ist die S. gemäßigt marxistisch oder auch klar antimarxistisch, doch stets antifaschistisch (s. Faschismus).

Davon: sozialdemokratisch – den Sozialismus mit nichtrevolutionären (s. Revolution) Mitteln betreibend, gemäßigt marxistisch, antikommunistisch und antifaschistisch sozialistisch, evolutionär sozialistisch.

Sozialismus – (neulat.) die Theorie (s. d.) und Lehre der Neugestaltung des Wirtschafts- und Gesellschaftslebens auf der Grundlage des gleichen Rechtes auf Arbeit und Lebensgenuß, bestrebt dies meist unter Ersatz oder doch unter Einschränkung des Privateigentums an den Produktionsmitteln und setzt an seine Stelle Gemeineigentum. Entstand im Gegensatz zum Liberalismus (s. d.) und

Bürgertum Ende des 18. und Anfang des 19. Jahrhunderts zuerst in Frankreich und England, erfuhr durch K. Marx und die Sozialdemokratie (s. d.) erhöhte Bedeutung, bildete aber nie eine einheitliche Richtung. Es entstand neben Marxismus und Sozialdemokratie (s. d.) sogar eine konstitutionell-monarchische (s. d.) staatssozialistische Richtung, spaltete sich in eine gemäßigtere revisionistisch-sozialdemokratische (s. d.) und eine radikal kommunistische (s. d.) Schule und beeinflußte Faschismus (s. d.) und Nationalsozialismus, die sich beide auch ausdrücklich zum S. bekannten. Heute besteht der S. in totalitären (s. d.) und mehr oder weniger demokratischen (s. d) Systemen.

Davon: sozialistisch – das Gemeinschaftseigentum an den Produktionsmitteln anstrebend, den Gleichheitsgrundsatz auch auf die Wirtschafts- und Sozialordnung ausdehnend.

Soziologie – (lat.-griech.) die Lehre vom Sozialen (s. d.), die Wissenschaft vom Zusammenleben, die Gesellschaftswissenschaft, die Sozialwissenschaft, auch die Gesellschaftsphilosophie, die Kulturwissenschaft. Wird stets von den zugrunde liegenden allgemeinen Philosophien (s. d.) und Ideologien (s. d.) stark beeinflußt, so läßt sich zu jeder Staats- und Gesellschaftstheorie der entsprechende empirische (s. d.) Beleg finden.

Davon: soziologisch – gesellschaftswissenschaftlich, die Lehre vom gesellschaftlichen Zusammenleben betreffend, sozialwissenschaftlich.

Spiritualismus – (lat. »spiritus«, Geist) lehrt im Gegensatz zum Materialismus (s. d.), daß alles Wirkliche dem innersten Wesen nach geistiger Art ist; in der Philosophie (s. d.) die Ansicht, daß es nur geistige Substanzen (s. d.) gibt. Unterscheidet sich von dem ihm an sich nahestehenden Idealismus (s. d.) in der Frage der Erkennbarkeit des letzten Seins: Der S. meint, das eigentliche Wesen der Dinge als geistig erkannt zu haben, wogegen der Idealismus (s. d.) das Wesen der Dinge »an sich« als für den Menschen unerklärbar hält, sodaß man von ihnen nur Ideen gewinnen kann.

Davon: spiritualistisch – alles auf den Geist zurückführend, alles aus Geistigem ableitend, einen ontologischen (s. d.) Idealismus (s. d.) vertretend.

stoisch – (griech. »stoa«, die Säulenhalle in Athen, in der sich die Stoiker zunächst trafen) die Lehre der Stoiker betreffend: hoch moralisch (s. d.) und voller Seelenruhe in Freud und Leid. Die s. Lehre beeinflußte den Neuplatonismus (s. neuplatonisch) und das augustinische Christentum.

Substanz – (lat.) der Stoff, der Kern und das Wesen einer Sache; in der Logik (s. d.) das Zugrundeliegende, das unveränderliche Wesen im Gegensatz zur zufälligen Akzidenz (s. d.).
Davon: substanziell – wesentlich, eigentlich, bleibend.

Symbol – (griech.) Erkennungszeichen, Merkmal, Sinnbild; das konkrete, repräsentative und überindividuelle Zeichen für etwas Innerliches, Wesentliches und auch Übersinnliches; das Zeichen für Begriffe und Ideen (s. d.).
Davon: symbolisch – zeichenhaft, versinnbildlichend.

Syndikalismus – (griech.-neulat.) die sozialistische (s. d.) Richtung mit vorwiegend genossenschaftlichem und gewerkschaftlichen Charakter, die ihre Ziele in »direkten Aktionen« zu verwirklichen sucht und Parteien sowie Parlamentarismus (s. d.) verwirft, dem Anarchismus (s. Anarchie) nahe.
Davon: syndikalistisch – radikal (s. d.) gewerkschaftssozialistisch, extrem genossenschaftlich.

Synthese – (griech. »Zusammensetzung«) in der Logik (s. d.) im Gegensatz zur Analyse (s. d.) der Aufbau eines zusammenhängenden Gedankens aus seinen Bestandteilen, der Aufbau eines Ganzen aus seinen Teilen. Die S. schafft ein ganzheitlich (s. d.) Neues, das qualitativ mehr ist als die Summe seiner Teile. In der Philosophie (s. d.) J. G. Fichtes und G. F. W. Hegels bildet die S. die Vermittlung des Gegensatzes von These (s. d.) und Antithese (s. d.) in einem neuen höheren Begriff, wurde vom Junghegelianismus übernommen und ins Materialistische (s. d.) verkehrt. S. Dialektik.
Davon: synthetisch – zusammensetzend, überhöhend, versöhnend, verbindend.

T

Tabu – (polynes. »verboten«) Meidungsvorschrift gegenüber bestimmten Handlungen, Gegenständen oder Lebewesen; sittlich-religiöses (s. d.) Verbot. Vergl. Enttabuisierung.

Teleologie – (griech. »telos«, Zweck) die Lehre von den Zwecken, den Zielen und der Zielstrebigkeit; die Zwecklehre; in der Philosophie (s. d.) die Ansicht, daß alles zweckbestimmt ist. Gegensatz: mechanistische (s. d.) Weltanschauung. Nur aus dem Zweck erhält menschliches Leben einen Sinn (s. Logotherapie). Determinismus (s. d.) und Empirismus (s. d.) erkennen infolge ihrer retrograden (s. d.) Methodik nur die Kausalität (s. d.) an, so daß sie zu einem reduktionistischen (s. d.) Modell (s. d.) des Seins kommen müssen und für ganzheitliche (s. d.) Zusammenhänge blind sind, was zum Materialismus (s. d.) führt.

Davon: teleologisch – zielgerichtet, zwecksystematisch, final (s. d.) und intentional (s. d.) durch ein Ziel bestimmt, auf einen Zweck gerichtet. So sucht z. B. der t. Gottesbeweis aus dem Vorhandensein einer Vielzahl von Zwecken und Zielen einen letzten Zweck und ein absolutes Ziel zu beweisen.

theokratisch – (griech. »gottesherrschaftlich«) der Herrschaftsform entsprechend, die Stiftung und Leitung eines Staates auf Gottes (s. d.) unmittelbaren Willen zurückführt und die Gesellschaftsordnung nach göttlichem Gebot ordnet. Der Regent wird als der Stellvertreter Gottes auf Erden aufgefaßt. Wenn die Staatsgewalt allein den rechtgeleiteten Gottesgelehren zusteht, entspricht die Regierung einer Hierokratie (s. d.). Eine bloße Legitimierung (s. d.) durch das Gottesgnadentum (s. d.) bedingt an sich noch keine direkte t. Herrschaft.

Theologie – (griech. »Gotteslehre«) die Lehre von Gott (s. d.) und den göttlichen Dingen; im Christentum die Wissenschaft (s. d), die unter der Voraussetzung der in Jesus Christus kulminierenden göttlichen Offenbarung diese als Glaubenslehre genau zu erfassen und systematisch zu ordnen sucht; schließlich die Religionsphilosophie, welche von Gott und Seinem Verhältnis zur Welt handelt, sofern der Mensch von sich aus darüber Erkenntnisse zu gewinnen vermag.

Davon: theologisch – auf das Wissen über Gott bezogen, Gott wissenschaftlich erfassend.

Theorie – (griech. »Anschauung, Betrachtung«) in der Logik (s. d.) die wissenschaftliche (s. d) Lehre, die wissenschaftliche Erklärung. Gegensatz: Praxis (s. d.). Auch der Versuch, empirisch (s. d.) Beobachtetes auch zu erklären und auf eine Regel zurückzuführen; trägt also eine starke meta-physische (s. d.) Komponente in sich. Aufgrund von beobachteten Vorgängen werden hypothetische Erklärungsversuche aufgestellt, die bei bejahender weiterer Bestätigung zur T. zusammengefaßt werden und solange provisorische Gültigkeit besitzen, als sie nicht falsifiziert (s. Falsifikation) werden. Eine empirische T. hat nie einen bleibenden Charakter, sondern gilt prinzipiell nur provisorisch. Wird eine empirisch gewonnene T. jedoch verabsolutiert (s. d.) und generalisiert (s. d.), so entsteht eine materialistische (s. d.) Ideologie (s. d.).

Davon: theoretisch – erklärend, provisorisch, auf die Theorie bezogen, gedanklich aus der Reflexion (s. d), wissenschaftlich systematisiert.

These – (griech. »thesis«, Satz) der Satz, der bewiesen werden soll; der Streitsatz, die Behauptung, der Lehrsatz. In der Dialektik (s. d.) der Ursprungssatz, der seinen Gegensatz gedanklich schon in sich trägt und in der Antithese (s. d.) hervorruft. T. und Antithese werden in der Synthese (s. d.) überhöht und wieder zu Einheit zurückgeführt.

Toleranz – (lat.) die Duldung, die Duldsamkeit (insbesondere in religiösen, s. d., und weltanschaulichen Fragen). Die T. zerfällt in eine formale, die andere Ansichten neben sich duldet, ohne sie inhaltlich auch als gleichwertig anzuerkennen, und in eine inhaltliche, die auch in fremden Überzeugungen echte Wahrheit und aufrichtige Wahrhaftigkeit sieht.

Totalitarismus – (neulat.) die politisch (s. d) – weltanschauliche Richtung, die den Menschen voll für ihr System in Anspruch nimmt und ihn zu gänzlichen Annahme ihrer Ideologie (s. d.) zu zwingen sucht. In sich uneinheitlich hängen die verschiedenen Strömungen des T. von ihren grundlegenden Ideologien ab, bekämpfen einander aus Gründen ihres jeweiligen ideologischen Absolutheitsanspruches (s. Verabsolutierung) und wollen den »neuen Menschen« schaffen, sind daher prinzipiell unfriedlich und revolutionär (s. d.).

Davon: totalitär, auch total – ideologisch (s. d.) allumfassend, politisch nach einer Ideologie umformend, materialistisch (s. d) intolerant (s. Toleranz).

Transaktionsanalyse – (lat.-griech.) psychologisch-psychotherapeutische (s. d.) Schule von E. Berne und auch seine Methode, aufgrund der Kommunikationsstruktur die Stellung der Kommunikatoren und ihre Motive zu durchschauen.

Transzendenz – (lat.) das Darüberhinausschreiten, das Darüberhinausgehende; im Gegensatz zur Immanenz (s. d.) das, was man nicht in Händen halten kann; in der Philosophie alles, was nicht Gegenstand der sinnlichen Erfahrung, empirischen (s. d.) Beobachtung und physischen (s. d.) Welt ist; entspricht dem Metaphysischen. Wie die Metaphysik (s. d.) wird die T. von Determinismus (s. d.), Empirismus (s. d.) und Materialismus (s. d.) aufgrund ihrer Reduktionismen (s. Reduktionismus) abgelehnt.

Davon: transzendental, auch transzendent – darüber hinausgehend, über das unmittelbar Empirische hinausschreitend, grenzüberschreitend (nämlich zwischen Physischem, s. d., und Metaphysischem, s. d.), übersteigend.

Transzendentalität – (neulat.) das Bewußtsein der Transzendenz (s. d.), das Innewohnen des Transzendent(al)en (s. d.).

transzendentalphilosophisch – (neulat.) nach I. Kant das System aller Verstandesbegriffe und Grundsätze betreffend, auch soviel wie erkenntnistheoretisch (s. d.), dann alle Philosophie (s. d.) der Transzendenz (s. d.) angehend.

Trauma – (griech. »Verletzung«) zunächst die äußerliche, dann auch die psychische (s. d.) Beeinträchtigung, Verletzung und Wunde. In der Psychotherapie (s. d.) führt man Neurosen (s. d.) auf ein durch Umwelteinflüsse (s. Milieu) entstandenes T. zurück.

Davon: traumatisch – durch Verletzung entstanden.

Davon: traumatisieren – verletzen, verwunden, physisch (s. d.) bzw. psychisch (s. d.) beeinträchtigen.

U

unio magica, auch *unio mystica* – (lat.) die geheimnisvolle (s. Mystik) und heilsbringende Einheit zwischen Welt und Mensch einerseits und dem Numinosen (s. d.) andererseits. Der Mensch empfindet den Verlust der u. m. als existentielles Unheil; die Herstellung bzw. Aufrechterhaltung der u. m. ist Grundanliegen aller Religionen (s. d.), insbesondere der Mystik (s. d.) und Meditation (s. d.) und wird im kultischen Ritus (s. d.) symbolisch (s. d.) vollzogen.

utilitaristisch – (lat. »utilis«, nützlich) nützlichkeitsbezogen, brauchbar; in der Ethik (s. d.) der Haltung ensprechend, die als Maßstab des sittlichen Wertes menschlichen Handelns die Nützlichkeit für das Gemeinwohl oder für das größtmögliche Wohl der größtmöglichen Zahl sieht. Entspricht letztlich einer speziellen Form des Hedonismus (s. d.), nur nicht auf das individuelle, sondern auf das kollektive Glück bezogen.

Utopie – (griech. »nirgendwo«) das Land Nirgendwo, Nirgendheim; eine Örtlichkeit, die erdachten politischen (s. d.) und sozialen (s. d.) Theorien (s. d.) zum Schauplatz dient; schließlich wirklichkeitsfremdes Weltverbesserungsprojekt.

Davon: utopisch – wirklichkeitsfremd, unwirklich, verstiegen, phantastisch, verbesserungssüchtig, traumtänzerisch.

V

Verabsolutierung – (dt.-lat.) künstliche Absolutsetzung, die Erhebung von etwas Relativem (s. d.) in den höchsten Rang, die unzulässige schlechthinige Verallgemeinerung, die Erklärung zum vollkommenen Unbedingten. Materialistischen (s. d.) Ideologien (s. d.) entstehen durch V. einer (im Grunde beliebigen) empirischen (s. d.) Theorie (s. d.), wodurch alle sonstigen Gesichtspunkte und möglichen Einwände relativiert (s. d.) werden. Erkenntnistheoretisch (s. d.) ist die V. unzulässig und führt zu Verzerrungen des ontologischen (s. d.) Weltbildes, zu einer utilitaristischen (s. d.) Pseudoethik (s. Ethik) und zu systematischen Fehlern (s. Bias) in der Sicht der sonstigen empirischen (s. d.) Erscheinungen und Ereignisse.

Davon: verabsolutieren – vollkommen generalisieren (s. d.), unbedingt verallgemeinern, etwas Relatives in den schlechthin höchsten Rang setzen.

Verifikation, auch *Verifizierung* – (lat. »veritas«, Wahrheit) das Erbringen des Nachweises der Richtigkeit, der Beweis der Gültigkeit, die Beglaubigung. Dann speziell die Aufrechterhaltung einer Theorie (s. d.) aufgrund einer wissenschaftlichen (s. d.) Gültigkeitsprüfung, aber auch die Methode der wissenschaftlichen Prüfung selbst, bzw. der Grundsatz, daß als wissenschaftlich richtig nur gilt, was noch nicht falsifiziert (s. d.) werden konnte. Jede empirische (s. d.) V. führt nur zu einer prinzipiell provisorischen Gültigkeit, da eine Falsifikation (s. d.) in weiterer Folge jederzeit möglich ist; empirische Theorien (s. d.) gelten nie als endgültig gesichert.

Davon: verifizieren – durch Prüfung die Richtigkeit dartun, eichen; besonders aber wissenschaftlich aufrecht erhalten, eine Theorie nicht verwerfen und im Bereich der Empirie (s. d.) als vorläufig gesichert wissenschaftlich gelten lassen.

Vernunft – das den Menschen auszeichnende geistige Vermögen, die menschliche Quelle des Denkens und der Erkenntnis; nach I. Kant die oberste Instanz, die wir im Streit der Meinungen anrufen, Die »reine« V. richtet sich retograd auf das bereits Vorhandene und die Erkenntnisvoraussetzungen, die »praktische« V. beschäftigt sich auch mit dem Zukünftigen und den Fragen, was wir tun sollen. Dementsprechend kommt aufgrund ihrer Methodik die »reine V.« zu kausalen (s. d.) und scheinbar deterministischen (s. d.) Ergebnissen, während die »praktische V.« Willensfreiheit und Ethik (s. d.) anerkennt. Die V. nur auf eine dieser Typen zu reduzieren (s. Reduktionismus), bedeutet die Vernachlässigung ihres ganzheitlichen (s. d.) Charakters und führt zur Bildung von Ideologien (s. d., s. auch Wissenschaft).

Voluntarismus – (lat. »Willenslehre«) die Anerkennung des freien Willens als Grunderscheinung des Seelenlebens und der Vernunft (s. d.); metaphysisch (s. d.) wird alles Wirkliche einschließlich der Materie (s. d.) erkenntnistheoretisch (s. d.) und z. T. auch ontologisch (s. d.) als Erscheinungsform eines Wollens angesehen. Für den Determinismus (s. d.) und Materialismus (s. d.) sind Wille und Vernunft (s. d.) nur Erscheinungen der sich selbst reflektierenden Natur (s. d.) und damit nicht frei, während für den Idealismus (s. d.) der Wille nicht nur frei ist, sondern auch letztlich die Erkenntnis bestimmt, da sie auf einer Willenshandlung beruht.

Davon: voluntaristisch – die Freiheit des Willens anerkennend, nicht deterministisch (s. d.), bewußt freiheitlich, willentlich frei.

Davon: voluntativ – willentlich, bewußt frei gesteuert.

Vorhut der Arbeiterklasse – Da nach leninistischer Ansicht die eigentliche Arbeiterklasse auch bei »objektivem« Vorliegen einer revolutionären (s. d.) Situation für die marxistische Revolution (s. d.) nicht reif genug sei, müsse sie durch den Kader von Berufsrevolutionären, die V. d. A., angeleitet werden, um den Übergang zu Sozialismus (s. d.) und Kommunismus (s. d.) zu sichern. Ist die eigentliche Weiterentwicklung des Marxismus durch W. I. U. Lenin, da K. Marx getreu der materialistischen (s. d.) Grundannahme vom mechanistischen (s. d.) Ablauf der menschlichen Geschichte (s. Historischer Materialismus) noch an die Automatik der Revolution und des darin kulminierenden Klassenkampfes glaubte.

W

Wissenschaft – das systematische Ganze der Erkenntnis, der Inbegriff des logisch (s. d.) geordneten Wissens (überhaupt oder über einen Einzelgegenstand) und die den Wissensgegenstand behandelnde planmäßige Forschung. Grundlagen sind Denken und Erfahrung. Alle W. läßt sich in Untergruppen einteilen, jede Einzelwissenschaft bleibt jedoch von ihren nicht aus ihr selbst stammenden Axiomen (s. d.) und sonstigen erkenntnistheoretischen (s. d.) Voraussetzungen abhängig und kann nur im vorausgesetzten Rahmen Ergebnisse liefern. Die Voraussetzungen und Bedingungen des Denkens gehen jeder Erfahrung voran, ordnen das empirisch (s. d.) Beobachtete erst und konstituieren damit alles Wissen. Letztlich kann W. nur ganzheitlich (s. d.) und nicht reduktionistisch (s. d.) funktionieren und muß sich auf die reine wie die praktische Vernunft (s. d.) stützen können. Nur in Einzelbereichen läßt sich modellhaft (s. Modell) auf die Ganzheitlichkeit verzichten, um Ergebnisse unter bestimmten Bedingungen zu erhalten, die jedoch nicht generalisiert (s. d.) werden dürfen, um die Bildung von Ideologien (s. d.) zu vermeiden.
Davon: wissenschaftlich-systematisch erkennend, logisch geordnet wissend, planmäßig forschend.

Z

Zeit – die leere Form des Nacheinander, die zurückbleibt, wenn von allem abstrahiert wird, was sich im Ablauf ereignet; das kontinuierliche Fortschreiten, innerhalb dessen sich alle Veränderungen vollziehen. In der modernen Quantenphysik betrachtet man die Z. als die vierte Dimension zu den drei Raumkoordinaten. Bei Aristoteles ist die Z. wie der Raum (s. d.) als »Kategorie« eine der allgemeinsten, allen Dingen eigentümlichen Grundbestimmungen, für I. Kant sind Raum und Z. als »Anschauungsformen« des wahrnehmenden Subjektes nur für die Erscheinungswelt und nicht »an sich« wirklich, und nach A. Einstein sind beide relative Begriffe und selbst der Weltraum geschlossen und endlich, wenn auch nicht begrenzt. Da die Z. mit dem Raum die Bedingungen der Immanenz (s. d.) ausmacht, bewirkt sie mit ihm die immanente Manifestation der transzendentalen (s. d.) Ideen (s. d.). Weil die Z. nicht unmittelbar empirisch (s. d.) beobachtbar und stofflich faßbar ist, wird sie wie der Raum nicht aus, sondern nur anläßlich der Erfahrung gedanklich gewonnen. Die raumzeitlichen Anschauungsformen als solche sind transzendent (s. d.), ihr Gebrauch aber empirisch, da Gedanken ohne Inhalt leer, und Anschauungen ohne Begriffe blind sind.

Davon: zeitlich – endlich, beschränkt, den immanenten Bedingungen unterworfen, Empirisches umfassend.

Zion – der Burgberg von Jerusalem.

Davon: Zionismus – die von Th. Herzl maßgeblich beeinflußte national-jüdische, z. T. religiöse (s. d.), aber auch vor allem sozialistische (s. d.) Bewegung zur Gründung eines eigenen Judenstaates in Palästina und zur jüdischen Besiedlung Palästinas. Führte zur Gründung des modernen Staates Israel, zum israelisch-arabischen Nahostkonflikt und zur israelischen Bevölkerungspolitik.

Zivilisation – (lat.) die Gesittung, besonders die aufgrund technisch-wissenschaftlicher Errungenschaften verfeinerte Lebensform, die Sittenverfeinerung, die materielle Seite der Kultur. Unterscheidet sich nach O. Spengler von der wirklichen Kultur durch ihren Dekadenzcharakter.

Verwendete und weiterführende Literatur

A

ADLER, ALFRED – Psychotherapie und Erziehung. Ausgewählte Schriften. Herausgegeben von Heinz Ludwig Ansbacher und Robert F. Antoch. Mit einer Einführung von Robert F. Antoch. Frankfurt am Main 1982-1983.

ARENZ, HORST – Projekt Klassenanalyse: Leo Trotzki. Alternative zum Leninismus? Westberlin 1975.

ARISTOTELES – Werke (deutsch). Zürich – Stuttgart 1961 ff.

AUGUSTINUS, AURELIUS – Sämtliche Werke in deutscher Übersetzung. Bibliothek der Kirchenväter. Kempten – München 1911 ff.

B

BERNSTEIN, EDUARD – Zur Geschichte und Theorie des Socialismus. Gesammelte Abhandlungen. 4. Auflage, Berlin 1901.

BISMARCK, OTTO FÜRST VON – Gedanken und Erinnerungen. Band 1 und 2, neue Ausgabe, Stuttgart und Berlin 1920. Band 3, Stuttgart und Berlin 1919.

BURKE, EDMUND – Betrachtungen über die französische Revolution. In der deutschen Übertragung von Friedrich (von) Gentz. Frankfurt 1967.
– Gedanken über die Revolution. Wien 1960.

C

CARNAP, RUDOLF – Bedeutung und Notwendigkeit. Eine Studie zur Semantik und modalen Logik. Wien – New York 1972.
– Induktive Logik und Wahrscheinlichkeit. Wien 1959.

COMTE, AUGUST – Die Soziologie. Die positive Philosophie im Auszug. Herausgegeben von Friedrich Blaschke. 2. Auflage, Stuttgart 1974.

CONDORCET, MARIE JEAN ANTOIN NICOLAS CARITAT MARQUIS DE – Entwurf einer historischen Darstellung der Fortschritte des menschlichen Geistes. Herausgegeben von Wilhelm Alff. Berlin 1976.

CORTI, EGO CAESAR CONTE – Haus Rothschild. Leipzig 1927.

– Der Aufstieg des Hauses Rothschild. Wien 1953.

E

EBELING, HANS und LUDGER LÜTKEHAUS (Hrsg.) – Schopenhauer und Marx. Philosophie des Elends – Elend der Philosophie? Königstein am Taunus 1980.

EHRENBERG, RICHARD – Große Vermögen, ihre Entstehung und ihre Bedeutung. 3. Auflage, Jena 1925.

ELIADE, MIRCEA – Das Heilige und das Profane. Vom Wesen des Religiösen. Hamburg 1957.

– Die Religion und das Heilige. Salzburg 1954.

– Geschichte der religiösen Ideen. Freiburg – Basel – Wien 1978-1983.

EYSENCK, HANS JÜRGEN – Vererbung, Intelligenz und Erziehung. Zur Kritik der pädagogischen Milieutheorie. Stuttgart 1975.

F

FEUERBACH, LUDWIG – Das Wesen des Christentums. Neuauflage, Berlin 1973.

– Grundsätze der Philosophie der Zukunft. Kritische Ausgabe mit Einleitung und Anmerkungen von Gerhard Schmidt. Frankfurt am Main 1967.

FICHTE, JOHANN GOTTLIEB – Werke. Gesamtausgabe der Bayerischen Akademie der Wissenschaften. Herausgegeben von Reinhard Lauth, Hans Jacob und Hans Gliwitzky. Stuttgart – Bad Cannstadt 1964 ff.

FORD, HENRY – Der internationale Jude. Deutsche Übersetzung, 5. Auflage, Leipzig 1922.

FRANKL, VIKTOR E. – Homo patiens. Versuch einer Pathodizee. Wien 1950.

– Man's Search for Meaning. Vorwort von Gordon W. Allport. Boston 1962.

– Theorie und Therapie der Neurosen. Einführung in die Logotherapie und Existenzanalyse. 3. Auflage, München – Basel 1970.

G

GOBINEAU, JOSEPH ARTHUR COMTE DE – Versuch über die Ungleichheit der menschlichen Rassen. Deutsche Übersetzung, 2. Auflage, Stuttgart 1902.
– Die Bedeutung der Rasse im Leben der Völker. Einführung zu der unvollendet hinterlassenen »Rassenkunde Frankreichs«. Herausgegeben von Julius Schwabe. München 1926.

H

HAECKEL, ERNST – Die Welträtsel. Gemeinverständliche Studien über die monistische Philosophie. Mit Einleitung von Olof Klohr. Berlin 1961.

HEGEL, GEORG WILHELM FRIEDRICH – Werke in 20 Bänden. Redaktion Eva Moldenhauer und Karl Markus Michel. Frankfurt am Main 1971.

HEINTEL, ERICH – Die beiden Labyrinthe der Philosophie. Systemtheoretische Betrachtungen zur Fundamentalphilosophie des abendländischen Denkens. Wien – München 1968. 1. Neopositivismus und Diamat (Histomat).

HELFER, CHRISTIAN und MOHAMMED RASSEM (Herausgeber) – Student und Hochschule im 19. Jahrhundert. Studien und Materialien. In: Studien zum Wandel von Gesellschaft und Bildung im 19. Jahrhundert, Band 12. Göttingen 1975.

HERDER, JOHANN GOTTLIEB VON – Sämtliche Werke. Herausgegeben von Bernhard Suphan. Hildesheim – New York 1967.

HITLER, ADOLF – Mein Kampf. Band 1, München 1925. Band 2, München 1927.

HOFFMANN, RAINER – Figuren des Scheins. Studien zum Sprachbild und zur Denkform Theodor W(iesengrund) Adornos. Bonn 1984.

HÜTTENBERGER, PETER – Nationalsozialistische Polykratie. In: Geschichte und Gesellschaft, 2, 1976.

J

JASPERS, KARL – Vom Ursprung und Ziel der Geschichte. Ungekürzte Neuausgabe, München 1966.

JUNG, CARL GUSTAV – Erinnerungen, Träume und Gedanken. Aufgezeichnet und gesammelt von Aniela Jaffé. Zürich 1975.
– Gesammelte Werke in 17 Bänden. Zürich 1952-1971.

K

KANT, IMMANUEL – Werkausgabe in 12 Bänden. Herausgegeben von Wilhelm Weischedel. Frankfurt am Main 1977-1982.

KISSINGER, HENRY – Großmachtdiplomatie. Von der Staatskunst Castlereaghs und Metternichs. Düsseldorf – Wien 1962.

KRAFT, VIKTOR – Der Wiener Kreis. Der Ursprung des Neopositivismus. Ein Kapitel der jüngsten Philosophiegeschichte. Wien – New York 1968.

L

LANGER, RALPH – Komplex und Archetyp in sozialpädagogischer Sicht. Eine operationale Reformulierung zweier Konzepte C. G. Jungs. Bonn 1984.

LASALLE, FERDINAND – Gesamtwerke. Herausgegeben von Erich Blum. Leipzig 1961.

LECHNER, ODILO – Idee und Zeit in der Metaphysik Augustins. München 1964.

LENIN, WLADIMIR ILJITSCH (ULANOW) – Werke. Ins Deutsche übertragen nach der 4. russischen Ausgabe. Deutsche Ausgabe wird vom Institut für Marxismus-Leninismus beim ZK der SED besorgt. Berlin 1971-1974.

LIEBKNECHT, KARL – Werke. Herausgegeben vom Institut für Marxismus-Leninismus beim ZK der SED. Berlin 1958-1977.

M

MARCUSE, HERBERT – Kultur und Gesellschaft. 7. Auflage, Frankfurt am Main 1968.

MARX, KARL und FRIEDRICH ENGELS – Werke. Herausgegeben vom Institut für Marxismus-Leninismus beim ZK der SED. Berlin 1978 ff.

MAYER, J. P. – Alexis de Tocqueville. Prophet des Massenzeitalters. 2. Auflage, Stuttgart 1955.

MENSCHING, GUSTAV – Die Religion. Erscheinungsformen, Strukturtypen und Lebensgesetze. Ungekürzte Taschenbuchausgabe, München o. J.
– Toleranz und Wahrheit in der Religion. Bearbeitete Lizenzausgabe. München – Hamburg 1966.

METTERNICH, KLEMENS WENZEL FÜRST VON – Aus Metternich's Nachgelassenen Papieren. Herausgegeben von Alfons von Klinkowstroem. Wien 1880.
– Briefe des Staatskanzlers Fürst Metternich-Winneburg an den Österreichischen Minister des Äußeren Graf Buol-Schauenstein aus den Jahren 1852-1859. Herrausgegeben von Carl J(acob) Burckhart. München 1934.
– Metternich-Hartig, ein Briefwechsel. Wien 1923.

MITTNACHT, HERMANN FREIHERR VON – Erinnerungen an Bismarck. Stuttgart – Berlin 1904.

MOMMSEN, HANS – Beamtentum im Dritten Reich. Stuttgart 1966.

MÜLLER, KLAUS JÜRGEN – Armee, Politik und Gesellschaft in Deutschland 1933-1945. Paderborn 1979.

N

NICOLIN, FRIEDHELM – Hegel 1770-1970. Leben, Werk, Wirkung. Stuttgart 1970.

NIETZSCHE, FRIEDRICH – Werke in sechs Bänden. Herausgegeben von Karl Schlechta. München – Wien 1980.

P

PARETO, VILFREDO – Der Tugendmythos und die unmoralische Literatur. Herausgegeben und eingeleitet von Gottfried Eisermann. Neuwied – Bonn 1968.
– System der allgemeinen Soziologie. Einleitung, Texte und Anmerkungen von Gottfried Eisermann. Stuttgart 1962.

PLATON – Übersetzung seiner Werke von Friedrich Ernst Daniel Schleiermacher. 3. Auflage, Berlin 1855-1862.

PLOTIN(OS) – Plotins Schriften. Neubearbeitet von R. Beuther und W. Theiler. Hamburg 1960 ff.

POPPER, (SIR) KARL RAIMUND – Objektive Erkenntnis. Ein evolutionärer Entwurf. Hamburg 1973.
– Das Elend des Historizismus. 5. Auflage, Tübingen 1979.

S

SALLER, KARL – Die Rassenlehre des Nationalsozialismus in Wissenschaft und Propaganda, Darmstadt 1961.

SCHADE, HEINRICH – Kulturentstehung und Kulturablauf als bevölkerungsbiologisches Problem. Homo 5, H. 2-4, 1954.

SCHÄR, HANS – Erlösungsvorstellungen und ihre psychologischen Aspekte. Zürich 1950.

SCHELLING, FRIEDRICH WILHELM JOSEPH – Werke. Nach der Originalausgabe in neuer Anordnung herausgegeben von Manfred Schroeter. München 1965.

SCHLEIERMACHER, FRIEDRICH ERNST DANIEL – Über die Religion. Reden an die Gebildeten unter ihren Verächtern. Herausgegeben von Hans-Joachim Rothert. Hamburg 1970.

SCHMOLLER, GUSTAV (VON) – Die soziale Frage. Klassenbildung, Arbeiterfrage, Klassenkampf. Leipzig 1918.
– Grundriß der Allgemeinen Volkswirtschaftslehre. Leipzig 1901 - 1904.
– Über einige Grundfragen der Socialpolitik und der Volkswirtschaftslehre. Leipzig 1899.

SCHNEIDERS, RUDOLF – Seele und Sein. Ontologie bei Augustin und Aristoteles. Stuttgart 1957.

SCHOPENHAUER, ARTHUR – Sämtliche Werke. 2. Auflage neu bearbeitet und herausgegeben von Arthur Huebscher. Wiesbaden 1948-1961.

SCHWIDETZKY, ILSE – Das Problem des Völkertodes. Eine Studie zur historischen Völkerbiologie. Stuttgart 1954.

SEDELMAYER, HANS – Verlust der Mitte. 7. Auflage, Salzburg 1961.

SOLSCHENIZYN, ALEXANDER ISAEWITSCH – August 1914. 1. Band des »Roten Kreises«. München 1971.

SOMBART, WERNER – Die Juden und das Wirtschaftsleben. Leipzig 1911.

SOREL, GEORGES – Die Auflösung des Marxismus. Aus dem Französischen übersetzt von Ernst Posse. Hamburg 1978.
– Über die Gewalt. Mit einem Nachwort von Georg Lichtheim. Frankfurt am Main 1969.

SPÄMANN, ROBERT – Zur Kritik der politischen Utopie. Zehn Kapitel politischer Philosophie. Stuttgart 1977.
– und Reinhard Löw – Die Frage wozu? Geschichte und Wiederentdeckung des teleologischen Denkens. München – Zürich 1981.

SPANN, OTHMAR – Gesamtausgabe. Herausgegeben von Walter Heinrich und Hans Riehl. Graz 1963-1979.

SPENGLER, OSWALD – Der Untergang des Abendlandes. München 1923.

SRBIK, HEINRICH RITTER VON – Meister der Politik. Herausgegeben von Erich Marcks. Stuttgart 1924.
– Metternich der Staatsmann und der Mensch. München 1925.

T

THIENEN-ADLERFLYCHT, CHRISTOPH (FREIHERR VON) – Graf Leo Thun im Vormärz. Graz – Wien – Köln 1967.

THOMAS VON AQUIN(O) 1274-1974 – Herausgegeben von Ludger Oeing-Hanhoff. München 1974.

TOCQUEVILLE, ALEXIS COMTE DE – Werke und Briefe (Gesamtausgabe). Herausgegeben von J. P. Mayer, Paris, in Gemeinschaft mit T. Eschenburg, Tübingen, und H. Zbingen, Bern. Stuttgart 1962.

TUCKER, ROBERT – Karl Marx. Die Entwicklung seines Denkens von der Philosophie zum Mythos. München 1963.

TURGOT, ANNE ROBERT JACQUES, BARON DE L'AULNE – Turgot on progress, sociology and economics. Cambridge Studies in the history and theory of politics. Cambridge Univ. Press 1973.

V

VOSLENSKY, MICHAEL SERGEJEWITSCH – Nomenklatura. Die herrschende Klasse der Sowjetunion. Studienausgabe, 2. Auflage. Wien – München – Zürich – Innsbruck 1980.

W

WEBER, MAX – Die protestantische Ethik und der Geist des Kapitalismus. In: Gesammelte Aufsätze zur Religionssoziologie. 2. Auflage, Tübingen 1922.

WIDMANN, JOACHIM – Die Grundstruktur des transzendentalen Wissens. Nach Johann Gottlieb Fichtes Wissenschaftslehre, zweiter Vortrag im Jahre 1804. Hamburg 1977.

WITTGENSTEIN, LUDWIG (GRAF) – Philosophy and language. Herausgegeben von Alice Ambrose und Morris Lazarowitz. London 1973.

Y

YOUNG, E. J. – Gobineau und der Rassismus. Eine Kritik der anthropologischen Geschichtstheorie. Meisenheim 1968.

Personenregister

Sch

St

T

V

Schlagwortverzeichnis

B

C

D

F

G

H

I

J

K

L

M

N

O

P

Q

R

S

T

U

V

Hans Hass

Naturphilosophische Schriften

Gedanken über die Evolution

1
Wie der Fisch zum Menschen wurde
Sternstunden der Entwicklung unseres Körpers

2
Das verborgene Gemeinsame
Energon-Theorie I

3
Das verborgene Gemeinsame
Energon-Theorie II

4
Expedition zu uns selbst
Das Geheimnis menschlichen Verhaltens

Universitas

HANS HASS

Der Ball und die Rose

UNIVERSITAS